# CONFESIONES ARGENTINAS

*Un viaje por el alma de las personas que admiro*

LUIS MAJUL

# CONFESIONES ARGENTINAS

*Un viaje por el alma de las personas que admiro*

EDITORIAL SUDAMERICANA
BUENOS AIRES

Majul, Luis
  Confesiones argentinas : un viaje por el alma de las personas que admiro
- 2ª ed. - Buenos Aires : Sudamericana, 2006.
  480 p. ; 23x16 cm. (Ensayo)

  ISBN 950-07-2781-1

  1. Investigación Periodística I. Título
  CDD 070.44.

Primera edición: diciembre de 2006
Segunda edición: diciembre de 2006

IMPRESO EN LA ARGENTINA

*Queda hecho el depósito
que previene la ley 11.723.*
© *2006, Editorial Sudamericana S.A.®*
*Humberto I 531, Buenos Aires.*

www.sudamericanalibros.com.ar

ISBN 10: 950-07-2781-1
ISBN 13: 978-950-07-2781-5

*A María China Conte-Grand, por el amor, el título,
y porque sus pequeñas sugerencias me ayudaron
a resolver grandes problemas.
A Octavio y Victoria Majul, por las caritas que
pusieron después de mi respuesta
a su pregunta: "¿Y, papá?,
¿cuándo vas a terminar el libro?".
A mi papá Julio y mi mamá Tita, mis hermanas Ale y Lili,
porque ya es hora de que sepan que el orgullo es mío.*

# Agradecimientos

A Deborah Gornitz, el alma omnipresente de *Hemisferio Derecho*.

A Guadalupe Diego, porque su amor por el dato hace más fáciles y más placenteras las entrevistas.

A Fernando Lema, porque se metió de cabeza en este libro (y con sus dos hemisferios).

A Moria Bonnin, por hacerles la vida más fácil a nuestros invitados.

A Gabriel Díaz, porque su mano en la escenografía y su presencia en el piso es casi tan intensa como la de Deborah.

A Tamara Smerling, por su colaboración.

A Facundo Sánchez, por su dedicación.

A la gente de Canal (á), por su apoyo para este proyecto.

Al equipo de post producción de *La Brújula*.

A la "banda" de Non Stop, el estudio que nos cobija.

A Gastón Duprat y Mariano Cohn, por la magia de *Hemisferio*.

# Por qué

*Confesiones argentinas*, el libro con los reportajes de *Hemisferio Derecho*, en Canal (á), nació, igual que el programa, de un impulso vital, egoísta y personal: volver a hacer cosas gratificantes, por encima de la "locura" de la actualidad y la brutal exposición de la televisión abierta.

*Confesiones argentinas*, igual que *Hemisferio Derecho*, es también el final feliz de una travesía en la que me sentí acompañado por mucha gente, pero especialmente por dos colegas que supieron estar ahí cuando más los necesitaba: Horacio *El Perro* Verbitsky y Jorge Fernández Díaz.

*Confesiones argentinas* y *Hemisferio Derecho* no serían lo mismo sin Horacio.

Verbitsky tuvo la generosidad de prestarme el título de su libro, *Hemisferio derecho*, un trabajo en el que habla de su padre, de sus amigos, de una película, de la infelicidad y la felicidad. Y el hemisferio derecho, como bien escribe el poeta Juan Gelman en el prólogo, es la parte del cerebro que contiene la creatividad, la sensibilidad y la mirada abarcadora, por encima de los detalles.

—Los títulos van y vienen; las ideas no —me respondió Horacio al concederme la autorización de palabra y sin documentos, como corresponde a un hombre de su talla.

Jorge Fernández Díaz, secretario de redacción de *La Nación*, columnista de la sección "Opinión" y autor de *Mamá* y de *Fernández*, es el amigo que casi me obligó a pensar y concretar el sueño del programa en Canal (á).

Me convenció durante un almuerzo con vista al río, después de detectar mi grave intoxicación de noticias de último momento e información política. Allí concebimos la sencilla idea de mostrar a los personajes más allá de la primera impresión.

—Te va a hacer bien al alma —me dijo Jorge antes de despedirnos.

Ahora siento que tenía razón.

Que los extensos y relajados diálogos de *Hemisferio Derecho* se convirtieran en este libro no fue producto ni del oportunismo ni de la casualidad.

Desde el primer programa sentí que los registros de los testimonios merecían ser reproducidos en algo menos perecedero que una cinta de video.

Lo percibí enseguida con Estela de Carlotto, la mujer a la que considero uno de mis referentes ideológicos y humanos más cercanos, cuando la fluidez del diálogo nos transportó a un lugar donde las cámaras parecían invisibles. También lo noté con el propio Verbitsky, cuando confesó que "había muerto" y era feliz, en un arranque de humanidad que no suele mostrar ni de "entrecasa".

Y lo volví a sentir con casi todos los invitados.

Con Gastón Pauls, en el instante en que soltó que llegó a revolcarse por el piso buscando un par de gramos de cocaína; con China Zorrilla, cuando aceptó contar su vida desde el principio hasta el final, como si fuera una película; con Maitena, con la que nos divertimos y nos emocionamos como dos viejos y buenos amigos; con César Luis Menotti, cuando de repente se puso a hablar de amor, más allá de su amor por el fútbol; con Alberto Migré, días antes de morir, cuando accedió al juego de pensar una nueva telenovela para la televisión de hoy; con Daniel Grinbank, cuando puso sobre la mesa su mirada sobre el dinero, el rock, la droga y Cromagnon; con Norman Briski, quien se quedó varios minutos en silencio, pensando de qué manera contestar una pregunta cuya respuesta no podía ser dada de inmediato; con el *Negro* Roberto Fontanarrosa, cuando incorporó a la charla, sin que se lo preguntara, lo preocupado que lo tiene una extraña enfermedad que le impide mover un brazo, pero que no le hace perder ni la sensibilidad ni el sentido del humor; con Alejandro Dolina, quien desplegó todo su ingenio y su sensibilidad en una tarde en la que estaba particularmente inspirado y conmovido; con Martín Caparrós, porque a lo largo de la conversación se fue transformando en un hombre tierno, para así desmitificar su fama de soberbio y de pedante; con Víctor Hugo Morales, porque recorrimos su vida y su carrera siempre al borde de la emoción, y con Adrián Paenza, porque tuvimos el tiempo suficiente para comprender por qué ama las matemáticas y por qué se puede ser científico, sensible y delirar por la comida chatarra sin ninguna contradicción.

También me parecieron muy valiosas y dignas de ser incluidas en este libro las conversaciones personales y sentidas que mantuvimos con gente con la que comparto valores esenciales de la vida, como Ricardo Darín, quien juró haber visto un par de ovnis; Oscar Martínez, quien comentó las facetas más desconocidas de su personalidad; Juan Leyrado, mi querido amigo sobreviviente de mil batallas; Darío Grandinetti, con quien nos relajamos tanto que nos tomamos un termo entero de mate, como si no estuviésemos frente a una cámara; mi amigo del alma Miguelito Rep, Tauro y Búfalo también, con quien compartimos momentos inolvidables; y León Gieco, un hombre que no transa con el poder, por nombrar sólo a algunos.

Además me sorprendí, como si lo hubiera escuchado por primera vez, cuando releí las declaraciones de Nicolás *Pipo* Mancera, en la primera nota que concedió después de cinco años, en lo que constituyó una clase abierta sobre la televisión, el periodismo y la fama y los críticos.

Jamás, a lo largo de la temporada, invitamos a alguien porque sí o porque no quedaba otra alternativa.

Nunca hablamos de temas candentes o de actualidad. Lo hicimos sobre asuntos no fugaces, como el amor, la pasión, la vocación, los sueños, la vida y la muerte.

No estuvimos pendientes del tiempo, porque casi todos los encuentros se transformaron en viajes donde cada palabra tuvo más importancia que la tanda publicitaria.

La terapia recomendada por los amigos me hizo bien.

Muchas veces entré al estudio de mal humor y cansado y, después de hacer *Hemisferio Derecho*, me fui como si hubiese dormido una semana entera.

*Confesiones argentinas* conserva intacto el espíritu de *Hemisferio*, pero contiene, además, el detrás de escena de cada una de las notas, y ciertos momentos que no aparecieron en la pantalla por cuestiones de edición.

*Confesiones argentinas* es un libro que se puede empezar a leer desde cualquier parte, o desde el personaje que más le interese al lector. Pero no sería honesto si no advirtiera que detrás de la mayoría de las entrevistas hay una búsqueda distinta que incluye a todos los invitados. Quizás el ejemplo más notable es el de Nacha Guevara. Antes de nuestra conversación tenía cierto prejuicio sobre el excesivo cuidado por su apariencia externa. Después, me quedó muy claro que se trata de un ser inteligente, profundo y sensible.

Mis amigos dicen que soy un tipo afortunado, porque la mayoría de las cosas que hice en la vida fueron por placer. Pero *Confesiones argentinas*, el hijo deseado de *Hemisferio Derecho*, fue realizado, además, por necesidad.

La necesidad de escuchar y aprender, de comprender y de gozar, en medio de tanto ruido.

Espero que lo disfruten de la misma manera.

LUIS MAJUL, 21 de septiembre de 2006

PD: *Confesiones argentinas* es un título incompleto. Este libro se debía haber titulado "Confesiones argentinas en circunstancias inéditas", pero era demasiado largo y un tanto pretencioso. Las circunstancias inéditas tienen que ver con el sistema de producción de las entrevistas, al que dimos en llamar el "Método *Hemisferio Derecho*".

# Método Hemisferio Derecho

Al sistema de trabajo que elegimos para hacer el programa en el que se basa este libro se lo podría denominar "Método *Hemisferio Derecho*".

Lo moldeamos junto a Deborah Gornitz y Guadalupe Diego, productoras ejecutiva y periodística respectivamente, y contiene las siguientes condiciones inquebrantables:

• Los entrevistados de *Hemisferio Derecho* siempre serán personas con las que iríamos con gusto a comer o escucharíamos con atención aun cuando no hubiera una pantalla de televisión de por medio.

• Queda terminantemente prohibido entrevistar a quienes no admiramos, no queremos, nos despiertan antipatía o sólo están de moda.

• Una vez que los invitados pisan el estudio, toda la producción, y en especial el conductor del programa, deben saber más de la vida del personaje que él mismo. Esto es: su trayectoria, su carácter, sus principales definiciones y una cierta idea sobre su personalidad a través de las opiniones de terceros.

• Para esto nos reunimos por lo menos dos horas, apagamos los teléfonos celulares, colocamos todo el material sobre la mesa y nos sumergimos en sus vidas, como lo hacían los reporteros de la revista *Playboy* original. (A uno de ellos John Lennon lo encaró así: "¿Cómo es que pareces saber de mí más de lo que yo mismo recuerdo?". Esa anécdota debe estar siempre presente, cada vez que perdamos la brújula.)

• Tenemos que disfrutar y no sufrir, porque los reportajes de *Hemisferio Derecho* son para conocer con más profundidad a los personajes, y no para discutir o generar tensión (que para eso están los poderosos en general, los políticos en particular, y la actualidad que te obliga a meterte en asuntos tóxicos e indeseables).

• Cada programa, cada conversación, cada reunión de producción, deben ser únicos. Como si fueran las primeras o las últimas. Cada emisión debe ser pensada para coleccionar, lejos de la coyuntura o la última novedad relacionada con el invitado.

• No buscamos "la frase" o "el título". La idea es que a través del diálogo se generen el clima y "la magia".

• El piso debe permanecer en absoluto silencio. El invitado tiene que sentirse verdaderamente escuchado por todos los que nos encontramos en el estudio. El periodista no debe usar "cucaracha" (el auricular por el que la mayoría de los conductores de televisión reciben órdenes del director o del productor ejecutivo) para evitar que las instrucciones se filtren en el medio de la conversación. Toda la energía y la concentración deben estar puestas al servicio del diálogo.

• El periodista no inquiere. Sólo orienta, acompaña el relato y ayuda al invitado a viajar por dentro de su propia vida, hacia atrás, en el presente y hacia adelante.

Las secciones de *Hemisferio Derecho* se corresponden con el sueño original de realizar entrevistas que trasciendan el tiempo presente. Son las siguientes:

*Autorretrato*: el invitado se presenta como se le dé la gana. (Es increíble cómo una palabra o un dato en apariencia menor terminan mostrando a las personas de manera inequívoca.)

*Señas particulares*: lo que aman u odian de lo cotidiano, los libros que leen, la música que escuchan, las películas que vieron, sus manías y la elección de una historia en particular los transparenta todavía más y da una idea muy completa de lo que hacen y las personas que dicen ser.

*Mensaje para 2050*: se les propone dejar un mensaje y pensar que será visto y oído recién en 2050. Fue sorprendente comprobar las diferentes reacciones que se produjeron en personas tan distintas como Estela de Carlotto, Alejandro Dolina, Alfredo Casero, Adrián Paenza, Maitena o Roberto Fontanarrosa.

Sentimos que el "Método *Hemisferio Derecho*" dio como resultado algo más que un programa de televisión por cable. Son historias de vida con un principio, un desarrollo y un final, donde palabras como vida, muerte, amor, odio, Dios, bien y mal parecen tener más sentido y más peso que cuando aparecen en los diarios.

# Primera parte

# Entrañables

"Buena entraña."
Escuché por primera vez esa definición de boca de María Alcobre, una dibujante argentina a la que hace siglos que no veo, y a la que conocí en la misma época que a Maitena y a Miguel Rep. (De más está decir que tanto Maitena como Miguel son personas "buena entraña".)
Para María, de "buena entraña" es la gente honesta, transparente, que puede cometer errores, protagonizar alguna que otra agachada, pero al mismo tiempo es capaz de quitarse un abrigo para calentar a otro, vivir y morir por una idea o un sueño, entrar y salir de tu vida pero siempre estar ahí, en tu cabeza o en tu alma.
"Buena entraña" es alguien que puede pensar todo lo contrario de lo que pensás vos, entender el amor de diferente manera, acumular mucho o nada de dinero, pero tener "adentro" algo que lo hace confiable, creíble, deseable, besable y "amable".
"Buena entraña" es aquel a quien mirás a los ojos y lo sentís muy cerca, aunque muchas veces ni te enteres del porqué.
"Buena entraña" es muy parecido a "entrañable", pero ambas definiciones contienen un ligero matiz. El diccionario dice que entrañable significa alguien por el que se siente un cariño íntimo y cercano. Pero lo contrario de "buena entraña" resulta más útil todavía para comprender el sentido que le quería dar María. Porque ella llamaba "mala entraña" a la gente detestable con la que no se quería encontrar ni para saludarla de manera formal.
A todos los que aparecen en la primera parte de *Confesiones argentinas* los considero "buena entraña", por diferentes razones. Son Horacio Verbitsky, Estela de Carlotto, China Zorrilla y Roberto Fontanarrosa.
Así de personal y arbitrario como suena.

# Horacio Verbitsky

# "Una muerte muy dulce"

AUTORRETRATO:
*"Mi nombre es Horacio Verbitsky
y soy periodista"*

Horacio es algo introvertido, parco y pudoroso. Son muy pocas las personas que saben los detalles de cómo le hizo un corte de manga a la muerte, en la soledad de una cama de hospital. Y son menos aún los que supieron que dos paros cardíacos casi lo llevan hacia el más allá, sin tiempo para preparar sus cosas del más acá.

Horacio eligió con sumo cuidado las palabras para relatar ese trance. Pero una vez que empezó a hablar de sus cosas íntimas y públicas, no sólo se soltó como casi nunca. También mostró incluso un sutil sentido del humor.

La nota con Horacio fue una de las que más repercusiones generaron en toda la temporada. La perspectiva de un Verbitsky tierno y humano es algo que no se ve todos los días.

Con Horacio nos conocemos desde 1984, cuando Andrés Cascioli fundó la revista *El Periodista (de Buenos Aires)* y él empezó a escribir las más lúcidas crónicas sobre el juicio a las Juntas Militares de la dictadura. Ambos compartimos una situación extraña e incómoda en 1992, cuando nos hicieron una nota en la misma mesa donde una revista había juntado a Jorge Luis Borges y Ernesto Sabato. Fue en la época en que *Robo para la Corona* y *Los dueños de la Argentina* se convirtieron en los libros de no ficción más leídos del año.

En 1997 tuvo la deferencia de incluirme en el prólogo de su libro *Un mundo sin periodistas,* en cuya edición no pude participar por razones que los dos lamentamos. Siempre sentí que Horacio es uno de los periodistas más comprometidos y más coherentes de todos los que conocí en estos años, y aunque su evidente apoyo al gobierno de Néstor Kirchner me haga disentir más de una vez con lo que escribe, no tengo dudas de su honestidad intelectual y de su lucha por buscar la verdad.

Horacio tiene sesenta y cuatro años y es uno de los periodistas que escribió más y mejores libros. Entre los más importantes se encuentran *Ezeiza, Rodolfo Walsh y la prensa clandestina, Robo para la Corona, Hacer la Corte, El vuelo, El Silencio y Doble Juego.* Además es el presidente del Centro de Estudios Legales y Sociales (CELS), uno de los organismos que con más insistencia denuncia los atropellos, las torturas y los asesinatos en las cárceles. También es miembro de Human Rights Watch y del consejo rector de la Fundación del Nuevo Periodismo Iberoamericano que dirige Gabriel García Márquez.

Horacio Verbitsky parece otra persona cuando aborda asuntos personales y emocionales. La prueba más cabal la dio el domingo 19 de febrero de 2006, al dedicar la columna entera a su mamá recién fallecida. Era ingeniera, tocaba el piano y manejaba la computadora con habilidad. El primer párrafo la definió no sólo a ella, sino también al hijo, en su parte más sensible.

*"Mi madre murió esta semana mientras dormía, a los noventa y tres años, después de una vida tan larga como plena. Pocos días antes de perder la lucidez dijo que había sido muy afortunada. También repitió varias veces que le faltaban cosas por aprender."*

Recibí a Horacio con dos libros en la mano: *Hemisferio derecho* y *El Silencio. Hemisferio*, como quedó dicho, fue el que le dio nombre al programa. *El Silencio* es la historia de un campo clandestino de detención, ubicado en una isla de Tigre que era usada por los miembros del Arzobispado de Buenos Aires para comer asados y disfrutar de los fines de semana.

El orden de las preguntas y las respuestas es arbitrario. Sólo responde a la intención de hacer el texto más atractivo.


—¿Por qué te hiciste periodista?

—Soy "heredo-periodista". Toda mi familia, mi padre, mis primos, mis tíos eran periodistas o tenían algo que ver con el periodismo. Y empecé a hacer periodismo de una manera inesperada y al mismo tiempo totalmente natural. Yo estaba en el último año del Colegio Nacional de Buenos Aires y fui a ver a mi padre, que trabajaba en el diario *Noticias Gráficas*. Estaba por ingresar a la Facultad de Medicina y tenía que comprar los cuatro tomos de anatomía de Testut. Había ido a manguear a mi viejo para comprar los libros.

—¿Pretendiste ser médico?

—No, estudié unos meses Medicina, que es algo totalmente distinto. Y eso porque no sabía qué era lo que quería estudiar y tenía un compañero que sí sabía, y entonces fui con él. Mi papá había salido. Un compañero de mi padre, un periodista, Orlando Danielo, me recibió y me dijo: "¿Pero no le da vergüenza, tan grande, pedirle plata a su papá? ¿Por qué no empieza a trabajar y se lo compra con su plata?". "¿Y de qué podría trabajar?", le pregunté. "Venga mañana a las tres que le cuento." Al día siguiente empecé a trabajar en el diario.

—¿Pero hubo un momento en tu vida en el que te dijiste: "Soy un periodista, ahora sí soy un periodista"?

—Todavía no estoy muy seguro. Sé que soy periodista, pero si lo analizo más a fondo, también siento que me falta todavía.

—¿De veras?

—Sí, de veras, yo siento que tengo mucho que aprender. Y de hecho trato de perfeccionarme. Y con los libros soy peor. Hasta que no los termino de corregir una y otra vez, no me tranquilizo.

—¿Por qué te dicen "Perro"?
—Por el buen carácter.

—¿Y seguís siendo tan embromado?

—No. A mí me pusieron "Perro" cuando empecé a trabajar como jefe de redacción y tenía sólo veintidós años. No fue algo bueno. Fue algo que yo recuerdo como malo. Y no se lo recomiendo a nadie. Yo era un chico que les tenía que decir a uno o más viejos lo que tenían que hacer. Era terriblemente difícil para mí trabajar en un lugar donde todo el mundo tenía más edad, más experiencia y estaba convencido de que aquel pendejo que le daba órdenes era un idiota y que estaba ahí por alguna razón seguramente inconfesable. Mantener el buen carácter en aquellas circunstancias me costó más de lo que suponía.

—¿Cuál es tu definición de periodista?

—Ser periodista es contar lo que uno ve e investigar lo que no se ve.

—¿Un periodista es alguien que siempre está contra el poder?
—Siempre.

—No sé por qué me vino a la mente algo que escribiste sobre tu papá (Bernardo Verbitsky, periodista y escritor, autor de *Villa Miseria también es América*). Escribiste que él sabía para qué estaba en este mundo y que todas las personas deberían saberlo. ¿Vos sabés cuál es "tu misión"?

—Sí, y es otra definición de lo que debería ser un periodista. Yo vine a este mundo para molestar.

Lo que escribí sobre mi padre fue porque tardé algunos años en darme cuenta de para qué pasó por esta vida, más allá de cómo funcionó como padre. Yo recuerdo que cuando era chico él nos leía todas las noches, a mi hermana y a mí, un capítulo de *Don Quijote*. O un capítulo de *Pickwick* de Dickens. ¡Para nosotros era insoportable! Es cierto, de grande yo disfruté a Cervantes, pero en ese momento no logró inculcarnos el amor hacia esos textos. Lo que hizo él fue más importante: nos dio un ejemplo de vida, con el ejercicio de su propia vida. Con su rigurosidad en el trabajo, con su compromiso. Yo escribí eso sobre mi padre el día que hubiera cumplido ochenta años. La circunstancia coincidió con la reedición de uno de sus libros, *Villa Miseria*...

—*Villa Miseria también es América* es un nombre que usó por primera vez para hablar de los barrios pobres.

—Sí, pero no solamente le puso nombre a esa realidad. Fue y me llevó varias veces a hablar con esa gente que vivía muy cerca de nuestra casa, en la provincia de Buenos Aires. Lo vi preguntar, moverse, emocionarse y compartir con esa gente que era pura humanidad. Eso me marcó, y nunca voy a dejar de sentirme agradecido.

(N. del A.: La primera edición de *Villa Miseria también es América* fue publicada en 1957. La última, por Sudamericana, en marzo de 2003. El estilo de Bernardo Verbitsky es inconfundible. Y salta a la vista que la pluma de Horacio no es ajena a semejante influencia de estilo y de ideología. En el primer párrafo de *Villa Miseria*... queda suficientemente claro:

"*El recuerdo terrible de Villa Basura, deliberadamente incendiada para expulsar con el fuego a su indefenso vecindario, era un temor siempre agazapado en el corazón de los pobladores de Villa Miseria. La noticia de aquella gran operación ganada por la crueldad, no publicada por diario alguno, corrió no obstante como buscapié maligno. Y en todos los barrios de las latas, que forman costras en la piel del Gran Buenos Aires, supieron entonces que en cualquier momento podían ser corridos de sus casuchas como ratas*".

Bernardo Verbitsky nació en Buenos Aires en 1907 y murió en 1979. Escribió ensayos sobre Shakespeare, Arthur Miller y Cervantes, ficciones como *Es difícil empezar a vivir, La esquina, Un noviazgo, Una cita con la vida* y *Un hombre de papel* y el libro de poemas *Megatón*.)

—Hablando de marcas imborrables, supongo que habrán sido inolvidables, para el estudiante del Buenos Aires que salía del subte para entrar a "El Colegio", los bombardeos del 16 de junio de...

—De 1955. ¿Cómo lo voy a olvidar? Tenía trece años. Y no me marcó sólo a mí, sino a toda mi generación. A los que estábamos en la Plaza, pero también a los que estaban lejos. Es una bisagra en la historia argentina y es también el punto de inflexión, el origen de la violencia política en el país.

—¿Fue en ese momento cuando te hiciste peronista?

—En todo caso, más peronista de lo que era. Porque casi todos los chicos éramos peronistas y sabíamos de memoria el segundo Plan Quinquenal. Yo tenía una maestra que daba las clases sobre el segundo Plan Quinquenal y, en el Día del Camino —que era el 5 de octubre y, además, el día del cumpleaños de mi abuelo—, a ella le dio tanta vergüenza lo que decía el texto, que se vio en la necesidad de aclarar: "Bueno, yo quiero explicarles que antes de Perón también había caminos en la Argentina". Porque si uno estudiaba el programa tal como era, parecía que el primer kilómetro de hormigón también lo había puesto Perón en medio de la pampa. Si no te marca eso, ¿qué otra cosa te puede marcar?

—Forma parte de tu ADN.

—Claro, como el franquismo para los españoles. Tengo un recuerdo que lo puede explicar. Sucedió no hace muchos años, en un encuentro internacional de periodistas que se realizó en Italia, con dos periodistas españoles. Una era comunista y otro socialista. Se conocieron ahí. Una noche, después de una comida y una intensa recorrida por varios boliches, cerca de las dos de la mañana empezaron a cantar, emocionados, las canciones de su infancia. Es decir... ¡las canciones franquistas! Eran adultos antifranquistas, pero aquellas canciones perduraban en su formación más íntima y más profunda.

—Marcas como las que te dejaron tus compañeros de lucha que fueron asesinados. Aquellos que, en una entrevista con Felipe Pigna, definiste como la mejor gente que conociste en tu vida. Me preguntaba si junto con esos recuerdos convive la culpa por estar vivo.

—Las marcas del recuerdo de los que fueron mis amigos las tengo siempre. Eran bellas personas. Son bellas personas. No son muchos. Son un puñado, pero excepcionales. Haberlas conocido y compartido sus ideales es un privilegio. En aquel momento la mayoría de mis amigos eran quince o veinte años mayores que yo. Y todavía, a veces, cuando tengo que hacer o decidir algo, dialogo con ellos. Me pregunto: ¿Qué hubiese hecho alguno de ellos en mi lugar? Sin embargo, yo no siento culpa por estar vivo. Sí tengo la sensación de que no estoy solo, que ellos me acompañan, que ellos me miran. Que se ríen o se enojan con las cosas que a mí me hacen reír o me enojan. Se trata de una presencia permanente, pero no es un ejercicio intelectual. Es algo que está internalizado, algo que corre por mi sangre.

—¿Y ese amor es equivalente a esa bronca que sentís contra los jefes montoneros a los que llamás "crápulas" por haber mandado al matadero a muchos de tus compañeros? (HV se enfrentó públicamente a Mario Firmenich, al fallecido Rodolfo Galimberti y a Roberto Perdía, a los que culpa por la muerte de miles de militantes montoneros.)

—No, es mucho mayor el amor a los compañeros que respeto y quiero que el odio que tengo hacia los crápulas. Mis queridos compañeros me acompañan siempre. En los crápulas pienso muy de tanto en tanto, sólo cuando hacen alguna nueva porquería.

—¿Sos feliz, Horacio?

(Horacio se pone incómodo. Es inversamente proporcional a la comodidad que siente cuando habla sobre periodismo o sobre política.)

—Sí, sí, soy feliz.

—¿Por qué?

—¿Cómo por qué? ¿Eso requiere de una razón? Soy feliz y punto.

—¿Qué cosas te hacen feliz?

—No me importa cuáles son las razones de mi felicidad.

—¿Te sentís incómodo cuando...?

—No, no, no. Hay muchas razones íntimas, familiares, que no tiene sentido empezar a explicitar. Tienen que ver con la vida... a cualquier persona le pasa con ese tipo de cosas.

—Pero no a cualquiera le pasa que de un día para el otro tenga una grave hemorragia en... Creo que era en la vejiga, ¿no?

(Horacio ahora contiene una carcajada.)

—Bueno, queda en el relleno, bien adentro de... la personalidad. Para no entrar en detalles embarazosos.

—¿Es cierto que te hicieron una transfusión completa de sangre?

—Me la cambiaron más de una vez.

—¿Te cambiaron la sangre completamente más de una vez?

—Sí, sí, más de una vez.

—Supongo que habrá sido otro de los momentos clave de tu vida.

—Sí. Fue muy importante, porque fue la vez que más cerca vi a la muerte. Antes de llevarme a la sala de operaciones yo firmé el consentimiento, lúcido. El médico me había dicho que era una operación muy riesgosa y que, además, yo tenía que asumir la responsabilidad de la intervención, porque no quedaba otra alternativa. Yo firmé la autorización y antes de la operación hicieron entrar a mi mujer para que nos despidiéramos. Fue una experiencia muy fuerte.

—¿La experiencia te modificó algo de lo esencial?

—No sé. Digamos que uno valora más las cosas cotidianas. Tal vez tenga que ver con tu pregunta anterior sobre si soy o no soy feliz. Quizás ahora soy feliz porque desarrollé la capacidad de no amargarme por aquellas cosas que no lo merecen. Tal vez mi gran cambio venga por ahí.

—¿No se te pasó la vida como una película, no pensaste en el más allá, sentiste algo parecido a la fe o te dijiste: "Qué manera más estúpida de irme de este mundo"?

—No. Pensé mucho en la gente que quiero. En mi mujer, en mis hijos, mis padres, pero no en otra cosa. Podría decir que mi agnosticismo resultó reforzado por la experiencia, porque no se me pasó por la cabeza ninguna idea del más allá.

—No creías en Dios, y ahora tampoco.

—No, lo lamento, pero en ese sentido no me cambió absolutamente nada. Puede ser que tenga que ver con el tipo de muerte de la que se trataba, que es lo que llaman la muerte dulce.

—¿Muerte dulce?

—Claro, porque te vas desangrando, no tenés dolor, estás lúcido, pero te morís. Bueno, también debo decir, a mi favor, que nunca llegué a perder el humor. Tuve dos paros cardíacos, y cuando me desperté de uno vi las caras de los médicos, todos médicos muy jóvenes, bellísimas personas, encantadores muchachos. Uno de ellos me dijo: "Qué susto", y yo le comenté: "Susto habrá sido para ustedes, porque yo no me di cuenta de nada". Después supe que había tenido un paro cardíaco. Yo sólo sentí que me había dormido para después despertar.

—Horacio, ¿por qué sos tan pudoroso con estas cosas?
—¿Te parezco pudoroso?  ·

—Un tanto decoroso.
—¡Pero mirá las intimidades que estoy contando!

—Bueno, quizá sea un pequeño enojo porque me considero una persona cercana a vos y nunca me contaste nada.
—Hay temas más interesantes.

—Nada es más interesante que la vida y la muerte.
—Bueno, quizá mi biografía no sea para mí tan interesante.

—¿Tenés muchos amigos?
—Sí.

—¿Y todos piensan como vos o tenés alguno que está en las antípodas?
—En las antípodas, no. Pero no suelo hacer una preselección ideológica. Mis amigos se encuentran en una gama amplia y diversa.

—La gente que te lee todos los domingos debe pensar que sos un tipo duro, filoso y pesimista.
—Soy realista. Decir la realidad tal como es puede parecer pesimista. Pero la verdad es que soy optimista.

—¿Sí?
—Claro. Siempre creo que va a haber una salida para las cosas, y que los problemas se van a poder superar. Tengo dos lecturas y en tiempos distintos. Tengo una respuesta ante el caso específico que es optimista, y otra visión más de largo plazo que no lo es tanto.

—¿Qué asuntos tenés pendientes?

—Me falta escribir varios libros, me falta hacer muchos viajes, me falta escuchar mucha música, me falta ver muchos cuadros. Hace poco, cuando estuve en España para el juicio de (Adolfo) Scilingo (protagonista de su libro *El vuelo* y acusado de usar aviones para tirar personas al mar durante la dictadura), se demoró mi testimonio por razones del tribunal. Me tuve que quedar varios días en Madrid. Me "reventé" todos los museos, viendo cosas maravillosas que me hacen muy bien. Igual que la música, me alimentan, me llenan de alegría.

—¿Cómo te gustaría ser recordado?

—Mirá, hay una novela de Goethe que se llama *Las afinidades electivas*. Una pareja está conversando en un jardincito, al lado de una iglesia. Era una época en la que los sepelios se hacían en las iglesias. De pronto, la pareja mira una tumba, destinada a conmemorar a la persona sepultada en ella. La tumba está rota y las letras y el epitafio no se leen. Está todo borrado por el paso del tiempo. Así quiero ser recordado yo, sin mayores estridencias, porque siento que somos parte de "algo" que nos engloba y que nos supera. No creo que seamos algo distinto de ese gran "algo". O, mejor dicho, seguro que yo no lo soy.


SEÑAS PARTICULARES:
*"Me hubiera gustado cantar tango"*

—¿Qué amás de lo cotidiano?

—Me gusta escribir escuchando música. Me gusta volver a casa para charlar con mi mujer, y me gusta hacer con ella una tercera cosa que no te voy a decir.

—¿Y qué odiás?

—Si tuviera que afeitarme todos los días te diría que odio afeitarme, pero como no me afeito todos los días, no es algo que llegue a odiar.

—¿Tres libros?

—Te puedo hablar de algunos que me importaron en distintos momentos de mi vida. Recuerdo de la adolescencia *El tiempo y el río*, de Tom Wolfe. Muchas novelas de *La comedia humana* de Balzac. Siempre Borges. Para quienes hemos vivido en la Argentina, es una referencia constante.

—¿Películas?
—*Vivir* y *El Kagemusha*, las dos de Akira Kurosawa; y alguna de Luchino Visconti.

—¿Músicos?
—Bach, John Coltrane y Aníbal Troilo.

—¿Qué cosas te hacen llorar?
—Las que tienen que ver con cosas íntimas, muy personales y no más.

—¿Cómo te llevás con la envidia?
—No soy un tipo muy envidioso. Casi todas las cosas que hago me gustaría hacerlas mejor, y en casi todas hay alguien que sé que las hace mejor. Me hubiera gustado cantar tango. Me hubiera gustado ser músico, pero no envidio, gozo de quien lo hace.

—¿Manías?
—Una es tirarme un plato de tallarines encima. Otra es corregir, y corregir, y corregir cada cosa hasta que se vea del otro lado. La tercera te la debo. ¿Por qué insistís en preguntarme tres?

—¿Qué te enamora de una mujer?
—No, no hay cosas que me enamoran de una mujer. Hay una mujer que me enamora, y ha habido mujeres que me han enamorado antes.

—¿Qué cosas te parecen un misterio?
—La vida; uno vive tratando de entender ese misterio. ¿Para qué estamos? ¿Qué somos? Es el gran misterio.

---

—Dejá tu mensaje para ser visto en el año 2050.
—Como dijo Discépolo, en el 510 y en el 2000 también, hemos venido a este mundo para molestar.

# Estela de Carlotto

# "Me enojé mucho con Dios, pero ya se me pasó"

AUTORRETRATO:

*"Mi nombre es Estela Barnes de Carlotto. Nací el 22 de octubre de 1930. Tengo setenta y cuatro años, una vida larga y bien vivida. Fui feliz. Soy de Libra y dicen que soy equilibrada. Lucho contra la injusticia desde que tengo uso de razón. Nací en un pueblito cercano a La Pampa. Me tocó vivir en una familia humilde y tuve una infancia muy linda, en una época donde salir a la calle no era riesgoso. Papá era jefe de correo y mamá ama de casa. Éramos tres hermanos. Y nos amábamos. Mis padres me dieron una buena educación y me inculcaron la rectitud y la honestidad. Después, la vida me dio felicidad. Me casé con mi único novio, que también fue mi único amor. Concebimos cuatro hijos divinos, y fueron criados con amor y en libertad. Hasta que llegó la fecha maldita, que no sólo arruinó mi vida y la de mi familia, sino a toda la sociedad argentina: el 24 de marzo de 1976. Desde ese momento, mi vida se llenó de dictadura, horror, secuestros, muerte, búsquedas y algunos encuentros"*

Cuando Estela terminó de presentarse supe que se trataría de un encuentro casi mágico. "Una de las charlas más lindas que tuve con un periodista", me halagó cuando terminamos.

Ella, desde el principio, supo que iba a ser una entrevista más personal que política, y el hecho de que hubiese estado las horas anteriores a la nota mirando fotos familiares la había predispuesto todavía mejor. La idea de pedir a la presidenta de las Abuelas de Plaza de Mayo que compartiera en *Hemisferio Derecho* las imágenes de los momentos más felices de su vida fue de Deborah Gornitz, nuestra productora ejecutiva. Deborah puso su alma en la preparación del reportaje, pero durante la charla abandonó la frialdad profesional que caracteriza a todos los "animales de televisión": estuvo llorando, emocionada, desde el principio hasta el final.

Durante todo el diálogo, ambos tuvimos la fuerte sospecha de que las cámaras no permanecían allí sino que estábamos a solas:

—¿Cómo eras antes de convertirte en una abuela de Plaza de Mayo, antes de que mataran a tu hija, antes de que se apropiaran de Guido, tu nieto?

—Vivía en La Plata. Vivo en esa ciudad desde los once años. Tenía una vida bastante acomodada. Vivía bastante pendiente del "qué dirán" y llevaba una vida burguesa. Si trasladara esa escena al día de hoy podría verme mirando la televisión, leyendo algún libro, estando con mis nietos, contándoles cuentos, o… En fin, haciendo lo que hacen otras señoras que no tienen que vivir la vida que viví yo.

—¿Es cierto que no te perdías los almuerzos de Mirtha por nada del mundo?

—Sí, sí. Era una fanática de Mirtha Legrand, desde siempre. Yo ejercía la docencia, turno mañana. Entonces llegaba a casa, almorzaba y me ponía a mirar el programa. Me encantaban la mesa bien puesta, los modales, la gente linda y el lenguaje… Claro, mis hijos me criticaban mucho, porque decían: *"¿Cómo podés mirar un programa así, tan burgués y poco comprometido?".* Pero yo me sentía bien… No necesitaba más que ser directora de escuela, por vocación, y disfrutar de una familia feliz… hasta que desapareció Laura. Tuve que retirarme de la docencia abruptamente y los almuerzos de Mirtha quedaron muy lejos de la nueva realidad de mi vida.

—Si Laura no hubiese desaparecido, ¿habrías sido hoy aquella mujer pacata que no se enteraba de nada?

—No. Hubiera cambiado igual. Estaría al lado de una amiga con hijos desaparecidos. O ayudando a los que menos tienen. La dictadura dio vuelta el país, y de cualquier manera nos hubiese cambiado a todos.

—Laura era montonera. Sé que tu marido parecía comprender

un poco más que vos las cosas que pasaban en ese momento. Y que varias veces intentaron sacarla del país...

—...Sí.

—-Si pudieras volver el tiempo atrás, ¿te hubiera gustado que Laura no hubiese militado en Montoneros para poder tenerla viva?

—No. Ella eligió una opción de vida y a mí me pareció y me parece bien. Para eso la criamos con mucha libertad. Yo asumo la responsabilidad de haberla criado con libertad. Como un ser pensante y comprometido.

—Hablás de responsabilidad pero no de culpa...

—No, no, culpa no. Darle libertad fue maravilloso, y pensar en tus hijos como una posesión es una tontería. Si me dieran a elegir entre haber parido una hija "tonta" y Laura, la prefiero a ella, a pesar del dolor. Por supuesto, muchos compañeros de mi hija se salvaron, porque Dios así lo quiso. Y yo sería más que afortunada si ella estuviera ahora aquí. Y mi vida estaría completa si Laura estuviera viva.

—Recién hablaste del dolor, ¿podrías describir qué clase de dolor es el tuyo?

—El dolor mío es un dolor infinito y profundo. Un dolor que no se va ni se va a ir nunca. Es el pedazo que nos falta. Es algo del corazón, es algo de uno, es algo del pensamiento, que se extraña. Es ese vacío del hijo que no está. Lo único que te hace convivir con ese dolor sin volverte loca es la lucha por saber quiénes fueron los asesinos y los secuestradores. Pero si uno se queda encerrado en su dolor se martiriza y eso no sirve.

—¿Querés decir que el dolor se convierte en enfermedad?

—Se convierte en enfermedad, en rencor y en derrota. Pero si al dolor lo transformás en lucha colectiva, ya no personal, se trastoca en algo hermoso, que es la capacidad de dar.

—Antes de que secuestraran y mataran a tu hija eras una católica practicante. ¿Seguís creyendo en Dios?

—Sí, yo creo en Dios, tengo fe en Dios y sigo siendo católica...

—Varias veces me pregunté si se puede seguir creyendo en Dios después de lo que te pasó.

—Sí, se puede. Yo no puedo responsabilizar a Dios por los males del hombre. Si bien es omnipotente, y además es el que creó la humanidad, estoy segura de que Él no quiso esto. Quienes hacemos daño somos los hombres. Y hay hombres santos y hombres muy malos. También está esa mezcla de ángel y demonio que hay en el humano. No, Luis, yo no puedo culpar a Dios por lo que le hicieron a Laura.

—Pero supongo que habrás puesto a prueba tu fe.

—Claro. Eso sí. Yo me enojé mucho con Dios. Cuando mataron a Laura me enojé tanto con Dios que sentí que perdía la fe y no podía creer ya más en nada... ¡Porque le había rogado tanto, le había pedido tanto, le había dicho tantas cosas para que no la mataran! Claro que me enojé con Dios, porque una cosa es acompañar en el lecho de muerte a tu hija tomándole la mano, besándola, dándole tu palabra hasta ese último aliento, pero que te entreguen a tu hija destrozada, imposibilitada de verla, por cómo estaba, a los veintitrés años... Mi enojo con Dios se me pasó después de un tiempo, cuando comprendí que el que le hizo eso a Laura no fue Dios sino el hombre.

—A Laura te la entregaron muerta en una subcomisaría de Isidro Casanova. Tenía veintitrés años y si me permitís decirlo, le pegaron dos balazos en el vientre para que nadie sospechara que estaba embarazada y que había tenido un hijo. Te llamaron a vos y a tu marido para reconocerla. ¿Cómo se hace para enfrentar eso?

—No hay palabras suficientes para explicarlo. Ahora pienso que, en el fondo, de alguna manera nosotros, la familia... nos veníamos preparando. Mirá, en casa, el primer desaparecido, al primero que secuestraron, fue a Guido, mi marido. Fue la primera vez que salí a buscar a un desaparecido, por el que pagué un rescate enorme, por el que busqué en puertas que se me cerraban, en datos que no me daban. Y estaba cerca, en la misma ciudad. Yo siempre vivía esperando lo peor: la desaparición o la muerte, de Laura o de (su otra hija) Claudia.

El día que nos llamaron a Guido y a mí "como progenitores de Laura Estela Carlotto" de la subcomisaría de Isidro Casanova "a los efectos de un asunto que se le comunicará en la misma dependencia", primero nos alegramos. En el trayecto desde La Plata hasta Isidro Casanova pensamos que nos la iban a entregar, viva, junto con nuestro nieto..., pero también pensamos "la mataron". Ni bien llegamos, nos dimos cuenta de que era la muerte.

—¿Recordás cómo reaccionaste?

—Sí: fue uno de los pocos momentos de mi vida en que perdí

el equilibrio... esa cosa de paz que tengo aun en los momentos más duros... Le grité barbaridades al subcomisario, desde asesino para abajo. Recuerdo que había un crucifijo. Lo señalé y le dije: "Ése los va a juzgar, ése los va a condenar y juzgar". Entonces sacó una pistola y me dio un ultimátum: "Bueno, señora, el cadáver está ahí. Si quiere llevárselo tiene que firmar estos papeles...". Yo no dejaba de insultar. Me calmaron mi marido y mi hermano. Yo pregunté por mi nieto, por el hijo de Laura, que sabía había tenido. Me dijeron: "Acá no hay ningún chico". Eso fue todo.

—Ahora que están de moda los secuestros extorsivos sería bueno recordar que muchos militares de la dictadura también los practicaban. Vos pagaste no solamente el rescate de tu marido, sino también el de tu hija.

—Claro. Por Laura volví a pagar rescate pensando que me iba a dar el mismo resultado que me dio con mi marido. Guido quedó en libertad a los veinticinco días, pero Laura no.

—¿Pudiste, después de lo de Laura, hacer las cosas que hacen todos? ¿Pudiste ir al cine, pudiste desde comer comida rica hasta hacer el amor con tu marido?

—No: nunca más volví a ser feliz. Quisiera ser muy sincera. Yo sigo teniendo una familia hermosa, tengo once nietos más, tengo tres hijos más y lo agradezco. Tuve un marido que hasta hace tres años estuvo al lado mío... Por fortuna tengo buen carácter. No soy una persona amargada, pretenciosa o resentida. El odio no lo conozco, la venganza menos. Tiendo a olvidar lo malo y recordar lo bueno. Eso sí, mi vida ya no fue normal.

Por ejemplo, nunca más armé un arbolito de Navidad en mi casa. No tenía sentido. Nunca más fuimos con mi marido a veranear. Todo lo que hicimos o lo que todavía tengo que hacer es buscar. Avanzar en esa búsqueda de verdad y de justicia y del encuentro de mi nieto. Y fijate que el hombre es más frágil que la mujer. Porque Guido se enfermó de tristeza. Ya estaba enfermo cuando lo secuestraron a él, pero la tristeza infinita que tenía por la ausencia de su hija, la mayor, Laura, lo terminó de enfermar. Laura era una melodía que nos acompañó desde la adolescencia. Significaba el sueño de tener a nuestro primer hijo. Y luego la disfrutamos. Vos me preguntás si se puede seguir una vida como los demás. Bueno... algunos sueños se siguen teniendo, pero la mayoría no. Después de que mataron a Laura, le dije a mi marido: "Nunca más vamos a ser felices". Y fue así. La felicidad completa ya no existió más. Es decir... soy feliz al ver cómo mis nietos crecen y se realizan, pero esa felicidad completa me seguirá faltando siempre.

Enseguida nos pusimos a mirar las fotos.
Debo decir que jamás había visto a Estela de Carlotto con aquellos ojos de alegría.

—Estas fotos muestran momentos de felicidad.
—Por supuesto. Mirá ésta: estamos en Mar del Plata con Laurita. Tenía apenas un año. Ella empezó a caminar en Mar del Plata.

—Y éste es Guido, ¿no?
(A Estela se le ilumina la cara.)
—...Guido.

—¿Ingeniero civil?
—Técnico químico.

—Un tano comprometido...
—Tano desde las raíces, comprometido y buenazo.

—¿Lo amaste toda la vida?
—Toda la vida. Y lo sigo amando. A veces siento que él está conmigo. Y la verdad es que lo extraño.

Ahora miramos una foto en la que Estela aparece un tanto sexy, aunque siempre muy recatada.

—Disculpame el toque de frivolidad, ¡qué bombonazo!
—No exageremos. Siempre fui una chica... ¿cómo decirlo?... elegante, pero nada más.

—Diría, si me permitís, una mujer interesante.
—¡Eso! Ése es el término.

Seguimos mirando fotos. Estela agrega:
—Ésta es mi mejor amiga, mi hermana del alma, madrina de Laura. Estamos en San Clemente del Tuyú, que era el lugar adonde le gustaba ir y a nosotros también. Ésta es en Mar del Plata, ya con Claudia, la segunda de mis hijos. Laurita también está ahí.

—Claudia estuvo exiliada mucho tiempo, ¿no?
—Claudia estuvo exiliada un año nada más, después volvió a la clandestinidad y siguió militando. Tiene seis hijos.

—Mirá: acá hay otra foto de tu hija Laura.

—Sí. Ésa es Laurita en su luna de miel. Está también en la playa, creo que en Mar del Plata.

—Era brava, Laura.

—Brava, brava...

—Se casó a los dieciocho años, se separó cuando quiso...

—Fue una chica de carácter dulce, alegre, pero fuerte. Además vivió rápido, vivió como apurada. Vivió como diciendo: "Tengo que vivir, vivir...". Se puso de novia muy chiquita, se casó muy jovencita, no con ese novio. Y luego perdió dos bebés. Pero el bebé que gestó en la militancia nació bien, aunque en un campo de concentración.

—¿Cómo sabés que tu nieto se llama Guido?

—Porque yo he recibido bastante información de gente liberada que estuvo con ella. Gente a la que Laura le contó, antes de que la mataran, que estaba embarazada, que si era varón le pondría Guido y pidió que lo buscaran en la Casa Cuna de La Plata. Para nosotros esa información fue una esperanza y una inyección de vida. Años después nos enteramos, gracias al testimonio de liberados, de que Guido habría nacido en el Hospital Militar, que se lo habían quitado a Laura y que luego a ella la devolvieron al campo de concentración.

—Estela, ¿podríamos hablar de amor?

—Hablar de amor es lindo. No es ninguna falta de respeto.

—Vos tuviste un solo amor. ¿Lo amaste siempre?

—Sí, sí.

—¿Nunca tuviste otro novio que no fuese Guido?

—No, sí, bueno, casi casi. Tuvimos un noviazgo largo, de crecimiento mutuo, con defasajes y rupturas. Guido seguro tuvo otras novias porque era un buen muchacho de la época. Y yo lo esperaba, por ahí con lágrimas...

—¿Como Penélope?

—Como Penélope, pero sin tejer, pero sí... A veces me cansaba de esperarlo. Entonces decía "bueno, voy a salir con mis amigas" y me invitaban a fiestas. Por ahí encontraba algún chico que decía: "Qué lindo, me gusta, también le gusto"... Pero parece que él

(Guido) olfateaba, porque regresaba otra vez al ataque, y de nuevo el amor, las promesas y qué sé yo. Fueron pocas veces. Pero yo no me enamoré de nadie.

—¿Ni te vas a enamorar?

—Ni me voy a enamorar, porque yo..., yo estoy enamorada de Guido todavía. Y es más: sueño con él. Si tengo que soñar algo lindo, sueño con mi marido, con Guido.

—¿Y soñás sueños de amor?

—Sí, sí. Muy suaves, muy dulces, muy lindos.

—¿Recordás alguno?

—Son situaciones. Somos (otra vez) jóvenes y por ahí aparece su mirada, su ternura, nuestras cosas... ¿sabés cómo eran las parejas de aquellas épocas? Tardamos un año hasta tratarnos de vos. Y tardamos otro en darnos el primer beso. Las cosas eran así: la iniciativa era siempre del varón. Guido, cuando se me declaró, lo hizo "de usted" y me dijo: "No quiero que me conteste lo voy a pensar... quiero saberlo ya". Pero yo, como correspondía a la época, le dije: "Lo voy a pensar", aunque no tenía nada que pensar.

—Hasta que le diste el sí.

—Sí. Él se me declaró el día de la primavera del cuarenta y cinco —podría ser el título de una película— y el 12 de octubre le dije que sí.

—¿Y vos eras de decirle "te amo"?

—Sí, sí. Yo escribía versos. Nos encontrábamos en el tranvía. Yo llevaba puestas medias tres cuartos y trenzas y él usaba unos bigotazos. Tenía dieciséis años, pero parecía mucho mayor. Por suerte una recuerda sólo lo lindo, pero teníamos diferencias, como todas las parejas.

—Algún plato le habrás tirado.

—No. Yo soy muy paciente y además odio la violencia y no la ejerzo tampoco. Hubo discusiones, pero siempre llegamos a un acuerdo.

—¿Tenés una parte frívola? No sé: determinado perfume, cierto auto, la fantasía de irte a pasear al Caribe.

—No, eso no. Mi única frivolidad es cierta coquetería. ¿Cómo podría explicarlo? Mirá: el día en que no me pinte la cara es porque estoy muerta. Es más: creo que antes de morirme voy a pintarme igual. Ésa es mi única "frivolidad": la coquetería. Si frivolidad es arreglarse, pintarse, o que alguien te diga "qué lindo te queda ese color"... yo sí tengo esa frivolidad.

—Te conté en privado que tenía una profesora de Literatura de la que estaba enamorado. Se llama Rebequi y tiene cierto parecido a vos. Varias veces me la encontré por la calle y la vez que se lo confesé, se puso muy colorada y me cambió de tema...

—Bueno. No es algo para ponerse colorado. Es tan común que los alumnos se enamoren de los docentes y si encima la maestra tiene unos ojos lindos, una mirada especial y una manera de caminar... Los chicos en la adolescencia se vuelven muy tiernos. Es una etapa en la que les nacen un montón de sentimientos y ven en aquella profesora a la mujer ideal.

—¿Cuántos alumnos se enamoraron de vos?

—Mis alumnos eran de primaria. Tenía un alumno poeta. Era el mejor de todos. Un día me escribió un verso. Y para el Día del Maestro me recitó una poesía.

—¡Qué lindo! Eso es amor.

—Sí. Muy lindo y muy sano.

—Estela, ¿lo soñás a tu nieto? ¿Te lo imaginás?

—Sí. Y no es que lo imagino ahora. Lo vengo soñando desde antes de nacer. Y lo vi mil veces en la carita de otros chicos. Una vez llegué a seguir a una mujer porque sentía que iba con mi nieto. Ese bebé tenía la carita, los ojos, la naricita y yo sentí que era mi nieto. Después supe que no. Porque la cara de ese chico y la de la mujer que lo llevaba en el carrito eran idénticas.

—¿Cuántos años tiene Guido?

—Veintiséis. Me lo imagino con ojos grandes, como Laura, el pelo caído, no muy alto, y con el temperamento y el carácter de Laura. Siempre es así: hemos encontrado a muchos chicos y siempre es así. Quiero decir que, cualquiera haya sido su crianza, aunque hayan sido criados por represores con el deseo de inculcarles su ideología, ellos conservan toda la fuerza genética de sus papás. Son el calco no de los apropiadores, sino de sus verdaderos padres.

—¿Qué le dirías a Guido si lo tuvieras en este momento en frente?

—Le diría: "Te busqué (desde) siempre. Te quiero tanto. Gracias a Dios que te veo".

—¿Es verdad que en tu casa hay un cuarto pintado por su abuelo para él?

—Sí. Y ese cuarto está lleno de cosas. De llaveros y botones que me regalaron en todo el mundo, en los lugares donde estuve hablando de él. También puede ser que Guido no me conozca, o que se sienta inhibido frente a mi presencia porque le dijeron "otra verdad". Entonces no me le acercaría. No lo tocaría. Evitaría que me dijera "señora... yo a usted no la conozco". Pero lo miraría a los ojos. Y estoy segura de que él entonces me conocerá. Y le diré con ternura que él es la parte viva de la herida de Laura... el pedacito de Laura que quedó en este mundo.

—¿Qué tenían en la cabeza los torturadores? ¿Qué fue lo que hizo que además de matar, torturar, desaparecer, saquear, robar, se quedaran con los niños de sus víctimas?

—Bueno... hubo un plan criminal. Esto está muy probado. El propio general (Ramón) Camps lo confesó a un medio español cuando admitió que había mandado a matar a cinco mil subversivos pero que jamás había mandado a matar a un niño. Que siempre se buscaba a otras familias para evitar que los abuelos de sangre los hicieran "subversivos" como lo habían sido sus padres. También lo hicieron para que los demás jóvenes sintieran el terror. Para que supieran que las embarazadas perderían a sus chicos.

—¿No podían ver que tarde o temprano se sabría la verdad?

—Y no sólo eso. ¿Cómo pudieron o pueden vivir mientras crían al hijo de su enemigo?, ¿cómo pueden sostener la mirada del chico cuyo padre mataron ellos mismos?, ¿cómo pueden soportar verlos caminar como su papá o su mamá biológicos, distintos del caminar de ellos?

—Y cada vez más parecidos, con el tiempo, a sus papás de sangre...

—...cada vez más parecidos... ¡y pensar que todavía hay asesinos que no los sueltan porque dicen que los aman!

—Estela: si volvieras a nacer, ¿harías las mismas cosas?

—Sí, sí. Sí, porque viví bien, fui feliz. Hice lo que quise, tuve personalidad como para que no me llevaran de la mano, ni de la nariz. Y lo que desearía sería no cambiar mi vida, sino la de los otros que hicieron el daño.

—¿Qué le dirías a un chico de diecisiete, dieciocho años, que todavía no entiende muy bien todo el daño que hizo la dictadura?

—Le diría que, como adulto, tiene la obligación de buscar la historia verdadera. Tiene que meterse en la historia, no verla pasar, y trabajar para evitar que eso vuelva a suceder.

—¿Cómo te gustaría que te recordaran?

—Me gustaría que me recordaran como una abuela. ¡Es tan lindo cuando me dicen abuela!

En ese momento le pedí permiso para darle un beso. Y también la abracé.

## SEÑAS PARTICULARES:
### *"Mi ídolo es Sinatra"*

—¿Qué odiás de lo cotidiano?

—La palabra odio no me gusta. No me gusta no hacer nada y no me gusta el desorden. Tampoco me gusta la violencia.

—¿Qué amás de lo cotidiano?

—Los amigos, la sinceridad. Y amo la lucha.

—¿Tres cantantes que se te vengan a la cabeza?

—Joan Manuel Serrat, Adriana Varela... Pero mi ídolo es Frank Sinatra, porque me acompañó durante mi juventud, mi niñez, mi adolescencia. También porque fue un grande. Me llegaba al corazón y al alma. Todavía lo disfruto como si estuviera vivo.

—¿Tres películas?

—*Laura* (N. del A.: la historia de la vida de su hija), *Qué bello es vivir* y *La historia oficial*.

---

—¿Un mensaje para ser visto en 2050?

—A mis hijos, a mis nietos, a mis bisnietos: luchen por un mundo en paz. Que lo disfruten y que lo mantengan. A Guido: si no me encontraste hasta ahora, mi sangre te va a estar esperando en el Banco Nacional de Datos Genéticos. Ahí estará tu abuela.

China Zorrilla

# "Creo en los finales felices"

AUTORRETRATO:
*"Me llamo Concepción Matilde Zorrilla de San Martín. Mi madre era argentina pero yo nací el 14 de marzo de 1922, en la calle Agraciada de Montevideo, en Uruguay (en la misma casa grande donde nació toda la familia). Desde chica quise ser actriz y tuve la suerte de poder cumplir ese sueño —que no era tarea fácil—.*
*Y, después de sesenta años, continuar haciéndolo. Es tanta la suerte que tengo que aún hoy disfruto cuando se levanta el telón y vuelvo a subirme a un escenario"*

Antes de empezar la nota, le propuse a China que contara su vida como una de las tantas obras de teatro que protagonizó, o como una de aquellas películas inolvidables. Ella aceptó el desafío y, al terminar la conversación, me paré de mi asiento, me dirigí a su sillón, me senté al lado, la besé, la abracé y le dije que me había enamorado perdidamente de ella.

Me encantó que se riera a carcajadas, y que correspondiera a mi beso con un abrazo tan lindo.

China es hija del escultor José Luis Zorrilla y nieta del escritor Juan Zorrilla. Trabajó en más de treinta películas, cien obras de teatro y decenas de programas de televisión, como *Mujeres asesinas*.

—¿En qué momento sentiste que empezabas a transitar los caminos de la actuación?

—Te juro que recuerdo lo que tenía en mi cabeza en aquel entonces, en ese momento en que uno empieza a vivir y a crecer, a pensar qué es lo que pasa o dónde está, qué es el mundo, en una casa repleta de tíos que hablaban entre sí. Lo único que quería era ser actriz, que me escucharan. Mi mamá —que solía inventar historias— me contó que un día, siendo yo muy chica, me llevaron al circo en París, donde me encontré con esos payasos de chistes tétricos, donde a uno le cortaban el pie y chorreaba sangre. Yo lloraba a gritos, y mamá me decía: "Pero eso no es verdad, no es sangre, están jugando con pintura". Entonces yo le respondía que no me importaba la sangre. Que lo que quería era estar allí arriba, en el escenario.

—¿Cuántos años tenías?

—Tenía cuatro años. Por ejemplo, en la casa de mis abuelos —que era gigante porque vivía toda la familia, es decir, más de treinta personas— había un hall enorme con unas cortinas enrolladas a un costado. Allí solía armar pequeñas representaciones en el marco de un bautismo, un casamiento o un cumpleaños. Mi mamá preparaba la cortina y avisaba a todo el mundo: "Hoy, el gran show de China en el living". Entonces, junto a mis hermanas menores, mi hermana mayor (que era la encargada del vestuario) y mis primos hacíamos sketches familiares, con coreografías y bailes incluidos.

—¿Cómo recordás tu paso por la Real Academia de Actuación de Londres?

—Ése fue el acto de arrojo más grande de mi vida. Tenía veintitrés años y les pedí a mis padres que me acompañaran al barco: allí mismo les dije que me iba. Aquel viaje fue una gran aventura porque la nave iba repleta de hombres vestidos con frac —a lo Gary Cooper—, como en las películas que veíamos por ese entonces. No tenía camarotes sino grandes dormitorios, y para dormir tuvimos que empujar las valijas. Así llegué a Londres: a una ciudad que había sido bombardeada, completamente sola, sin comida, con un frío espantoso, en el feroz invierno de 1947.

—¿En qué medida te marcó esa experiencia?

—Lo cierto es que nunca tuve miedo. Vivía en el quinto piso de un edificio por escalera y, cuando llegaba de noche, no había un solo ruido porque la casa estaba vacía. En otras ocasiones, les pedía a los policías que me acompañaran. Un día les pregunté por qué no usaban armas. ¿Sabés qué respondieron? Que no querían porque no tolerarían que Londres se convirtiera en Chicago. Además, toda aquella experiencia me curó de una enfermedad que tenemos tanto los uruguayos como los argentinos: la viveza criolla. Recuerdo que se regían por libretas de racionamiento, pues no se podía comer nada porque Inglaterra estaba saliendo de la guerra, y me compré un chocolate el 31 y el otro el 1º del mes, ¡para poder comer los dos! Otra que se me ocurrió fue decir que había perdido mi libreta, para hacer la denuncia en la comisaría y quedarme con dos. Lo único que había que hacer para tener dos libretas era decir: "Perdí mi libreta".

—¿Qué pasó entonces?

—Un amigo inglés me descubrió. Me acuerdo que le dije: "No me mires con esa cara, es por una semana nada más". En una semana podría tener dos huevitos o dos tajadas de jamón en lugar de una, o un pedazo de queso un poco más grande. Pero no pude. La tuve que ir a devolver porque el sentimiento de justicia en él era más fuerte. Ésa fue la primera lección que recibí de los ingleses, porque tienen una gran tranquilidad frente a la tragedia (y que se extiende a todos los órdenes de la vida). Un argentino me contó algo genial. En los refugios antibombas, cuando sonaba la alarma, todos bajaban y se dividían en dos grupos. Pero en esos dos grupos había tantas mujeres como ancianos, hombres como niños. Él no entendía. Pero lo que sucedía es que se dividían entre los que roncaban y los que no. ¿Te das cuenta cómo son? Ellos pensaban: tenemos demasiado terror a las bombas como para que encima nos despierte el ronquido de un vecino.

—¿Allí te transformaste en mujer?

—Sí, imaginate que venía de Pocitos y La Rambla de Montevideo, con mis padres y mis hermanas, donde todo era lindo y fácil, y de pronto caí en aquello. La gente tenía heridas de algún bombardeo, los hombres aún vestían sus uniformes y, de pronto, cuando ganaron y terminó la guerra empezaron a aflorar el buen humor y mucha alegría.

—¿Cómo llegaste a la Argentina?

—Cuando era chica viajaba siempre a la Argentina. Pero cuando me instalé, se produjo un cambio total porque tenía mi casa, me independicé, empecé a soñar. Con el tiempo, hubo una época más difícil.

—¿La que terminó con tu regreso en 1985?

—Sí, una época difícil porque me prohibieron aquí y en Uruguay. Pero, qué sé yo, sirve para mi biografía.

—En esta gran biografía de tu vida, ¿dónde cabría el bisnieto de Tolstoi?

—Cuando llegué a la Argentina, durante una larga temporada estudié el ruso con una vieja rusa muy pintoresca. Pero en París practicaba con un amigo (también ruso, que se llamaba Tolstoi) que estaba de novio con la dueña de casa. Cuando llegué a mi casa en Uruguay, me preguntaron con quién había estudiado ruso y entonces contesté: "Con Tolstoi". Y todo el mundo se reía. Tolstoi se casó con mi amiga, tuvieron hijos y nietos y, pasados los años, enviudó y se fue a vivir a Montevideo. Ahora cuenta que le enseñó ruso a China Zorrilla y todos confirman que era cierto. Sólo hay un poquito de *chamuyo*, pero era verdad. Otro ejemplo es que, con estas cosas raras que pasan en la profesión, me dieron un premio por la película *Conversaciones con mamá*, que se proyectó aquí y no pasó nada, pero en Madrid aún está en cartel. Cuando viajé a España, bajé del avión y la gente me decía: "¿Usted es la que trabaja en esa película?".

—Leyendo acerca de tu vida, una de las anécdotas que más me impresionaron fue aquella con Soledad Silveyra.

—Sí, estábamos actuando en una obra y Solita llegaba tarde y entonces me llamó para avisarme que había perdido el avión y que saldría en media hora. El público ya estaba sentado en sus butacas y entonces me pidieron que saliera a hablar con la gente. Salí y comencé a hablar diciendo que Solita iba a demorar un poco, que era una pena porque realmente yo amaba esa obra y no quería que se fueran a sus casas, entonces empecé a hablar de Alfredo Campos. Cuando terminé de hablar de Alfredo Campos, comencé a monologar sobre los peces de colores y cuando terminé de hablar de los peces de colores, después de una hora y media, Solita llegó.

—¿Por qué no escribís tu propia biografía?

—Puede que lo haga.

—¿Allí contarías todo?

—No.

—¿Por qué?

—Porque sólo recordaría ciertos episodios. Pensá que llevo más de treinta años en la Argentina y muchas veces conté cosas. De hecho, tenía un programa, que se llamaba *Noches Chinas*, donde contaba historias y relataba cosas de gente que conocí mucho, como Manucho (Mujica Lainez), o de gente que no conocí tanto, como el nieto de Tolstoi o Gary Cooper. No sé, será porque algunas de las cosas lindas que me han pasado no me animo a contarlas.

—¿Elegiste al teatro como tu gran amor o dejaste a tu gran amor por el teatro?

—En un momento estuve de novia con un hombre encantador. Me iba a casar con él y, de repente, me di cuenta de que si lo hacía iba a dejar de hacer teatro. Quizá por cómo era él o su familia. Cuando iba a un espectáculo, a su familia no le gustaba (era gente un poco antigua).

—¿Considerás que fue una decisión egoísta o sensata?

—Una decisión sensata, pues no veía el futuro sin el oxígeno de mi vida. Entonces rompí con él. Tiempo después, volví a enamorarme. En esa segunda oportunidad realmente hubiera dejado el teatro, un brazo o una pierna con tal de casarme con él.

—¿Fue el amor de tu vida?

—Ése fue el amor de mi vida, pero se murió ya casado con otra, con un hijo que yo adoraba. Muchos sabían de mi amor por ese hombre, a mí me encantaba, depositaba todo en él. Pero odiaba lo que yo hacía en teatro. Un día, a las seis de la mañana, estaba en casa y me golpearon la puerta: eran mis padres, para avisarme que Juan había muerto. De esto han pasado cuarenta años.

—¿Alguna vez volviste a enamorarte?

—Sí, me volví a enamorar varias veces pero nunca como con él: era el hombre más lindo del mundo. Claro que de una manera distinta, pero podría volver a enamorarme. Aunque no sé si quisiera, porque estoy en un estado de plenitud de vida, muy lindo y feliz. Amo la vida y disfruto lo que hago. Me dan pena y desesperación las cosas que pasan, pero yo puedo hacer algo por eso. Todos deberíamos hacer algo por eso.

—De hecho fuiste capaz de volver al lugar donde una mujer había perdido una llave dentro de un taxi, buscarla, encontrarla y dársela en la mano.

—Sí, ¡qué placer! Nunca me olvido de las imágenes de mi vida. Es que me subí a un taxi y vi un llavero sobre el asiento, entonces pensé cómo estaría la persona que las perdió. Le pregunté al taxista si tenía tiempo y fuimos a buscar a la mujer de puerta en puerta, hasta que la encontramos. La gente habrá pensado que yo estaba loca porque probaba las cerraduras con la llave. Hasta que llegué a una oficina y llamaron a la mujer diciéndole que estaba China Zorrilla. Pensá en la cantidad de llaves perdidas que la gente encuentra y que no da con el dueño. Si magnificaras esa situación, se arreglaría el mundo.

—Siendo una de las mejores actrices de los últimos años, ¿por qué no tenés dinero?

—Porque me quema las manos, enseguida me lo saco de encima. La generosidad tiene buena prensa, pero te juro que al que da le divierte hacerlo. No sé lo que la gente cree que soy, pero sí es cierto que debería ser muy rica.

—¿No te importa el dinero?

—No, porque creo que es el veneno del mundo. Todas las cosas malas que pasan tienen relación con el signo pesos. De hecho, nací en una familia muy rica pero después fui testigo de la ira que trae aparejada el hecho de tener dinero.

—Sólo en una oportunidad te sometiste a una cirugía estética, ¿no?

—Hace unos días, en un programa de televisión, una persona se refería a las mujeres *operadas* y decía que las odiaba. Entonces le pregunté si le gustaría tener una hija divina, inteligente, amorosa, que se tuviera que hacer determinado corte por tener una mancha negra. Justamente para eso se inventó la cirugía estética, porque es algo que sirve.

—Pero vos sólo tenés la marca del paso del tiempo de una manera deliciosa...

—Claro, porque estás enamorado de mí, pero realmente creo que la cirugía es un buen invento. Por ejemplo, me encantaría arreglarme la papada, que siempre me la tengo que tapar.

—¿Cómo es tu relación con Diego Maradona?

—Nos queremos mucho. Lo he apoyado en los peores momentos porque creo que saltó muchos escalones juntos. Es que si un chico juega benditamente bien al fútbol y a los dos años está fletando un avión para invitar a sus amigos a Italia, es porque algo no anda bien. En cambio, lo que está haciendo ahora, que tiene que ver con su recuperación, sí que no se puede fingir. Y ahí está: con la cara limpia, linda, disfrutando de la vida. Creo que es un ejemplo de que siempre se puede salir del pozo más negro. Diego es el ejemplo de hasta dónde puede llegar un hombre que se maneja con inteligencia porque, diariamente, nos está dando una lección.

—Pudiendo elegir entre varias opciones, ¿continuarías viviendo del mismo modo que lo hiciste hasta ahora, elegirías otra vida o le quitarías (o agregarías) algunas escenas a ésta?

—La vida ha sido muy generosa conmigo, pero siempre le pondría, a todo lo que emprenda, un final feliz. Creo en los finales felices y en que siempre hay que ser optimista en la vida. Es más: cuando un gobierno tira para el lado del pueblo, por más que políticamente no esté de acuerdo, lo apoyo. Una vez, cuando fui a votar, me preguntaron por quién votaría. Respondí que lo haría por el que ganara. Todos se rieron. Quiero que este país mejore pero para eso hay que apoyarlo. ¿Sabés lo que mata al mundo hoy? La maldita etiqueta, eso de jugar a que yo soy de Boca y vos de River. La cuestión es que le ponés la etiqueta y perdiste. En este momento, apoyo a Néstor Kirchner porque lo amo, le mando cartas e incluso me contesta.

—¿Cómo sería la escena final de tu vida?

—A veces pienso que mi amor por la vida es tan delirante que le pediría diez años más.

—¿Sos feliz?

—Estoy viviendo una vida feliz, aunque me tenga que morir pronto. En todo caso, lo que pediría antes de hacerlo es trabajar en una obra cómica. Es que no puedo vivir sin la risa. Claro que me hubiera gustado casarme con aquel hombre que murió y también tener hijos. Pero es tanto lo que he hecho, que es lógico que me quedaran cosas en el camino. Soy optimista y es una receta de salud.


SEÑAS PARTICULARES:
*"Me hubiera gustado ser enfermera"*

—¿Qué te hace reír?

—Soy de risa fácil, hasta los malos cómicos me hacen reír. Cuando hay dos tipos esforzándose por hacerme reír, yo, que soy actriz, finjo que me desmayo de risa. Pues es terrible cuando un chiste cae y nadie se ríe.

—¿Y qué te hace llorar?

—El solo hecho de escuchar que alguien llora, sobre todo si es un niño.

—¿Qué no te gusta de lo cotidiano?

—Ahora que estoy mal de mis piernas, siempre hago el mismo chiste: que las cosas que más odio en el mundo son la injusticia social y las escaleras. Pero, fuera de broma, odio la injusticia social.

—¿Cómo te imaginás el cielo?

—Quiero que el cielo sea igual que el mundo pero dejando de lado las cosas malas: esperar el ómnibus y que pase, tener trabajo que me dé para vivir dignamente, que mis amigos sean felices, que los viejos se mueran en lugar de los jóvenes, y vivir en paz. No preciso angelitos tocando el arpa en las nubes: todo lo que dije antes es el cielo para mí.

—¿Qué te hubiera gustado ser, de no haber sido lo que sos?

—Me hubiera gustado haberme casado con un hombre que murió y tener hijos. Si no hubiera sido actriz, ser una buena enfermera. También, aunque lo hubiera odiado, me hubiera gustado ser política.

—Nombrame dos canciones que te gusten.

—Una canción de Joan Manuel Serrat que se llama "Hoy puede ser un gran día". Porque cada vez que me despierto, miro mi agenda y digo: "Día tal, del mes tal, del año tal... ¡duro con él!". Podría elegir también la frase de un tango: "Hoy vas a entrar en mi pasado". Porque uno no puede abrir la puerta del pasado y, sin embargo, a veces ese pasado nos sigue durante mucho tiempo.

—¿Tenés manías?

—Tengo la manía de guardar papeles y luego pensar cuándo voy a ordenarlos. Es algo que empecé a decir a los veinte años y tengo ochenta y tres: calculá todos los papeles que tengo en casa. También me surgió una pasión muy rara por los perros. No hay nada que dé tanto y que pida tan poco como un perro.

—¿Qué te enamora de un hombre?

—Me enamora todo, porque dejás de juzgar por completo.

Pero me gusta que tenga sentido del humor y que sepa escuchar las historias de los demás, que no sea demasiado charlatán.

—¿Cuáles son, para vos, los grandes misterios?
—La vida y la muerte.

—Contanos una historia que quieras compartir.
—¿Quién no le tiene miedo a la muerte? Cuando éramos chicas, con mis hermanas, no podíamos hablar de la muerte cuando alguien se iba. Sin embargo, el misterio de la muerte me lo aclaró mi mamá cuando murió. Con una carita pícara y divertida, me dijo: "China, mirá qué bien hechas que están las cosas. Ahora que es inminente mi paso al otro mundo, el miedo le ha dejado espacio a la curiosidad".

---

—¿Un mensaje para ser descubierto el año 2050?
—Ama al prójimo como a ti mismo, no le hagas a nadie lo que no te gustaría que te hicieran a ti.

Roberto Fontanarrosa

# "Las revoluciones nacieron del resentimiento de los niños por levantarse temprano"

AUTORRETRATO:
*"Mi nombre es Roberto Fontanarrosa. Hijo de Berto y Rosita, padre de Franco. Me llaman habitualmente 'El Negro'. Soy dibujante y también escribo. Preferentemente hago humor. Nací y vivo en Rosario, por eso mismo soy hincha de Rosario Central"*

La imperdible conversación que tuvo como protagonista al Negro Fontanarrosa no sólo fue memorable por el humor tan delicado e inteligente con que condimentó casi todas sus respuestas.

También lo fue porque esa tarde admitió por primera vez, en público, el serio mal neurológico que ya le había paralizado un brazo y todavía amenaza con extenderse al resto del cuerpo.

Al principio Fontanarrosa lo mencionó como al pasar, en el primer bloque, sin que se lo preguntara.

En el corte le pregunté si deseaba, de verdad, hablar del asunto. Él me respondió que era mejor sacar el problema para afuera y creo que hizo una broma sobre la posibilidad de lograr alguna cura milagrosa que eventualmente pudiera aportar un televidente de *Hemisferio Derecho*.

Días más tarde, luego de ser emitida la entrevista, una persona envió un mail con información sobre la enfermedad del Negro y algunas terapias alternativas que, en teoría, podrían controlar el mal.

Enseguida empezaron a aparecer notas sobre Fontanarrosa y su extraña enfermedad en los principales medios masivos nacionales.

Todos los que trabajamos en *Hemisferio* y en este libro esperamos, de corazón, que encuentren la cura y Roberto se recupere cuanto antes. Por mi parte, haré lo que aconseja el propio Negro frente a estos casos tan incómodos: reírme con ganas ante cada una de sus ironías, saborear el remate del cuentito apenas esté llegando y ponerme de pie ante sus más disparatadas ocurrencias.

—Es el mejor homenaje que me pueden hacer mientras peleo contra esta enfermedad de mierda —me dijo antes de despedirnos.

Hago extensiva la invitación a todos los lectores.

—¿Es cierto que sos descendiente de Colón? ¿O eso también es un chiste?

—Suena a chiste, pero lo cierto es que recuerdo algunas viejas láminas de la revista *Billiken* donde aparecía la madre de Colón: Susana Fontanarrosa, que presumo sería Fontanarossa, con una *r* y dos *s*. No he sido nunca un estudioso ni un preocupado por mis antecedentes, porque tampoco me los transmitieron mis padres, que nunca me hablaban demasiado de los orígenes, pero hace poco veía un árbol genealógico en un libro que será publicado en Rosario sobre las familias italianas y sí, aparentemente todos mis ancestros provienen de una localidad muy cercana a Génova. A la Argentina, la mayoría de los Fontanarrosa llegaron a partir de 1800 y se radicaron fundamentalmente en la ciudad de Coronda, en la provincia de Santa Fe.

—Guau: entonces es verdad.

—Bueno: no quiero avivar a ningún gil, pero de ahí a que reclame tierras que legítimamente me pertenecen, hay un paso.

—¿Te cae bien eso de ser *descendiente de*?

—Me causa gracia porque tener entre los antecedentes ese tipo de apellidos, al menos para joder con los amigos, es muy gracioso.

—¿Cuándo te volviste contador de historietas, dibujante, escritor?

—Creo que vos empezaste bien: contador de historietas o de historias. Lo que me gusta, esencialmente, es contar historias. En algunos casos uso el soporte de la historieta, en otros el del cuento, muy contadas veces la novela o si no por ahí simplemente dibujo o ilustro como hace poco me tocó hacerlo con el *Martín Fierro*. En una oportunidad, leyendo reportajes —un género que me encanta—, uno a Enrique Pinti y otro a Horacio Altuna (un excelente dibujante argentino que hace mucho dibujaba *El loco Chávez*), cada uno por su parte decía algo con lo me sentí emparentado: que, cuando eran chicos, ellos eran los que contaban las películas. Iban al cine y después les contaban la trama de las películas a sus amigos. Ahí recordé que a mí me pasaba lo mismo. Siendo como era, un chico extremadamente cerrado y tímido, es evidente que tenía cierta vocación por narrar o contar. Tiempo después llegaron, seguramente por la diversión que representaban, las revistas de historietas, y se me ocurrió copiar esos dibujos, ver cómo solucionaba alguna cosa, algún ojo, una boca, siendo que no tenía referencias cercanas de un dibujante. No era que mi viejo o un amigo o un primo dibujaba. Simplemente me entusiasmaban esas historietas graficadas. Ahí arrancó un poco la historia.

—¿Hubo un momento en el que dijiste: "Ahora sí soy un contador de historietas" o "Ahora sí soy un novelista"?

—Un novelista seguramente que no, que nunca lo dije y posiblemente nunca lo diga.

—Sin embargo, tu novela *Best seller* fue una de tus obras más vendidas.

—Era divertida pero muy despareja. Además, la novela me crea mucha dificultad. En el cuento uno tiene un punto que narrar, lo leíste y terminó el cuento.

De todos modos, respondiendo concretamente a tu pregunta te diría que no, que no hubo un momento. Porque tampoco tengo una tendencia a sentarme a reflexionar. Generalmente cuando puedo caer en ese tipo de postulado es porque tengo sueño y me tomo unos días para dormir, no hacer nada.

—¿No creés en el ocio creativo?

—No. Defiendo el ocio no creativo. Cuando me dicen que cuando estoy en el bar con mis amigos en el fondo estoy laburando yo respondo que no, que mi trabajo está en mi estudio. Todo lo demás me parece un exceso de eficiencia, una cosa muy yuppie eso de aprovechar todo. Ahora, paradójicamente, después de estar muchas horas con los amigos en el bar uno registra una música coloquial de nuestra habla y por ahí la vuelco en un cuento. O después de tantos años de jugar al fútbol y de estar cambiándome con los muchachos registro qué es lo que se dice en esas situaciones y también hago un cuento. Pero la idea primaria de ir a un café o a jugar al fútbol con los muchachos es recreativa y es borrarse del bocho todo lo que sea trabajo.

—Me hizo reír mucho esa frase tuya sobre el inventor de la rueda.

—Claro. El tipo la inventó porque seguramente no quería caminar más. Creo que la defensa de la vagancia y la pereza ha sido uno de los motores del progreso. Se supone que el que inventó la rueda estaba buscando alguna forma de que la cosa fuera más fácil, menos trabajosa que cargarse unos árboles arriba de la espalda. Digo, uno de los grandes adelantos de la ciencia es el control remoto del televisor. Nosotros hace muchos años no lo teníamos, había dos o tres canales pero también uno debía pararse y caminar dos o tres metros. Ahora uno se siente perdido sin el control.

—Lo debe haber inventado otro vago.

—Indudablemente. En general casi todas las cosas están hechas en función de ahorrar tiempo y esfuerzo y tener más horas para descansar.

—¿Te pesa el hecho de haber estudiado sólo hasta tercer año del secundario?

—No. La verdad que no. A mí no me atraía lo que podía aportarme ese estudio a su finalización, me aburría mucho en la escuela. Siempre lo repito: la aparición en forma continua y exigente de matemática, física o química determinó absolutamente que me diera cuenta de que ya no podía seguir, que la escuela era totalmente incompatible conmigo. Y me fui, pero sin saber qué iba a hacer. Yo dibujaba historietas pero no tenía en claro en qué podía resultar. Aunque nunca le hubiera dicho a mi hijo: "Andate de la escuela secundaria porque de alguna manera u otra te va a ir bien".

—De cualquier manera, fuiste un precursor de la deserción escolar.

—Sí. Un pionero de la desilusión escolar y que me generó después otro rasgo de carácter. Porque creo que casi todo lo que he hecho en mi vida ha estado destinado a no levantarme temprano. O sea, me quedó esa sensación espantosa de levantarme temprano lamentablemente en la escuela primaria y secundaria.

—Como nuestro común amigo, Osvaldo Soriano, que dormía de día y trabajaba de noche.

—El Gordo Soriano tenía cambiados completamente todos los horarios. No es mi caso, pero siempre me ha disparado una pregunta: ¿Por qué hay que levantarse tan temprano para ir a la escuela? Porque uno ve a los chicos que van al jardín de infantes, con cinco o seis años, que se tienen que despertar en invierno cuando todavía es de noche y salir de la camita caliente para... Es una tortura. Supongo que será un problema de horarios y de la disponibilidad de aulas. Yo alentaba otra teoría también: que todos los movimientos revolucionarios en Latinoamérica han nacido de eso, del resentimiento de niños a los que han hecho levantar temprano y que se han puesto en contra del sistema madrugador.

—Es una teoría buenísima. Pero es mejor la del resentimiento que provoca la caída del pelo en el varón.

—Sí, otra de mis teorías es que todos estos supuestos grandes problemas, la deuda externa, la amenaza atómica, son para ocultar el único, real y verdadero problema, e insoluble hasta el momento, que es la caída del cabello.

—¿Te molesta que se te caiga el pelo?

—No, porque me acostumbré. Lo que no quiere decir que lo acepté. Sencillamente, me resigné, porque empecé a quedarme sin cabello hace ya mucho tiempo. Además, siempre queda el argumento de que la calvicie es condición de gran virilidad porque tiene relación con la falta de hormonas femeninas. Como decía mi viejo: "Hablando todos somos campeones". Si te dan tiempo para entender literariamente algo, algún argumento bueno vas a encontrar.

—¿Cómo nació en tu cabeza el personaje de Inodoro Pereyra?

—Yo estaba publicando chistes sueltos, en la revista *Hortensia* de Córdoba, en 1972. Y se me ocurrió mandar unas historietas hechas directamente a tinta: la primera que mandé fue un regalo al Negro Cris, se trataba de una parodia a *Harry, el sucio*, la película de Clint Eastwood. El nombre que había elegido era *Boogie, el Aceitoso*. Se publicó en *Hortensia* y ahí recuperé el viejo cariño por la historieta. Cuando lo vi publicado me di cuenta de que podía hacer historietas con cierto perfil humorístico. Entonces empecé a enviar muchas más, todas directamente a tinta, dentro de las cuales había una parodia gauchesca de Martín Fierro que se llamó Inodoro Pereyra.

—¿De dónde sacaste el nombre?

—Cuando trabajaba en publicidad había un arquitecto con el cual compartíamos una oficina, que no debía ser más amplia que este sillón, y que me comentó que Leónidas Gambartes, un pintor del Litoral santafesino que era muy agudo para poner apodos, a este arquitecto que tenía mucho aspecto gauchesco o criollo le puso Inodoro Pereyra. Y me quedó dando vueltas, como tantas cosas que a uno le quedan dando vueltas y que luego las usa en provecho propio.

—Cuando releo *Boogie, el Aceitoso* o sigo leyendo *Inodoro Pereyra*, me pregunto qué hay de vos en esos personajes.

—*Boogie* funciona como antítesis de lo que soy yo. Nunca he sido un tipo violento ni prepotente ni machista, pero sí es lo que uno quisiera ser en determinados momentos. Se trata del Boogie que uno siempre lleva dentro o que le gustaría que aparezca para reaccionar con una violencia ilimitada en ciertas situaciones. Uno no lo hace por una cuestión cultural, y también física. Porque no tenés *lomo* como para aguantarte ese tipo de reacciones, y por otro lado éticamente sabés que no corresponde. Pero de Inodoro sí tengo muchas cosas, en el sentido de que a mí no me atraen los superhéroes y me siento mucho más identificado con los llamados antihéroes o tipos comunes que a veces reaccionan de determinada manera.

—¿Te considerás un antihéroe?

—Es que nunca he tenido la posibilidad de demostrar qué soy, si un héroe o un antihéroe. Pero conociéndome internamente, obvio que estoy mucho más cerca del antihéroe, porque uno conoce perfectamente, y en muchos casos lo demuestra, todos los temores que tiene, la debilidad y la fragilidad que tiene fuera de cámara. Estábamos hablando del problema de mi brazo, que es una cosa bastante misteriosa y preocupante, y ahí aparecen los temores de los cuales hablamos y ante los cuales se acabaron los guapos. Como cuando se dice: "Cuando se inventó la pólvora se acabaron los guapos". Entonces, ¿de qué héroe vamos a hablar?

—¿Qué cosas te tomás en serio?

—Me tomo en serio la responsabilidad frente al trabajo, como un valor agregado al hecho de que el trabajo sea más o menos bueno desde el punto de vista de la calidad, lo que es cumplir con entregas, la obsesión de entregar el trabajo. También el hecho, a nivel personal, de no defraudar a la gente que me quiere.

—¿Le tenés miedo a la página en blanco?

—Un día lo escuché hablar a Quino acerca de eso y decía algo bastante razonable. Le preguntaban en una mesa redonda si no le surgía ese temor y contestó, con bastante razón: "Si hasta ahora se me han ocurrido cosas, no veo por qué se me vayan a dejar de ocurrir". Pero es cierto eso, porque cuando uno ha trabajado mucho en el tema, hay determinados puntos que uno no ha tratado nunca y que aún son vírgenes. Entonces tenés mucho sobre lo cual hablar. Es como si yo ahora quisiera seguir haciendo cuentos o parodias de cómo se escribía en *Selecciones*. No da para más, al menos desde mis posibilidades lo agoté.

—Ahora tendrías que parodiar acerca de cómo se escriben los mensajes de texto, ¿no?

—Claro. No quisiera parecerme a esos humoristas hablando de temas que están totalmente perimidos. A veces escucho contar chistes de suegras, y si ya está en decadencia el concubinato, ¿por qué seguir contando chistes de suegras? O esos anacronismos como el de la esposa con el palo de amasar esperando detrás de la puerta. ¿Le habrá pasado a alguien esto? O que se caiga un piano porque lo estaban subiendo en una mudanza a un piso altísimo en una época en la que se estudiaba piano y en la cual los departamentos eran lo suficientemente altos como para tener un piano.

—Te oí decir también que tenías miedo de no estar a la altura de las modificaciones del lenguaje.

—Claro, pero eso en tanto y en cuanto uno no se recluya va a estar informado de algunas vertientes. Me he ido dando cuenta de que por ahí podía seguir alguna forma de vocabulario de los pibes de acuerdo con mi hijo Franco. Pero te diría que ya no, porque uno nota la impostación. Si yo me pongo a escribir como hablan ellos me doy cuenta de que no tengo suficiente data para que suene creíble. En ese aspecto uno habla de la impostación del mismo modo que te das cuenta de cuando alguien hace un chiste sobre fútbol y no sabe nada de fútbol. A veces siento que hago humor para una franja de gente que más o menos tiene los mismos gustos o la misma información que uno.

—¿Por qué sostenés que la palabra *pelotudo* es irreemplazable?

—Las que son políticamente correctas, como tonto, bobo o sonso, no tienen mínimamente la potencia que tiene esa palabra y que viene avalada por una contexta física, supongo que por la letra *t*. Siempre dije que debería estar vivo el Polaco Goyeneche para explicarnos cómo se pronuncian las palabras, con esa deleitación con que Roberto pronunciaba y explicaba por qué tal cosa se decía de una manera o de otra. Sabés también que soy un congresista de la Lengua, ¿no?

—Claro. Y justo pensaba en aquella intervención del III Congreso de la Lengua Española, donde te pronunciaste a favor de las malas palabras, e imaginaba la cara del director de la Real Academia, Víctor García de la Concha, cuyo apellido tampoco querías pronunciar.

—Realmente no les vi las caras porque ellos estaban a un costado del escenario, pero el mexicano que estaba sentado a mi lado se reía mucho. Mi planteo no tenía que ver con un desafío sino con preguntarme por qué las palabras son buenas o malas o qué delitos han cometido para que se las catalogue como malas. Por otro lado, no es que sea un tipo que diga muchas malas palabras. De hecho, he trabajado por más de veinte años junto a Les Luthiers y nunca hemos escrito una sola mala palabra para que se diga sobre un escenario. Lo que sí reconozco es que no puedo vivir sin algunas de ellas.

—Como la palabra *mierda*.

—Claro, no existe ninguna palabra que la reemplace. Creo que en la *r* está la fuerza de la palabra *mierda*. Por eso también creo que muchos de los inconvenientes que sigue sufriendo Cuba es que dicen *mielda* y se les debilita enormemente.

—¿Cuáles son las obsesiones que te afectan?

—Algunas son coyunturales. Creo que debería haber dejado de jugar al fútbol cuarenta años atrás por respeto a mis compañeros. Pero me gratificó mucho y lo seguí haciendo hasta hace muy poco tiempo. El hecho de abandonar esa práctica es muy doloroso para mí...

—Lo decís como si fueras Roberto Perfumo.

—Exactamente, pues él se llama Roberto Alfredo como yo. ¿Te imaginás todo lo que significa para mí no poder jugar más, que siempre he sido horrible, y lo que debe ser para un jugador profesional que además ha vivido la atención generalizada de los aplausos? Trato de reemplazar el programa del sábado por la tarde, pero me va a costar muchísimo. Además porque tiene que ver con una cosa física, ya no es una cuestión de voluntad. Pero es una frustración y una pérdida muy grande. Porque dentro de lo que me gusta del fútbol, una de las cosas que más me ha hecho feliz, aun siendo un mal jugador, es jugar. Incluso mucho más que ver, hablar o escribir de fútbol.

—¿De qué jugabas?

—A mí me salvó la invención del cuarto volante, porque entonces no se sabía muy bien de qué jugaba. A veces estaba arriba o debajo de la cancha, con lo que ahora se llama un volante de equilibrio. Mi puesto es carrilero por derecha, sin demasiada responsabilidad.

—¿Goleador?

—No, porque mi misma función me lo impedía. Sólo se trataba de posibilitar el lucimiento de otros.

—¿Y lo del brazo? ¿Cómo lo estás llevando?

—Como puedo. Tengo el brazo izquierdo inutilizado. Es una enfermedad neurológica que empezó hace unos dos años y pico, con toda la angustia que eso genera porque nadie sabe mucho de esto, incluso los que saben. O sea, estoy atendido por uno de los mejores especialistas, no sólo del país. Y él mismo, con mucha honestidad, dice que no se sabe muy bien de qué se trata. Es una atrofia muscular de un miembro pero la pregunta del millón es si esto queda acá, sigue o pasa a otros miembros.

—Te preguntaba cómo lo estás viviendo.

—Muy mal. Uno está acostumbrado a esa especie de omnipotencia, sobre todo porque siempre he sido muy sano y he tenido sólo problemas traumáticos, siempre producto de jugar al fútbol. Pero lo que me preocupa permanentemente es esa incógnita, esa pregunta, porque los médicos siempre hablan en potencial: "Esto podría, debería, supondríamos que, a tanto de haberse manifestado, quedaría ahí". En ese potencial está la preocupación.

—¿Sos un tipo creyente?

—Te diría que no. Lo que ocurre es que ante situaciones extremas uno trata de aferrarse a algo "superior" y que no sabés qué es, si es una conjunción de energía, si es una voluntad de algo incorpóreo, tratás de agarrarte de eso. Pero después, cuando hacés un planteamiento desde tu posibilidad racional, me resulta difícil creer en ese tipo de cosas. Lo que sí creo es que hay energías que uno no conoce, medicinas alternativas que uno no puede desmerecerlas ni reírse, en eso sí creo. Ahora, indudablemente a medida que va pasando el tiempo y uno se va acercando a una definición, me gustaría empezar a creer. Es como dice Mendieta: negociemos, total por ahí más vale creer llegado el caso.

—¿Qué te gustaría haber sido?

—Nada muy distinto de lo que soy. Si no me hubiera dedicado a esto sería periodista, porque hace mucho tiempo que trabajo en los medios. Hubiera sido un periodista dedicado a los reportajes, porque me encanta el género. También podría haber sido periodista deportivo, comentado fútbol o cosas por el estilo. Obviamente, como a nueve de cada diez argentinos cuando era chico, me hubiera gustado ser jugador de fútbol. Pero me di cuenta muy pronto de que no tenía capacidad para eso en un país donde se juega muy bien al fútbol.

—¿Cuántos libros escribiste?

—Como sesenta. Pero algunos son de publicación automática como los de Inodoro Pereyra, pues todos los años sale uno. No tengo una idea exacta de cuántos libros, pero siempre es menos de lo que la gente supone.

—¿Ya llegaste al millón de ejemplares?

—No, no creo. Habría que preguntarles a mis editores. Aunque los tirajes de los libros son pequeños. La otra vez lo hablaba con Eduardo Galeano, en una charla que dimos en Rosario, con respecto al fenómeno del Congreso de la Lengua. ¿Es tal el prestigio que tiene la literatura que su repercusión social excede a los niveles de lectura?

—Creo que sí. Y no está mal que así sea.

—Yo, encantado. Cuando dicen que a la Feria del Libro la gente va a pasear, yo pienso que está buenísimo que vaya a pasear, que continúe esa costumbre de relacionarse con el libro.

En el Congreso de la Lengua esperaban a José Saramago como si fuera Brad Pitt, se vivía una cosa popular muy fuerte. Y después, en realidad, viendo los tirajes de los libros en la Argentina, no alcanza los tres mil ejemplares. Pero como le decía a mi hijo: "Yo no quiero que leas para ser un intelectual sino para entretenerte o divertirte".

—¿Qué te queda por hacer?

—Lo que me gusta es esto y afortunadamente lo puedo hacer, lo puedo escribir, lo puedo dibujar. Claro que, por supuesto, todos soñamos escribir *Cien años de soledad* o *El aleph*. Tal vez no lo consiga nunca. Pero te diría que por ahí pasa la cosa, veré si puedo, dentro de mi trabajo, hacer algo mejor. Por ahí sí me hubiera gustado que alguno de mis cuentos fuera llevado al cine.

—¿Por ejemplo?

—Ahora se va a filmar mi cuento "Cuestión de principios". Pero todavía no me explico cómo Steven Spielberg no ha puesto sus ojos en "El área 18".

—¿Qué manera elegirías para retirarte?

—Este trabajo no es como el del tenista, que a los veinticuatro años ya es viejo y debe retirarse. Tengo amigos y conocidos que dibujaron hasta muy viejos. El viejo Alberto Breccia, por ejemplo, dibujó hasta que se retiró de la vida. Quisiera seguir haciendo este trabajo que me gusta mucho hasta donde se pueda. Y otra cosa que por ahí la gente dice: "Qué suerte que fulano se murió mientras dormía". Yo no quiero morirme dormido. Creo que la muerte es una instancia lo suficientemente importante como para estar despierto, que uno merecería ser testigo de una determinación que no nos corresponde, que no está en nuestras manos.

—¿Lo decís en serio?

—Sí. Me provocaría un gran desconcierto despertarme en otro lugar. Incluso una vez escribí un cuento que se llama "La mesa de tres patas", donde un espíritu volvía a reclamarles a los parientes preguntándoles: "Qué me pasó, yo estaba dormido, estaba bien, de golpe aparezco acá en las dos dimensiones, ustedes me envenenaron, qué hicieron, qué fue lo que me ocurrió". El tipo quería saber qué había pasado de verdad, y como estaba dormido ni se enteró.

—¿Cómo te gustaría ser recordado?

—En tono de joda, como se recuerda a los amigos con los cuales uno se ha divertido y se ha reído mucho. Yo lo veo en la mesa de los muchachos en El Cairo, donde hay algún que otro amigo que partió y cuando se lo recuerda se lo hace con la misma falta de respeto y afectividad con que se lo trataba cuando estaba en la mesa. Sin ningún tipo de respeto, la evocación inmediatamente despierta risas: "Cuando hizo tal cosa, cuando dijo tal otra". Creo que ésa es la forma de recuerdo que me correspondería, o al menos que yo quisiera.

—¿Y si tuvieran que poner una frase en un cuadrito del bar El Cairo?

—Me acuerdo de que, no sé si en Inodoro Pereyra, apareció una, pero que sería más humorística que real en el caso de que fuera trasladada a mí, que decía: "Aquí reposa Fontanarrosa. En su vida jamás hizo otra cosa". No será cierto, porque si hay algo que hice toda mi vida fue laburar. Pero qué gracioso, ¿no?

*"La mejor mina es la que te da pelota"*
———————————————

—¿Quiénes te hacen reír?
—Woody Allen, Les Luthiers y la mayoría de mis colegas, simbolizándolos tal vez en Quino.

—¿Qué te pone de mal humor?
—Lo que me pone de un humor horrible es que pierda Rosario Central y la emergencia en la entrega del material, que generalmente está generada por broncas conmigo mismo por aceptar más trabajo del que puedo hacer.

—Tres futbolistas de todos los tiempos.
—Están prácticamente cantados: Diego Armando Maradona, Pelé y, también por una cosa más afectiva y no por eso menos justa, Mario Alberto Kempes.

—Hablame de los mejores goles que viste en la cancha o por la tele.
—Uno es un gol emblemático para la hinchada de Rosario Central, el famoso de palomita de Aldo Pedro Poy en el Estadio Monumental en 1971 contra Newell's Old Boys. El de Diego Armando Maradona contra los ingleses; no el gol con la mano, que también tiene su valor, sino el que gambeteó a medio equipo inglés. Por último, como buen bicho *canalla*, cualquier gol convertido por Rosario Central en un clásico contra Newell's.

—¿Qué harías con dos pesos?
—Me podría comprar un chocolate con maní que siempre me gratifica y me levanta el ánimo por sobre todas las cosas de la Tierra.

—¿Qué asuntos te siguen resultando un gran misterio?
—El infinito; no sólo me parece un misterio sino un desafío de mal gusto, no me alcanza el entendimiento para captar qué es eso. Cuando te quieren explicar te dicen: "El universo llega hasta acá,

de aquí para allá es la nada". Pero, ¿qué es la nada? ¿Hasta dónde hay nada? Indudablemente, al menos dentro de mi capacidad, no figura la posibilidad de entender qué es el infinito y por supuesto ni trato.

—¿Qué tiene que tener una buena mujer?

—En primer lugar tiene que ser linda, me tiene que gustar físicamente, considerando que yo en canje no ofrezco un beneficio similar; me tiene que parecer una buena persona, confiable y honesta; y en tercer lugar, que es lo más importante y que está por encima de todo lo que puedo pretender de una mujer, es que me dé pelota. En definitiva es fundamental, porque nos deslumbramos con todas, pero nos quedamos con la que nos da pelota.

---

—Tu mensaje para el año 2050.

—Mi mensaje para aquellas personas que sean jóvenes en 2050 podría ser, si es que este mensaje está encerrado en un CD o en algún soporte digital de los que se usan ahora, que cuando lo encuentren pregunten y se acerquen a mí. Para esa época voy a estar empezando a envejecer y posiblemente necesite ayuda de los más jóvenes. Simplemente eso.

# Segunda parte

# Animales de radio

Fue una tarde de otoño, hace más de tres años, en la oficina que Mario Pergolini tiene en Cuatro Cabezas.

Era un encuentro cara a cara y a solas que ambos necesitábamos. Nos veníamos criticando muy duro y en público, por razones caprichosas que ya no tiene sentido mencionar. Ambos estábamos dispuestos a terminar con eso y pautamos un encuentro sin límite de tiempo. Habían pasado más de dos horas de conversación.

Cuando al final todo quedó aclarado y empezamos a comunicarnos de verdad, él me habló de su verdadero amor, del único, del más jugado, al que promete que jamás abandonará, aunque se venga el mundo abajo:

—Te lo juro: si me quitan la posibilidad de hacer radio me muero. Cuando estoy de vacaciones les pido permiso a los chicos que manejan una FM de la zona y me pongo a hacer un poco de radio gratis, porque si no me siento mal —me confesó con una emoción que sólo podemos comprender los que sentimos lo mismo.

Sé que puede parecer exagerado, pero Mario, igual que Lalo Mir, la Negra Elizabeth Vernaci, Alejandro Dolina, Antonio Carrizo, Cacho Fontana, Lany Hanglin, Mario Mactas, Bobby Flores, Magdalena Ruiz Guiñazú, Víctor Hugo Morales, Eduardo Aliverti, Juan Alberto Badía y muchos otros, entre los que me incluyo —sólo porque ya llevo doce años trabajando en ella—, sentimos por la radio el mismo amor incondicional que se siente por los hijos.

Esta pasión es lo único que explica los madrugones diarios a las cuatro y media de la mañana, las vacaciones salteadas, el presentismo casi perfecto incluso en los feriados y muchos otros sacrificios, como soportar a ciertos gerentes de programación, quienes ahora se dedican a complacer a sus jefes de las multinacionales.

Dolina, Hanglin, Mactas y Víctor Hugo son cuatro animales de radio de lo más exquisitos. Pero no hablaron sólo de radio. Parece mentira: entre el micrófono y los auriculares, tienen una vida.

# Alejandro Dolina

# "Quisiera ser inmortal pero sin saberlo"

AUTORRETRATO:
*"No hay nada más difícil que dibujarse a uno mismo.*
*Las líneas son tendenciosas, los colores están mejorados, los*
*volúmenes parecen más nobles y los defectos son*
*disimulados bajo la forma de obsesiones, e incluso de*
*virtudes. De modo que el autorretrato es, primero, una obra*
*de ficción, donde también se encuentran las memorias.*
*Cuando uno escribe sus memorias, está escribiendo ficción, y*
*cuando uno dibuja su autorretrato, no se está dibujando a*
*uno mismo. Está dibujando al que uno quiere que los demás*
*vean. Entonces, voy a tender inevitablemente a mostrarme*
*más alto de lo que soy, más sensible, menos miserable. ¿Qué*
*sentido tiene dibujar ese autorretrato? Ninguno. Ya lo hacen*
*todo el tiempo en la televisión, cuando los entrevistados dicen*
*que su peor defecto es ser generoso. Voy a aprovechar esta*
*invitación para hacer una revelación: mi peor defecto no es*
*ser generoso, mi peor defecto es ser un miserable"*

Carlos Ares, mi maestro y amigo, creador y fundador de TEA (Taller Escuela Agencia), director de *La Maga* y hasta hace poco corresponsal en Buenos Aires de *El País* de Madrid, fue la persona que, hace más de veinte años, me hizo comprender en toda su dimensión lo brillante, sensible y único que es el Negro Alejandro Dolina. Si mal no recuerdo, ambos formaban parte de un grupo que se hacía llamar Los Diletantes y que cada tanto se reunía a discutir las ideas más creativas y disparatadas.

Yo los espiaba desde afuera, de reojo, y muerto de envidia y admiración.

Raúl Alfonsín terminaba de ganar las elecciones pero no estábamos contentos. Sentíamos que lo "nacional y popular" se encontraba en otra parte. Amábamos el fútbol y también la obra de Borges. Les prestábamos atención a la gente laburadora y sencilla y a los tangos de Astor Piazzolla.

Carlitos me ayudó a entender que se puede seguir viviendo en el mismo barrio y usar el primer sueldo de periodista para comprarse todos los libros de Alejo Carpentier o los discos de Pat Metheny y de Chico Buarque. Y además me mostró sin egoísmo por qué Dolina resultaba la síntesis exacta de un hombre informado, con mucha lectura encima, pero a la vez muy atento a lo que sucede en el café de la esquina de su casa o en la cancha de El Porvenir.

Dolina nació en Morse, a pocos kilómetros de Baigorrita, provincia de Buenos Aires. Su madre, Delfa, lo parió a las once y media de la mañana. Su padre era un ejecutivo de Plavinil Argentina que lo amaba y le cantaba tangos.

Desde siempre habló como ahora, mezclando algunos anacronismos con ciertas exageraciones, un "salí de ái" con la palabra *fóbal* y las grandes anécdotas de la mitología griega.

Dolina escribe, pero se considera un escritor marginal y poco reconocido por "los suplementos literarios y las avenidas centrales de la Literatura".

En 1990 sufrió un fuerte desengaño personal que estuvo a punto de destruirlo como artista. En 1993 empezó a resucitar, según él mismo reconoció, "merced al fenómeno inverso".

—Vender no garantiza nada. El libro de Doña Petrona vendió muchísimos ejemplares, y no se podría decir que es un buen libro. Vender no garantiza nada. Por el contrario: instala una fuerte sospecha —dijo hace algunos años, cuando le preguntaron si se consideraba un buen escritor.

Dolina es autor de comedias musicales como *El barrio del Ángel Gris* y *Teatro de medianoche*, una obra que protagonizó él mismo como cantante y actor.

En 1998 publicó la opereta *Lo que me costó el amor de Laura*, que fue llevada al teatro en el año 2000.

En mayo de 2004 volvió a la televisión con *Bar del infierno*, por Canal 7. Su programa de radio, *La venganza será terrible*, que se escucha por Continental, se mantiene desde hace casi veinte años al frente de las mediciones de audiencia de la medianoche.

El mejor elogio que le hicieron a la charla que mantuvimos con El Negro fue el de un admirador de muchos años que se jacta de haber visto y leído todos los reportajes que le hicieron desde que se transformó en un hombre público.

—Nunca lo había oído hablar de sus hijos ni de cómo los concebió. Nunca lo vi ir tan a fondo —nos escribió.


—¿Cuál Dolina se parece más al real: el que escribe, el que habla por radio, el que hace programas de televisión, el que canta o el que cuenta?

—Es que hay varios Dolinas reales, por eso uno suena tan falso. En los reportajes, o ante una solicitud de crédito, uno contesta en formas muy variadas. "Profesión: empleado". Eso ya es una mentira o, por lo menos, no es toda la verdad. ¡Como si los billaristas estuvieran todo el tiempo tirando carambolas! Uno es muchas cosas. De todos modos, al Dolina al que yo quiero parecerme es al que escribe. El de la música es imposible, porque la música es un arte que no alude y yo nunca supe cómo se riman ciertas actitudes de vida con ciertos acordes. Pero a mí me cae mejor el hombre que escribe que el de la radio. El de la radio es un poco más simpático, un poco más divertido, pero el otro me simpatiza más.

—¿Y cuál Dolina es el que sufre más?

—El que escribe, sin duda. El que sufre es el que escribe, el otro es un poco vivillo, un poco mezquino, pero es muy justo eso que decís. El que escribe es el que más sufre de todos.


—Los que disfrutan del escritor se preguntan: ¿Por qué Alejandro Dolina, que escribió las *Crónicas del Ángel Gris*, no escribe tan seguido?

—Yo mismo me lo pregunto. Y creo que hay mucho de pereza general. Ahora estoy escribiendo, y la verdad es que es un libro que tiene plazos. Los plazos ya se han cumplido, pero la gente de la editorial me tiene cierta simpatía, le parece simpático que el escritor tarde un poco más. Creen en una autoexigencia que al final va a operar a favor del libro. Pero en realidad, con mis colaboradores hemos descubierto que, si me siento siete horas, escribo mucho más. No es que la inspiración viene cuando quiere, solamente viene si uno la convoca adecuadamente. Es como una gimnasia. Desde luego que no me garantiza nada, porque puedo escribir siete horas y al otro día tirar todo cuanto escribí. Pero si ni siquiera escribo esas siete horas, si me voy con mis amigos a mirar televisión, seguro que no se me va a ocurrir nada.

—¿Por qué decís que hay que desconfiar del reconocimiento o del aplauso de determinado público?

—Hay que desconfiar de todo aplauso porque podría no ser acertado. A veces lo noto en mi modesta actividad de todos los días, incluso aplausos que uno agradece, que vienen por cariño, por buena disposición. Pero hay que tener mucho cuidado de no confundirlo con el aplauso que surge del legítimo trabajo artístico que uno está haciendo.

—Entre algunas de tus obsesiones se perciben el amor y el conocimiento. ¿Creés que el amor distrae al conocimiento o que se llevan bien el uno con el otro?

—Conviene que no lo sepan los que están mirando esto ahora, pero si estuviéramos solos yo te diría que no, que se llevan a las patadas. Hay algo de patológico en el amor, tal como lo sentimos en Occidente. Quiere decir que hay algo de padecimiento. El enamoramiento produce perturbaciones, unas deliciosas y deseables perturbaciones, pero perturbaciones al fin. La inteligencia se oscurece, lo que es racional y posible se vuelve irracional e inalcanzable. Empieza uno a desear cosas que le es imposible lograr. Yo creo que la inteligencia flaquea. Pero, más que la inteligencia, el buen juicio flaquea. Un buen enamorado debe sobreponerse aun a esa locura que produce el enamoramiento. Tiene que ser capaz de manejar su conducta aun bajo los efectos del más tremendo de los amores. Quiero decir esto: algunas personas, con el pretexto de su enamoramiento, llaman por teléfono a las tres de la mañana a la mina que no les da bolilla y tratan de convencerla: "Mirá, son las tres de la mañana, no aguanto más". Eso está mal. Cuando se le muestra esta actitud al que llama, el tipo dice: "Bueno, pero ¿qué querés? ¿No te das cuenta de que estoy bajo los efectos de una enorme pasión?". Yo creo que uno no puede controlar su pasión y su deseo, pero que bien podría evitar jorobar a los demás con su desesperación. Vamos a dar un ejemplo. No puedo evitar que me guste la señora de al lado que no me da bolilla. Lo que sí puedo evitar es tocarle el timbre y molestarla a las cuatro de la mañana. Uno debe guardar la patología que el amor implica, establecer un coto cerrado para las consecuencias de ese amor, y que las consecuencias de esa locura no vengan a jorobar a nadie más que a uno. Eso es la dignidad del buen enamorado.

—Hablando de amor y de sentimientos, ¿vos creés en la teoría de que mientras uno es más ignorante también es más feliz, o que cuanto más sabe, es más trágico e infeliz?

—Es posible, pero depende de lo que uno desee. Evidentemente, la reflexión y el conocimiento impiden cierto goce ingenuo. Discépolo escribió eso de "querer sin presentir". Pero más allá de eso estaban las viejas polémicas teológicas que hablaban acerca de la felicidad de los bienaventurados en el cielo. Se imaginaba el caso de un señor que estaba en el paraíso, disfrutando de los bienes que allí se ofrecían, suponiendo que había llevado una vida de bondad. Entonces por ahí un pariente, su hermano, estaba en el infierno y alguien preguntaba: "¿Cómo es que este hombre puede disfrutar sabiendo que el hermano está en el infierno?". Y muchos decían: "No, al contrario, ya instalado entre los bienaventurados, no tiene lugar siquiera de condolerse de los que están sufriendo en el infierno". En eso consiste la bienaventuranza también: en la absoluta ignorancia sobre el sufrimiento o la desdicha del otro. Es como el que disfruta de una vida burguesa sin tener la menor idea de lo mal que la pasan los pobres. Él podrá ser considerado feliz e ignorante. Pero yo debo decir que no quiero ninguna de esas felicidades, yo prefiero saber. Si en ese saber se encuentra alguna clase de dicha o placer, mejor. Pero si no hay ninguna dicha, pues yo prefiero eso antes de ese estado de estupidez o de ignominia al que llaman felicidad.

—Te lo pregunté porque me enteré de que vos, al contrario de todos los chicos, ya a los diecisiete años sentías muy profundo que "sabías" que te ibas a morir. Me pareció curioso, porque en ese momento de la vida la mayoría se siente inmortal.

—Es verdad. Yo tuve, desde muy chico, lo que se llama "el sentimiento trágico de la vida". Es ese conocimiento perpetuo de que, no solamente a mí sino a todos, les espera inevitablemente la muerte.

—Y alguna vez escribiste que el abandono en el amor es algo parecido a la muerte.

—Es muy parecido. Lo peor que tiene la muerte es que uno se va solo, es inevitable, no se lo puede comentar con nadie. Y esta soledad cósmica que había descubierto Bécquer (Gustavo Adolfo) cuando escribió "Dios mío, qué solos se quedan los muertos" se parece mucho a lo que uno siente ante el abandono. Pero yo creo que el cinismo, que no es otra cosa que el adecuado rastreo del desatino, ayuda muchas veces a desmontar al abandono de una cierta dramaticidad, una vez que uno fue abandonado. Cuando pasa el tiempo, se comprende con dolor, porque es un dolor nuevo, el saber que uno no es único ni siquiera en el sufrimiento. El caso es que uno descubre que hay unas estructuras que se repiten y que los grandes amores están al alcance de cualquiera. Eso es una gran desilusión, porque todos, y sobre todo los más creídos, creen que los grandes amores les ocurren sólo a ellos: "Como me enamoré yo de Clarita, seguro que no se ha enamorado nadie", piensan. Pero pasa todo el tiempo, a todo el mundo, y siempre es igual. Las cartas de amor que uno ha escrito con tan enorme cuidado, con tanta disposición artística y amorosa, se repiten una y otra vez. De todos modos, a pesar de esa vulgaridad, es evidente que, alrededor de lo que llamamos amor, algo grande debe haber. Yo creo que los más grandes dolores provienen del amor; lo que no hay que hacer es sentirse único en eso. No hay que construir una cosa artística, no hay que creer que cada vez que uno se enamora hay que escribir una poesía. Eso no es arte. Es un verdadero asco.

—Perdón que me meta en tu alma así, de repente, pero sólo para conocerte un poco más: el amor de tu vida, ¿ya pasó o todavía lo estás esperando?

—Bueno... Es mucho preguntar, es más de lo que me han preguntado nunca. Oscar Wilde decía, especialmente para evitar las preguntas personales, que el hombre se enamora una sola vez en la vida, y después vive tratando de repetir la experiencia. Eso más bien parece un chiste. Yo no sé contestar adecuadamente, pero podría decir que algún amor muy grande he tenido, y que ese amor o esos amores podrían haber sido el amor de mi vida. Pero yo vivo golpeando puertas que siempre están cerradas. E incluso me encontré con puertas abiertas donde no hay nadie, lo cual es mucho más patético porque la persona que estaba ya se ha ido. Pero más allá de estas posibilidades, mi respuesta sincera es que sí. Que yo he tenido algunas emociones muy grandes, que posiblemente puedan ser descriptas como el amor de mi vida.

—¿Seguís pensando que nunca hay que volver a ese primer amor?

—No, nunca. Además uno nunca sabe cuál era el primer amor. Uno se olvida. ¿Cuándo se tiene por realizado un amor? ¿Se tiene que enterar la mina o no? ¿Será a partir de que le toqué la mano? ¿Desde que la besé? ¿O desde que hemos dormido juntos? ¿Cuál es el primer amor? Yo no lo sé, pero en serio que no lo sé. Alguna vez miré a alguna chica con cierto deseo, pero lamento decir que no la consideré mi primer amor. Mi primer amor a lo mejor fue el sexto. Y al conseguirlo, los otros cinco se me borraron. Como quiera que sea, el primer amor o aquellos amores consagrados por la costumbre como primeros deben dejarse allí. Todo debe dejarse allí.

—¿Olvidarlos para siempre?

—No. Yo más bien estoy de acuerdo con la nostalgia inmediata del gran amor que tuve la semana pasada. De esos amores siento nostalgia, de la última mujer que me dejó, que además es aquella con la que más posibilidades tengo de reanudar algo. ¿Qué voy a ir, con aquellas que no se acuerden de mi nombre?

—Una vez dijiste que uno se enamora primero de la cara, del cuerpo, y bastante después de la persona. ¿Es cierto eso?

—Sí, yo creo que es verdad. Hay un libro de Octavio Paz, *La llama doble*, que lo describe y es verdad. Primero está el impulso del cuerpo hermoso, del rostro hermoso y que nos invita a su apropiación. Pero enseguida, al rato, aparecen otros estímulos que no los llamaría ni siquiera de inteligencia, sino más bien del espíritu, como la simpatía o la tonicidad.

—¿Sos de los que cuando se enamoran empiezan a escribir o a componer?

—La verdad es que yo no. Cuando me va muy bien, yo no escribo ni una nota. ¿Qué va a estar perdiendo el tiempo uno en poesía? Yo soy inocente de la poesía amorosa, ya que genera una mala poesía. Es evidente que la poesía "qué contento estoy con mi novia" no es muy prometedora, es mucho mejor "tu ausencia". Siempre me inspiró el dolor del abandono. A mí me parece que el amor lo que necesita es inseguridad. El amor está parado en la piedra movediza de Tandil, que por otra parte ya se ha caído, que es lo que me pasó a mí. Mis piedras movedizas de Tandil hace mucho tiempo que están en tierra. Mi gran amor es la piedra movediza de Tandil. Lo que no se puede hacer es tratar de acarrear esa piedra hasta la cumbre. Hay que buscar otras cumbres y otras piedras. Pero, de todos modos, hablamos de la inseguridad del amor. Si el amor es demasiado garantizado, asegurado por avales y escribanías, se vuelve obligatorio. "¿Me vas a querer mañana?" Qué sé yo si te voy a querer mañana. Desde luego que hay una previsibilidad que nosotros debemos mantener, que no quiere decir que mañana mismo me voy a ir con el lechero. Pero a lo mejor sí. Depende de la moral de cada uno.

—Ya que hablamos de moral, recuerdo que un día, cuando te pidieron una opinión sobre Maradona y Pelé, dijiste que Maradona tenía una moral heroica y Pelé una moral burguesa. ¿Cómo es eso?

—La moral heroica es aquella cuyo principal valor es justamente el coraje, que también puede llamarse valor. El hombre que profesa una moral heroica está siempre dispuesto a jugar todo cuanto tiene por una causa en la que él cree. En cambio, está la moral burguesa, que es mucho más razonable. Una moral sin la cual las sociedades modernas por ahí no existirían. La moral burguesa tiene como principal valor la prosperidad, la seguridad, lo material. Y yo tengo la sensación, sensación que viene de los hechos, de que Diego, incluso de humor patológico, es más heroico que Pelé. Está dispuesto a perder todo en una jugada, en una corazonada, en una pared. Pelé me parece que es mucho más razonable, que no ha hecho nunca grandes enemigos, que ha sabido mantener un buen diálogo con los poderosos. Maradona, por el contrario, siempre tuvo dificultades con todos los poderes que uno pueda imaginar. Así que yo creo que sí, Pelé es más burgués que Maradona.

—¿Y no creés que vos, en cierto modo, también tenés una moral heroica?

—Yo no creo en la moral heroica. Mi respuesta es que no lo sé. No puedo contestar eso porque me parece que no hay derecho a contestar desde la comodidad de mi sillón. Ésas son cosas que los hechos contestan. Yo puedo decir ahora: "Yo no haría nunca nada que perjudicara a otro". ¿Y qué sentido tiene que lo diga? Te lo habrán dicho muchas veces y muchas de las veces que te lo habrán dicho seguramente no fuera cierto. Así que para saber cuál es mi moral, habrá que ver lo que hago.

—Siendo un tipo considerado clásico, que ama las cosas permanentes y antiguas, ¿cómo te llevás con la posmodernidad y las nuevas tecnologías?

—Yo no creo que para tener un espíritu poético haya que renunciar a la licuadora. Yo conozco muchas personas que se jactan de su romanticismo porque no le hablan al contestador automático: "¡Ay! Yo no hablo con máquinas", dicen. Yo sí, yo hablo con máquinas. Utilizo celular, Internet, automóvil, licuadora y todos los aparatos. Lo que no hago es ponerlos en un altar. Los pongo en la cocina.

—¿No te parece un poco extraña la intromisión de Internet en el amor, en la vida espiritual?

—Bueno, sí, pero las patologías no son la culpa de Internet, sino de sus usuarios. Me parece que vivimos en un mundo, a partir de Internet, con nuevas posibilidades de estar loco. Cuando yo era un adolescente, el mundo era más pobre. Más pobre en el sentido de que tenías menos posibilidades para todo. Para lo malo y para lo bueno. No había adónde ir, no había cómo ver televisión después de las doce de la noche. El mundo de hoy es mucho más rico en posibilidades para estudiar, para leer, para relacionarse, para hacer amigos, pero también para hacerse delincuente, para drogarse, para prostituirse, para envilecerse y para matar. Se puede resolver todo en una noche. Si uno resuelve pegarse un tiro, rápidamente puede saber cómo. Si resuelve estudiar el sánscrito, también. De manera que yo me llevo bien con todas estas cosas, pero no las endioso y no me parece que todas sean lo mismo. No me parece que sea lo mismo Internet que la proliferación de vendedores de droga en todas las esquinas.

—¿Pensás que la televisión estupidiza un poco si uno la consume asiduamente y sin filtro?

—Yo no quiero juzgar de un solo modo a la televisión, que admite programas estupendos y malos programas. De todos modos, yo sé lo que me estás diciendo. La actitud pasiva de someterse a la administración de unos mensajes cuyas estructuras, en general, son bastante previsibles no es una aventura del espíritu y más bien propende a la pereza mental. Yo no estoy tan seguro de lo que voy a decir, es un poco obtuso, pero he visto en algunos amigos, que tienen mi edad o incluso menos, síntomas de pereza mental, casi hasta de precoz senilidad, cuya explicación no encuentro todavía. Los síntomas los doy así, de un modo muy... no muy concreto. Vienen a ser éstos: repetición de incisos consagrados, por ejemplo: "Si pusieran policías en todas las esquinas, no habría asaltos", aunque sea verdad. Lugares comunes que han sido consagrados por la opinión. No importa mucho eso. Puede ser otra cosa. Puede ser contar muchas veces el mismo chiste, olvidarse de que ya lo ha contado. Reírse mucho en las reuniones familiares. Hacer fuerza para divertirse en situaciones que no son divertidas. Particularmente, es notable el gusto por los cuentos verdes que forman parte de un repertorio: "¿Conocés el cuento del paisano que fue a comprar un supositorio?". Eso, aplicado a la vida social toda. Donde hay más de cinco personas, el tipo empieza a contar el cuento de los supositorios. Esos pequeños datos configuran casi una renuncia al pensamiento. Y uno ve tipos que conoció de jóvenes, capaces no de un pensamiento crítico, pero sí de una actitud con una cierta pimienta. Veo gente perdiendo la capacidad de expresarse, sometidos a la tiranía de la televisión que me parece podría ser la madre de esas perezas y de esas senilidades precoces. Yo no estoy diciendo que la televisión sea mala. Lo que es malo es renunciar al pensamiento y a la acción propia y ponerse a ver vidas ajenas que no siempre son muy interesantes. No estoy diciendo: "Ese programa es tan malo que si uno lo ve se vuelve estúpido". No, a lo mejor el programa es bueno. Lo que es malo es pasar muchas horas sentado en una actitud pasiva recibiendo mensajes sin una sola mirada crítica. Miramos la televisión para ver de qué vamos a conversar mañana en la feria. Es un poco patético, me parece.

—Negro, ¿creés en Dios?

—No, pero no estoy orgulloso de no creer en Dios. Lamento no creer, lamento no poseer la fe. Calculo yo que sería un hombre más... no sé si más dichoso, pero sí más manso, más sereno.

—Si Dios existiera y te concediese la posibilidad de ser inmortal o de vivir más de una vida, ¿aceptarías?

—Yo no sé cómo será la inmortalidad, pero me parece que no es buena. Yo quisiera ser inmortal pero no saberlo, porque el inmortal es canchero y el canchero no disfruta de nada. Imagínese, si se está viniendo el mundo abajo y el canchero dice: "Qué me importa, si voy a renacer". De manera que para la vida hace falta un cierto dramatismo. Yo creo que el precio del amor es la finitud, creo que amamos porque nos morimos. Si no muriéramos, no habría necesidad de amar. Y si el precio para la inmortalidad es el amor, podríamos conversar la semana que viene, pero yo creo que elegiría el amor.

—Si pudieras cambiar algo a esta altura de tu vida, ¿qué cambiarías?

—No cambiaría nada, pero no por soberbia, sino por cautela. Una de las felicidades más grandes de mi vida proviene de errores que, enmendados, vendrían a quitarme esa felicidad. Yo he tenido dos hijos que no he encargado, que han venido por casualidad, y si en el momento de encargarlos me hubieran preguntado, yo hubiera elegido que no nacieran. Hoy son la felicidad más grande de mi vida. Yo por cautela trataría de no cambiar nada. No fuera cosa que por cambiar de molinete en el subte, en este juego de causas y efectos, viniera a perderme alguna cosa extraordinaria.

—¿Vivís obsesionado con la muerte?

—Yo no diría obsesionado. ¿Cómo explicarlo? Supongamos que estamos viviendo, junto a un grupo de amigos, un momento de enorme felicidad. Estamos brindando, bailando, disfrutando de la vida, pero en algún punto, cada tanto, una vocecita me dice: "Te vas a morir". Eso no impide el goce, pero lo sitúa en un punto.

—¿Entonces sos feliz?

—Cada tanto, como una flecha luminosa en la noche, pasa algún suceso venturoso. A eso yo lo llamo felicidad. Pero disfruto aun de la vocecita del tipo que me recuerda: "Te vas a morir".

—¿Y de qué manera elegirías morir?

—Todos eligen dormir, y me parece que está bien. A veces veo en el cine algunas muertes dramáticas que asustan. Allí todas las muertes son dramáticas y está bien, porque en el arte todas las muertes necesitan que empiecen a cerrarse los caminos, a atarse los nudos. En la vida uno se muere en la mitad del asunto, con un montón de deudas impagas, con cosas sin decir. Preferiría una muerte con no tanto prólogo. Una muerte sin preludio.

—¿Y cómo te gustaría ser recordado cinco minutos después de muerto?

—Como el retrato que todavía no escribí. Diría: "Uno que con suerte era un buen enamorado".

SEÑAS PARTICULARES:
*"Lo que me hace más feliz es el amor"*

_____

—Nombrame a tres de los músicos que más disfrutás.

—Nombrar a tres músicos es como nombrar a tres seres queridos con los que uno se comunica cada día. Así que nombraré a Chopin, a Piazzolla y a Gardel.

—Tres escritores, si no es mucha molestia.

—Los escritores que están de turno hoy son Borges, que atiende de forma permanente, León Tolstoi y Roland Barthes.

—¿Qué odiás de lo cotidiano?

—La primera cosa que odio es el ruido, en todas sus formas. La segunda cosa, digo en el orden inverso de importancia, podría ser la soberbia de los mercaderes. En la televisión o en la radio, escuchar las publicidades que venden productos, las que aconsejan cómo vivir, cómo encontrar la felicidad, sin saber siquiera si uno está interesado en ser feliz. Pero lo que más odio, en estos tiempos desgraciados de la Argentina, son las quejas de los privilegiados.

—¿Qué te hace feliz?

—Me hace feliz la buena música. En segundo lugar, puedo obtener alguna dicha en las aventuras del conocimiento, aun en aquellas aventuras desdichadas, que es cuando no puedo apropiarme de algunos conocimientos que están demasiado altos. Y la cosa que más feliz me hace, en todas sus formas, en sus formas más fuertes y duraderas, y en sus formas más efímeras y tenues, es el amor con sus aledaños.

---

—Por favor: tu mensaje para ser visto y oído en 2050.

—¿Cuánto tarda en llegar el olvido? Menos de lo que nosotros creímos. Si nos pusiéramos a recordar nuestra vida en este mismo momento, apenas si podríamos hablar durante diez o quince minutos. De modo que dentro de cincuenta años, poco quedará de nosotros y, a lo mejor, lo que debería quedar será equivocado. Frases que nunca hemos dicho, reportajes que nunca hemos contestado. Así que yo creo que lo mejor es resignarse al olvido y no dejar mensajes, porque podría ser patético tratar de obtener recuerdos en un mundo cuya esencia es el olvido. Así como el carbono catorce señala una tendencia en los objetos, el olvido señala una tendencia espiritual en el universo. El universo tiende al olvido. Todo lo dicho ahora será olvidado más tarde o más temprano. ¿Para qué andar dejando mensajes que nadie va a escuchar?

Rolando Hanglin

# "Todos somos un poco gay"

AUTORRETRATO:
*"Soy Lany Hanglin, periodista de radio, de un pequeño país del planeta Tierra. Ese pequeño país se llama Argentina, y estoy dentro del pelotón de los periodistas que más o menos tiene su hinchada"*

Hanglin es un hombre llano y sencillo, lo que no implica que sea simple o corto.

Significa que hace fácil lo complejo, y que vive sin prejuicios. Puede asistir desnudo a un programa de televisión o explicar sin ningún tipo de pudor cómo funcionan los *swingers* en la Argentina. Puede tomar la decisión de tener una hija como Salomé y alquilar, para procrearla, el vientre de una mujer y luego separarse de su esposa de toda la vida y elegir otro amor con el que ahora comparte casi todo su tiempo de ocio.

Lany no es políticamente correcto.

Sigue reivindicando a Bernardo Neustadt y a Carlos Menem, porque cree que es malo que el hombre se dé vuelta como un panqueque. Sostiene que no hay que bajar línea ni hacer un mundo de todo, porque todos somos más o menos falibles, más o menos chantas, más o menos buenos o más o menos perversos.

Nació en 1946 en Ramos Mejía, y tiene tres hijos. Fue alumno de "El Colegio", como llaman sus egresados al Colegio Nacional de Buenos Aires, y más tarde estudió Antropología Asiática en la Universidad del Salvador.

Boxeador amateur, fue periodista deportivo, director de la revista *Goles*, redactor de *Siete Días, Gente, Panorama, Extra* y *Todo*. Dirigió *Satiricón* y fue jefe de redacción de la revista *Para Ti*. En 1980 empezó a trabajar en radio. Desde hace catorce años conduce distintos programas en Radio Continental. Además comparte, junto a Mario Mactas, un breve pero desopilante momento titulado *El Gato y el Zorro*, donde ambos improvisan sobre diversos asuntos. En 1999 publicó su primer libro, *El hippie viejo*. Más tarde escribió *El perro interior*, donde relata anécdotas que exponen su intimidad sin ningún filtro.

—¿Sentís que tenés gente que es como una gran tribu, que te sigue, que sabe cómo te movés, que conoce tus silencios?

—Sí, creo que se ha ido formando una especie de comunidad, de un lenguaje, de algunos sobreentendidos. De todos modos, no pretendo dirigirme a ningún grupo de culto ni nada por el estilo. Yo trabajo para todo el mundo, para el gran público, y si lo que hago no llega a alguna parte del pueblo no es porque no quiera. Es porque no puedo.

—¿Por qué te autodenominás "insatisfecho perpetuo"?

—Porque nunca estoy contento. Siempre digo que estoy bien, pero la verdad es que siempre estoy buscando algo nuevo: un nuevo proyecto, un nuevo placer, una nueva ilusión, un nuevo sufrimiento. Un nuevo "algo".

—¿Una nueva filosofía, o son pequeños cambios que le hacés a tu vida para sentirte mejor?

—Es un agregado. Hace ya muchos años que tengo entendido qué es lo que quiero para mi vida. Soy muy rutinario, hago siempre lo mismo, de la mañana a la noche, y lo disfruto. Hasta tengo armada la rutina de las cosas que me gustan y que no me gusta que me quiten. Pero cuando digo "algo nuevo" me refiero a objetivos espirituales, a pasiones o placeres que me gustaría alcanzar.

—Hacés meditación y también practicás tantra. ¿Qué satisfacciones te producen?

—Desde los dieciocho o veinte años he pensado y he sentido que la meditación tenía mucho que ver con lo erótico, con el placer. Es la onda hippie de mis veinte o veinticinco años, y ese camino lo fui postergando porque yo estaba trabajando, tenía que vivir, tenía que formar un hogar. En fin, las cosas que uno se planteaba en esa época, a los veinticinco años. En realidad las retomé después, a los cuarenta tal vez, y me di cuenta de que siempre estoy en el mismo camino. No hago ninguna meditación, la verdad. Hice en una época meditación Osho, que es más dinámica, donde el cuerpo tiene mucho que ver. Hay brincos, gritos. Es un poco también de liberación corporal y actoral. Es bueno para un periodista, para un tipo que hace cámara, aunque sea malo como yo, porque te libera. Hay meditaciones de Osho que son jugar al loco. Es decir, ser loco durante media hora, sin ningún pudor, delante de todo el mundo. Son ejercicios psicofísicos. Después viene la meditación, que es un instante, un gran esfuerzo físico, un gran vaciar de la mente. El "stop" de vacío es la meditación, todo lo contrario de lo que se entiende por meditación. Y el tantra es una manera de tomar la vida, de tomar el placer, y especialmente el sexo, donde la eyaculación, en lugar de ser un rápido somnífero para dar por terminada la cuestión, es algo que se reserva el hombre, que queda adentro. Entonces, no hay fuga de esencia y se rejuvenece.

—¿No se debe tener una disciplina mental y corporal significativa?

—Bueno, pero cualquiera que haya hecho algún deporte o que tenga un poco de voluntad puede hacerlo. Simplemente es cambiar de dirección. En lugar de buscar el final en el sexo hay que tratar de que no haya final. Es muy simple, desde el momento en que lo decidiste, ya está. Hay algunas técnicas, pero tampoco es la técnica china. Es bastante más sencillo de lo que se supone.

—¿Y el nudismo es, además, una filosofía de vida?

—El nudismo es una práctica que está basada en el respeto por la naturaleza, por el cuerpo, y por uno mismo. La idea es estar desnudo, al aire libre, en un ámbito natural compartido con otros seres humanos. Sentir, con todo tu cuerpo, los distintos estímulos de la naturaleza, que son la arena, el pasto, el agua, el sol, el fresco de la brisa. Y, a su vez, sentir la mirada de los otros, que también es parte del entorno. Produce una gran euforia.

—Una vez citaste una de las enseñanzas de Osho: *"El mandato es escuchar, observar, meditar, y descartar la opinión, la evaluación, la crítica y la polémica"*.

—Es que la crítica te convierte en una especie de monstruo, en una bruja o un brujo, donde las uñas te crecen encorvadas y te sale toda la maldad. Con un poco de experiencia en la vida te das cuenta de que cada uno hace lo mejor que puede, que nadie hace daño a propósito y que lo que hizo cualquier otro, uno también lo puede hacer. Así que tenemos que tener un poco de respeto por los demás. Siempre es bueno suspender el juicio y la opinión, porque la polémica siempre trae emociones feas, de rencor. Podés ganar la discusión pero no tener razón, podés ser un hábil discutidor pero no llegar a nada. El silencio es mucho mejor. Yo trato de no juzgar, de no opinar y de reservarme. Creo que a uno lo enriquece espiritualmente ahorrarse una opinión, ahorrarse un juicio. Nosotros estamos en un servicio público y, por lo tanto, tenemos que tratar de ser transparentes y honrados. Mi trabajo en la radio es un vehículo para que los otros se expresen. Si uno aprendió algo en este oficio, leyó, se preparó, tiene que ayudar a expresar otros pensamientos, no discutir. Porque yo no llamo a la gente para molestarla, la llamo para que exprese su pensamiento. Hay otros que critican y que polemizan y están en otras radios y en otros canales. Lo mío es escuchar y servir de vehículo; hay otros que son buenos opinadores.

—¿Cómo hacés para producir en radio *RH positivo* y *Cartas y encuentros*, dos programas con diferentes urgencias, tan distintos?

—El clima, la hora y el ritmo son distintos. A la mañana, con *RH*, es muchísimo más esfuerzo porque además es competitivo, tenés que hacerlo rápido, mezclar los temas, hay que dar todo. Tu sistema nervioso está en juego, hay que tener reflejos. En cambio, a la noche, es otro clima. No hay apuro, es más tranquilo, lo hace la gente.

—Pero para hacer *Cartas y encuentros* hay que tener una capacidad especial, diferente. Hay que saber escuchar y evitar que se pueda ir todo al diablo.

—No es ninguna hazaña; los oyentes son quienes hacen el programa. La gente está muy sola. La gente que tiene treinta, cuarenta, cincuenta años, que son millones, no tienen dónde conocer a alguien. Están todos divorciados, o son solterones, separados, desilusionados. ¿Y dónde van a conocer gente? En el programa tenés un vehículo para que la gente se comunique, se busque. No sólo para formar pareja, o un trío, o una barra de *swingers*. No, a lo mejor quiere buscar un grupo para alquilar videos y después hacer cine debate.

—¿Qué historia rescatarías de algún momento de tu vida?

—Las historias que yo tengo son más bien tragicómicas, no sé si son dignas de una antología. Me deleito recordando historias que no son de éxitos. Recuerdo una noche que yo estaba en Sitges, en un bar que se llama Titos, que todavía existe. Era un bar en el que se reunían extranjeros: ingleses, alemanes, americanos, canadienses, y también algunos españoles. Estaba allí cuando apareció una gallega que me encantó. Mientras conversaba con ella y ocultaba mi felicidad, pensé: "Éste es el levante del siglo". Me acuerdo de que le hablaba de García Márquez, de literatura hispanoamericana. La conversación duró un largo rato, hasta que me dije a mí mismo: "Ya está, estoy frente al arco, pateo y viene el gol". Entonces, cuando sentí que ya la tenía, la española me dijo: "Bueno, ahora me marcho". Y se fue. Se fue a su casa sin el menor reparo... Los españoles son así, tienen otro código que a los argentinos nos cuesta entender.

—¿Por qué decís que el boxeo es un orgasmo?

—Porque el boxeo es un arte y, en cierto modo, un arte marcial, que no tiene el verso o el prestigio que tiene el yoga o el tai chi, pero que es tan difícil como esas disciplinas. Yo a veces boxeo, y te aseguro que cuando te sale una cosa sentís un placer extraordinario, porque en boxeo las cosas hay que repetirlas miles de veces hasta que salgan. Lo que fue ensayado tantas veces en el gimnasio, en el vacío, sale sólo en el combate o con un rival. Es increíble. Todo tiene una lógica y una economía de movimientos maravillosas, y por eso la armonía que se ve cuando contemplás boxeo. Tiene una ciencia interior que se manifiesta en la belleza.

—También dijiste que mirar a las mujeres te da placer. ¿Es la misma contemplación que uno puede hacer ante una obra de arte?

—A mí me gusta mirar a las mujeres, y sé que no es nada original lo que digo. El arte más primitivo es la Venus del Paleolítico, una mujer desnuda, hecha de arcilla o de roca. Es decir que lo primero que trabaja el hombre como material de observación, de contemplación, es la mujer desnuda. De ahí en adelante, tenés la relación de la revista con la vedette, el cine con Marilyn Monroe, los desfiles de modelos, toda la escultura, toda la pintura. La mujer siempre es un objeto de contemplación.

—¿Qué tipo de mujer te gusta?

—A mí me gusta la mujer atípica, la que no sale por docena. No me gustan las mujeres que son parecidas a otras. Me gustan las mujeres étnicas: las negras, las japonesas, las chinas, las hawaianas, las mujeres diferentes. No me gustan las altas. Me gusta la mujer a proteger, pequeña, original, distinta, como un pajarito exótico que uno tiene o que quisiera tener. Cuando uno ama a alguien se lo quiere poseer. Ahora, si hay alguien que ama y lo quiere mandar lejos, yo lo felicito, pero me parece una cosa muy rara. Yo no conozco el punto medio.

—¿Sos celoso?

—Sí, extremadamente, y lo sufro. Los celos son una emoción tan fea como la envidia, ojalá uno pudiera estar libre de eso. Creo, además, que es una característica común en el ser humano. Lo políticamente correcto es no ser celoso, y como vivimos en el imperio de lo políticamente correcto, todos aman sin celar. Bueno, yo los felicito, pero sencillamente no les creo. El que ama quiere tener a esa persona cerca, la quiere tener bajo su control, quiere saber qué hace y con quién está, y no la quiere regalar.

—¿Sos machista?

—No me parece, pero por algunas cosas puede ser que se me considere machista. Creo que el machismo murió, ya no existe más. Hoy vivimos en el imperio de la mujer, los hombres son todos unos dominados. Somos todos unos dominados. El hombre se hace el guapo, pero de pinta. En la casa, te mandan a fumar al balcón, y no a mí, a todos. El hombre tiene el siguiente problema: la vida está difícil para trabajar, entonces posee esa vulnerabilidad que le provoca la pérdida del trabajo en cualquier momento. Además, el hombre es quisquilloso para el trabajo, quiere ser jefe, quiere ascender, es competitivo. La mujer, en cambio, está feliz de trabajar. No tiene ningún problema en servir un café o ser presidenta de la empresa. Eso es bárbaro para un empresario, que tenga esa mística, esas ganas de servir. Nosotros estamos en la cuerda floja. El hombre para empleado es malo, problemático, complicado. En cambio, la mujer es fenomenal. Yo me doy cuenta en nuestro medio; son cada día más mujeres. La mujer es más flexible, está más en el mundo actual. Se siente eso en la calle, en la vida. Se siente que la vida está difícil para el hombre y que para la mujer es triunfo, éxito. Además, ahora está de moda que el hombre sea sensible, y la tendencia es ésa: un hombre más femenino y la mujer más macho. Los dos sexos son muy parecidos ahora.

—¿Vos sabés cuál es tu parte masculina y tu parte femenina?

—No las tengo muy identificadas, pero no me costaría mucho trabajo. Todos somos gay en algún rincón del corazón, por eso no me parece que yo sea machista. Todos tenemos un aspecto homosexual que está dormido, contenido, pero en cada mundo interior existe una parte femenina, seguro.

—¿Creés que la sociedad es demasiado pacata para hablar de estos temas?

—No, la sociedad no es nada pacata. La sociedad acepta todo, ya aceptó todo hace rato. Los que no aceptan las cosas son los periodistas, el establishment de las comunicaciones, que se ríe de su propia sombra, o de esto, o de lo otro. Es el medio de prensa, que es extremadamente conservador y le falta un poco de mundo.

—¿Sos religioso?

—Soy ateo, o si querés, agnóstico. No sé si Dios existe, creo que no, pero la vida es tan rara que hasta podría existir la Santísima Trinidad. Me parece que la vida está hecha de casualidades y de causas humanas, y no veo una voluntad divina que vaya guiando el mundo, ni la necesidad de que exista un Dios para dirigir esto. No hay que mitificar a la muerte; el hombre vive y muere como un caballo en el campo.

—¿Y no tenés la fantasía de encontrarte en el cielo, por ejemplo, con tu viejo?

—Sí, y con mi vieja, pero temo que no suceda. Yo creo que los seres queridos que han pasado por nuestra vida en realidad son como creaciones nuestras. Ellos fueron reales y en algunos casos fueron divinos, pero una vez que desaparece esta persona, a vos te quedan algunos recuerdos, algunos momentos, y te vas inventando el resto. Lo vas completando con cosas que te inventaste vos, con el esfuerzo del que ama. Porque el que ama pone garra, tesón, en la figura amada. Y entonces, tu padre o tu madre, que han sido seres vivos, ahora son una creación tuya. Hay una parte que sí fue, pero hay una parte que te la estás inventando. También puede ocurrir que los encuentres en otro mundo, y no sean como los estás recordando.

—¿Cómo los recordás?

—Uno recuerda a su madre y a su padre en una buena época de la vida, generalmente con una linda imagen. A mi mamá la recuerdo joven y linda, con sus amigas, guardando muchos secretos, y con muchos imperativos sobre lo que debe ser y lo que no debe ser.

—¿Qué lugar elegirías para vivir?

—Miami, Barcelona, Sitges o, llevado ya a la locura, Saint Maarten, en el Caribe, que es el lugar más lindo del mundo.

—¿Y qué lugar elegirías para morir?

—Es igual, la verdad es que uno hace mucha fantasía con eso, y no se debe hacer una puesta en escena como si fuera la crucifixión de Jesucristo. Es simplemente el fin, y da lo mismo si es en Rivadavia y Carabobo o en Nueva York. Uno se muere a desgano, quisiera seguir. El que está vivo quiere seguir. Sin piernas, sin brazos, medio tonto, no importa. Yo quiero seguir, y eso le pasa a casi todo el mundo.

—¿Quisieras seguir para siempre?
—Me encantaría.

## SEÑAS PARTICULARES:
*"Odio esperar"*

—¿Qué amás de lo cotidiano?
—Amo dormir una buena siesta. Jugar al fútbol, al tenis, boxear. Ver una linda pelea un sábado a la noche, con un champán en la mano.

—¿Y qué odiás?
—Odio que me hagan esperar, hacer cola, los trámites burocráticos, y el ruido.

—Nombrame los primeros tres mejores profesionales de radio.
—Antonio Carrizo, Juan Carlos Mareco y Bernardo Neustadt.

—¿Tres periodistas?
—James Neilson, Mariano Grondona y Bernardo Neustadt.

—¿Tres combinaciones ideales entre comidas y bebidas?
—Tres combinaciones ideales entre comidas y bebidas serían: pizza con champán, que me gusta; langostinos frescos con salsa golf, también con champán; y podría ser, también, queso picante con un buen whisky con hielo.

—¿Tres placeres?
—Hacer el amor, mirar mujeres, beber champán.

—¿Qué es lo primero que le mirás a una mujer?
—Los pechos, los pies y los labios, en cualquier orden.

—El mensaje para el año 2050.

—Éste es un mensaje para la posteridad, para las personas que me hayan querido, o que yo he querido, que estén todavía en ese valle de lágrimas. ¿Vieron que la cosa era como yo les decía? No hay mucha historia. Se vive, se muere y ya está.

# Mario Mactas

# "Aborrezco la tiranía de las ideologías"

AUTORRETRATO:
*"Soy un tal Mario Mactas desde hace ya un tiempo
probablemente excesivo y abusivo. Soy uno de los periodistas
de nuestro país que estuvo bastante por el mundo, que es en
realidad en donde vivo. Y ahora estoy en tierra argentina, no
siempre con buenas digestiones al respecto, pero supongo
que nadie tiene la culpa. Me dedico a comentar lo que existe,
a observarlo sin el mandato de una secta, ni de una
corporación, ni de un partido, sino desde mi propia cabeza,
que intelectualmente ha madurado y emocionalmente no"*

En un mundo donde mucha gente habla mal y piensa peor,
una hora de charla con Mario Mactas representa un lujo que no se
debe ni se puede desechar. Compañero de pasillo de radio, vecino
de barrio, amigote de la vida, Mario tiene la doble virtud de decir
siempre lo que piensa, aunque no sea políticamente correcto, y de
decirlo de una manera atractiva, armoniosa y delicada.

Mario nació en 1944, es periodista, escritor y publicó, entre
otros libros, *El enano argentino, Monólogos rabiosos, El amante de
la psicoanalista* y *El Gato y el Zorro,* la versión escrita de los desopi-
lantes diálogos que comparte todos los días con Lany Hanglin en
Radio Continental.

—¿Qué significa que has madurado intelectualmente y no emocionalmente?

—Significa que he tenido la oportunidad, y la he aprovechado,
de alcanzar una madurez intelectual tempranamente. Me refiero a
las hermanas de mi padre. Mi padre era un porteño cabal, muy

elegante, bien vestido, y muy distraído por los placeres de la vida. Pero sus tres hermanas, algo esnobs por cierto, al punto de ser en parte comunistas y en parte refinadas señoras, creyeron ver en mí la posibilidad de una madurez intelectual. Justamente me llevaron a la lectura, al Colegio Nacional de Buenos Aires, lo que me permitió levantarme menos temprano para ver los trabajos de los caballos de carrera, tanto en Palermo como en San Isidro. A lo largo de la vida, esa incitación precoz se transformó en una actitud y en un refugio. Me refiero a la lectura, al pensamiento que no fuese ordenado por un dogma... Pero alguna cuestión siempre hay, entonces ahí me tropiezo con alguna piedra, que es el tema emocional, el desarrollo de la idea del amor maduro, que consistiera en compartir la vida con una compañera encantadora. Y no pude, no pude construirlo. Se sucedieron numerosísimas relaciones, numerosísimas separaciones, numerosísimas historias, que si lo pienso bien, también dejaron un sedimento grato, armas para llevar por la vida. Pero eso quiere decir que la madurez emocional entendida como la formación o el equilibrio en materia afectiva-amorosa, no. Más bien, aprendí algunas formas de gimnasia...

—¿Cómo algunas formas de gimnasia?

—Claro, algunas formas de gimnasia privada, y creo que es mi forma de expresar ese amor. Y luego, con el tiempo, particularmente luego de los años en que viví en el extranjero, que fueron once y que contaría absolutamente entre los más felices de mi vida, me incliné más por aprender a dar amor. Y en eso consiste mi inmadurez emocional, en no saber cómo dar amor, pretender solamente recibirlo.

—Es raro escuchar a un tipo decir que los años de exilio fueron los mejores de su vida.

—Sí, es que lo fueron en realidad. Fijate que todos esos años que en teoría debieron ser amargos fueron para mí maravillosos. Entendí que iba a designar una tragedia existencial si me sumergía en un gueto argentino y me lo pasaba allí, en la compañía de falsos y verdaderos montoneros, de guitarristas, en general de poca categoría, de cebadores incesantes de mate, de personas entregándose a la lamentación, entonces dejaba de zambullirme en la maravillosa vida española. Me tocó llegar en la transición del régimen de Franco a la monarquía y a la democracia. Y eso, quien se lo haya perdido tuvo menos suerte que yo, por decirlo de algún modo. Fueron años de maravilla. Era una época de abundancia, es decir, caían las brevas de una manera increíble.

—¿Y desde el punto de vista intelectual, del conocimiento?

—También, porque España es una maravillosa nación de naciones. No hay una uniformidad cultural, ni siquiera lingüística, y mucho menos en su pensamiento. Pero si se toma en su conjunto es un país muy peculiar y muy embriagante, porque no pasó por la Ilustración, por las luces, por la influencia de la Revolución Francesa, y tampoco por el psicoanálisis. Y al margen, ausente, libre, de estas dos tremendas y decisivas circunstancias históricas, construyó una cabeza original y única, que a mí me seduce y me alegra. Me siento muy bien allí. En realidad diría, a riesgo de cometer apostasía —una especie de herejía, digamos—, que es en realidad mi país, es la tierra en donde yo me siento bien.

—¿Y por qué no vivís allá?

—Bueno, porque a España la adoro, tengo una relación de delicia con ella. A la Argentina la quiero porque tengo el deber de quererla, es un amor obligado, de más baja calidad. A mí me gusta mi país, me gusta la ciudad de Buenos Aires, pero también me abruma.

—Mario Mactas, ¿está también definido por el Colegio Nacional?

—Sí, seguramente. Lo que le debemos al Colegio Nacional de Buenos Aires, en general los que fuimos alumnos allí, no diría que es una cultura ni una formación sino una forma peculiar del sentido del humor. Me parece que ése es el rasgo del Colegio, de todos los grandes colegios, y de todas las grandes estructuras educativas. Cuando se habla, pues aún se habla, del humor inglés, la gente se refiere al humor de Cambridge. No se refiere al humor del tipo que está con la cabeza rapada, una cerveza y cuarenta tatuajes, pensando a quién le va a bajar los dientes ese día.

—¿Cómo te hiciste periodista?

—Por vocación. Yo soy un periodista vocacional. Me interesó siempre abordar el periodismo como una rama del arte. Es decir, si hubiese trabajado en el campo estricto de las letras, en el ámbito claustrofóbico de las universidades, me hubiera privado de la calle. Y la vida está en la calle. Creí que combinar la literatura con la calle daba el periodismo, y eso me sedujo.

—Qué buena versión del periodismo...

—Es la mía.

—Hay otra versión que dice: "El periodismo es un océano de conocimiento con un centímetro de profundidad".

—Es muy norteamericana, y la comparto. Pero es conveniente que sólo tenga un centímetro de profundidad, porque no tenés que dar brazadas de desesperación. Podés pasar caminando y cuando quieras más profundidad irás al océano, nadie te lo impide. Pero ese mestizaje entre el arte y la calle es lo que define al periodismo. Le agregaría también una espolvoreada de escepticismo, que es necesario.

—¿Cómo definirías tu paso del ejercicio del periodismo a la novela exquisita, esa que escribiste sobre la relación de un paciente con su terapeuta?

—*El amante de la psicoanalista* es una novela erótica que escribí para exorcizar algunas cosas, y en realidad fue uno de los tantos intentos por ir a un analista después de algún tipo de quebranto de relación. Tampoco me importaba tanto, pero por deporte quería ver si me podía sentir un poco mejor. En realidad porque a mí me da la impresión de que en la Argentina se sufre mucho, la realidad te propone un sufrimiento constante, no hay paz aquí. Siempre estamos tironeados por presiones, tensiones, luchas, donde el futuro es inconcreto. Creo que la actividad principal aquí, y no es irónico lo que te digo, es sufrir: la paz interior no existe. Llevado por esa ansia de paz interior fui a ver a una psicoanalista, muy mona, como la de mi libro, en un gabinete muy pequeñito, lleno de plantas, retratos de Freud, esos horrendos muñecos de la isla de Pascua... Y ella se sacaba y se ponía unos mocasines de gamuza bordó, y se sacaba y se ponía unos lentes. Y no sé por qué rasgo enfermizo en mi cabeza esto me empezó a dar un impacto de seducción, un relámpago de erotismo. Y a mí me trataba como a un paciente más, quiero aclararlo por su honor.

—¿Puede haber fantasía más exquisita y entreverada que la de estar con la psicoanalista de uno, o al revés?

—Pocas deben ser tan exquisitas y entreveradas. También les debe pasar a los psicoanalistas. Porque el esquema en el que transcurren las cosas es de tal grado de intimidad y proximidad que sólo falta dar un paso al enamoramiento. De todos modos, creo que los psicoanalistas verdaderos están entrenados para manejar esto, aunque de vez en cuando se les deben volar los papeles también.

—El hecho de haber escrito esa novela te transportó a un lugar de enorme placer...

—Me transportó a un lugar de enorme placer. La historia es breve, por eso no aburrirá. Luego que dejé la consulta de la psicóloga tenía que encontrarme para almorzar con mis editores, que son los tuyos también: Gloria Rodrigué, Paula Viale, Luis Chitarroni... Ellos querían que yo hiciera una segunda parte del libro que se llamaba *Monólogos rabiosos*, que misteriosamente se había vendido bastante. Y les dije que primero me dejaran escribir mi novela *El amante de la psicoanalista*, cuyo argumento no existía. Es decir, simplemente ese viaje hasta el restaurante. Y me advirtieron: "Mirá que una novela tiene que ser como una catedral, las cosas tienen que encajar". Y bueno, me pidieron que escribiera setenta páginas y me dijeron que iba a recibir el mismo trato, implacable, que cualquier tipo que presenta un original. Pasadas esas setenta páginas en las que estiré muy penosamente el relato, me dijeron: "Queremos conocer el resto". Después de tirar penosamente del relato, la historia empezó a tirar de mí. Me levantaba a la mañana, casi de madrugada, y la cosa fluía. Es verdad eso que siempre se dijo, que los personajes hacían cosas que dentro del plano estratégico del día no estaban previstas. Eso supongo que es la presencia misteriosa del arte. A veces me encontraba muy preocupado cuando terminaba: a veces me reía y a veces estaba en lágrimas.

—Qué linda manera de sublimar esa relación espectacular que tuviste con tu psicoanalista: hiciste una novela y fue como haber tenido dos sesiones amatorias infinitamente agradables.

—Yo diría que ese psicoanálisis funcionó.

—Aunque quizá no estés maduro emocionalmente, disfrutaría mucho hablando de amor con vos. ¿Puede ser que lo intentemos?

—Sí, cómo no. El amor es un tema extraordinario, y necesario por otro lado.

—¿Cómo hacés para vivir...? No vamos a hablar de intimidades.

—Hablá de lo que quieras. Estoy dispuesto a contestar evasivamente todo lo que me preguntes.

—¿Cómo hacés para vivir, con la diferencia de un piso, en el mismo edificio con Leonor y no caer en la tentación de decir: "Ahorremos, vivamos bajo el mismo techo"?

—Bueno, creo que no se trata siempre de ahorrar. Una de las cosas de vivir bajo diferentes techos es que ahorrás otras cosas:

ahorrás conflictos, ahorrás insomnios, y te vas quedando con los asuntos más placenteros: con las compañías, con los buenos ratos, las buenas noches. Me parece que se preserva más el río erótico y el misterio, y desde luego que la libertad de cada uno es necesaria. Porque la pareja, que es una palabra con la que no tengo una gran amistad, es un poco asfixiante porque está llena de deberes. En ese sentido es un poco más grata la amistad. La amistad no tiene que ser probada constantemente, en cambio el amor sí. Tenés que probarlo, tenés que reconstruirlo, tenés que refrescarlo. No es espontáneo.

—Cuando elegís dormir con Leonor o cuando Leonor elige dormir con vos, ¿se están eligiendo?
—Y, por supuesto.

—¿No se siente inseguridad cuando ella no quiere dormir con vos, y pensar que no te está eligiendo?
—Formas explícitas o sutiles de rechazo hay con cama adentro o con cama afuera. Y uno nunca sabe. El rechazo es también una forma de castigo o de punición, por los dos lados y según lo que haya ocurrido. Yo siento que no. E incluso a veces cuando la noche se cierra con algún disgusto, también puede ocurrir que uno suba y el otro baje en la madrugada. Hasta ahora esas cuestiones siempre han sido bien recibidas, aunque alguien esté durmiendo. Generalmente el visitado se abre, hospitalariamente, a un costado de la cama para dar paso y esperar que amanezca de una manera más consolada y más dulce.

—Entre las cosas maravillosas que hiciste en periodismo, debo decirlo, hay reportajes deliciosos a mujeres. Más de una de ellas me ha dicho que vos las conocés de verdad. ¿Sos como una especie de Pedro Almodóvar que conoce el alma femenina?
—No tengo esa pretensión, pero me sale así, me sale bien.

—¿Por qué?
—Y porque me gustan, porque me interesan. Es quizá lo que más me interesa, saber cuál es el otro lado de la Luna. Yo les he pedido a muchas mujeres, aquí y en otros lugares del mundo, y han sido generosas en ese sentido: "Explicame cómo es una mujer, dame unas clases prácticas, cómo son por dentro, dónde están las sensaciones, físicas y mentales". Qué sienten cuando se produce el *approach* de un tipo, o cuándo se produce ese deseo que es constante. Porque en realidad, como hay una serie de normas, no se produ-

ce, pues si no todo el mundo estaría insinuándose constantemente. Y me lo han explicado, que lo haya entendido es otra historia.

—¿Sentís que las mujeres son más complejas que los varones, más sutiles, y de alguna manera, como dijo Woody Allen, superiores?

—No lo creo. Me parece que son distintas, que tienen otro modo de pensar, de procesar la realidad, completamente distinto del nuestro. Que los hechos de la vida real, las personas que la componen, los quebrantos o emociones o satisfacciones que la integran, los entienden de un modo completamente distinto. Es como si partieran de un alfabeto diferente. Eso es lo que convierte en extraordinario el hecho de permanecer en la compañía de ellas.

—¿Cuántas veces te enamoraste?

—¿En el sentido de los pajaritos que cantan, con una especie de obnubilación? En ese sentido creo que nunca. Esto de quedar en estado hipnótico, que no pensás en otra cosa y que hablás cuatro horas por teléfono, no me pasó nunca. Pero sí que todos los sentidos, todas las antenas, los pensamientos, convergen hacia una mujer determinada y desear su proximidad, viajar con ella. En esta otra forma de enamoramiento, infinitas veces. Eso del *flechazo* creo que no existe: creo que es una categoría literaria, es inventada.

—Lo que no implica que no seas romántico.

—No, claro que no implica. Lo soy, claro que lo soy. Y soy cortés, soy amable...

—¿Tenés alguna estrategia de seducción que te haya dado cierto resultado?

—No quisiera decir eso, porque parecería un poco presuntuoso, pero creo que la mejor estrategia de seducción es el profundo contacto visual. Creo que si el hombre y la mujer se miran en un acontecimiento social, aunque ambos estén en otra historia, hay un sonido particular. Que si estás entrenado y sos perceptivo, llegás a la siguiente conclusión: "A los bifes".

—Mario, vos decís que no pertenecés a sectas, que no vas detrás de la manada...

—Tampoco me considero un elegido ni un ser especial.

—No, pero la verdad es que está muy bien eso de no repetir frases hechas...

—A veces las repito.

—De no ideologizarte en extremo...

—Soy un periodista finalmente...

—El hecho de reunir esas condiciones, ¿es mejor, tiene mala o buena prensa?

—A mí me ha resultado incómodo en algunas ocasiones, pero también me ha dado amigos y personas que se han esforzado por tenerme afecto. No lo hago como una pose. Me sentiría muy mal con que un periodista o una persona, pongámoslo en términos mayores, antes de opinar o elaborar alguna idea sobre algo tuviera que ir a consultar a su manual doctrinario o ideológico. Creo que las duras y tristes divisiones de nuestro país han cincelado el prestigio y la dictadura de la militancia. Aborrezco la tiranía de las ideologías. Me parece una estupidez, porque es un cuerpo de nociones y de doctrinas petrificadas, cuando los sucesos de la realidad cambian cada hora. Los paradigmas van cambiando cada mes. Es necesario reconsiderar la realidad y adaptarse a ella. Porque ésa es la forma moderna de revolución, la de la adaptación.

—¿Cómo nació *El Gato y el Zorro*?

—*El Gato y el Zorro* nació por casualidad porque Adolfo Castelo, que por entonces trabajaba con Lany Hanglin, tuvo otra propuesta de trabajo y dejó ese espacio. Lany me dijo: "¿Querés que hagamos algo, querés sumarte al programa?". "¿Y con qué?" "Sólo tengo un título: El gato y el zorro", me dijo él, que son los animales que acompañan a Pinocho cuando cobra vida. Y ensayamos hacerlo al aire, a ver qué ocurría.

—Tiene un solo dogma: que se encienda el micrófono y ahí van ustedes, sin conversar antes absolutamente nada.

—Nunca. Yo creo que no sé el teléfono de Lany Hanglin, y no hablamos nunca. Es una amistad, porque nos conocemos hace cuarenta años. Pero no es una amistad de adolescentes, de ir con las chicas al cine. Son las cosas que surgen en ese momento, y se va produciendo una asociación de ideas cada vez más disparatadas, cada vez más en el límite de la procacidad. Pero como son dos auténticos imbéciles, pretenciosos e impostores, que están ocupando un lugar que no les corresponde, se va haciendo divertido, te va estimulando mucho. Impensadamente es un pequeño clásico de la radio, es un éxito muy grande.

—¿Por qué decís que la culpa de la decadencia argentina la tenemos exclusivamente los argentinos?

—Porque me parece un muy buen punto de partida para empezar a resolver algunas cosas. Reconocer o abandonar el papel de víctima, que nos complace y nos gusta. En realidad hemos crecido y vivido, ya desde el sangriento siglo XIX, imaginando de manera creciente que éramos un país celeste, que éramos un país que el destino había seleccionado para brillar entre las naciones, que nuestra inteligencia era superior a la de nuestros vecinos. A la de los ancestrales bolivianos que hemos despreciado siempre, a los chilenos, que aún quizá nos sigan pareciendo un pueblo de señores que hablan con voz atiplada, o los brasileños, que tienden a la exageración. Y sin embargo nos hemos quedado detrás de muchas de esas naciones, siempre atribuyéndolo a una dura herencia, a la distribución internacional del trabajo, que nos adjudica el papel del trabajo de la tierra, de la producción de porotos. Y me parece que es un país errático en ese sentido, que no resuelve los problemas porque no los aborda y porque no se da cuenta. Y si no te das cuenta de lo que te pasa, si no te das cuenta de que estás tosiendo demasiado y no vas al médico, pues vas a tener una neumonía. Y es lo que ocurre aquí. Me parece que nos hemos enredado en una maraña de palabras, de declamaciones, de gestos fatuos, y no hemos conseguido resolver nuestro problema. Es más, hemos arruinado al país, que tenía magníficas perspectivas.

—¿Esa contradicción entre lo que creemos que somos y lo que no somos, con el porteño como su máxima expresión, hace que efectivamente seamos tan maleducados?

—Sí, creo que en nosotros hay un rasgo como de saberlo todo, hay muchísima arrogancia. Es cierto, particularmente entre los porteños, pero los porteños son también un reflejo general, y en la ciudad de Buenos Aires, que es muy vital, muy caótica, viven muchas personas que no nacieron aquí. Y cada día entran cuatro o cinco millones que después se vuelven a sus casas que quedan fuera de los límites de la ciudad. De manera que sí, hay una tremenda arrogancia, que creo que es la peor de las arrogancias. Porque parte de ignorar con soberbia, la soberbia del ignorante, y esto es muy difícil de bancar para nosotros. Nos significa un obstáculo en el camino hacia el desarrollo, hacia hallar un rumbo común. Todo eso que encuentran las naciones que en algún momento despegan.

—Te definiste como un tipo intelectualmente maduro y emocionalmente inmaduro. Esa suma, ¿hace un tipo feliz?

—Bueno, yo creo que no, que la felicidad no puede ser un estado constante y permanente. Son rachas. Sí tengo derecho a buscarla y a menudo la encuentro. Y me parece que en ese sentido, como en casi todos los otros, no hay en mí nada excepcional.

—¿Sos un tipo que mira el pasado y planea lo que va a hacer en el futuro?

—No, no tengo un plan estratégico. No me imagino llegando a una meta determinada. Me parece que es un poco como en el Tao, aunque tampoco lo digo al pie de la letra; no hay que empujar, hay que esperar a que se acomoden los melones. Mirar para atrás no es conveniente para alguien que ha tenido que partir, que ha tenido que aprender a vivir en otros lugares. Allí es forzoso mirar para adelante, y una vez que aprendés a hacerlo, ya no repetís. No me acuerdo exactamente la dirección de mi casa de Bogotá, por ejemplo, ni de la primera que tuve en España, ni el número de teléfono, ni ninguna de estas cosas.

—¿Tenés sueños?

—Sí, pero son modestos. Me gustaría tener un par de buenos caballos más, estar más tranquilo interiormente, escribir un poquito más y tener más tiempo para mí. Como en la canción de Árbol, "Pequeños sueños".

—¿Y si tuvieras que elegir un lugar en donde pasar tus últimos años?

—Yo creo que viviría en algún pueblo de mar entre España y Francia, sin duda. Haciendo nada. Viviendo.

—¿Solo?

—Con Leonor, o con alguna compañera de idéntica y alta categoría. Pero con tiempo para mí, con tiempo de levantarme y leer muy lentamente los diarios, escuchar el mar. Con un buen auto para irme a una ciudad grande, visitar amigos en Francia y volver. Pero creo que esos pueblitos de mar, particularmente los españoles, son pequeños paraísos.

—¿Cómo te gustaría que te recordara la gente que te quiere, que te aprecia, tu pequeña multitud?

—Me gustaría que me recordaran como una persona de buen corazón. En un libro muy encantador de Alejandro Rozitchner, en un libro completamente loco en el que él va viajando por la ciudad en un auto, pensando cosas, en su monólogo interior, lanzado a pensar y a responderse constantemente, se pregunta: "¿Hay algún epitafio que pueda corresponder a todos los argentinos?". Y dice: "Sí... *Hizo lo que pudo*". En ese sentido también me gustaría que me recordasen.

SEÑAS PARTICULARES:
*"Me irrita la mala educación"*

—¿Qué amás de lo cotidiano?
—Los caballos no están dentro de lo cotidiano, pero siento mucho amor por los caballos. También amo la compañía, me gusta la gente, me gusta la compañía creativa de las mujeres. Me gusta en general estar vivo, lo encuentro grato.

—¿Qué no te gusta de lo cotidiano?
—Me irritan mucho, no llega a ser odio, el mal talante y la mala educación que en la Argentina son una costumbre impuesta y una manera de vivir. Me pone de muy mal humor que los problemas se repitan siempre. Los temas nunca resueltos provocan un grado increíble de infelicidad colectiva.

—¿Qué te hace reír?
—Me da risa mi propia existencia, a la que yo a veces le encuentro un sentido muy claro, pero me da risa. Me encuentro gracioso. Me da risa el modo en que las personas expresan a gritos sus reivindicaciones, callejeras particularmente. Empiezan de un modo dramático y terminan como en una especie de baile rioplatense, con un poco de candombe, y luego un brusco silencio. Eso me da una risa amarga. Me da risa, o felicidad más que risa, que todos los años haya una nueva película de Kitano y otra de Woody Allen.

—¿Y llorar?
—No me concedo llorar públicamente.

—Las cosas que te emocionan...
—Me emocionan numerosas cosas. El desamparo de los chicos que están sentados en el cordón de la vereda con su cerveza y con su droga, sin que a nadie le importe. Me emocionan cosas se-

96

cretas, y desconfío de las personas que dicen que se emocionan mucho.

—¿Tenés objetos que te definan?

—Creo que unos buenos zapatos. También la compañía de un libro, no para posar aquí de intelectual, pero me parece que hay que tener un libro para esperar en el banco, o que venga el taxi. Y supongo que la hipertensión me define bastante bien.

—Las comidas que elegís...

—Voy a empezar por descartar. Descarto el asado, no me gusta el ritual del asado, me parece que tiene mucha grasa. Me gustan los pescados, pero es difícil encontrarlos frescos en Buenos Aires. Las pastas un poco desprolijas pero sencillas, con aceite de oliva. Me gusta un buen arroz, con conejo... Un tostado de jamón y queso hecho con arte, a la tarde, con un cortado, no está mal.

—¿Tenés manías?

—Tengo numerosas manías, que son casi rituales patológicos, como hacer algunas veces la misma cuestión, formas irracionales y mágicas de protección. Proveerme cada año de una ropa básica y clásica. Despertarme a veces a la noche y recorrer mi casa, silenciosamente, como un lobo, y después volverme a acostar y dormir. No sé cuál es el motivo, pero es una manía que tengo.

—¿Qué te gusta de una mujer?

—El cuerpo me parece que es lo principal: el cuerpo entrevisto, adivinado. Me gusta la boca, me gustan los pies y me gustan los ojos. El contacto visual que se produce.

—¿Quiénes no te han dado corte?

—Yo diría que Cameron Diaz no me ha dado corte. Tengo la impresión de que tampoco me lo ha dado Julia Roberts. Alguien que me haya dado muy poco corte, casi doloroso, es Diane Keaton.

---

—Dejá un mensaje para el año 2050.
—No es para tanto.

Víctor Hugo Morales

# "Nunca pondría una escuela de periodismo deportivo"

AUTORRETRATO:
*"Soy Víctor Hugo Morales, periodista y relator deportivo"*

Cuando Víctor Hugo confirmó que asistiría a *Hemisferio Derecho* decidimos, en el medio de la reunión de producción, apelar a la técnica de reportaje que se utiliza, en general, con los entrevistados que pueden hablar con cierta autoridad no sólo de su trabajo o su especialidad. La técnica consiste en empezar la charla con cualquier disparador, escuchar con atención las respuestas e introducir las preguntas sólo como guías que sirvan para encauzar un gran monólogo.

Una condición necesaria para que la nota resulte interesante es "saber todo" sobre una persona así. Y la otra es aprovecharse del conocimiento personal, acumulado entre tantos cruces que tuvimos en decenas de pasillos de editoriales, radios y canales de televisión.

La estrategia no pudo haber resultado mejor.

Víctor Hugo Morales nació en Cardona, departamento de Soriano, República Oriental del Uruguay, el 26 de diciembre de 1947. Trabajó en innumerabless programas en radio y televisión. Hace casi veinte años que transmite los más importantes partidos de fútbol para Radio Continental. A pocos días del cierre de la edición de este libro, las autoridades de Canal 7 decidieron levantar *Desayuno*, el sobrio ciclo de la mañana que condujo durante varios años. Conduce, junto al ex futbolista Roberto Perfumo, *Hablemos de fútbol*, por ESPN. Algunas de las charlas que mantuvieron en ese programa fueron parte de un libro que permaneció varias semanas del año 2006 en los primeros puestos entre los más leídos.

—¿Es cierto que mirás poca televisión?

—Sí, es verdad. Pero no porque tenga un rechazo visceral sino porque mis horarios y mis hábitos no son televisivos. Históricamente, mis horarios implican llegar a las cinco de la tarde a la radio y salir tarde, porque siempre tuve un programa deportivo por la noche. Además, tengo una fuerte inclinación por el cine, los conciertos, el teatro, no existe día de mi vida en el que no vea algo. Soy hombre de estar en mi casa a las once o doce de la noche y a esa hora sólo puedo hacer un poquito de zapping por los canales de noticias, para saber qué ha ocurrido en el mundo. Alguna vez me puedo enganchar un ratito con alguna película, pero normalmente las que dan en televisión son muy malas o ya las vi, y no tiene ninguna sorpresa. En cuanto a las que son hechas estrictamente para televisión, les conozco todos los ganchos y todas las claves. Digamos, soy un espectador muy entrenado del mundo del espectáculo y no es fácil seducirme.

—Un hombre de la televisión, ¿puede vivir sin ver tevé?

—Creo que se puede vivir viendo mucho menos televisión. Eso es algo que trato de inculcarles a mis hijos: el problema de la televisión es que quita mucho tiempo útil a la vida intelectual y espiritual, por ejemplo a la lectura o las artes. La televisión se ocupa del entretenimiento y, en cambio, el cine, un libro o un concierto propenden a otro crecimiento personal. En consecuencia, se debería vivir con menos televisión. Y seguramente viviríamos mejor.

—Como amante del cine, ¿alguna vez un film te cambió la vida o la visión sobre ciertas cosas?

—Sí, *Sacco y Vanzetti* es una película que vi en un momento en el que tenía las defensas bajas, quizás en cuanto a mis expectativas con lo que podría ocurrir con la especie humana. Como todo joven, creí que había posibilidades de cambio, y asistir a esa película (la vi siete veces) me produjo un fuerte impacto. Sentía que era yo quien apretaba el botón de la silla eléctrica de esos dos seres tan entrañables y queribles. *Cabaret* es otra de las películas en las que uno no se retira del cine de manera indiferente.

—¿Es cierto que siempre, en el cine o en la vida, terminás llorando? ¿Todavía hay cosas que te hacen llorar?

—Sí, soy bastante llorón, lloro muchísimo, todo me emociona. Por ejemplo, en este diálogo, puede ocurrir que mencione algo que me provoque humedad en los ojos. Casualmente ayer vi una película, *Cartas de París*, y no tengo inconveniente en decirte que tres o cuatro veces me brotaron lágrimas y que la síntesis de la película me dejó con ganas de llorar.

—¿Por qué decís que sos una especie de "vago filosófico"?

—Admito lo de *vago* pero *filosófico* lo debe haber agregado alguien que quiso ser más creativo. Digamos que soy un hombre que ama el ocio. Yo soy un hombre de pueblo y el resto de los hombres de pueblo que nos estén mirando, de cualquier parte de la provincia de Buenos Aires, la Argentina o Uruguay, entienden perfectamente de lo que hablo. Somos personas del boliche, del club, de largas horas jugando al fútbol, de conversaciones interminables en la madrugada, y eso te queda. Yo me crié de esa manera los primeros veinte años, por eso el ocio tiene mucha presencia en mi vida. Y te aseguro que lo disfruto.

—¿No es un poco contradictorio que un tipo que ama el ocio trabaje tanto?

—Debe ser el castigo que me dan en vida: estoy pagando mis pecados y mis defectos, si es que fuera un defecto, aunque creo que no. Mi aplicación, mi gusto, mi regodeo por el ocio tienen que ver también con el ocio creativo. Por ejemplo, el cine es ocio creativo, yo crezco mientras miro una obra de arte. Del mismo modo pasa con el teatro o con un concierto. Pero a mí me gusta quedarme en un café charlando con mis tres o cuatro amigos acerca de nada o en silencio. Me encanta estar con mis amigos más íntimos porque si uno quiere quedarse callado lo hace, con alguien que no es tan amigo no podés, porque el silencio parece que denunciara algunas carencias. Las personas más extraordinarias en nuestra vida son aquellas con las cuales podemos estar a su lado sin hablar.

—Entre el exitismo, el autoritarismo, la inmediatez, la ignorancia que tienen ciertos personajes del ambiente del fútbol, ¿de qué trata ser relator de fútbol y, al mismo tiempo, amar el arte, la cultura, la palabra? ¿No es contradictorio hacer una cosa y gozar también de la otra?

—En primer lugar, la naturaleza humana es esencialmente contradictoria. En este caso, no lo veo como una contradicción. El fútbol también es una expresión cultural, en la que uno aprende y crece, por lo malo y por lo bueno. En el fútbol se manifiesta lo más noble del hombre, como la solidaridad, el espíritu creativo, y también lo más bajo, sobre todo en el hincha, la xenofobia, el nacionalismo a ultranza, la discriminación. Una serie de lacras habitan el fútbol de la misma manera que la pasión más noble, la ingenuidad y la pertenencia, aun cuando cada día más, lamentablemente, la gente la busque en el fútbol.

—A veces trabajo con cuestiones de actualidad política y ese ambiente me termina contaminando. ¿No te sucede, a menudo, que hablar con los jugadores o los dirigentes te termine agotando?

—En realidad no hablo con mucha gente ni hago muchas notas. En todo caso, suelo dedicarme a las notas de clima, es decir, convoco a un jugador jovencito de un pueblo chico que metió un gol el domingo y le pido que me cuente cómo es su pueblo. Ese tipo de notas a mí me gusta, quizá porque me provocan cierta emoción. Habitualmente no me comunico con el de la nota polémica, opino lo que se me ocurre sobre ese señor pero no le hago una entrevista porque el juego periodístico es muy difícil. Entrevistar a los hombres a los que no respetamos es muy difícil, por eso las notas que suelo hacer me agradan, es raro que encare una que no me interese por algún motivo. Mis notas, generalmente, tienen que ver con algo vinculado a una parte más espiritual y no tan estrictamente con el juego.

—Cuando te escucho relatando un partido, muchas veces me sucede que no es lo que estoy viendo en el juego: le ponés una intensidad, un ritmo distinto.

—El ritmo natural del relato deportivo, al ir con la pelota, al moverse con los actores, al contar tantas cosas como las que ocurren en la cancha, te lleva a que siempre estés contando el uno por ciento de lo que verdaderamente sucede. Eso marca una dinámica mucho más pasiva con relación a la imagen, pues todo sucede en un instante y debés narrarlo con gran rapidez. Esto tiene una dinámica que para el que está pacientemente mirando el partido, al recibir las informaciones de otra manera, sólo a través de la imagen, marca un contraste con lo que el hombre de radio te está diciendo.

—Y no por eso falta a la verdad.

—No, pero de todas maneras hay algo cierto en lo que decís. Creo que el buen relato es el que toma la mayor cantidad de episodios que objetivamente ocurren pero los pasa por el tamiz de la subjetividad y los convierte en otro espectáculo. Porque finalmente mi relato no es para el que está mirando al mismo tiempo que yo sino para aquel que me está prestando su imaginación. En realidad llegué un poco tarde a mi profesión: me hubiera gustado relatar para el oyente de la década del cincuenta.

—¿Por qué?

—Porque es el oyente que no estaba corrompido y no este escucha al que le digo: "Los papelitos picados flotan como mariposas, parecen pétalos allí arriba y las abigarradas tribunas que no paran de saltar, y los hombres con el torso desnudo y sus brazos rítmicos acompañando la salida del equipo". Todo eso ya está visto y no le estoy diciendo nada que él pueda imaginar sólo a través de mis palabras.

—¿Solés anotar las imágenes, las metáforas que disparás?

—No, en todo caso te diría que alguna vez mastiqué una linda idea en mi mente, porque al leer un libro te quedó una frase. El otro día estaba releyendo uno y me encanté con una frase bellísima: "El arte siempre mata al simulacro del arte". Justamente la magia que tienen los pensadores es que ponen, en muy pocas palabras, todo lo que a mí me costaría veinte páginas describir.

—¿Cómo surgió entonces aquella mítica alusión a Diego Maradona como "barrilete cósmico"?

—A lo largo de aquel campeonato, ya lo había mencionado como barrilete unas cuatro o cinco veces, a partir de una cierta polémica de alguien que le dijo de ese modo en tono peyorativo. Entonces venía jorobando con que si Diego tenía algo de barrilete era por lo inatrapable de su juego, por lo que lo tironeás pero nunca va por donde querés, él caminaba por su andarivel. Lo de cósmico tiene que ver con que estaba muy planetario y en ese momento se plasmó todo junto: "Barrilete cósmico".

—Ese término fue en relación con el gol que Maradona les hizo a los ingleses en el Mundial 86, ¿por qué decís que es un relato imperfecto, que elegirías otros goles?

—Tomando las palabras que vos dijiste antes, si vos hubieses estado mirando por televisión y escuchándome a mí, yo nunca dije lo que sucedía en realidad: el tipo corrió desde la mitad de la cancha hasta el arco y, en mi relato, nunca describí a cuántos ingleses dejó por el camino, que se enfrentó al arco y pateó cortito para convertir el gol. Yo marco siempre un gol que sí me parece extraordinario de mi vida de relator y que es un gol de Maradona a Grecia. Ahí sí es increíble lo que hago, porque no se puede relatar, a esa velocidad, a cada jugador que tocó la pelota. Además, cuando la pelota iba hacia el arco yo grité el gol tres metros antes. Ése es un riesgo que de vez en cuando he asumido y me he frustrado, pero en este caso me salió muy bien porque la pelota entró.

—Desde el punto de vista técnico eso es perfecto.

—Porque tiene narración y descripción. El gol de Maradona a los ingleses no tiene descripción, tiene mucha emoción, tiene una cosa visceral, tiene el ataque de locura que me dio, generado por muchas cosas. Desde la belleza del gol, mi amor por Diego, mi triunfo periodístico, porque yo había defendido a esa selección y quizás era el único periodista que más o menos creía en eso, la bronca que tenías por razones deportivas, los mexicanos que estaban en contra de la selección argentina y de alguna manera lo habían manifestado, y que además se estaba jugando contra los ingleses. En ese momento yo estaba haciendo una lectura muy ofendida, les gritaba a los que me rodeaban, a los que habían estado en contra de esa selección, un gol que era contra los ingleses a poco de la Guerra de Malvinas. Todo eso mezclado me generó un estado de locura.

—¿Es cierto que te estás quedando sordo?

—Sí, un poco, desde hace muchos años y es irreversible. Eso modificó mi relato porque me quitó de un hábitat natural del relator que es el que está con los auriculares puestos, en esa burbuja. En consecuencia, dejé de imaginar mucho de lo que pasaba, al no estar más con los auriculares. Es una pena que un hombre que ama la música como yo se esté quedando sordo, aunque el compositor más genial haya compuesto sin audición. Él podía crear de ese modo pero yo necesito oír.

—¿Qué debe tener o dejar de lado un buen periodista?

—Considero que es un tema de honestidad intelectual, por ejemplo, que la gente sepa desde dónde le estás hablando. Los que me escuchan saben que hablo desde mi modesta condición humana e intelectual. Ésos son los únicos elementos que me movilizan, ya que no tengo intereses detrás.

En algún sentido, la ética es eso: que uno se pueda ubicar. Si leo el diario *La Nación*, yo sé cuál es el recorrido ideológico hasta cuando hacen críticas de cine. Esa honestidad me permite levantar las defensas y esto es una parte esencial de la ética. También, la ética es la estética de cómo se hacen las cosas en el periodismo, la ética es coherencia con lo que uno ha pensado. Es decir, si yo pienso distinto de como lo hacía hace diez años tengo que dar buenas explicaciones de por qué cambié ese punto de vista. Lo que no se puede hacer es que, frente a estímulos distintos, uno obre de la misma manera. Me parece que esto es una forma de incoherencia, y esa aspiración que muchos periodistas pueden tener a que el olvido de la gente los ampare es una forma de traicionar la ética.

—¿De qué se trata la "censura del oído"?

—En el relato de fútbol, a la velocidad a la que hablo, no tengo censura. Afortunadamente confío en que, como construyo mi discurso, no habrá problemas con frases mal armadas, palabras que no correspondan o verbos mal conjugados. Tengo confianza en que mi bagaje cultural me acompaña en esas ocasiones. Me largo a hablar a una gran velocidad y no tengo la censura de qué adjetivo utilicé, de no reiterarlo. Ahora mismo estoy pensando en cómo estoy diciendo esta frase, por lo cual la próxima vez que hable de *frase* trataré de decir *cláusula* para no repetirme. Y esa censura hace que la construcción sea a veces más seductora, porque efectivamente encontrás la palabra acorde, pero también a veces es más insegura. Si estás cansado como yo estoy a esta hora, por ahí temés quedarte en blanco mientras estás hablando.

—¿Creés en Dios?

—Sí, soy católico y de esos que entran bastante a las iglesias. Me gusta la soledad de las iglesias y más que nada cuando estoy fuera de Buenos Aires. Me gusta conocer todas las catedrales que sean posibles de todas las ciudades que visito. Es un ámbito espiritual que me hace mucho bien e incluso rezo todas las noches de mi vida aunque esté en un avión: tres padrenuestros, cinco o seis avemarías, el gloria... Tengo mis dudas, me las planteo, las disipo y, finalmente, el hecho de que sistemáticamente rece así indica que tengo fe. La fe puede más que las dudas que racionalmente me planteo.

—¿Pensás en la vida y en la muerte?

—No sé si es porque imagino la muerte un poco lejana, tengo un trato bastante cordial con ella. Me parece un extraordinario alivio a cierta altura de la vida y está muy sabiamente pensada. Salvo la muerte joven, la muerte accidental, la muerte del hombre que ha vivido, del hombre que se cansa, creo que está perfectamente armada. Creo que uno se quedaría en esta vida si pudiera cambiar algo de lo perverso del mundo.

—Me resulta extraño que un tipo con ideales diga que no se puede cambiar nada.

—No vamos a entrar en honduras filosóficas de ese estilo, pero vos fijate que venimos de todos los cambios imaginables y el ser humano no progresa, no mejora en nada. Sigue con la misma capacidad de querer concentrar poder, dinero, avaricia. Por cierto que a cada paso encontrás seres humanos extraordinarios que reivindican todo, pero son los menos. Creo que se vive con una dosis de estupidez muy alta y que todo lo que ha ocurrido en estos últimos años potenció eso de una manera, que cuando te llegue la *Parca*, como dice el lunfardo, la vas a aceptar como un alivio. A mí me parece que voy a sentirlo así, como seguramente muchas personas, la mayoría, pues cuando llega la hora de morir, hay un cierto cansancio, una inevitable soledad...

—Recién hablábamos de concentración de poder, ¿sos ambicioso?

—No, para nada, mucho menos de poder. Me resultan patéticas las personas que luchan por poder. En general son muy pocas las personas que, siendo partícipes de la lucha política y de la lucha por el poder, me generan admiración. Podría nombrarte escasísimas excepciones, por lo cual no puedo entender que alguien concentre su vida en tener más poder, porque finalmente no existe *más poder*.

—¿Es cierto que en 1980 estuviste prácticamente un mes preso? ¿Qué pasó?

—En un partido de fútbol que jugábamos con mis hermanos y unos amigos, me peleé contra otro equipo y se armó una batahola increíble. El hecho de ser más notorio determinó que fuera más hostigado, aunque había participado como cualquier hijo de vecino en la trompeadura que nos dimos. Sí, porque nos dieron riña. Después de ese episodio tuve que viajar a Europa para acompañar una gira de la selección uruguaya y finalmente la denuncia prosperó y me sacaron de un avión, empezó a salir en los diarios que me iban a buscar por Interpol hasta que el dueño de la radio me dijo: "Véngase, esto ya es un papelón, afrontémoslo". Regresé de Europa, del avión me invitaron a que fuera a un celular de la policía y me llevaron directamente a la Central de Policía de Montevideo. Siempre sospeché que había una forma encubierta de castigo, porque estábamos bajo una dictadura... Con todo, eso fue determinante, no sólo porque estuve preso esos veinticinco días sino porque acepté la invitación que me habían hecho unos amigos para venir a trabajar a Buenos Aires. Ante esa situación, ni lo dudé.

—¿Ese episodio determinó que aceptaras trabajar aquí?

—Sí, Adrián Paenza y Fernando Niembro me visitaron para ver cómo estaba y reiteraron su oferta de viajar a Buenos Aires. Cuando firmé el contrato, me asusté muchísimo y ya no quería venir, pero había dado mi palabra y se lo había prometido a mis amigos. Pero el elemento desencadenante de esta etapa tan maravillosa de la vida que ha sido venir a trabajar a la Argentina fue esa pelea.

—¿Es verdad que te enganchaste con la música clásica por un profesor de la secundaria?

—Lo meritorio es que se trataba de un profesor del secundario que me veía muy diablo, muy travieso, y para calmarme me llevaba a su casa. Todos mis profesores fueron extraordinariamente influyentes en mi vida, pero éste sobre todo: don Ernesto Díaz Arena. Él corregía deberes y mientras tanto yo me sentaba a escuchar música. Yo vivía el halago: me tenía unas horitas ahí para que me calmara. También me decía siempre que me iba a quedar mucho más la historia en función del Renacimiento que en función de las batallas que hubo en el 1500.

—Supongo que no te hacía escuchar cualquier tipo de música.

—No, ponía a Mozart y yo tomaba nota de eso. Además, en el secundario teníamos educación musical. Mucho tiempo después, cuando viajaba a Europa sin un centavo, entraba a las iglesias, que permanentemente celebran conciertos. El día te quedaba demasiado largo, sobre todo cuando de muchacho yo viajaba con poco dinero, entonces me pasaba metido allí escuchando Vivaldi, pequeños conciertos, tenores. Todo ese mundo lo fui aprendiendo a disfrutar más que nada en esos viajes.

—¿Cómo harías para explicarle a un chico que hoy está todo el tiempo chateando, mirando televisión o con los mensajes de texto del celular que hay música clásica que es muy buena y que se puede aprender incluso con el cuerpo?

—Tenés que hacerle escuchar Chopin, Mozart o Beethoven, los conciertos de música que, siendo culta y bella, es al mismo tiempo muy accesible. Creo que hay que trabajar esto también desde los medios de comunicación. Tengo un programa en este canal, donde el noventa por ciento de la música que difundo le puede gustar a cualquier persona que, como yo, no sabe nada. Porque yo no sé nada de música. En todo caso, disfruto mucho, doy gracias a Dios que me gusta, y me adjudico la responsabilidad de, por estar en los medios de comunicación y ser un gozador de este aspecto de la vida, divulgarlo y compartirlo. Porque además hay una etapa de la vida, que es la que yo transito, en la que la música es un eje formidable. Después de los cuarenta años, cuando te das más tiempo o te gusta más el sonido del chelo que cualquier otra cosa, cuando te gustan los movimientos lentos, cuando la melancolía va ganando terreno, cuando una cierta nostalgia es una grata compañía de la vida, lo disfrutás más.

—¿Por qué decís que el elogio corrompe?

—Porque me ha ocurrido. No voy a dar nombres, porque es antipático, pero el hecho de tener mucho desprecio por una personalidad del mundo periodístico, por lo que piensa, por lo que dice o por cómo lo hace y que, en determinado momento, se acerque en un cóctel y te diga qué bien hiciste tal programa, repercute en lo que pienso. Yo siento que, inmediatamente, bajan mis defensas, las tengo que recomponer, tengo que hacer un ejercicio. Por eso creo que el elogio es muchísimo más voluble a nuestra integridad que el dinero. No creo que haya manera de comprarme con dinero, a nadie se le ocurriría, pero con un halago de alguien de quien yo no tengo una buena opinión, me puede ganar un poquito de terreno, me puede debilitar el discurso que yo tendría destinado para él. Quizá caminaría de una manera un poco más sinuosa para decir lo que antes de ese elogio hubiese dicho de una manera directa y tajante.

—¿A qué ciudad del mundo volverías una y otra vez?

—Vuelvo una y otra vez, gracias a Dios, a París. En primer lugar, porque considero que es la más perfecta de las obras de arte creadas por el hombre. En segundo término, porque París es un ombligo cultural de las cosas que a mí me gustan. Lo mismo, en otra estética, me sucede con Nueva York. Con relación a Roma, adoro sus colores, o cualquier ciudad de Italia, porque me provocan mucho amor y tengo una gran pertenencia cultural hacia ellas. Praga también es deliciosa: caminar por allí es como comerte un pastelito de manzana tibio con un amigo a las cinco de la tarde.

—¿Cuál es tu mirada sobre las mujeres? ¿Considerás, como muchos hombres, que son una obra de arte?

—Sí, una mujer puede sintetizar un ideal de belleza, pero también lo puede hacer una obra de arte. Existen refugios extraordinarios y por ese motivo el arte es una compañía tan formidable, porque uno necesita de la armonía que la belleza te genera en el espíritu. Este desasosiego que tenemos se calma cuando estamos frente a la belleza. La belleza de la naturaleza, el mar en su perfección, una montaña, un valle, un libro...

—Perdón, ¿y una mujer también?
—Ah, por cierto.

—¿Qué debería tener una mujer para ser una obra de arte perfecta? ¿Una personalidad, no te diría avasallante, pero cautivante, puede más que los ojos o los senos más lindos?
—Creo que la belleza es muy corruptora y que la cuestión empieza, fundamentalmente, por eso. Pero también aclaro una cosa: las veces que uno ha encontrado a una mujer cuya personalidad consigue superar lo que en primera instancia hemos pensado de ella, cuando nada más el parámetro era si es o no bonita, cuando una mujer consigue esto es muchísimo más fuerte y crea una relación más estrecha que lo que te ata a una simplemente bella. Porque la belleza también se deteriora en la medida en la que la poseamos.

—¿Qué te falta por hacer?
—Nada, no tengo proyectos. Hay quienes se ríen de mí porque digo que no tengo proyectos, y sería una majadería de mi parte presentarme con un proyecto o con una idea. Sé de dónde vengo o lo que soñé, sé la modestia de los primeros sueños, lo extraño que me parecía ir cumpliendo cada uno de ellos, las cosas que me pasaron que ni siquiera había soñado, que son la mayoría, pero que parecen sueños. Haber vivido toda esta existencia más de cincuenta y seis años haciendo lo que me gusta, cobrando a fin de mes un sueldo de algo que me da tanto placer como el periodismo deportivo, poder vivir de una actividad creativa, haber viajado muchísimo, me pone muy a buenas con la vida. Entonces andar diciendo tengo un proyecto, como si la vida me debiera algo, me parece majadero. Sinceramente, sólo tengo una aspiración: que mis hijos me sobrevivan.

—¿Cómo te gustaría ser recordado?
—A mí me gusta ser buen tipo. Cultivo serlo, me esmero, uno debe ser cuidadoso de muchísimos detalles. Hay que estar alerta para manifestarse buen tipo, porque puedo ser un buen tipo frente a alguien e inmediatamente convertirme en mal tipo frente a otra persona, sencillamente porque no lo conozco y entonces no la

atiendo como corresponde. Puedo ser mal tipo si un chico de veinte años, con todos sus sueños de periodista, que a la radio vienen veinte por día, me dice: "¿Le puedo hacer un reportaje?" y le contesto que no, que no tengo tiempo. Siempre tengo tiempo para la gente. Esto me lleva un esfuerzo, me come mucha energía. Es un precio que decido pagar. Entonces me gustaría ser recordado como eso, un tipo que hizo un esfuerzo, grande algunas veces y en otras no tanto, para ser una persona de bien según las expectativas que los demás tienen de uno.

—Hablando de esos chicos, ¿por qué no creés en las escuelas de periodismo deportivo?

—A esos chicos les toman la vida a una edad crucial de la formación cultural para enseñarles algo que se aprende nada más que mirando. Cualquier persona puede ser periodista deportivo, cualquier persona que pueda hablar y que le guste el fútbol. Además ni siquiera hablamos de periodistas deportivos, son periodistas *futboleros*. Lo único positivo que les da el periodismo deportivo es que los inclina a no ser tan estrictamente futboleros.

—El término *periodistas futboleros*, ¿no es un poco despectivo?

—A muchos de mis compañeros les vivo reprochando ser nada más que futboleros. Un periodista deportivo tiene interés por todos los deportes y vibra con la misma sintonía una victoria de Gastón Gaudio, con el triunfo de la selección argentina de fútbol, con el básquetbol y las Leonas. Creo que conocer sólo de fútbol te limita culturalmente dentro del ámbito deportivo. Entonces las escuelas de periodistas deportivos toman a los chicos entre los diecisiete y los veintidós años, les cobran dinero, porque no son gratuitas, los preparan para una tarea que de todas maneras podrían realizar sin haber pasado por esos lugares. Además, en general, se han convertido en vomitaderas de pasantes para los medios de comunicación que necesitan empleados de doscientos pesos para sustituir a los verdaderos profesionales, con lo cual se redondea toda una profunda y prolija perversidad de los medios.

—¿Perversidad?

—Sí, es una perversidad. En mi caso, una lápida correcta sería: "Siempre se negó a tener una escuela de periodismo deportivo". Lo digo respetuoso de algunos amigos que tienen esta actividad y en la que seguramente ellos creen y podrían rebatir lo que estoy diciendo. Pero he podido ganar muchísimo dinero en una escuela de esas características y no lo he hecho, y eso que recibí más

de veinte ofertas en mi vida para asociarme a una de esas instituciones. Imaginate: "Escuela de Periodismo Deportivo de Víctor
Hugo Morales".

—Hablando de dinero, ¿sos rico?
—Para lo que es mi origen y lo que son mis aspiraciones, sí.
Aunque si me compararas con las personas ricas que de vez en
cuando uno trata, soy un pelagatos.

—Leí que, en muchas ocasiones, cerrás los ojos para que venga
una imagen a tu cabeza y relatar mejor. Si tuvieras que cerrar los
ojos en este momento para elegir de qué manera tendrías que irte de
este mundo, ¿cuál elegirías?
—Me gusta mucho la muerte de Chopin, como la describen
quienes la vieron: cantando. Siendo capaz intelectualmente de elegir las mejores imágenes de mi vida, lo haría rodeado por mi familia y por algunos afectos, con un amigo tocando el piano en una
sala de la que todos entraran y salieran. Y que dispusieran, más
que lágrimas, alguna de mis músicas preferidas que me dé mucha
felicidad. Para cuando me lleven.

## Señas particulares:
### "Elijo a Maradona, a Bilardo y Mozart y a Piazzolla"

—Nombrame a los mejores futbolistas que hayas visto.
—Los elijo en función de la felicidad que me han provocado
como relator: en primer lugar, Diego Armando Maradona; en segundo, Ricardo Bochini y, tercero, Enzo Francescoli.

—¿Y los mejores directores técnicos?
—Carlos Salvador Bilardo, Carlos Bianchi y Carlos Griguol.

—Los músicos que elegís.
—Como músicos clásicos mencionaría a Mozart, Beethoven y
Brahms. Con relación a la música popular, me gustan Miles Davis,
Astor Piazzolla y Antonio Carlos Jobim.

—¿Qué comidas preferís?
—La comida francesa, china y mexicana; la carne asada, los
pescados y soufflés.

—¿Qué es lo que más te gusta de las mujeres?

—Los ojos, incluyendo en esto mucho más que los propios ojos desde un punto de vista físico, adoro la manera de mirar; la seducción de la voz acompañada de un buen discurso. Y la cola.

---

—Dejá un mensaje para el año 2050.

—Vengo de 1950, he transitado lo más lúcidamente posible el año 2000, así que puedo decir —con bastante propiedad— a ustedes en el 2050 que no se hagan muchas esperanzas: pásenla lo mejor posible que esto no lo mejora nadie.

# Tercera parte

# Palabras mayores

El mundo interior de un escritor es mucho más profundo e interesante que las miserias, las envidias y los egos de lo que alguna vez se denominó la "capilla literaria". La capilla literaria es la hoguera de las vanidades de los que se dedican más a criticar a un colega que a escribir. Un escritor en serio, más allá del gusto de los lectores, es el que posee ese planeta íntimo que se encuentra por encima del ruido, los medios electrónicos y la mirada de sus pares.

Martín Caparrós es, sobre todo, un tipo que se pasa la vida escribiendo. Y por eso, en los breves pasajes públicos que tiene con la gente, da una falsa imagen de pedante, soberbio y un tanto despreciativo. La entrevista que encabeza esta sección sirve para desmentir esos prejuicios.

Hugo Mujica, por su parte, es el gran ejemplo del hombre que se buscó bien adentro, se encontró, y hace tiempo que aprendió a dominar la técnica del silencio junto con el necesario y mejor uso de las palabras.

Su sabiduría radica en eso, y en la sutileza con la que expone sus conflictos, sus razones y sus emociones.

Y Jorge Asís escritor, a mi entender, sufre un ninguneo injusto, producto de su adhesión al menemismo y de sus apariciones mediáticas. Quizá su obra literaria sea reivindicada cuando los críticos puedan separar ambas cosas de su escritura. El reportaje con él no es un homenaje, pero fue más allá del Asís histriónico que a veces aparece en *La Cornisa*.

El oficio de todos ellos es la palabra, y, por suerte, se les nota.

# Martín Caparrós

# "No soy pedante, soy tímido"

AUTORRETRATO:
*"Me llamo Martín Caparrós, soy argentino, bostero y un poco antiperonista. Durante mucho tiempo dudé en decir que era escritor, porque creía que ser escritor era algo demasiado bueno para mí. Ahora sé que es solamente mi trabajo y a veces me atrevo a escribirlo en los papeles de migraciones. Tengo un hijo de quince años, al que quiero mucho.*
*Me despierto muy temprano y, fuera de eso, me gusta la vida que tengo. Se parece, a veces, a la que hubiera querido"*

Está confirmado: detrás de esa voz grave y algo afectada, esos bigotes demasiado gruesos, esa pelada omnipresente y ese talante soberbio hay un tipo sensible, algo tímido y muy vulnerable, que a veces se esconde detrás del personaje blindado para que nadie se dé cuenta de lo inseguro y frágil que es.

—Luis: ¡Sos un hijo de puta... la nota que me hiciste pasó de boca en boca y ahora se comenta que soy un tierno, que estoy reblandecido y no sé cuántas boludeces más! —me susurró al oído, muerto de risa, en uno de los salones del Hotel Alvear, antes de hacer entrega del Premio Planeta 2005 a Paola Kaufmann, por su libro *El lago*.

—Misión cumplida —le contesté, con el debido respeto y la consabida carcajada.

Caparrós nació en 1957, en la ciudad de Buenos Aires, y tiene un hijo. Militó en Montoneros cuando todavía no terminaba la secundaria. En 1973 tuvo a Rodolfo Walsh como su jefe, en su primera experiencia periodística, el diario *Noticias*. Entre 1976 y 1983 vivió en Madrid y en París, donde se recibió de licenciado en Historia. Fue director de *El Porteño, Babel, Página 30* y *Cuisine & Vins*.

En 1984 condujo, junto a Jorge Dorio, *Sueño de una noche de verano*, uno de los mejores programas de radio de la época. Fue en Radio Belgrano, a la que los *fachos* de entonces nombraban como Radio *Belgrado*. Ambos hablaban sin parar, como dos desaforados, pero sin decir una palabra de más o expresar una idea intrascendente. Cuatro años después Martín y Jorge jugaron a hacer televisión con *El monitor argentino*. Caparrós volvió a la tele diez años más tarde, como uno de los columnistas más brillantes de *Día D*, el programa que condujo Jorge Lanata.

Es uno de los escritores más prolíficos de su generación.

Publicó más de treinta libros. Entre los más importantes se encuentran sus novelas *No velas a tus muertos* (1986), *La noche anterior* (1990), *La historia* (1999) y *Un día en la vida de Dios* (2001). Ganó el Premio de Periodismo Rey de España con sus crónicas de *Larga distancia* (1992), escribió apasionantes crónicas de viaje para su libro *La guerra moderna* (1999) y publicó ensayos como *La patria capicúa* (1995), *Qué país* (2002), *Amor y anarquía, la vida urgente de Soledad Rosas* (2003). Quizá su trabajo más esforzado lo constituyó *La voluntad,* una obra de tres tomos editados durante 1997 y 1998, cuyo subtítulo es *Una historia de la militancia revolucionaria en la Argentina 1966-1978.*

Martín ganó el Premio Planeta con su novela *Valfierno* y se dio el lujo de escribir *Boquita* (2005), un libro sobre los orígenes de Boca Juniors que le fue encargado para celebrar los cien años de vida del club de fútbol que ama.


—¿Cuándo te diste cuenta de que eras un escritor?

—Debería tener seis años. Recuerdo que iba en un coche con mis viejos y mi hermano, junto con un matrimonio amigo. Llovía mucho. Leía una novela de Salgari cuando el coche empezó a dar vueltas sobre sí mismo. En un momento, mientras el coche daba vueltas, yo intentaba fijar la línea que estaba leyendo, porque se me movía, y lo que me molestaba era no poder seguir leyendo esa línea. El auto terminó de volcar, salió volando el libro, lo rescaté del barro y mucho tiempo después me pareció que ahí me había dado cuenta de que los libros servían para algo. Por lo menos para hacerte el oso cuando estás a punto de morirte.

—¿Cómo es tu relación con el acto de escribir?

—A veces lo disfruto mucho, otras veces lo disfruto menos, y otras veces disfruto más la sensación de haber escrito que la de escribir. Es decir, el momento en el que termino de escribir una frase, un párrafo o una situación. Eso me puede dar mucho placer. Hay días que no me sale nada, pero la experiencia me hace sospechar que si hoy no me sale nada, quizá mañana tampoco, pero que en cuatro o cinco días algo me va a salir. Entonces no me desespero como cuando era chico, donde cada día era la prueba definitiva.

—Si tuvieras que comparar un acto de placer con el que te produce escribir, ¿con qué lo compararías?

—La comparación más obvia, pero la más cierta, es con el sexo. Comer es placentero mientras dura, pero el pos de comer no es tan placentero. Te quedás medio pesado, no es un momento tan bueno. En cambio tener sexo sí da placer y el pos del coito, también. Es una situación como de desmadejarte. De todos modos, tiene que ser una mujer que me importe. De chico tenía la idea, y la mantengo, de que si una mina te importa, una noche es muy poco; y si no te importa, una noche es demasiado. Entonces, las historias de una noche o dos no me atraen. Me tiene que importar la mujer para tener esa sensación de placer que se pueda comparar con la escritura.

—¿Cuáles son tus hábitos de escritura?

—Tengo una rutina bastante precisa. Casi siempre estoy trabajando en algún libro, puede ser de ficción o de no ficción. Lo hago después de comer y estoy hasta las siete u ocho de la tarde. A la mañana escribo periodismo, si es que tengo algo pendiente, y si no, leo. En ese sentido soy ordenado, cosa que me da un poco de asco pero qué se le va a hacer.

—¿Considerás el periodismo un arte menor, algo que te sirve para vivir mientras hacés algo más trascendente como la literatura?

—No, de ninguna manera. Cuando escribo, escribo. A veces escribo ficción y lo llamamos narrativa, y a veces escribo no ficción y lo llamamos periodismo. No es que cuando hago literatura me pongo la boina y digo: "Ahora soy un artista". No, yo escribo. Cuando es no ficción se supone que hay un pacto con el lector donde yo le estoy contando algo que de algún modo sucedió. Cuando es ficción, el pacto es que lo que le estoy contando lo inventé. Los pactos no suelen cumplirse, en ninguno de los casos. El buen periodismo es tan parte de la literatura como las buenas novelas, y viceversa. Hay pésimas novelas que no son, en absoluto, más válidas artísticamente que una buena crónica periodística.

—¿Qué libro tuyo recomendarías?

—Recomendar es una idea rara, pero a mí el libro que más me significa de los que escribí es *La historia*. Me pasé diez años escribiéndolo y allí puse todos mis esfuerzos de creación. Quizá sea excesivo, pero yo sigo creyendo que ahí hay muchas cosas. Sé que no lo lee nadie, todo el mundo se ensucia, es un ladrillo, no están los tiempos como para eso. Y va a quedar mal decirlo, pero yo creo que hay mucha literatura, hay mucha intención, hay muchas ideas, hay un estilo muy particular en ese libro. Hay mucho trabajo, e incluso un poquito de talento. Me di algunos gustos con ese libro, porque estaba en el momento en que se había publicado *La voluntad* y se había vendido muy bien, entonces me debían un par de caprichos. Pedí, por ejemplo, que el libro tuviese las tapas con el mismo telado verde que tiene las *Obras completas* de Borges, que yo reverenciaba cuando era chico.

—En *La guerra moderna* hay una muy impresionante crónica sobre turismo sexual infantil en Sri Lanka. ¿Cómo llegaste a hacerla?

—Me impresionó mucho aquello. A veces me preguntan cuál fue la situación más dura que tuve con el periodismo y yo suelo pensar que fue aquello. Fue horrible, porque para poder hacer esa historia tuve que simular que era uno de esos señores europeos o americanos que iban a cogerse chicos de seis o siete años a Sri Lanka, y la verdad es que por momentos era intolerable. Recuerdo que en una playa un chico de ocho años me dijo en un inglés más o menos comprensible: "Vení a conocer a mi mamá". Entonces fui a su cabañita y estaba la madre, una señora bastante educada, que había tenido que venir del norte al sur de la isla porque había mucha violencia. Me mostró unas fotos de cuando vivían en el norte y eran un poco más prósperos. Hablamos un rato, y en un momento me dijo: "Bueno, se acerca la Navidad, nosotros somos católicos y no tenemos plata para festejar. Además, al nene le caíste muy bien. ¿Por qué no se van un rato a la habitación del fondo?". Todavía lo cuento y me sigue impresionando. ¡Una madre ofreciéndome a su hijo! Me acuerdo de otra situación, que fue la que más me estremeció. Yo había alquilado una moto y andaba por ahí, por la costa, buscando cosas, gente y oportunidades para entrevistar. Además, Sri Lanka es un lugar bellísimo, tiene los paisajes más lindos que he visto en el mundo. En algún momento, desde la carretera casi pegada a la playa, vi a cuatro o cinco chicos de ocho a diez años que jugaban en la orilla desnudos. Entonces paré la moto y empecé a sacarles fotos a los chicos, porque de alguna manera ilustraban lo que estaba contando. Al principio no me habían visto, pero en un momento me di cuenta de que ellos estaban posando para mí y sus poses eran cada vez más obscenas. Tenía la sensación de que estaba participando con ellos de un juego pornográfico. Fue espantoso.

—¿Qué sentiste al recibir el Premio Planeta?

—Esa noche yo estaba dispuesto a que me lo dieran, porque desde la tarde se venía comentando que me lo daban a mí. Llegué medio convencido y estaba preparado a que me dieran un vidrio, a decir unas palabras, a toda esa parte del show. Pero cuando Guillermo Martínez me leyó las consideraciones del jurado y después José Pablo Feinmann se lanzó a un discurso realmente elogioso, ahí *palmé* un poco. Me quedé un poco impresionado. Como duro.

—¿Qué cosas te emocionan?

—Muchas más de las que te imaginarías. Por ejemplo, cada vez que veo la escena, y la he visto docenas de veces, en que Ivonne, una puta en el bar de ricos en *Casablanca*, se levanta y hace cantar la *Marsellesa*, se me cae una lágrima. Creo que es parte de la vejez que haya cada vez más cosas que me emocionen. Y cuando me sucede, ahí se me humedecen un poco los ojos.

—¿Te reís mucho?

—Menos de lo que querría. Tengo mucha más tendencia a la sonrisa apreciativa que a la carcajada.

—¿Sos coqueto?

—Sí, de una manera poco coqueta. Supongo que mi coquetería consiste en hacer como si no lo fuera. Uso, por ejemplo, siempre los mismos pantalones; tengo como una docena y nunca me pongo otros. También uso, casi siempre, la misma camiseta. Así que se podría decir que no soy nada coqueto, pero sería una mentira. No cambio porque me gusto así.

—¿Cuándo decidiste dejarte el bigote?

—Hace muchísimo. La historia fue que en el año 1980 o 1981 yo tenía veintitrés años y una barba como de leñador canadiense. Tenía incluso un poco de pelo. Vivía en Madrid y estaba yendo a Nueva York, pasando por México. No me acuerdo bien por qué, en un pueblo muy chiquito, decidí afeitarme la barba. Quería cambiar, tenía ganas de probar con un bigote así. Entonces me corté el pelo muy corto, con las patillas también cortas, y me dejé los bigotes. De ahí me fui a Nueva York, que era mi primera vez en esa ciudad y llegaba con esa sensación que te dicen todos de que te pasan por encima, de que te morís y no te miran.

—Cosa que confirmaste, supongo.

—Cosa que confirmé en los primeros días, hasta que empecé a caminar por unas calles donde todos me miraban muy amablemente. Era increíble. Todos me sonreían e incluso se parecían un poco a mí, en cuanto a que tenían el pelo corto sin patillas y con los bigotes de esta forma. Entonces les conté a unos amigos de allá que había encontrado un barrio en donde la gente era muy amistosa. Me preguntaron cuál era. "Bleecker Street", les dije. Se empezaron a cagar de risa: era porque la moda de los gays de ese año era la que yo tenía.

(Risas)

En ese momento entendí cuál era mi lugar, y ése fue el debut de mi bigote.

—¿Creés en Dios?

—No. Envidio mucho a la gente que puede creer en Dios, porque tienen la ventaja de creer que cuando se mueran les va a pasar algo más. Yo creo que esto es lo que hay y por eso trato de disfrutarlo todo lo que puedo, porque no creo que haya ninguna otra cosa.

—¿Por qué sos tan crítico con la Iglesia?

—Yo creo que es una de las instituciones que más daño le hacen a la humanidad. No la Iglesia Católica en particular, sino la religión en general. La Iglesia Católica es la que más poder tiene en las sociedades donde nosotros vivimos, por eso es la que más me interesa. Pero sí creo que la religión es una institución nefasta. Es increíble la cantidad de atrocidades que se han cometido en el nombre de Dios y de la fe; no hay ideal por el que se haya matado más gente y destruido más cosas que por la religión. Teresa de Calcuta es como una síntesis de lo peor. Yo estuve hace diez años en su central en Calcuta, cuando Teresa ya era una figura mundialmente conocida, y en su institución no había atención médica para los internos. Lo que hacían era levantar gente enferma de las calles, los bañaban, los limpiaban y los acostaban en catres para que murieran limpios y reconfortados. Iba un médico dos veces por semana, una o dos horas. Un poco antes de que yo llegara se había muerto un tipo por una fractura de tibia o de peroné que se le había gangrenado y no había tenido atención médica. Tenían una ideología muy coherente, que no se basaba en sanar gente sino en que murieran dentro de la religión. Porque como esa religión desde hace dos mil años dice que la verdadera vida no es ésta sino otra, lo que les importaba era que esa gente estuviera bien preparada para la otra vida. Como yo no creo, detesto el efecto que produce una religión cuando convence a mucha gente de que viva esta vida de acuerdo con la supuesta promesa de que hay otra. Los políticos haciendo promesas son "pichones" al lado de las que vienen haciendo las iglesias desde hace miles de años.

—¿Cómo vivís la vida?

—Trato de aprovechar todo lo que puedo. A veces me espanta un poco esta cosa de no poder parar, de creer que tengo que hacer cosas y que tengo que disfrutar de todo, todo el tiempo.

—¿Sos consciente de que das cierta imagen de tipo fuerte y hasta pedante?

—Me lo han dicho las veces suficientes, en los últimos treinta y cinco años, como para que ya lo sepa. Puedo decir que en realidad es porque soy tímido, pero da igual. Supongo que es parte de mi karma.

—¿Te enamoraste alguna vez en tu vida?

—Sí. Me parece que estoy tan enamorado del amor, con perdón por la obviedad, que hago todo lo posible por creer que me enamoro quizá más veces de lo que realmente lo hago. Pero como tengo un muy fuerte poder de convicción, sobre todo cuando al idiota que trato de convencer soy yo mismo, lo logro con alguna frecuencia. Lo bueno del amor es que te permite ser un idiota y disfrutarlo.

—¿Tuviste la crisis de los cuarenta?

—Precozmente... yo creo que fue a mediados de los treinta. Pero no era que me preguntaba tal o cual cosa, era simplemente que estaba deprimido. Así que me pasé unos meses tratando de darme algunos gustos y tratando de ver cómo hacía para ir saliendo. Y fue la época en la que creía que, ya que no me sentía bien, tenía que atacar a mis vecinos tratando de tocar el saxo. Fue espantoso, no dio buen resultado.

—¿Tenés alguna especie de diálogo metafísico con la idea de la muerte, o la sentís muy lejana?

—Lo básico de aquella crisis fue haberme dado cuenta de que era mortal. Hay un momento en el que tuve la conciencia de que me iba a morir, cosa sobre la que uno trata de hacerse el pelotudo todo lo que puede, pero sabiendo que llega. Hoy vivo como si no fuera a suceder, pero sabiendo que va a suceder.

—¿Te gustaría ser inmortal y atravesar épocas?

—Sí, me encantaría. Cuando era chiquito, el programa de televisión que más me gustaba era *El túnel del tiempo*. Siempre me gustó la idea de atravesar otras épocas y siempre lo pensaba hacia el pasado. Hace poco me atacó una especie de nostalgia del futuro. Supongo que también debe tener que ver con la vejez. La sensación de que, con todas las cosas que han pasado en los últimos veinte o treinta años, el futuro tendrá tantos atractivos que me da mucha pena no saber cómo se va a vivir dentro de doscientos años. La verdad es que sería genial poder saberlo.

—¿Cómo te imaginás tus últimos años?

—Ojalá siga viviendo como vivo ahora. Me gustaría seguir escribiendo, seguir pensando cosas, seguir sorprendiéndome todo lo que pueda.

—¿Te gustaría morir escribiendo?

—No, a mí me gusta terminar las frases.


SEÑAS PARTICULARES:
*"Me gustan las mujeres con brillo en la cara"*

—¿Qué tres cosas no soportás de lo cotidiano?

—Empiezo por atrás. La tercera cosa que odio de lo cotidiano es limpiar, y eso que me gustó mucho ensuciar, o quizá sea por eso; la segunda cosa que odio mucho de lo cotidiano son los trámites y toda situación burocrática que en definitiva supone someterse al poder, a la discrecionalidad de las instituciones, eso lo detesto; y la primera cosa que odio me parece que debería dejarla vacante, debería tener lugar para detestar más cosas de lo cotidiano. Es necesario mantener un espacio siempre libre para eso.

—¿Qué cosas te gustan de las mujeres?

—Me gustan demasiadas cosas de las mujeres, pero creo que lo que más me importa, más allá de sus consabidas tetas, de su consabido culo y de su consabido todo, son aquellas mujeres que tienen esa especie de brillo en la cara, aquellas mujeres que parece que la cara les brilla, sin que uno sepa cómo ni por qué. Me gusta, sobre todo, cuando me sorprenden con algo que no había pensado.

—¿Qué envidiás de los otros escritores?

—La pregunta me halaga. Hay trescientas veinticuatro mil cualidades que yo envidio de otros escritores. Si sólo envidiara tres, sería feliz. Envidio desde luego el estilo, la inventiva, la inteligencia, la fineza. Envidio todo, no hago más que envidiar en la vida, creo que la envidia es la causa de todo lo interesante, y mi única esperanza es poder algún día envidiarme algo a mí, aunque sea un poquito.

—Contame la primera historia que se te venga a la cabeza.

—Hace muchos años, cuando yo todavía vivía en España, iba en un ómnibus y en el asiento de atrás viajaba una parejita, que por lo que yo escuché, pues me encanta escuchar conversaciones ajenas, había llegado dos días antes a España, a paso forzado. Esta cosa de los argentinos que van y hacen Europa, porque si por ellos no fuera, Europa no estaría hecha. Bueno, ellos habían hecho Madrid el primer día, habían hecho Toledo el segundo día, y ahora estaban tratando de hacer Segovia. La chica, que se llamaba Mabel, estaba cansada del ajetreo turístico al que se había sometido. Se dormía, y cuando pasábamos por unas montañas muy bonitas, el muchacho la sacudía y le decía: "¡Mabel, disfrutá del paisaje!". Esto es la síntesis de algo que seguramente ustedes entiendan mejor que yo.

---

—Un mensaje "para la posteridad" que será visto en el 2050.

—Dicen que es el 2050, y noventa y tres años no se cumplen todos los días. El futuro es una fracción innecesaria; ya nos hemos pasado demasiados años dependiendo del futuro. Quizá sea tiempo de depender un poco del presente.

Hugo Mujica

# "La mayor parte del lenguaje es ruido"

AUTORRETRATO:
*"Soy Hugo Mujica, o trato de ir siéndolo. Y si tuviera que definirme diría que intento merodear en torno a todas las posibilidades de la palabra. Quizá mi oficio sea el de escuchar. Me puedo definir como alguien que escucha y, desde ese escuchar, habla"*

Al monje y poeta Hugo Mujica hay que ir descubriéndolo muy despacio. Se trata de un hombre cuyo tiempo interno es distinto —más lento pero más intenso y más profundo— del de la mayoría de los mortales que conozco.

—Mi única ventaja sobre los demás es que tengo un pulmón extra —me dijo, cuando en el corte yo le mencioné su relación con el tiempo.

Lo que él llama "pulmón extra" son los siete años de silencio y meditación que pasó en el monasterio trapense de Azul, provincia de Buenos Aires. El "nudo" de su vida. La experiencia que le permitió encontrar el sentido a su vida y a la de los demás.

Nació en Buenos Aires, en 1942, en una familia de obreros, en Avellaneda. El vivir con lo justo y la ceguera de su padre son dos escenas que forman parte de su biografía más profunda.

A los diecinueve años, y de un día para el otro, se fue a Nueva York, sin hablar una palabra de inglés y sin un objetivo claro. Vivió en los Estados Unidos casi diez años y en 1970 ingresó al monasterio de Azul. Cinco años después empezó a escribir.

Es autor de los libros de poemas *Brasa blanca, Sonata del violoncello y lilas, Responsoriales, Escrito en un reflejo, Noche abierta, Sed adentro y casi en silencio*. Publicó ensayos como *Camino del hombre, Poéticas del vacío, Origen y destino* y el libro de cuentos *Solemne y mesurado.*

—¿Sos un sacerdote, un poeta o un mensajero que escucha?

—Es una respuesta que no depende de mí porque yo simplemente escucho, y a medida que respondo voy teniendo diferentes facetas, diferentes lenguajes o diferentes vestimentas. Pero yo me siento yo; quizá desde afuera se puedan ver esas divisiones. Creo que uno busca diferentes gestos para expresar dimensiones o respuestas de lo mismo.

—¿Cuál es el instante en el que empieza la aventura de tu vida?

—Hay dos cosas que recuerdo de la niebla de esa época. Una era la idea de viajar: todo lo que hacía era para viajar. Lo otro que recuerdo es que desde muy chico leía a (Jean-Paul) Sartre, porque se vivía en los cincuenta y se leía a Sartre. No sé si entendía, pero no importa. Me acuerdo de esta frase suya: "Tengo la pasión de comprender a los hombres". Esas dos cosas, la idea de la búsqueda y la comprensión del ser humano, fueron los disparadores de una vida que no encontraba sentido.

—Te fuiste de tu casa a los diecinueve años para viajar a los Estados Unidos. ¿Por qué?

—Yo no sabía adónde iba; era cuestión de viajar. Quería ir a Europa, pero por cuestiones de trámites terminé en los Estados Unidos, que para mí era lo mismo. Lo importante era "el mundo". Cuando uno tiene esa edad hace las cosas sin saber por qué, hasta que se vuelve prudente.

—¿Qué importancia tuvo en tu vida la experiencia en el monasterio trapense?

—Esos siete años en los que viví en la *trapa*, en silencio, fueron el nudo de mi vida. Todo lo que traía se sedimentó y desde ese nuevo espacio, partí. Fue un momento en el que dejé que la vida me alcanzara y se proyectara. Te ubicaban junto a quienes habían hecho ese camino antes, porque si vos amoldás tu experiencia al discurso, primero experimentás y después le buscás las palabras. La experiencia necesita ser dicha y no el discurso vivido, que es como nos movemos, con un discurso que lo ocupa todo. Acá primero lo vivís y después hablás *desde*, y no *sobre*.

—¿Qué es hacer un voto de silencio?

—Primero que el silencio no es aquello de lo que uno habla; allí es un silencio receptivo. El silencio es la existencia. Nosotros no somos seres hablantes, somos seres escuchantes. Al iniciar el proceso primero hay que lavarse, porque el silencio tiene que liberarte del ruido interior. Es todo un sistema, no es sólo que te callás. Es dejarte desnudo de nuevo. Entonces, el silencio es receptivo. La gente del campo no habla tanto porque tiene una comunión con la realidad y no con la información de la realidad. Las palabras transmiten vida y el ruido transmite agujeros, aunque las palabras pueden usarse para hacer ruido también. La mayoría del lenguaje que usamos constantemente es ruido. La palabra para transmitir tiene que nacer cada vez que la decís, no ese nivel de información en el cual escupimos lo que recibimos. La palabra tiene que nombrar, y nombrar quiere decir comunicarse, ponerse en comunión con aquello desde donde sale la palabra.

—¿Por qué pensás que la poesía que menos palabras tiene es la que más dice?

—Mientras menos se dice más se nombra, porque se da más espacio vibratorio a la palabra, más profundidad, más altura. Pero lo que se dice debe tener el espacio para desplegarse, en vez de ser enseguida tallado por lo próximo que se va a decir. La gente que cuenta rápido o la gente excesivamente inteligente va borrando lo que dijo. El arte consiste en poder transmitir y darle al otro el espacio para que lo transmitido se sienta. Es que si se dice de más, se hace callar a lo esencial. Tuve grandes peleas con las editoriales por la diagramación, por la forma en que tiene que aparecer el poema. Es que dejar ese espacio grande arriba es parte de crear un paisaje de silencio en el cual se dibuja la palabra. Es decir, el silencio, el espacio blanco, todo eso es una familia. Entonces tiene que haber ese lugar donde la vista pueda ver, pero no sólo leer en el sentido lineal. Para mí la idea es la discontinuidad. La vida no es continua, nos pasan cosas en momentos en los que la continuidad se rompe y la novedad emerge. Entonces la cuestión es dejar espacio y dejar que la creatividad acontezca.

—¿Por qué decís que no hay vida sin sufrimiento ni dolor?

—Es parte de la vida, no es que sea sólo dolor. Para mí hay dos formas: amor y dolor. El dolor ahonda y el amor expande. Son los dos movimientos a través de los cuales la vida se acrecienta. Mi niñez estuvo muy marcada por el dolor, porque mi padre era ciego y el gran dolor era la no comprensión. Nunca pude entender cómo era eso, yo no sabía bien qué hacer. Pero sí fue un dolor que me atravesó muchísimo.

—¿Cómo te hiciste sacerdote a los cuarenta años?

—No sé si lo elegí, pero a mí me parece que a los veinte años hay que aprender. También empecé a escribir a los treinta años. Hay un cierto itinerario hecho para que a tal edad uno haga tal cosa o tal otra, pero bueno, eso es para terminar, para trabajar y ganar plata. Pero para la vida en sí, el árbol da el fruto cuando madura, cuando se llega al momento de experiencia, y que se completa transmitiéndola. Entonces buscás canales en los que puedas expresarte, o canales que ya están preparados para esa expresión.

—¿Pueden ser compatibles tu apertura mental y tu condición de sacerdote católico, teniendo en cuenta la rigidez en las ideas y los dogmas de la Iglesia?

—Lo excepcional es raro; hay que aceptar determinadas condiciones sabiendo que van a estar en cualquier lugar. Cuando estuve en la Iglesia lo primero que advertí fue lo que no había y me dije: "Lo voy a poner". Ahí abrí mi espacio de libertad y comprobé que era posible. Más cómodo es decir: "Esto no anda, no me dejan hacerlo, voy a hacer lo que hacen todos". Creo que siempre hay una cierta comodidad, complicidad, hasta hipocresía. La libertad es entender que lo que ya está establecido uno lo puede separar para abrir un nuevo espacio, en cualquier lugar. Porque podés ser un cura burocrático pero también podés ser un marido burocrático.

—¿Por qué creés en Dios si tenés tantas dudas?

—Porque creo que Dios no es la respuesta de nada: Dios es la pregunta que rebasa la posibilidad de cualquier respuesta, y por lo tanto mantiene abierta la realidad. Es creer en algo donde no podés conceptualizar el objeto de la creencia. Yo lo conceptualizo, pero sabiendo que lo que decimos de Dios no es Dios, es sólo lo que se puede decir de Él.

—¿Por qué la Iglesia, o sus sectores dominantes, utilizan la palabra de Dios como mejor les conviene?

—Yo diría que todos hacemos eso, en todas las áreas. Curiosamente, cuanto más se expresa menos se define. Es la ambigüedad del discurso y de la condición humana, como que (George) Bush nombre a Dios y (Osama) Bin Laden también lo haga.

—¿Y por qué la Iglesia se entromete en las conductas humanas, con las decisiones personales, con el uso del preservativo o con la eutanasia?

—La Iglesia siempre entendió que era la que daba la norma objetiva de la conducta, y que coincidiría con la norma interior de la persona. Es que tiene que haber un discurso objetivo con el cual uno se mida porque si no llegamos a la religión "a la carta": acepto esto pero no acepto lo otro. Antes el padre era la autoridad, era en el nombre del padre. El planteo ahora es si eso sigue rigiendo o no. Hoy estamos consumiendo lo que dice la moda, como una manada: si todos lo hacen es bueno, si todos lo hacen es malo. También hay que plantearse que eso no justifica esa autoridad del otro. Pero no sé si estamos siendo tan libres o más libres que antes. Es decir, no sé si somos más libres con la compulsión sexual que cuando nadie tenía sexo porque las compulsiones eran condenadas. Lo que creo es que las preguntas nuevas necesitan ser escuchadas.

—¿Cuál es tu mirada sobre el aborto?

—Nosotros tenemos la comodidad de decir esto es blanco y esto es negro, pero la vida es otra cosa. Entonces, siempre está el problema de la verdad y después la aplicación, en esta vida o en la otra. Estoy en contra del aborto, y creo que todos están en contra. Si hay una vida ahí, no tengo derecho a decidir sobre esa existencia. Está el gran problema de cuándo empieza a ser vida. Pero bueno, mientras eso no se resuelva y alguien me convenza de lo contrario, yo seguiré sintiendo que la vida es el primer latido.

—¿Quién tiene la capacidad de decir cuándo uno muere dignamente?

—Mi pregunta es si un aparato te prolonga la muerte y no la vida. Si realmente es la posibilidad de vivir con dignidad o es la posibilidad de seguir enfermo un trecho más de vida. Porque yo creo que el criterio es ése, si eso va a terminar en una posibilidad o va a terminar en lo mismo un tiempo después.

—¿Sentís que sos coherente con tu pensamiento, con tu vida?

—Hay un momento en la vida donde uno ya sabe de qué se trata; está en la vereda de enfrente y hay que cruzar. El planteo es: "Bueno, ¿me hago cargo o no de lo que ahora ya sé?". Ahí empieza la autenticidad. Yo siento que me he equivocado infinidad de veces, pero en los núcleos en los que noté por dónde pasaba la cuestión no me traicioné. En eso siento autenticidad. En esos momentos, que son cuatro o cinco en la vida, siempre supe responder.

—¿Cuáles fueron esos cuatro o cinco momentos?

—Uno fue mandarme a eso misterioso que era viajar. Llegué a los Estados Unidos con treinta dólares, sin saber inglés y sin saber nada. Después, la vida monástica. O cuando pintaba, que pensé que lo hacía para siempre hasta que vino el "Hasta acá llegué" y descubrí que lo que había puesto hasta ahí ya era todo. Podría haber seguido repitiendo y jugando al artista, porque tenía la técnica. Pero ya se había acabado.

—¿Y por qué seguiste escribiendo?

—Porque al escribir siento que todavía soy *yo* diciéndome. Crear no es decir lo que uno ya es o sabe, sino abrir el espacio para que lo nuevo acontezca. Es lo que los antiguos llamaban inspiración. Pero el acto creativo inicial no lo empieza uno, aparece. Es decir, no es lo dicho ni lo ya sabido por vos.

—¿Cuándo descubriste que encontrar un buen lector es casi tan difícil como encontrar un buen escritor?

—Cuando encontré un buen lector y escuché lo que se podía ver en algo de mi obra. Ahí empecé a prestar atención a la poca gente que sabe realmente escuchar en vez de leer. Que dejan que lo que leen les hable a ellos, en vez de asimilarlo a lo ya sabido. El placer de leer es el placer de crear silencio. Es crear con los demás un silencio nuevo.

—¿Por qué tenés tan poca curiosidad por imaginarte el paraíso?

—Mejor dicho el cielo; el paraíso es para atrás, el cielo es para adelante. El paraíso es la línea perdida, el origen. El destino es recuperar la nostalgia de la memoria. No llego a tener inventiva para imaginarlo, me siento muy bien con lo que no sé. Lo que no sé es el espacio de la novedad, y a mí, lo creativo, lo nuevo, me llena mucho.

—¿Te gusta la manera en que viviste todos estos años?

—Por mucho tiempo pensé que era paz lo que había que sentir. Ahora no me interesa la paz, pero sí siento que lo más profundo es la gratitud por mi vida. Y esa gratitud me parece más que paz, porque implica incluso el dolor.

—¿Tenés alguna fantasía de cómo vas a vivir el resto de tu vida?

—Puedo proyectar lo que ya vivo, pero en un lugar de mi cabeza siempre pienso: "Y por ahí Dios me da otra forma de vida...".

Porque yo veo los momentos de mi vida como formas. Tengo el espacio como para esperar que quizá no fuera como pensaba, como tantas veces pensé que ya había llegado y después, de repente, era un paso nada más a otra cosa. Así que sigo cultivando ese espacio para otro llamado.

—Yo estoy dispuesto a *escucharte* en estos últimos segundos.

—Éste es un poema que escribí después que murió mi padre: "Hace apenas días murió mi padre, hace apenas tanto. Cayó sin peso, como los párpados al llegar la noche, o una hoja cuando el viento no arranca, acuna. Hoy no es como otras lluvias, hoy llueve por vez primera sobre el mármol de su tumba. Bajo cada lluvia, podría ser yo quien yace, ahora lo sé, ahora que ha muerto el otro". ("Hace apenas días").

SEÑAS PARTICULARES:
*"Odio el ruido y la velocidad"*

—¿Qué amás de la vida cotidiana?

—Despertarme y poner música, la lluvia, y el pararme contra la pared y ver rincones de mi casa.

—¿Y qué odiás?

—El ruido de la calle, o cualquier ruido; la falta que encuentro en las cosas, lo que pudo haber sido mejor y no es, y la velocidad.

—¿Qué te hace reír?

—Los chicos, la seriedad de los que toman como pose la seriedad, y ejercer humor conmigo mismo.

—¿Qué virtudes debe tener un sacerdote?

—Ser servicial, saber escuchar y saber acompañar.

—Mencioná los primeros tres libros que se te ocurran.

—*Opus Nigrum* de Marguerite Yourcenar, *Escribir* de Marguerite Duras, y *Jacob Von Gunten* de Robert Walser.

—¿A qué pensadores te hubiera gustado conocer?

—Me hubiera gustado conocer a (Martin) Heidegger por la experiencia de ver a un pensador pensando, que dicen que eso eran sus clases; a Gandhi, porque de alguna forma señaló un camino, o lo imaginé, pero en mi vida tuvo una gran influencia; y (Rainer Maria) Rilke, porque fue el que me abrió las puertas a la idea de que las palabras podían ser otra cosa que aquello que simplemente nombra lo que ya existe.

—¿Tenés manías?
—En algunas formas determinadas de orden; la obsesión de la prolijidad en la escritura.

—¿Y certezas?
—La certeza de que la única certeza es la búsqueda y, como certeza de búsqueda, que no hay llegadas sino umbrales. Como lo digo en la línea de un poema mío: "Que el horizonte nunca se alcance es el don final de la vida".

—¿Cuáles son tus defectos?
—Soy tan pedante... estoy tratando de encontrar algún defecto en mi vida.

—¿Y cuáles son, para vos, los mayores misterios?
—La vida, yo y Dios.

---

—Dejá tu mensaje para ser escuchado en el año 2050.
—Gente del año 2050: casi les diría que podrían reconocer este tiempo de cambios que vivimos nosotros. Me imagino que ustedes estarán más serenos y corroborarán que, de todas maneras, siempre se trató de acariciar y ser acariciado. Y en eso, somos los mismos.

Jorge Asís

# "¿Querés que me pase la vida pidiendo perdón?"

AUTORRETRATO:
*"Soy Jorge Cayetano Zalim Asís, más conocido como
Jorge Asís. Soy escritor, un profesional de la palabra.
Cuando digo profesional de la palabra es porque mi vida
me la gané siempre con la palabra. Desde que empecé
como vendedor domiciliario hasta que continué como escritor,
periodista, diplomático y político. Algunos de ustedes
me conocen por algunos programas televisivos.
Y siento, sinceramente, que estoy en el comienzo del camino"*

Jorge Asís nació en Buenos Aires en 1946, es escritor y periodista. Fue embajador ante la UNESCO, secretario de Cultura de la Nación y embajador en Portugal. Ha publicado, entre otros libros, *Don Abdel Zalim, el burlador de Domínico* (1972), *Los reventados* (1974), *Flores robadas en los jardines de Quilmes* (1980), *Carne picada* (1981), *Diario de la Argentina* (1984), *Partes de inteligencia* (1987), *Sandra la trapera* (1996), *Lesca, el fascista irreductible* (2000) y *Excelencias de la nada* (2001).

La charla con Asís fue extraordinaria.

Distinta de lo que la mayoría de la gente podría esperar de él.

Hacía tiempo que no se pronunciaba sobre las cicatrices que le quedaron después de la aparición de *Diario de la Argentina*. Y fue la primera vez que habló de amor, esoterismo, literatura, horóscopo chino, magia, los poderes de su abuela y el devenir de la vida, en un mismo reportaje.

—Del camino que ya recorriste, ¿cuál es, para vos, el mejor Jorge Asís? ¿Aquel que se sentaba en la mesa de *Polémica en el bar*, el diplomático, el que escribió *Flores robadas en los jardines de Quilmes* o el que renunció a la Secretaría de Cultura porque quería defender el castellano?

—Esto me hace acordar a esas mujeres que dicen: "¡Ay Dios!, quiero ver al hombre, no Jorge Asís sino...". Uno es esa sumatoria, yo soy todo eso y la vida prácticamente va condicionando tu destino. De hecho, mis libros fueron condicionando mi existencia posterior. El éxito condicionó el resto.

—¿Te condicionó el éxito de *Flores robadas en los jardines de Quilmes*?

—Sí, el éxito de *Flores*, algún tipo de consagración, o las peripecias que tuve que vivir de acuerdo con los cambios institucionales de la Argentina. Para una comprensión de mi obra yo separo mis libros en función de los procesos institucionales: la primera parte, que es hasta 1976 (un país distinto, en el que me formo como periodista), donde están novelas como *Los reventados*, *La familia tipo*. Una segunda etapa, a partir de la Guerra de Malvinas, donde escribo *Flores robadas en los jardines de Quilmes* o *Carne picada*. Y la tercera, a partir de 1983, con la etapa alfonsinista, que no fue muy venturosa precisamente porque venían todas las facturas del éxito anterior y tuve el momento más difícil de mi etapa de escritor, cuando me quedé absolutamente solo, y que, tal como lo había previsto en mi propia literatura, termino escribiendo la novela *Diario de la Argentina*, porque estaba harto.

—¿No estás arrepentido de haber escrito *Diario...* con todos los problemas que te trajo después?

—No, era un momento completamente distinto. Yo no iba a andar calculando los problemas que podía llegar a traerme. Mientras escribí esa novela, disfruté muchísimo. Y es una de esas novelas que va a quedar, ésa sí que condicionó después toda mi vida, en una representación casi ensayística. Como si yo fuera un ensayista de mí mismo. Es también la consecuencia de esa novela la que me hace ir hacia la política, de otro modo, unos cuantos años después.

—Imaginate que no hubieras escrito esa novela del diario *Clarín*, que no hubieras mandado en "cana" a compañeros de tu trabajo...

—¿Mandado en cana? No compres la versión oficial, que es la que dice que hablé mal de mis compañeros de trabajo: eso es un disparate. En todo caso, fue un desafío, una impertinencia de mi parte hacia el poder, a un poder que después me pasó por encima, porque he pasado años sin tener absolutamente nada que hacer en este país. Por ejemplo, de toda esa etapa, también existe un reflejo en mi literatura: *Cuaderno del acostado* (una novela tan dramática que yo jamás pude volver a leer). Cuando ese poder me pasa por encima, no me queda otra alternativa que construir otro polo de poder personal, incluso para sobrevivir, y mal no me fue. En 1989, con el único político que podía llegar a bancarme esa relación con ese medio fiscalizador y mediador, era Carlos Menem. Hoy algunos políticos me felicitan, las mujeres me piden autógrafos, las tías piden fotografías y todo ese tipo de cosas... y yo sé que los tipos no quieren jugar conmigo porque temen tener esa cuestión mediadora del diario. Razón por la cual, a cualquiera que venga a hacer política conmigo, casi le tengo que hacer control de calidad.

—¿No considerás que haber apoyado a Menem afectó tu carrera profesional o política?

—Yo tengo más piedras que ninguno, querido Luis. Cuando escribí *Diario de la Argentina,* ya estaba ninguneado por la derecha, la izquierda, la ética y la estética. Con el tema de Menem, en todo caso se aprovechó para incorporar alguna otra cuestión. Porque toda una inteligencia, que tampoco la pasó muy mal en los noventa y abominaba del personaje, nunca pudo ganarme una discusión. (Asís se refiere a una fuerte polémica que mantuvo en *Hora Clave* con Jorge Lanata, y de la que se considera amplio ganador.) Como también es muy difícil, hoy, que alguien quiera seriamente discutir conmigo de los noventa, de la izquierda, de lo que fuera.

—Entonces, ¿no te equivocaste en nada o sólo será ese aire soberbio el que no te perdonan?

—Qué querés que haga. Que diga: "Señores, perdón, fui menemista. Perdón, vendí muchos libros con *Flores robadas en los jardines de Quilmes*, y yo tenía a los lectores que tenían que estar en la heladera para los otros, para la gente buena, y yo que era malo me los llevaba para mí y los engañaba". ¿Querés que me pase la vida pidiendo perdón? ¿Por qué? ¿Porque tuve mujeres bellas en mi vida? ¿Por qué tengo que estar pidiendo perdón y tener una actitud absolutamente de derrota y decirte que la literatura es una barbaridad? He sido muy feliz con la literatura, he sido muy feliz escribiendo mis libros y he tenido la máxima condecoración que tiene que tener un escritor: los lectores. Hoy estoy atravesando un momento transitorio, casi te diría fugaz, un par de años en la historia. Lo único que puede jorobarme es editar libros de mercado. El caso es que hoy, de pronto, aunque para alguna gente pueda ser una medida positiva, no hay un solo libro mío en circulación. Tengo veintidós títulos en mi poder, y guarda que en cualquier momento reaparezco, y no solamente con los libros anteriores, sino hasta con una obra nueva. Si alguien piensa que Jorge Asís es menemista y, ¿cómo vamos a leer a un menemista? Yo sé que, en una sociedad tan fragmentada, cuesta tener un poco de tolerancia y leer a alguien que de pronto ven en televisión. Yo sé que Jorge Asís como escritor tiene que padecer la carga del Jorge Asís público, que es el que genera ciertas resistencias pero también amor. Te cuento algo: un día nos encontramos en un café con un amigo y él me estaba explicando que yo tenía que congraciarme con la sociedad. Yo venía con el pecado de la literatura y el menemismo y mientras me estaba explicando esto, la gente pasaba y me saludaba, otro me mandaba una servilleta para que firmara un autógrafo. En el fondo, hay una situación bastante culposa, y saben por lo menos el 97 o 98 por ciento de mis colegas, que existe un estado virtual de proscripción con relación a mi obra.

—¿Proscripción?

—Absolutamente. No quiero hablar de este tema porque me lleva a un cuadro de reproche, pero si esto fuera para beneficio de la literatura tal vez resulte positivo, aunque lo cierto es que no creo favorable que no puedan leer *Los reventados* y que se hayan perdido *Excelencias de la nada*.

—En las críticas siempre se hace referencia al Jorge Asís polémico y no al escritor.

—Casi no leo críticas. Es mucho más fácil que me tengan en su casa y en cuanto aparezca me vean a tener algún tipo de existencia como escritor. En este punto ya se afirmó la omisión y hasta casi está establecido que yo desaparecí de antologías, que no existo en ninguna clase de plano.

—¿Te acordás cuando renunciaste por ese polémico proyecto que consistía, supuestamente, en defender el castellano?

—Ahí sí me equivoqué, pero te voy a decir en qué: erré mi percepción de la sociedad argentina. En ese proyecto, un plan que se estaba discutiendo también en Francia y Alemania, queríamos debatir la acepción cultural, la preservación de las lenguas. ¿En qué me equivoqué? En que me pasé de vivo o se deslizó que existía ese proyecto, porque en realidad no existía ningún proyecto, era algo eventual y que finalmente no se presentó. Me pasó como a Lázaro en la Guerra de los Seis Días: bombardearon todos los aviones que estaban estacionados en el aeropuerto y después salieron a masacrarme. Si por lo menos alguien tuviera la deferencia de tomarlo aunque sea como antecedente, ahora que está el Congreso de la Lengua y demás, pero ni siquiera allí lo registraron.

—En el fondo, ¿no era una zoncera pedir que se empezara a escribir solamente en castellano?

—En eso me equivoqué: en pensar que la sociedad estaba abierta para ese debate. Me equivoqué una vez. ¿No me pude haber equivocado?

—Recién hablabas de proscripción. ¿Existe la censura en la Argentina?

—Es una torpeza censurar y es una utopía pretender coartar a los medios de comunicación. Porque hoy existe Internet: vos podés dilatar el tratamiento de algunos temas sabiendo que invariablemente van a aparecer. Si querés, existen en el gobierno actual tres pilares: la caja, la prepotencia de las encuestas y la complacencia de los grandes medios de comunicación, que por lo menos van a dilatar el tratamiento de algunos temas.

—Pensando en *Página/12,* ¿no se mezcla un poco la autocensura con la afinidad ideológica?

—Al margen de ese episodio, puede haber afinidad ideológica pero lo más importante es que demuestra la inutilidad. Alguna vez te lo dije: cuando yo sea presidente no va a haber gastos o pautas oficiales.

—¿Te considerás un hombre sensible?

—Qué sé yo, no soy tierno pero sí sensible. Tampoco la gilada: no una tarde de lluvia, no la presencia de un niño pobre con su gran discurso de izquierda. A mí me parece que hoy hay un gran cansancio de la lástima, una fatiga de la misericordia, una consolidación de la indiferencia. Pero por supuesto que soy sensible como para describir las cosas que me impresionan. No es que me quiera poner tierno, pero en realidad soy sensible a una buena idea, a la belleza; privilegio, sobre todo, la inteligencia. Soy sensible a algún texto de algún personaje, por más despreciable que sea. Sí considero que lo único que me interesa es que sea un texto conmovedor, que me enriquezca. Estoy leyendo, por ejemplo, a alguien a quien nadie puede juzgar como una lectura ineludible: Tom Clancy. Es, quizás, uno de los analistas políticos más importantes del mundo pero tiene, además, una gran capacidad de fabulación y ¡las novelas de Tom Clancy las tenés que ver! Por supuesto que es muy poco presentable pero, ¿qué le voy a hacer? Leo a Tom Clancy.

—¿Hacés terapia?

—Hice un par de veces, pero fue una decisión intelectual. Cuando terminé las novelas *Flores robadas en los jardines de Quilmes*, *Carne picada*, *La calle de los caballos muertos* y *Canguros*, decidí ir al mecánico para ajustarme más o menos algunas cuerdas, para hacer un poco de mantenimiento por un par de meses. Pero, en realidad, y no lo digo con el fin de cautivar a mis amigos psicoanalistas, mi primera víctima literaria fue mi padre. Me hice escritor para tratar de entender a mi padre y de ahí sale mi novela *Don Abdel Zalim, el burlador de Domínico* (un libro publicado hace treinta y cuatro años, y que se reedita, se reeditó y se publicó en francés y portugués).

—¿Tu terapia fue la literatura?

—La literatura me sirvió para entender. Muchas cosas, que a veces no entiendo, las escribo para comprenderlas.

—¿Y comprendés el amor o el hecho de enamorarse?

—Sinceramente, no creo más en el amor. Considero que aquel que se enamora después de los cuarenta es casi una provocación, una tontería. El otro día, un amigo de cincuenta y pico, divorciado, me contaba sus penurias con su dama y considero que son problemáticas de colegio secundario de barrio de clase media. Me parecen una tontería. El amor es una construcción intelectual, es una decisión de la inteligencia, pero por supuesto que sí me enamoré alguna vez. ¿Me querés enternecer?

—No, no te quiero enternecer. Te quiero preguntar...

—Me parece que el amor es mucho más serio, sobre todo cuando te digo que es una opción racional. Cuando estás con una persona con la que querés estar, implica que hay amor porque existe la complicidad, el "vamos a comer tallarines a tal lugar" o "pasemos un fin de semana en tal sitio". Es una decisión de inteligencia, implica decidir compartir tu tiempo con una persona. Y yo privilegio esa decisión de la razón más que el arrebato, el sufrimiento, la absorción de cargosear que tiene que ver con lo irracional, que me parece bien para un chico de veinticinco, treinta años, pero en un tipo de cuarenta ¡son giladas!

—¿Creés en Dios?

—A partir de los treinta lo empecé a tratar con más respeto. Te diría que creo en las religiones, las estudio e incluso de pronto me interesa mucho todo el tema de las religiones comparadas. Creo mucho en cuestiones energéticas, creo mucho en la onda, en la energía, en la liberación. Yo veo a un tipo y casi de inmediato sé cómo estoy con él. Últimamente ando en la onda de las piedras: por ejemplo, ahora estoy con una turmalina.

—¿Qué es eso?

—Es, simplemente, una piedra negra. Creo en el cuarzo, creo en la gemística. De pronto puedo ponerme una piedra importante, que es la aguamarina, que tiene que ver con la elocuencia. Creo en los chakras, en los diferentes sectores del cuerpo que tienen cierta acción. La turmalina tiene una característica muy importante: neutraliza toda la mala onda que puede haber en el ambiente y la que puede tener uno. La turmalina es, casi te diría, mágica (incluso creo que hay un disco de Natalia Oreiro que se titula justamente *Turmalina*). Todo lo que tenga que ver con el universo de las piedras me parece fascinante. Además, me oriento mucho por la astrología.

—Sos un experto en el horóscopo chino, ¿no?

—Creo que conozco mucho. Nunca voy a escribir un libro de astrología. Si escribo alguna vez uno sobre astrología, va a ser solamente un manual, para siempre. Vos sabés que yo sé que sos búfalo de metal. Tengo astrologizada prácticamente a toda la Argentina, a casi todos los dirigentes políticos...

—El presidente, ¿de qué signo es?

—El presidente es tigre de metal y está casado con una serpiente de agua. Existe toda una relación, aunque no voy a dar nombres, con los puntos positivos o vulnerables de una persona. Con esos datos, podés saber a qué hora alguien puede estar mejor y quién puede funcionar con quién. Creo en esto como orientación, por eso me parece importante.

—Suena extraño que un tipo tan racional como vos piense en estas cosas.

—Yo creo en la racionalidad de la magia. La cuestión energética tiene también que ver con la razón. Acá hay un gran divorcio en el tipo que cree que hay que separar la razón de la emoción. Ahora, yo puedo, en lo personal, no creer en ese enamoramiento de los teleteatros e ideal para los boleros. Me parece que hay una decisión de la razón que es infinitamente más importante. Pero la cuestión de la magia es algo característico, que tiene que ver conmigo. En lo personal, yo convivo con la magia desde que era chiquito. Mis tíos se pueden enojar, pero yo corría por el patio de la casa de mi abuela paterna y siempre había mucha gente, y yo sabía que no podía decir que había mucha gente porque mi abuela era una mujer que se dedicaba a hacer el *bien*. Era la Madre María. Me acuerdo, de grandecito, de señores que decían: "Su abuela le salvó la vida a mi hermano". Con esas cosas aparentemente irracionales, que están presentes en mi literatura, que están en mi libro *Cuaderno del acostado*, convivo todo el tiempo. Esto tampoco es para enloquecerse o para obsesionarse, en todo caso el ejercicio de la razón sirve para separar un poco, porque no todo es astrología, no todo es una cuestión meramente energética. Otro ejemplo: los amigos que me conocen saben que yo uso colores de acuerdo con los días.

—¿Y por qué usaste hoy este color?

—Hoy es miércoles, y hace falta aunque sea un toquecito de verde, verde oscuro. El jueves, seguramente voy a estar vestido de azul. ¡Algunos, que se hacen los pragmáticos, después me llaman por teléfono porque quieren saber todo!

—En el concepto clásico del término, ¿sos machista?

—Ante todo yo rindo cierto culto a la inteligencia, y el machismo es algo que no tiene absolutamente nada de inteligente. Es una causa perdida, una torpeza. En algún momento, en mi literatura, por contar algunas maneras o códigos, alguna dirá que eso es machismo cuando, en realidad, en el texto está implícita la denuncia. Hoy existe el hembrismo, que es el machismo a la inversa. Por ejemplo, Elisa Carrió hablando de sus maridos mantiene una actitud despectiva, peyorativa. Si lo dice una dama, la sociedad lo festeja y no hay nadie que diga: "No, señora, eso es hembrismo". Y el hembrismo es también como el machismo al revés y, por lo tanto, también poco inteligente.

—En alguna entrevista dijiste que, como casi todos los varones de tu raza, no tenías ex mujeres o ex novias, sino que acumulabas. ¿Es un harén contemporáneo?

—Eso fue un giro, una frase afortunada, televisiva, que tenía que ver con lo árabe. El árabe no abandona, acumula. Pero no pienso eso en lo absoluto. Lo que sí considero como una característica exclusivamente nacional es la imposibilidad de terminar una historia, de ponerle el fin, y de que los tipos "acumulan" minas, historias, y no terminan absolutamente nada.

—¿Y, en lo personal, tuviste los pantalones como para decir "se terminó"?

—Ay, Majul, me vas a crear problemas. Yo estuve veintinueve años casado con la madre de mis cuatro hijos. Ha sido una vida de formación, de complicidad, desde la época del Partido Comunista hasta mi labor diplomática. Y en un momento se terminó y considero que fue lo mejor. Ella rehízo su vida, armó otra pareja, y yo, en su momento, hice lo mismo.

—¿Sos de esas personas que piensan que se le puede torcer un poco el rumbo a la vida o, por el contrario, de aquellos que se dejan llevar por el destino?

—Uno fluye. Es un verbo que se utiliza bastante en la gente más o menos culta. Sé qué es lo que hago y lo que me sostiene es la palabra. En cualquier momento de mi vida, ya sea con un cuaderno o la computadora, voy a estar escribiendo, porque yo vivo para contar. Lo cual me implica un cierto riesgo, porque en algún ámbito político todos temen que puedan ser contados o tratados en literatura, como en el fondo creen y quieren. Pero por los caminos, yo no extraño. Soy rigurosamente sincero: cuando estaba en París, no extrañaba absolutamente nada de Buenos Aires. Cuando uno está en un lugar, genera raíces, sus trampitas, sus propios códigos. Yo me atrevo a ser feliz y a hacer lo mío en el lugar donde esté. Puedo irme mañana de Buenos Aires sin ningún reparo, sin siquiera dejar que crezca esa nostalgia, y si crece existe un ticket de doscientos dólares y estás de vuelta en tu lugar.

—¿Tuviste alguna relación cercana con la muerte?

—Tengo una relación atroz con la muerte. Si paso por una cochería, recurro a mi piedra o me toco alguna parte de mi cuerpo. En todo caso, la trato con mucho respeto, pero prácticamente no la considero. En cincuenta y ocho años de vida, en una sola oportunidad estuve hospitalizado: soy un obsesivo en el sentido de hacer todo lo que debo en cuanto a los controles. Y mi relación con la muerte tiene que ver con mi viejo o con mi abuelo cuando era chiquito. Pero es algo que tengo a la distancia, no quiero saber nada con ella.

—¿Nunca pensaste en si pudieras elegir la forma de morir?

—Si leés *Carne picada* quizás encuentres sensaciones que estaban vinculadas a los años de la dictadura militar, donde sentía un apego a la juventud. De hecho, escribí todas mis novelas tan desesperadamente porque creía que iba a morir joven. No podía imaginar mi vida más allá de los treinta y cinco años. Y tengo cincuenta y ocho y ahí también me equivoqué. No te voy a decir que estoy en el comienzo, porque es una exageración, pero creo que sí transcurro en una rotonda, donde aún hay muchos caminos por abrir.


SEÑAS PARTICULARES:
*"Amo el insomnio"*
_____

—¿Qué amás de lo cotidiano?

—El insomnio. Para algunos puede ser una tortura pero para mí es una oportunidad. Creo, escribo, encuentro soluciones a algunos asuntos literarios y es casi diría un placer irse a dormir con el trabajo cumplido. Siempre me gusta tener música en mi casa y me gusta el olor de las tostadas.

—Nombrame tres escritores.

—Mario Vargas Llosa, Jorge Amado, Carson McCullers y muchos más (estoy siendo injusto).

—¿Y políticos?

—François Mitterrand, Juan Domingo Perón y Talleyrand, ese mago de la diplomacia napoleónica me parece realmente superlativo.

—Tres músicos.

—¡Cómo me gustaban las milongas de Héctor Varela! También Vivaldi y Beethoven. Me gusta el rap que hace mi hijo que vive en Córdoba o la combinación de música oriental y occidental que hace mi hijo de Buenos Aires. También la música de órgano que me ponía mi hija cuando atravesaba su período gótico y que se esparcía por toda la casa.

—Elegí tres películas.

—*Zorba, el griego*, pues yo soy un poco Zorba, *Amarcord*, de

Federico Fellini, y algunas cosas de François Truffaut. También de Luis Sandrini. Si miro una película de Sandrini que veía cuando niño, *Cuando los duendes cazan perdices*, todavía puedo llegar a conmoverme.

---

—Para el final, un mensaje para 2050.

—¿Vieron qué giles fueron mis contemporáneos? ¿Vieron que eran absolutamente superficiales? ¿Qué ganaron haciéndome la vida imposible como escritor durante tanto tiempo? ¿Usted sabe que por escribir una novela como *Diario de la Argentina*, sobre el desaparecido diario *Clarín*, me hicieron la vida imposible durante décadas? ¿Vieron lo que fueron los contemporáneos? ¡Que se jodan!

# Cuarta parte

# La película de tu vida

¿Cómo se hace una película? ¿Cuándo se la goza o se la sufre más?
¿Qué es lo que tiene Juan José Campanella que emociona tanto? La mujer
con Alzheimer de *El hijo de la novia* que interpretó Norma Aleandro, ¿era en
verdad su madre?
¿Qué es el *judeómetro* con el que lo miden a Daniel Burman? ¿Qué pasó con
su cámara desde *Esperando al Mesías* hasta *Derecho de familia*?
¿Cómo decidió incluir a su hijo en la última película?
¿De qué forma filmó la escena sexual entre dos hermanos
sorprendidos por su madre la inquietante Albertina Carri? ¿Cómo afecta su
trabajo el hecho de que sus padres hayan sido desaparecidos por la
dictadura militar?
¿De qué manera Israel Adrián Caetano, director de *Pizza, birra, faso*,
*Bolivia* y *Crónica de una fuga*, pasó de tornero a cineasta?
¿Filmaron por dinero? ¿Filman por placer? ¿Qué film hicieron y no hubieran
querido hacer? ¿Cuál no hicieron y desean hacer con ansiedad? ¿Qué sienten
cuando entran al cine y ven a la gente mirar sus películas? ¿Cómo se llevan
con los críticos? ¿Qué películas los marcaron o les cambiaron la vida? Las
películas ¿son distintas, más aburridas, más apasionadas, mejores o peores
que la vida? ¿Cómo filmarían la película de sus vidas incluyendo el final?
Ésta es la cuarta parte de *Confesiones argentinas*. Son entrevistas con directores de cine. Compren mucho pochoclo, pasen y vean.

# Juan José Campanella

# "Lo único que quiero es contar historias"

AUTORRETRATO:
*"Soy Juan José Campanella y tengo veinticuatro años.*
*(Los otros veintiuno se los quedó la municipalidad).*
*No, en serio: tengo cuarenta y cinco años, hago cine,*
*televisión, documentales y radio. Cuento historias*
*y eso es lo que realmente me gusta y como me gusta*
*definirme: contador de historias, el medio no me importa"*

Hasta que me hizo emocionar con *El hijo de la novia*, *El mismo amor, la misma lluvia* y *Luna de Avellaneda*, Juan José Campanella era, para mí, alguien familiar pero desconocido con el que me encontraba, casualmente, pero bastante seguido, en el desaparecido bar Británico, en la esquina del Parque Lezama, en Defensa y Brasil.

Una vez lo vi tomando café junto a Ricardo Darín. Otra vez lo detecté, en la misma ventana, tomando el mismo café, junto a mi amigo el periodista Carlos Ares. Después lo observé al mando de un auto un tanto destartalado que intentaba trepar la subida de la avenida Garay.

El aspecto de Campanella no tiene nada de particular, pero me provocaba mucha curiosidad aquella gorra marrón con la que se tapaba la pelada, y la atención, casi religiosa, que lograba frente a sus interlocutores en el momento en que empezaba a contar. ¿Quién será este tipo? ¿Por qué le prestan semejante atención? ¿Qué clase de historia estará contando para lograr que los demás ni siquiera pestañeen?, me pregunté más de una vez, después de aquellos encuentros fortuitos.

Lo sentía parte de la escena, pero no terminaba de entender

algunas señales de aquella magia. Después de ver sus películas, no tardé en darme cuenta de que Campanella no hace otra cosa que contarse a sí mismo. Como si toda su obra pudiera explicarse tomando un cortado en la mesa de la ventana del Británico, un sábado antes del mediodía, con el ruido de fondo de la bandeja de lata que el Gallego apoyaba con cierta violencia en el mostrador, después de servir el pedido.

—¿Cuál es el momento, la escena, en que decidiste hacer cine?

—Hay varios momentos, pero la decisión de olvidarme de todas las otras opciones más racionales y dedicarme completamente al cine fue cuando vi una película: *All that Jazz*. Fue un jueves a la tarde, en función de estreno y en el cine Atlas de Lavalle. Estudiaba Ingeniería y me tenía que ir a anotar en las materias del segundo trimestre. También estudiaba cine de noche, pero no podía hacerlo de la manera en la que debía. Cuando terminó la película me fui caminando hasta la facultad, y cuando llegué al frente, al monumento Canto al Trabajo en Paseo Colón, dije: "No". No entré. Nunca más volví a entrar a la Facultad de Ingeniería.

—¿Fue una escena en particular de *All that Jazz*, o fuiste vos que te metiste dentro de la película?

—Fue claro que me metí adentro sin darme cuenta. Como todas las grandes películas, está muy elaborada. Pero a la vez te hace olvidar que estás viendo un film. Es increíble, después de verla tantas veces empecé a advertir que estaba muy montada, que tenía muchos cortes y que había una gran cantidad de gente trabajando ahí. Pero fue la película en la que todo cerraba y resonaba en mí: hablaba de lo que a mí me interesaba, de trabajar o no trabajar en esto, de los miedos. Estaba contada de una manera que a mí me ponía en ebullición.

—Por supuesto que no estás arrepentido de haber abandonado Ingeniería.

—No, al contrario. A veces me vienen *flashes*, como cuando vuelvo solo del trabajo en el coche, pongo un poco de música y digo: "Pensar que podría estar vigilando en algún lugar cómo arman una radio...". Hubiera sido un ingeniero muy mediocre, porque además no me gustaba. Si hay algo que hice bien en mi vida, fue ese día.

—¿Cómo es eso de que hacés cine porque lo único que querés en tu vida es contar historias?

—Supongo que me terminé de dar cuenta hace muy poco, pensando en qué era lo que tenía que hacer, qué era lo próximo, si tenía que encarar otros estilos cinematográficos o ir por otro lado. Me di cuenta de que el cine como forma, como fin, no me importa. No me atrae ir a ver una película que empuja los límites formales del cine pero cuenta una historia que a mí no me interesa. Si veo *Doce hombres en pugna*, por mencionar algo muy simple, de una pieza, con doce actores impresionantes y un guión genial, para mí es mucho mejor que todo lo que se está dando en los festivales últimamente. El cine es el medio que a mí más me cierra para contar historias, así que voy a seguir contándolas en ese medio. Pero también me apasiona el teatro, me gusta mucho la televisión. De hecho, trabajo más en televisión que en cine. Hago de todo, con tal de contar historias.

—Cuando narraste las historias de *El mismo amor, la misma lluvia, El hijo de la novia* o *Luna de Avellaneda*, ¿estabas describiendo escenas de tu vida, de lo que pudo haber sido tu vida, de lo que te hubiese gustado que fuera?

—Todas tienen mucho que ver con mi vida cotidiana, pero yo hice dos películas antes de estas tres argentinas. La primera era una historia muy trágica sobre un chico loco. En su momento, me fascinaba toda la cuestión oscura y de las enfermedades mentales. La segunda es una película de género, es cine negro, y tuvo que ver con mi vuelta a la Argentina. Después de muchos años afuera, al volver, me di cuenta de que en la vida cotidiana había muchísimos elementos que yo no había podido percibir en mis dieciocho años en Nueva York y que me parecían absolutamente ricos. Sobre todo nuestro sentido del humor, que quizá sea lo que más caracteriza a las películas que hago. Entonces me pregunté para qué iba a buscar casos extremos cuando los casos comunes eran tan ricos. La mayor parte del cine que se hace es sobre los distintos, sobre los raros, sobre los superhéroes, sobre Indiana Jones, sobre los locos, sobre los protagonistas de la historia. Se hace muy poco sobre quienes no salen en los diarios. La definición de ganador y perdedor también tiene que ver con un partido terminado y la cuestión es que el partido siga. Tratamos de que todas las películas terminen con un "el partido de la vida sigue".

—Vamos a otra escena de tu vida. ¿Cómo se explica que un descendiente de italianos y españoles abandone Ingeniería, se vaya a estudiar cine a Nueva York y empiece a trabajar en la televisión norte-americana?

—Lo de trabajar se fue dando, pero yo empecé a estudiar cine en septiembre de 1983, un poco antes de que asumiera (Raúl) Alfonsín. Veníamos de una década, hablando de cine, en donde veía que existía un "techo" en las escuelas. Yo conocía dos de las tres que estaban en ese momento y notaba muchas limitaciones, especialmente en el rubro de la dirección de actores, que era el que a mí me interesaba. Además, creo yo, veníamos de la mejor década del cine yanqui con *El padrino*, *Tarde de perros*, *Taxi Driver*, *El francotirador*. Películas que tenían mucho compromiso con la realidad y que eran, además, muy populares. Películas que no dejaban afuera a nadie y que te contaban todo lo que te tenían que contar. Entonces yo dije: "Creo que el cine que más me representa se está haciendo allá". En la Argentina, quitando algunas excepciones, no se hacía un gran cine en ese momento. Así es que fui a la escuela de Nueva York y tuve la suerte de entrar, porque era bastante difícil. Estuve cinco años regresando permanentemente, hasta que terminé y volví acá. Me quedé un año y medio buscando trabajo y no conseguí nada. Mientras tanto, mi corto de tesis... Aburre esto un poco. Bueno, esta escena yo la cortaría en la película. Mi corto de tesis, de la Universidad de Nueva York, estaba ganando premios internacionales y me llamaron para darme trabajo. Al final, me quedé allá por muchos años.

—Pero volviste cuando empezaba una de las crisis más importantes de la historia argentina.

—Sí, eso fue un poco después, cuando ya decidí quedarme. Volví después de ocho años, en 1997. La primera tarde fui a tomar un café con dos de mis amigos históricos, Fernando Castets y Eduardo Blanco. Nos encontramos a las cinco de la tarde y nos quedamos tomando café, hablando, boludeando y riéndonos hasta las seis de la mañana. Me di cuenta de que hacía quince años que no tenía un día así. Al principio estuve yendo y viniendo. Y en plena época de cacerolazos, en febrero de 2002, compré el lugar en donde estoy viviendo ahora y me quedé.

—¿Esa charla de amigos fue la génesis de *El mismo amor, la misma lluvia*?

—No, la persona que inspiró al personaje de Jorge (Pellegrini, representado por Ricardo Darín) era distinta y permanecerá sin ser nombrada. Pero sí fue la génesis de querer hacer algo juntos. Yo estaba un poco cansado, venía de una experiencia muy dura con mi segunda película y volví a encontrar ese humor, ese diálogo, esa música de nuestro diálogo que realmente me encanta.

—En *El hijo de la novia* hay un personaje que tiene la enfermedad de Alzheimer, y es inevitable hacer una analogía con tu mamá, que sufre de lo mismo. ¿No tuviste ganas de mostrarle esa película a ella y contarle tus sensaciones?

—Antes que nada quiero aclarar que en *El hijo de la novia* Norma Aleandro no está haciendo de mi vieja, está haciendo una creación de ella, con cosas inspiradas, pero que es en definitiva una creación. Igualmente, todos los que tenemos un ser querido que sufre una enfermedad neurológica de ese tipo guardamos la fantasía de que va a reconocer más de lo que reconoce. El personaje de Héctor (Alterio) en la película dice: "Y, de algo se va a dar cuenta". Y yo creo que las personas que tienen lo que padece mi mamá quizá no se dan cuenta de nada. Pero todo el proceso que desemboca en la película es de conocimiento de muchas cosas: de mi mamá, de mi papá, mío y de lo que es un ser humano. Mi mamá no vio ni *El mismo amor, la misma lluvia*. Es decir, cuando mi mamá empezó a enfermarse yo era un tipo que todavía la estaba peleando, que no tenía un gran reconocimiento. A mí me encantaría que pudiera ver las cosas que han pasado desde entonces, pero trato de no pensar en eso.

—En tus películas, ¿Ricardo Darín es tu voz, siente por vos, es el tono de una generación?

—Es casi todo lo que dijiste. Obviamente, en mis películas Ricardo no es que sigue las órdenes sin opinar. No. Hay una comunión en un noventa por ciento de las cosas. Hay cuestiones en las que estamos en desacuerdo y se termina haciendo lo que piensa quien haya logrado convencer al otro. Nada es por imposición. Creo que es por una cuestión generacional y de idiosincrasia nuestra, con nuestra historia del humor ácido, agresivo, irónico. Tiene que ver con el manejo de la emoción, que es un poco la que tenemos todos. Todos los argentinos somos un poco llorones, emotivos, pero a todos nos da vergüenza mostrarnos de esa manera. Así que hay muchas cosas en común. Que él sea mi voz es inevitable por los guiones. Él hace algunos cambios, pero siempre son para mejorar y tienen que ver con ese tono general. Hay una comunión entre nosotros dos, pero además es un lenguaje de una generación y de una comunidad. Por algo es que la gente se siente tan identificada.

Juan José Campanella ocupó el sillón de invitado en *Hemisferio Derecho* cuando todavía resonaban los ecos del éxito de *Luna de Avellaneda*, la historia de un club de barrio que está por ser rematado. En ese contexto, otros directores como Aristarain acusaron a Campanella de utilizar golpes bajos para atraer al público. Se generó entonces una polémica entre cine "popular" y cine "elitista".

—En el medio del denominado "boom" del cine nacional, ¿existe uno popular y otro exquisito, que se cuenta de determinada manera?

—Siempre hubo en la Argentina alguien que tratara de crear esa diferencia. Es viejísimo. Lo raro es que el arte elitista, que no le interesaba al pueblo, antes era defendido por la derecha más recalcitrante y hoy, en cambio, es defendido por gente que la va de "progre". Es muy extraño todo esto que está pasando. De repente, el cine popular, el cine que la gente reconoce como propio, es acusado, como siempre, de grasa y cursi. El mensaje es que la gente no sabe nada, no entiende nada y no puede decidir nada. Y eso es por aquellos que irónicamente dicen ser progresistas. Es muy raro, porque aunque sea una dicotomía creada por alguna gente que hace cine es utilizada por quienes no tienen nada que ver con él.

—Una buena película, ¿es la que tiene un buen guión y cuenta; es la que muestra sin contar tanto; es la que tiene a la cámara como gran relator y no al guionista?

—Se habla mucho de "tal tipo cuenta bien" o "tal película está bien contada", como si el saber contar fuera el non plus ultra de la capacidad cinematográfica. Eso es un cliché. Yo creo que el saber contar es el mínimo indispensable. Es una condición necesaria, pero no es suficiente. Lo que es importante en el cine, en donde la pantalla grande domina a la audiencia, es la posibilidad de que te hundas en la historia: es hacer vivir la historia al público que está viendo la película. Cuando el personaje tuyo se alegra y la audiencia se alegra, cuando el personaje tuyo se emociona y la audiencia se emociona, cuando el personaje tuyo sufre y la audiencia sufre, es cuando están viviendo la misma aventura. Eso es lo que yo trato de lograr con el cine, y a partir de ahí es cuando te das cuenta de que funciona. Hasta ese momento el parámetro es uno mismo.

—¿Cómo nació la escena de la asamblea, en el final de *Luna de Avellaneda*?

—Eso fue increíble, aunque preveíamos que iba a tener mucho más humor. Cuando la exhibimos sabíamos que era potente lo que se decía, pero escrita tenía mucho más humor. Y la gente que estaba en la asamblea eran actores barriales, es decir que también vivían esa realidad. Cuando Ricardo (Darín) empieza su *speech* por primera vez, el tipo en el que estaba basado el personaje pidió retirarse porque estaba con taquicardia. Dijo: "Mirá, esto es muy fuerte, estoy viendo toda mi vida acá". Fue una cosa muy intensa. Yo le pedí a Ricardo que se contuviera. Que tratara de no llorar. Que en todo caso llorara la audiencia.

—¿Un director puede pararse delante del actor y decirle "No llorés"?

—No, sólo le puede decir que trate de contenerse. La cuestión del llanto en cine es muy complicada. Es instintivo, no hay libros sobre esto. Cuando la catarsis ocurre en pantalla puede pasar que en la audiencia no suceda, entonces se cierra. A mí me pasa en las tragedias, cuando muere un chico, que bajo la cortina y la película ya no me interesa. Entonces, en esa situación de la asamblea, me parece que el personaje tenía que tratar de mantener el control. Le decía: "Bueno, en todo caso que se emocione la audiencia, pero no vos". Fue muy difícil, incluso lo que se ve en la película es él tratando de contenerse. Porque la gente estaba actuando frente a esta asamblea, en ese momento no estaba solo, y lo que le devolvían las caras era tan fuerte que muchos de ellos ya no podían mirar, porque estaban sufriendo tanto que se quebraban inmediatamente. Fue una cosa impresionante la escena de la asamblea, tres días de filmación.

—¿Vos te emocionás?

—Sí, mucho. La verdad es que soy un llorón tremendo, lloro muchísimo.

—¿Te emocionaste haciendo *Luna...*?

—Sí, por eso decía antes que a mí me parece imposible sentir angustia. Siento angustia en el cine cuando las cosas no salen o cuando no estoy preparado, pero si uno se rodea de la gente que sirve, se prepara bien, es puro placer. No entiendo otra filosofía de vida. Me emociono mucho.

—¿Cómo surge la escena donde Ricardo Darín quiere reconquistar a su mujer, y se compra ese perfume barato, de esas imitaciones, y se lo pone? Si se puede contar...

—No, no tengo problema. Dolina decía que sólo se roban las ideas chicas. En realidad todo eso no existía en el primer guión. Se lo di a leer a Adrián (Suar) y hablando con él, decía: "Pero está como muy pasivo el tipo. ¿La mujer le mete los cuernos y no hace nada?". Y yo le decía: "Claro, pero ése es el punto, el tipo tiene que ser un tipo que aguanta cachetazos y junta presión; yo conozco mucha gente que en la vida real se entera de esto y no hace nada, es más, conozco a muchos más de los que no hacen nada que de los que arman el escándalo". Y ahí me dijo: "Bueno, pero aunque sea que se compre un perfume". Adrián es muy sagaz, te tira una idea y te abre todo un mundo. Ahí empezamos a desarrollar todo por ese lado y se fue completando. Primero fue la simple compra del perfume, le fuimos agregando cosas y después necesitábamos una escena. La única persona que quería y admiraba incondicionalmente a Román (Maldonado, el personaje que interpreta Ricardo Darín en *Luna de Avellaneda*) era la hija, y no encontrábamos una escena que fuera original, que fuera distinta para mostrar eso. Era siempre la nena que te quiere, como muy visto, como muy banal, lo que experimentamos todos los días. Y entonces dijimos: "¿Y si la nena es la única a la que le gusta el perfume?". Ahí cerró toda la historia. Es el tipo de ideas que cuando cierra, nos emocionamos todos.

—¿Qué pensás de ese cliché que dice que el cine no es la vida?

—Puede ser la vida, se trata de eso. Tiene que ser la vida, menos las partes aburridas. Si hay que mostrar las partes aburridas, hay que mostrarlas de una manera en la que no se aburra el público. Lo más difícil es mostrar un personaje aburrido. Pero puede ser fantasía, puede ser magia, también puede ser una de acción total. Creo que no tenemos que poner límites.

—¿Podrías contar tu vida como una película?

—Es muy aburrida, pero la verdad es que tuve una tremenda suerte en mi vida. Tuve buenos padres, buena familia, me llevo bien con mis hermanos, tuve buenos amigos. Mi vida no tiene mucho conflicto, entonces sería una película muy aburrida.

—¿Creés en Dios?

—Qué pregunta; es compleja de contestar. Creer en Dios es un acto voluntarista: uno cree en Dios si quiere creer en Dios. No habiendo pruebas de que existe ni de que no existe, se puede elegir. Yo creo en otra vida, quiero creer y también me sirve. A mucha gente también le sirve y le ayuda a mejorar en esta vida y a no rendirse. Elijo creer que hay algo más.

—¿Y en la otra vida, creés que puede existir un buen cine?

—Una de las imágenes que más me gusta es que el cielo es un gran bar donde uno entra y se encuentra, por la eternidad, con toda la gente con la que uno siempre quiso hablar y conocer, y ahí siempre vas a estar charlando y tomando café. Y no va a existir la envidia, ni el resentimiento, ni nadie va a hablar mal de vos. Me van a preguntar: "Che, tal película, ¿cómo la hiciste?". Me parece que sería lindo.

—¿Sos amigo de los actores?

—Sí, me encantan los actores. De Ricardo (Darín) me hice amigo, con Mercedes (Morán) nos vemos, con Valeria Bertucelli también. Eduardo (Blanco) fue amigo antes que ser actor, bien nuestro. Son el medio por el cual yo le hablo a la gente. Realmente los admiro.

—Hay otro cliché que dice que todos los directores tienen actores fetiche. ¿Es así?

—Es que si se considera fetiche como cábala, entonces no. Pero sí en cuanto a lo que uno está haciendo. Uno tiene o quiere una voz, un tono, y hay actores que pueden representar eso mejor que otros: James Stewart lo era para (Frank) Capra; (Marcello) Mastroianni para (Federico) Fellini; quizá Ricardo (Darín) y Eduardo (Blanco) para nosotros; (Robert) De Niro para Scorsese; (Federico) Luppi para (Adolfo) Aristarain. Ocurre mucho con lo que uno escribe. Tiene más que ver cuando la película es personal.

—¿Tenés sueños?

—Mi sueño ahora es poder mantener todo esto que he logrado. Antes tenía otros sueños, muchos de los cuales he cumplido y otros quedarán en el olvido, ya como imposibilidades. Mis sueños tienen que ver con la continuidad, con que no me quede sin ideas, que es el miedo clásico de todos los que trabajamos en esto, con poder mantener a la familia que tengo.

—Si tuvieras que imaginar una escena que resuma lo que sos y lo que vas a seguir siendo, y la tuvieras que poner en una película, ¿cómo la harías?

—No podría contestar esa pregunta ahora. Yo demoro por lo menos dos años en escribir un guión. Ese tipo de escenas definitorias siempre me han sorprendido, nunca fueron cosas esperadas. Es llevarte a lugares donde no pensabas que ibas a estar porque nunca habían estado en tu mente. Es inesperado.

—Pero en la escena del futuro, ¿te imaginás solo, con tus hijos, con tus actores, con tu equipo de trabajo?

—A mí me encantaría que estuviera la familia elegida, que es parte de la familia real, y que son mis grandes amigos, con los que yo trabajo permanentemente. Cuando encuentro a alguien con el que cierra la relación, sigo para siempre. Y ya en este momento, con el equipo que estamos, venimos trabajando hace muchos años, por eso me encantaría. Le tengo mucho miedo a la soledad de viejo.

—¿Cómo la filmarías?

—Realizaría toda la parte del *chichoneo* con cámara en mano, y en un momento me quedaría quieto, nos quedaríamos todos callados y terminaría con un fundido a negro.


SEÑAS PARTICULARES:
*"Me hubiera gustado ser periodista"*

—¿Qué es lo que más te gusta de la vida cotidiana?

—Comer, estar con la gente que quiero, leer y jugar al pool.

—¿Y qué es lo que no te bancás?

—La ineficiencia en el trabajo. Casi diría que no tengo otra cosa que me ponga mal.

—¿Qué te hace reír?

—La comedia italiana y el cine de (Ernst) Lubitsch, Fernando Castets, mi socio y amigo, y el diálogo de los argentinos que es de un buen nivel de humor. Y que, paradójicamente, no se representa demasiado en nuestras obras.

—¿Tres películas?

—Ciertamente *Qué bello es vivir* de Frank Capra, *All that Jazz* de Bob Fosse, y *Nos habíamos amado tanto* de Ettore Scola. Si tengo que elegir tres, me quedo con ésas.

—¿Tres directores?

—Como cuerpo de trabajo más constante (Ernst) Lubitsch, sin duda. (Federico) Fellini, (Ettore) Scola, (Orson) Welles, (Billy)

Wilder, Frank Capra, Bob Fosse, Ken Loach. En la actualidad, Terry Gilliam.

—¿Cuáles son los momentos que más disfrutás durante los rodajes?

—Todos. Me gusta estar en filmación, y disfruto tanto el aspecto creativo como el aspecto social de las filmaciones. Estar con amigos durante quince o veinte horas por día me encanta.

—¿Qué te hubiera gustado ser?

—Periodista. Tengo también una tremenda admiración por los médicos, pero creo que no podría lidiar con que alguien se muera.

—¿Cuáles son tus manías?

—Tendrías que preguntarle a mi mujer, pero los pelos en la bañadera me destruyen. Agreguémoslo a las cosas que odio. Es la única condición para venir de visita y quedarse en mi casa: por favor, sin pelos en la bañadera.

—¿Qué tiene que tener una buena escena de amor?

—Una sola condición: creerte que los personajes están enamorados. Con ésa podés hacer lo que quieras y sin ésa, por más que hagas, no hay nada que hacer.

—¿Qué no le puede faltar a una mujer?

—El humor, como siempre. Hay que caer en el lugar común, pero creo que es una de las características que los seres humanos más aman de los demás: una mezcla de raciocinio y sensibilidad, que en realidad la busco en todos los que me rodean; y esa química, esa pasión que haga que rebote conmigo.

—¿Cuáles son para vos los misterios más grandes?

—El más grande es el amor. Mucho más misterioso me parece cómo ese mismo amor, que parecía inacabable y eterno, se va o se puede llegar a ir. Y cómo la misma persona puede llegar a no sentir nada, ni siquiera odio. No sentir nada es peor que sentir odio; otro misterio, lo inestable del amor. Otro misterio es cuando viene un invitado a casa y le digo: "Yo lo único que te pido es que no dejes pelos en la bañadera". Igual, me dejan los pelos en la bañadera. Es tremendo. ¡Qué asco!

Todos los invitados de *Hemisferio Derecho* que aceptan enviar un mensaje para ser visto y oído en el año 2050 deben pararse en una marca predeterminada. Es para que el tiro de cámara resulte perfecto y la luz blanca y la imagen lejana logren el efecto esperado. Campanella, antes de enviar su mensaje, reparó en el detalle de la ubicación.

—Estamos preparados para escuchar tu mensaje.

—Bueno, acá está la marca. Parece mucho más fácil desde el otro lado de la cámara llegar a la marca. A la gente, dentro de cincuenta años, le pediría perdón por lo que les dejamos. No fue culpa mía, traté de hacer lo que pude. No me dio la capacidad, el talento, y a veces tampoco me dieron las ganas. Uno trata, pero hay mucho pelotudo suelto que se preocupa por frenar lo que uno intenta hacer. Nada más. Listo. Chau. Perdón.

# Daniel Burman

# "Nunca soñé con ganar un Oscar"

AUTORRETRATO:
*"Mi nombre es Daniel Burman, soy director de cine y autor de las cosas que filmo. Soy padre de familia, soy productor, soy argentino, soy judío. Me gusta desayunar a la mañana leyendo todos los diarios... y estoy contento"*

Daniel Burman estaba inquieto. No bien entró al estudio, miró a Deborah con cara de Woody Allen y se atajó:

—No estoy seguro de poder hacerlo. Es la primera vez que me invitan para hacer una nota tan larga. Tengo miedo de pasar un papelón.

Pero no fue lo único:

—Además, desconfío de los periodistas. Vengo de hablar con uno que me prometió la tapa de una revista pero sólo si aceptaba fotografiarme con mi hijo, a quien quería convertir en un pequeño monstruo sólo porque actuó en mi última película.

—¿Y vos qué hiciste? —me entrometí.

—Lo mandé a la mierda —me respondió.

—Hiciste bien —opiné.

Entonces se soltó definitivamente.

—¿Qué dice la parábola de (François) Truffaut de la que empezamos a hablar fuera de cámara?

—Truffaut, a quien leí mucho después de hacer la película, dice que no hay un instante más importante en la vida de un hombre que el día o el momento en que se da cuenta de que le importan más sus hijos que sus padres. Quizá sea un poco cruel o exagerada la parábola de Truffaut, pero hay un momento de inversión de roles en la vida que es muy particular, que se da de manera transparente. No es que el día en que nace tu hijo hay una inversión de roles, sino que es todo ese lapso en el que uno se va construyendo como padre. Eso es un poco lo que dijo Truffaut y, sin saberlo, fue lo que me motivó a escribir *Derecho de familia*.

—En *Esperando al Mesías*, *El abrazo partido* y *Derecho de familia* —que quizá funcionan como una trilogía— está el paso del tiempo, y creo que se mete la parábola de Truffaut continuamente. ¿En qué momento de tu vida estás?

—Estoy en un momento que no lo puedo creer mucho. Hace como diez años que trabajo para que me pase algo parecido a lo que me pasa ahora, y cuando te sucede querés saber si es que estás pegando la vuelta, si ya llegaste al final, o queda algo más. Creo que es importante reinventarse los sueños. A mí me pasó que cuando gané el premio de Berlín, en el momento en que estaba ahí sentado, dijeron mi nombre y me paré, fui caminando por la alfombra —hasta me acuerdo de la trama de la alfombra— y no podía creer que el que estuviera caminando fuera yo. Soy de sueños muy conservadores; nunca soñé con ganar un Oscar. Fui a Berlín hace diez años con mi primera película, y cuando fui con *El abrazo partido* advertí que era lo que había soñado diez años antes. Fue un poco paralizante eso. Después tiré todo a la basura, en tal sentido, y empecé de nuevo. Creo que ése es un poco el desafío: que cuando consigas lo que soñaste, no te quedes sobre esa conquista o ese sueño, y lo olvides.

—¿En qué momento personal estás de la parábola de Truffaut? ¿Sos más hijo que padre, sos más padre que hijo o estás en equilibrio?

—Creo que equilibrios perfectos no hay. La parábola es una descripción teórica, pero en la vida hay momentos en los que uno es más hijo que padre y muchas otras veces siendo padre también sos hijo, como cuando te peleás con tus hijos con una actitud muy infantil.

—A mí me parece que ahora estás siendo bastante padre de tu padre, con ese cuidado que vos planteás para que no se conmueva por alguna escena que quizá pueda tocarlo de cerca. ¿Estoy diciendo cualquier cosa?

—Creo que tengo un gran problema: por más que haya elementos autobiográficos en las cosas que escribo terminan tiñéndolo como si todo lo fuera. Entonces, si bien mis padres son abogados, el padre de la película tiene poco que ver con el mío; si bien el hijo de la película es mi hijo, hay cosas que no tienen nada que ver con el mío. Y así con todas las cuestiones familiares. Hay elementos disparadores, pero a veces me da un poco de pudor porque parece que todo lo que pasa es autobiográfico cuando realmente no lo es. Eso, sumado a la exposición, me provoca una gran confusión.

—¿Confusión por qué?

—Porque la gente hace lecturas como si fueran parte de tu vida privada. Es raro, porque tampoco podés salir por ahí diciendo "esto sí, esto no" —aunque tampoco tenés que andar dando explicaciones—. Pero bueno, es el precio de lo que uno escribe y no se puede ser dueño de las proyecciones. Como la gente que se enoja con las críticas... Yo siempre pienso: el crítico tiene su trabajo. Se levanta a la mañana, tiene sus películas y tiene que escribir. Y lo que escribe siempre es verdadero, porque es el discurso de esa persona. Entonces a veces me da un poco de miedo y me dan ganas de defenderme, de defender mi pudor. Pero me la tengo que bancar, porque si tomo elementos de mi vida para involucrarlos en una obra y los que no son parte se confunden... es parte del juego.

—¿Por qué dejaste la abogacía?

—Porque en ese momento trabajaba en cine durante el día y a la noche iba a la facultad, casi como un momento de conexión con la realidad. Porque trabajar en cine es muy alienante. Me acuerdo cuando trabajaba con gente de producción, donde a veces lo más importante era conseguir una caja de tampones de color celeste porque era lo que estaba escrito en el guión. O estaban todos como locos porque la silla no era azul. Un montón de cosas que son pelotudeces, que en la locura del set parece que se va el mundo. Y después con el tiempo te das cuenta de que hay muy pocas cosas que son esenciales en una película. Si es una copa o un vaso será más o menos lo mismo, pero cuando trabajás en cine a veces perdés esa perspectiva. Y de pronto iba a la noche a la Facultad de Derecho, donde había doscientos tipos en un aula, con gente parada, con calor, con muchos que viajaban en tren dos horas para ir a escuchar a un profesor que daba la clase gratis... Eso me alimentaba con realidades, lo disfrutaba muchísimo, y tengo muy buenos recuerdos de los profesores. Pero en cierto momento no pude hacer todo. Cuando empecé a filmar y vi que se iba a convertir en algo que me gustaba, tuve que decidir. Y decidí por el cine.

—No sé si en tus películas están tus cosas más privadas, pero sí me parece que está puesto el paso del tiempo: desde el manejo de una cámara un poco más adolescente hasta la adultez de una cámara más tranquila, y más dispuesta a contar.

—Sí, es verdad. Al principio de toda carrera, aunque sea inconscientemente, tenés necesidad de encontrar un estilo. Pero yo no soy director de cine: yo hago películas. Y en algún momento de mi vida me di cuenta de que yo no quería ser director de cine. No es que me quiero poner un vestuario y parecer raro, pero a mí me gusta el hecho de hacer una película y de contar una historia.

—¿Y cuál es la diferencia entre ser director de cine y hacer una película?

—No tiene nada que ver una cosa con otra. Ser director de cine es ese momento cuando uno se inicia, que tiene la necesidad de ser. Esa etapa todavía adolescente en la que uno no encuentra la identidad, la necesidad del cartel, y la necesidad también de la aceptación social. De todos modos me parece una etapa necesaria. Porque si querés ser médico, estudiás Medicina, pasás un tiempo en un hospital y ya está, sos doctor. En cambio, si hacés cine, tenés que hacer tu primera película y eso no alcanza: tenés que lograr cierta aceptación: de la crítica, del público o de algún lado. Eso lo superás y decís: "Bueno, yo quiero hacer películas, me gusta contar historias y que alguien las escuche". Te relajás. Pero igual es un poder que uno renueva en cada película, quiero decir, el contrato con el público. A veces una funciona más o funciona menos, pero no tenés nada ganado.

—¿Qué es el "judeómetro"?

—El "judeómetro" es un aparato que tiene alguna gente en la casa para medir el grado de judaísmo de una persona. "Judeómetro" es un neologismo que apliqué cuando me preguntaban sobre mi película anterior, que tenía las galerías del Once y esas cuestiones, y que quizás haya recibido alguna crítica de algún lado de que los judíos no eran tan judíos. Siempre digo que no hay un aparato que te indique que a partir de un punto sos más o menos judío. Creo que no es tan fácil como seguir un precepto, lamentablemente, sino que tiene que ver con otras cosas.

—Un crítico escribió sobre vos: "El cronista más agudo sobre la vida judaica al sur del continente".

—Uf: es demasiado específico, no sé si eso es bueno. Es como decir "el mejor director de cine de la cuadra". En esa frase está bien resumido el misterio de la comunicación con la gente. Más que con la aldea soy un convencido de que en las familias y en las microsociedades se reflejan todas las tragedias, los dramas: todos los problemas universales están ahí. De hecho, las grandes obras de la literatura están en las familias, en Shakespeare, en Dante. Y eso no tiene que ver con un punto de vista conservador, porque tampoco creo que las familias tengan que ser los Ingalls. Una familia puede ser casi cualquier cosa. Pero esa primera unidad donde están el amor y el odio, que conviven al mismo tiempo, y la creación y la destrucción entre padres e hijos, después es como un faro que ilumina el mundo y repite todos los esquemas de poder, de amor y de odio, que rigen en la sociedad. Entonces me centro en lo que pasa dentro de una familia, o entre familias, como en *El abrazo partido*. Porque ahí encuentro de una manera fascinante, escarbando en esas cosas invisibles de lo cotidiano, una manera de conectarme con el público que de otro modo no podría hacer.

—Dijiste que las críticas bien hechas te terminaban revelando cuestiones de tus películas que para vos no tenían mucha explicación.

—Sí, sobre todo en esta película aprendí un montón de mí mismo, y lo hice leyendo. Porque, en lo personal, soy un enemigo de la autorreflexión. "Bueno, voy a ver lo que hice para aprender de mis errores." No creo en eso, sobre todo cuando uno tiene algo de vanidad como yo. Cuando tenés una carga de vanidad o de egocentrismo, como la mayoría de los artistas, sabés lo que hiciste mal, y no lo vas a volver a repetir. Vas a cometer otros errores que no conocés, que son desconocidos: yo me relajo y sigo para adelante. Porque esos errores los tengo como marcas, como huellas, y voy por errores nuevos. Entonces, cuando veo que un tipo se toma el trabajo, que yo valoro mucho, de ver mis películas, de analizarlas y encontrar conexiones, realmente aprendo mucho.

—Daniel Hendler, ¿es tu alter ego?

—Somos el mismo tipo, que cobramos dos sueldos... (Risas). No, yo lo veo como un tipo muy diferente, pero algunas veces cuando viajamos no saben quién es quién y en las notas hay situaciones muy divertidas. Es que nos llamamos de la misma manera.

—Es decir que hay declaraciones de Hendler que son tuyas y viceversa...

—A veces sí, pero igual son válidas. Lo que encontré en él es a un actor que tiene una cualidad que es casi única: transitar situa-

ramáticas de una manera que no sea solemne. Porque mu-
de nuestros días son dramáticos, pero no estamos con cara
elenovela. Porque una cosa es el conflicto interno que uno lleva
dentro, que puede ser dramático, pero que muchas veces se vive de
una manera hasta cómica. Esa contradicción es con la que vivimos
todos los días, si no andaríamos todos con cara de culo por la
calle, y no es así. Es una cualidad la que tiene él.

—¿Tus conflictos internos los resolvés haciendo películas?
—No es terapéutico. Porque para mí no es un conflicto la paternidad, es un proceso de vida. No es algo en lo que esté pensando
todo el día, no es un conflicto que uno lo tenga consciente todo el
tiempo. Lo que hago en la película son ciertas reflexiones sobre mi
vida y la de otros. Las muestro en la película, pero no llego a ninguna conclusión. No resuelvo nada en mi vida. Soy como cualquier
tipo: me levanto a la mañana y hago lo que puedo, no es que hacer
la película me salva. Lo hago porque no sabría hacer otra cosa, y
porque me da un placer enorme. De hecho no puedo creer que sea
mi trabajo, me cuesta convencerme. No lo haría gratis, por eso disfruto mucho vivir de algo que me da tanto placer como es el cine.

—Hablame un poco de tu teoría que dice: "La gente que te hace
perder tiempo te quita la vida, te mata, te asesina". Contame un poco.
—Bueno, me parece que es un poco terminante. Me refiero a
cuando alguien es consciente de que el tiempo que está pasando
con vos es un tiempo muerto, un tiempo que solamente le sirve a
él. Para que se entienda, voy a poner un ejemplo. Cuando viajás a
los Estados Unidos por un festival, hay diez muchachos norteame-
ricanos que trabajan para los estudios cuya tarea es agarrar a los
directores jóvenes que están con películas. Te invitan a almorzar,
charlan por dos horas, después llenan una ficha y la mandan. Es
gente que sabe que nunca en la vida va a hacer algo con vos, pero
tiene que llenar esa ficha. Y vos estás dos horas ahí. La primera
vez pensás que vas a hacer un gran negocio con la Universal. A la
quinta vez que te llaman, sabés que ese muchacho tiene que llenar
una ficha y que en esas dos horas te están matando un poco.
Están llenando una ficha con dos horas de tu vida. Creo que es
mucho el tiempo del otro, pero no en ese sentido norteamericano,
sino que a mí me gusta encontrarme con alguien en la calle, quedarme charlando y tomarme un café. No es que el tiempo es dinero, pero hay gente que toma tu tiempo como parte de su mercancía
y se la lleva.

—¿Qué tiempo presente añorás, y a veces no tenés?

—Estar con mis hijos...

—¿Y podés estar trabajando y tomarte esa licencia?

—Sí, a veces lo hago, y ésa es la razón por la cual me da mucho placer trabajar en el país. Si quiero parar a las cinco de la tarde e irme a tomar un helado lo puedo hacer, y no tengo un señor con bigotes que me mira a través de un vidrio. A veces, cuando viajás, te dicen: "¿No te gustaría ir a Hollywood?". Y la gente no entiende que para uno, si tiene la suerte del trabajo, la Argentina es un país donde se vive extraordinariamente bien. Es uno de los mejores lugares del mundo para vivir.

—¿Uno de los mejores lugares del mundo?

—Estoy convencido de eso. Si uno tiene la suerte de tener un trabajo, la calidad de vida es extraordinaria. No hablo de la mitad de la gente que no puede, y no quiero ponerme demagógico, sino de la que tiene la suerte de tener la capacidad económica para vivir, y de tener para las cosas de la vida cotidiana.

—Otra frase tuya que me impactó: "El mayor trabajo que hago es simular todos los días, cuando me levanto a la mañana, que soy un adulto".

—Yo creo que nos pasa a todos, pero no lo decimos porque si no el mundo se iría al carajo. Pero creo que todos nos sentimos un poco infantiles, que tenemos pensamientos infantiles todo el tiempo. Tengo una carga muy lúdica, y veo casi todo como un juego.

—¿Como qué juego?

—Cosas que te remiten a sensaciones de la infancia, en la cual si perdías no pasaba nada porque venía tu papá. Tengo recuerdos de cuando era chico y me encantaba jugar con un amigo al Monopoly, estaba horas jugando. Y me acuerdo de estar muy angustiado porque acababa de perder, recobrar la conciencia de que era un juego, y no mi vida, y sentir un gran alivio. Hay algo de esa sensación que todavía llevo en mi vida cotidiana, que si perdí al Monopoly, bueno, no importa.

—¿A veces ves tu propia vida como un Monopoly?

—Hay momentos en los que no te podés tomar tan en serio lo que pasa, sobre todo con lo que se llama éxito. Hay que tener un cuidado enorme, porque es muy fácil confundirse. Cuando uno sube es muy importante bajar solo, no que te baje la realidad.

—El éxito de *Derecho de familia* es brutal, ¿cómo lo amortiguás?

—Por un lado trato de disfrutarlo, y digo: "Yo siempre quise que esa cantidad de gente vaya al cine, la vea y la disfrute". Pero por otro lado también quiero que pase. Lo más difícil de disfrutar es lo público. Yo siempre digo que debe ser mucho más fácil ser Natalia Oreiro o ser alguien que está acostumbrado a que su vida sea pública, ser famoso todo el tiempo, porque ya es parte de su vida. Pero cuando sos un ciudadano común y de pronto, cada dos años, por dos semanas, aparecés en todos lados y después volvés a desaparecer, es complicado. Porque no estás acostumbrado. Después entrás a una heladería y ves que de una o dos mesas te miran, pero tampoco saben bien quién sos.

—¿Ves tele?

—Sí, me encanta ver tele.

—¿Qué te gusta y qué no te gusta?

—Es curioso, pero me engancho con cosas que me dan mucha bronca, que me quejo. Soy como esos viejos que miran puteando al televisor, pero se quedan mirando. Porque tengo una fascinación con la televisión, soy un televidente, sí, pero hay cosas que también me provocan mucha irritación y mucha impotencia.

Creo que en ficción casi todo es válido porque justamente es una ficción, pero cuando se usa la miseria de la gente para hacer un programa me parece muy *choto*. Y hay muchos programas de televisión que quizá sin una ideología negativa, es decir, sin quererlo, realmente transforman la miseria de un tipo tirado en la calle en un espacio en donde se vende Coca-Cola. Es decir, ahí hay un dilema moral que no está resuelto. Es un poco el concepto de plusvalía de Marx, que es fantástico, porque seas un marxista o no es perfecto para entender a todo el mundo. El concepto de plusvalía transforma la miseria de otro en un producto que vale mucho más que eso, el cual no lo comparte con el que lo fabricó. Y en la televisión hay mucho de eso: utilizar la miseria de otro como esa cantidad de materia que hay que poner entre tanda y tanda.

—¿Vas al cine a ver tus películas para observar la reacción del público?

—Algo que me divierte mucho es ir cuando la película ya está empezada y mirar a la gente en vez de la pantalla. Es extraordinario ver la película a través de los ojos del espectador, sobre todo cuando le gusta. Y se aprende. Hay chistes que funcionan en todo el mundo, estemos en España, Italia o Francia, y hay cosas que funcionan por país. O hay cosas que hacen reír mucho más afuera porque está basado en los prejuicios que tiene el mundo sobre nosotros. Eso es muy interesante.

—¿Creés en Dios?

—Me parece una problemática innecesaria en la vida. Nunca discutí con nadie si cree en Dios o no. Si realmente está, nos va a perdonar a todos, y si no nos perdona, escuchame, no es Dios. Lo digo con todo respeto, y creo que para toda la gente para la que es necesaria la creencia de Dios, también es válido. Quizá yo mismo, en algún momento, me tenga que hacer un triple by-pass y necesite creer en alguien para que me salve.

—¿Cómo se puede ser judío y no creer en Dios?

—Es impresionante. Yo soy la consecuencia de cinco mil años de un pueblo, donde no puedo tocarlos a todos. Pero soy la consecuencia física de eso, consecuencia de una historia. Y bueno, Dios es una fracción y lo otro es algo concreto. El Holocausto es algo concreto, Dios es algo abstracto. Ni siquiera es algo de lo cual me interese mucho discutir, nunca convencería a otro de lo contrario. Como te digo, es algo que puede cambiar con el tiempo o frente a algún tipo de accidente automovilístico.

—Cuando filmás, ¿mentís?

—Sí, como loco. Todos los personajes no hablan ni piensan como uno, si no sería aburridísimo. En las películas hay un héroe que tiene un camino. Hay veces en las que vos creés que el camino del tipo debería ser otro, pero elegís uno porque responde a esa cosa abstracta, como Dios, que es la película. En cierto momento los valores de la película no tienen que ser específicamente tus valores. Aunque en *Derecho de familia* creo que tenemos una comunión bastante grande.

—Dijiste hace un rato algo que me pareció inquietante: "Quiero que termine este momento porque también es como una especie de barrera, y además necesito preguntarme si llegué hasta acá". ¿Qué te imaginás de acá para adelante, en tu vida, en tu trabajo?

—Como te dije, tengo sueños muy conservadores. No es que yo quiera ir más allá: quiero que me siga pasando lo que me pasa. Es decir, cada tanto, filmar la película que quiero, poder vivir tranquilo y poder irme de vez en cuando de la oficina a las cinco de la tarde sin que nadie me hinche las pelotas. Eso es todo, no hay

importante en cierto momento de la vida darse cuenta de
siempre hay más, que conservar lo que uno tiene ya es su-
complicado. Entonces, no es que vaya por más, no es que me
terese hacer una película con Sharon Stone sin bombacha... Y
con bombacha, tampoco.

—¿Me vas a decir que de acá en más podrías no hacer otra película?
—Me gustaría seguir filmando, también me doy cuenta de que
podría vivir sin hacer...

—Tengo una mala noticia, no podés: aunque lo quisieras, no
creo que pudieras hacerlo.
—En cierto momento extrañaría. De hecho, cuando terminás
una película, siempre te pasa lo mismo: la terminás y no querés filmar más. Más que nada por el agotamiento físico: son como nueve
semanas, con sábados incluidos, y donde a la noche no dormís
bien. No terminás nunca el día de trabajo; no es que terminás el
día de rodaje y te vas a tu casa. Seguís pensando. Y cada imagen
que creés que salió mal, y tenés la duda, te va a perseguir toda tu
vida si no la volvés a realizar. Porque la película dentro de cincuenta años, cuando ponga un DVD, va a ser exactamente la misma.
Por suerte, de ésta estoy muy orgulloso y me gusta.

—¿Hay alguna escena en la película de la que hayas dicho: "No
la voy a hacer nunca más en mi vida"?
—Me pasó en la escena final, la de la fiesta, donde trabajé con
muchos chicos y con muchos extras. Fue todo un día, y yo decía:
"Trabajar con chicos es muy difícil". Eran divinos los chicos, pero
es complicado porque en el set uno tiene una dinámica que a veces
es medio ruda. Ponete acá, ponete allá... y en un momento conver-
tís a un actor en algo que necesitás mover. Y con un chico no podés
hacer eso, es un niño, entonces ahí te llenás de contradicciones.

—Pero algo que hayas filmado, y digas: "¡Ay, qué porquería!".
—Hay una lista enorme, y no te voy a decir. Bueno, no me
acuerdo. Por suerte la mayoría de ellas nunca las verá nadie. Pero
también vas aprendiendo con el tiempo que a veces uno se obstina
en que salga bien, y después te das cuenta de que no te va a salir
bien. Entonces parás todo, pensás un poco y lo hacés al otro día.
También es darte cuenta de que hay cosas que no funcionan y que
pueden llegar a funcionar de una manera diferente.

—Si vos pensás en el futuro, de acá a veinte años, ¿cómo te imaginás?

—La verdad es que me resulta muy difícil imaginarme el futuro, es algo que me cuesta. No me da miedo, pero digo: "¿Cuáles serán las cosas que me entusiasmen?". Me da miedo perder el entusiasmo ante las cosas de la vida, convertirme en un tipo sin entusiasmo.

—¿Y por qué tenés ese miedo?

—Porque me parece milagroso, después de tantos años, tener la pasión por algo vivo y que permanezca. Tengo miedo de que se apague. Tengo miedo de que sea algo combustible, que tenga un tanque y que ya me haya comido la mitad.

—Y el entusiasmo de tu viejo, ¿está bueno como para mirarlo como ejemplo?

—Sí, por supuesto, mi viejo es un dedicado al trabajo.

—¿Y cuando ves a tus hijos?

—La misma curiosidad que tengo sobre mi futuro la tengo sobre ellos. Pero extrañamente estoy mucho más tranquilo. Es decir, no me genera ansiedad el futuro de mis hijos como me lo puede generar mi futuro en veinte años, cuando tenga cincuenta.

—¿Por qué la diferencia entre una cosa y la otra?

—No sé, pero quizá porque ellos tienen todo por construir y yo tengo que construir y que conservar. En la vida, conservar siempre es mucho más difícil que construir.

—Esa fuerza por conservar, ¿no estará determinada porque a los treinta y dos años hiciste cosas que a tipos importantes, muy creativos, les cuesta toda una vida?

—Puede ser. Pero no es que haya sido todo muy rápido, porque yo empecé hace diez años, y eso es mucho tiempo. No es que fue todo de un día para el otro. Me costó cinco películas llegar a esta que vio tanta gente. Entonces por un lado me parece normal, pero cuando me veo a mí mismo en los ojos de los otros, que a veces me remarcan esto de "tenés treinta y dos años e hiciste cinco películas", me genera una contradicción. Digo: ¿Es normal, me siento normal o siento que fue todo medio de pedo y que en cualquier momento se termina?

—¿No sentís que en esta trilogía que terminaste de transitar hay una determinada pincelada de un dilema existencial?

—Absolutamente. Sentí que algo se cerró, pero que todavía no sé bien qué es. Pero sí que hay algo que ya conté o que ya me conté, que ya refaccioné, y que por ahora no me interesa continuar por ahí. Sí me interesa seguir contando cosas que tienen que ver con lo cotidiano, donde está el reflejo de todo.

—¿Y tenés algún bosquejo de lo que se vendría?

—Tengo una estructura que el otro día empecé a escribir, que tiene que ver con otro momento muy diferente de la vida, que se llama "el nido vacío". El momento en el cual los hijos abandonan a los padres, donde la pareja se reencuentra después de veinticinco o treinta años de tener ese sonido ambiente permanente que son los hijos. Y en ese silencio tener que recordar por qué están juntos, porque pasado un determinado tiempo uno se puede llegar a olvidar.

—¿Vos sentís que eso es lo primero?

—No creo que sea: "Che, ¿por qué es que estamos juntos?". Pero en lo cotidiano creo que hay una reconstrucción del vínculo que se tiene que dar. Es un momento muy especial. Los hombres y las mujeres empiezan a hacer cosas muy divertidas, como ir al gimnasio, operarse. Y la película transita este conflicto, esta crisis de una pareja, a partir de todo lo que hace el hombre. Porque siempre está ligado a que es la mujer la que no quiere que los hijos se vayan, pero los hombres tampoco queremos que nos abandonen.

—¿Creés en los finales felices?

—Creo en salir del cine mejor que como entraste, pero no necesariamente un *happy end* o un final estúpido. A mí no me gusta ir al cine y salir angustiado, tengo mucho para angustiarme en la vida, como lo tenemos todos. Me gusta transformar de una manera positiva, tener esa sensación agradable que te queda en el pecho cuando ves una película que te gustó. En ese sentido se puede decir que creo en los finales positivos más que felices.

—Si tu vida fuese una película, ¿qué final le darías?

—¿La escena final? Y, un desayuno, tranquilo, en familia y en silencio. Con todos los diarios, todos, con medialunas, y algún tostado. Eso podría ser un final agradable. Y una voz en *off*, por supuesto.

—¿Qué es lo que más te gusta de la vida?

—Desayunar, estar con mi mujer y mis hijos. Me gusta mucho ir a mi oficina, trabajar, hablar por teléfono, chequear mails y ver que todo funcione. Me gusta mucho mi trabajo, me parece el mejor trabajo del mundo. Y no me gusta hacer deporte.

—¿Qué cosas te hacen reír?

—Encuentro en la vida cotidiana un montón de cosas que me hacen reír mucho. Todas las pequeñas estupideces que hacemos para que nos quieran un poco más, como intentar caerle bien a alguien que no conocemos, cuando hay una mujer que queremos conquistar, o para que los hijos se rían. Todas esas estupideces cotidianas, inofensivas, que realizamos.

—¿Qué te hace llorar?

—Algunas películas muy berretas que veo en televisión por cable. Los noticieros también a veces me hacen llorar; y algunos programas de televisión.

—¿Qué te da miedo?

—La oscuridad, manejar y que todo se termine.

—¿A qué te gustaría atreverte?

—A los deportes extremos, aunque no los haría nunca. A bailar.

—¿Qué te resulta irresistible?

—Todo lo que tiene que ver con lo gastronómico. Creo que ahí hay un placer enorme. Para decirte uno, frutillas con jugo de naranja y con una bocha de helado de crema americana arriba.

—¿Qué cosas personales te gustaría modificar?

—La ansiedad, y tener la letra de una persona normal, es decir, poder escribir de una manera que otro lo lea y pueda comprenderlo.

—¿Qué tienen tus hijos de vos?

—Una cierta predilección por la palabra y cierta fascinación por la comida.

—¿Qué tenés vos de tu padre?

—El placer y el orgullo por el trabajo. Y ese placer también tan especial de disfrutar lo que uno consiguió con esfuerzo.

—¿Qué te gusta de ser judío?

—Tendría que ser cristiano por un par de minutos para darme cuenta. Dicen que la circuncisión, pero no probé lo contrario.

—¿Qué no te gusta de ser judío?

—Nada. Disfruto mucho de mi judaísmo, cosa que a veces suena extraña, porque está ligada a cierto inconsciente colectivo de sufrimiento. Para mí es algo muy festivo. Me divierto con mi condición judía, es algo que me da placer.

—¿Qué te enamora de tu mujer?

—No lo puedo decir, pero ella sabe.

—Contá una historia que merezca ser contada.

—Una cosa muy impresionante que tuve al trabajar con mi hijo en *Derecho de familia* fue que en los primeros días había como un pacto entre todos de no hablarle y de no tratarlo como a un niño "prodigio". La idea era, en lo posible, ignorarlo. No lo logré, pero se lo saludaba como a un adulto y había una integración muy grande con el equipo. Teníamos una cámara oculta detrás de una tela negra. Era el cuarto día de filmación con él y supuestamente estaba jugando con Daniel Hendler en la escena que están cenando en la oscuridad, y yo estaba fuera de plano. La hicimos una vez y salió muy bien. La hicimos de nuevo: dos veces, tres veces. Él la iba repitiendo y siempre daba perfecto: yo me tentaba. A la quinta vez, agarró y miró hacia la cámara que estaba supuestamente oculta y dijo "¿Otra vez más?", como diciendo: "Ya sabemos que están filmando, ¿no la tenés?". Nos quedamos todos callados. Fue muy impresionante, porque hasta entonces estábamos todos muy orgullosos del trabajo que habíamos hecho para que él no se diera cuenta de que estábamos filmando una película... pero en realidad lo sabía desde el primer momento.

—Un mensaje para el año 2050.

—Quiero decir que en este tiempo la pasé muy bien: filmar películas era lo que más me divertía en la vida. La Argentina era un país maravilloso, pero había una parte del país que no podía vivir muy bien ni disfrutarlo mucho. Y que le tenía terror a la vejez. Así que espero darme cuenta, cuando esté viendo esto, de que al final de cuentas no era tan grave.

Albertina Carri

# "No nacimos de un repollo"

AUTORRETRATO:
*"Mi nombre es Albertina Carri y esta vez me represento a mí misma. Soy directora de cine y tengo treinta y tres años. ¿Está bien, o algo más?"*

Albertina Carri es inquietante, desafiante y apasionante.

Inquieta porque, a pesar de ser tan joven, no hay duda de que sabe lo que quiere, y lo defiende con energía y absoluta seguridad.

Desafía, porque sus películas se meten con asuntos difíciles de remover sin salir lastimado, como su propia historia de hija de desaparecidos o el incesto explícito entre dos hermanos bellísimos y adorables.

Y es apasionada, porque cuando se la escucha hablar de cine, que es lo que ama, más allá de todo, es fácil que su interlocutor salga corriendo a mirar las películas que ella filmó, y espere con ansiedad la próxima que filmará.

—¿Cómo te hiciste directora de cine?
—Fue bastante raro. No bien terminé el colegio lo que quería era estudiar guión, me interesaba escribir en un formato que luego se transformara en imágenes. Así que en realidad lo que estudié en la Universidad del Cine fue guión, hice la especialización en guión. Además me había anotado en el CBC para hacer Letras, pero luego abandoné esa idea. Es que en determinado momento empecé a hacer cámara, casi por casualidad. Fue entonces cuando decidí que quería escribir guiones y hacer la cámara. Luego me di cuenta de que era claramente una manera de dirigir, pero de forma encubierta, es decir, escondiéndome entre los papeles y los equipos. Ahí fue cuando tomé la decisión de hacer un cortometraje y me acuerdo

todavía de esa mañana, del primer día de rodaje, que pensé: "Esto es lo que voy a hacer por el resto de mi vida... Es lo que quiero".

—¿Te gusta la palabra directora, o te gusta "hacedora de películas o historias"?

—En general yo digo "cineasta", me reconozco más como cineasta. En realidad suena más importante "directora de cine", pero la verdad es que cineasta me gusta más, o me siento más representada. Es en el sentido de pensar el cine sin estar haciendo películas, es decir, haciendo otras cosas dentro del cine.

—El hecho de ser hija de desaparecidos, ¿te da una mirada distinta? ¿Es un motor para tu creatividad?

—Es una pregunta difícil. Lo que siempre digo con respecto a esto es que es muy difícil saber si yo hubiera sido otra persona o no, porque no tengo referencias. Mis padres fueron secuestrados cuando tenía casi cuatro años, por lo tanto casi no tengo referencias de mí misma antes del hecho. Sólo tengo destellos de imágenes.

—¿Tenés recuerdos de tus padres?

—Sí, y los recuerdos que tengo de ellos son muy lindos. Es una marca, pero no sé si es un motor creativo, no sé si ponerlo en esos términos. Pero sí mi obra y mi pensamiento están influenciados por esa ausencia.

—*Los rubios* es un recorrido hacia la vida de tus padres, mientras estuvieron clandestinos hasta que desaparecieron. Para esa película, entre otras cosas, tuviste que hacer el casting de Albertina Carri. ¿Qué te sucedió con eso?

—Si hoy me planteara tener que llamar a un casting para que alguien hiciera de mí misma, sería impensable. En ese momento fue un poco como un ejercicio, y así se lo planteé a Analía (Couceyro): "Quiero que hagas de mí, y quiero dirigirte como si fueras yo".

—¿Qué herramientas le diste?

—Yo le acerqué a ella una cantidad de textos literarios, donde me sentía representada sobre todo con el tema de la ausencia. En este relato que íbamos a llevar adelante, que terminó siendo *Los rubios*, lo interesante como construcción narrativa fue que en un principio yo no sabía lo que iba a hacer. Lo que sí sabía era todo lo que no iba a hacer, entonces en parte ése fue el planteo que le hice a Analía: "Mirá, vamos a ir buscando y lo vamos a hacer juntas". Y al resto del equipo también. Es decir que el primer trabajo que hicimos fue el de lecturas de textos —Artaud, Vallejo— y no necesariamente textos teóricos. Analía no me imita, claramente no se parece a mí, es completamente diferente, y sin embargo empezamos a tener una empatía, a pegarnos en la película. De repente parecíamos hermanas, un poco lo que después sucede con *Géminis*. También en ese casting era muy difícil encontrar a los hermanos, parecía imposible, y de pronto elijo a un rubio y una morocha, que a priori no se parecen en nada, pero cuando ves la película se terminan pareciendo.

—¿Por qué siempre decís que *Géminis* es una historia de amor? ¿Por qué insistís tanto si el eje es el incesto? ¿No será una coartada?

—En realidad supongo que el incesto es la coartada para contar una historia de amor prohibida. Creo que es una historia de amor prohibida entre estos dos chicos (hermanos de sangre), y por otro lado está el amor de esa madre: un amor desbordado, un amor imposible, un amor mal dado, un amor a destiempo. Pero es amor, y eso es lo que tiene de complicado el amor. Por eso sigo insistiendo en que es una película de amor.

—¿Pensás que cuando uno la plantea como una película con eje en el incesto hay cierto prejuicio? ¿Como aquello que los críticos catalogan como familia "disfuncional"?

—Sí, en realidad lo que yo me pregunto es: "¿Qué es una familia funcional?". El que tenga una familia funcional está en el horno. Me parece que en el momento en el que entrás a pensar en términos de familia, siempre hay algo que es disfuncional. Y está bien que así sea. No estamos dándole a la palabra incesto un valor moral, aunque se use de esa manera. Y no es que disfuncional sea malo, para nada, todo lo contrario. Me refiero al respeto de las individualidades. Me parece que el tema de lo funcional, de los roles tan estandarizados de madre, padre, hermano, hijo, abuelo, tío o primo, enclaustrados en ese término, se te viene en contra.

—Hablando de padres y madres, ¿cómo ves a tus padres?
—Los veo lindos, me parecen muy lindos los dos.

—Pero esa ausencia, ¿sirve para contar? ¿Cuenta algo de vos?
—Y sí, seguramente cuenta algo de mí. Cuando terminaba *Los rubios* tuve varias reuniones con Charly García, en las que me bautizó como *Frankenstina*. A mí me parecía muy simpático que me dijera eso, porque me llamaba como ese monstruo que se arma

de a partes, que me parece muy feo, pero me lo decía de una manera muy tierna. Podría haber sido de una manera horrible, pero me sentía muy identificada. Si hay algo de lo que yo estoy construida es de a pedazos, de a retazos, de ausencias, de anécdotas, de construcciones. Todo, en mi caso, está más marcado porque la ausencia viene desde muy temprano.

—¿Todas tus películas, de alguna manera, son películas de amor?

—Sí, en todas hablo del amor. Una de las cosas que me obsesiona del amor son los equívocos que se cometen en su nombre. Por ejemplo, la madre de *Géminis*. De hecho, cuando armábamos la producción de la película les decía a los actores que se podría haber llamado *Todo por amor*, porque el móvil de todos los personajes era ése.

—La madre de *Géminis* es Cristina Banegas, una mujer de clase media alta, decoradora, que habla mucho; que llena todos los espacios de la familia con ese "*glamour* prefabricado"; que se encuentra, de pronto, con que dos de sus hijos están manteniendo una relación sexual. ¿Cómo pensaste esa escena?

—La verdad es que la pensamos durante mucho tiempo. Digo la pensamos porque por un lado con Santiago Giralt, que es el coguionista de la película, la trabajamos durante ocho o diez versiones. Corregíamos el guión y la escena siempre era delicada. La decisión final se tomó casi sola. La sensación que teníamos como escritores, en ese momento, era: "¿Cómo te enfrentás a esto?". ¿Qué hace una madre cuando ve semejante escena? No teníamos idea.

—La madre estaba en la calle, se olvida algo, vuelve a su casa y se encuentra con que sus dos hijos...

—Se encuentra a sus dos hijos en el acto sexual. Directamente. Y la verdad es que volvíamos para atrás, releíamos el personaje y lo volvíamos a pensar. En un determinado momento lo que sucedió fue que, como esta mujer habla durante toda la película, el único momento en que se podía quedar sin palabras era ante esto. Porque escribimos todo tipo de cosas que podía llegar a decir y todo sonaba feo, nada era creíble en los cánones de verosimilitud del personaje. Creo que fue la decisión acertada. Y después lo trabajamos mucho con Cristina, sobre todo, y con los chicos también. La armamos para hacerla en el final del rodaje, es decir que ya había entre nosotros una convivencia muy fuerte. Y durante esos dos días antes del encuentro separé por completo a los chicos de la madre.

—Como concentrar un equipo de fútbol...

—Sí, a los chicos los encerré en una habitación. Porque además era como un chiste para ellos, eran como dos niños traviesos. Esas cosas suceden en los rodajes, que los actores tomen los roles. Y yo, de algún modo, era Lucía, que es la madre, así que me tocó ese rol. No los encerré, los teníamos en una habitación donde les mandábamos comida, y no los dejábamos tener contacto humano.

—Una especie de *Gran Hermano*.

—Sí, después los cargábamos y les decíamos que era el *Gran Hermano*; todo el tiempo insistían con que se querían escapar. Hasta que faltaban tres o cuatro horas para la escena y empezaron a tener miedo. Recién en ese momento tuvieron conciencia. Al principio esto del encierro era como un chiste. Y Cristina, por supuesto, andaba por toda la casa con nosotros. Lo que quería generar era que no hablaran de la escena, que no se enviciaran.

—¿Qué sentiste después de esa escena, de ese grito?

—Todo el día de rodaje se había armado en base a eso. Estuvimos desde las ocho de la mañana, filmamos hasta las tres de la tarde y la escena la filmamos bastante rápido porque trabajamos mucho en la previa. Cuando terminamos quedé de cama, como si me hubiera pasado un equipo de fútbol entero y me hubiera aplastado. Y los actores también. Igualmente, me contó mi asistente de dirección, porque yo en el momento estaba en la escena y a su vez miraba el monitor, que yo temblaba. Porque dio miedo, ésa era la sensación, como de mucho miedo. Y los chicos sintieron exactamente lo mismo. Pero el shock creo que fue claramente para Cristina, porque ella no sabía con qué se iba a encontrar en la habitación.

—¿No tenía el dato?

—No, ella no sabía qué iba a ver y se encontró con una cosa muy fuerte, los vio brutalmente. Es decir, es cine, y se puede mentir. Y ese grito de Cristina fue tremendo. Nos dejó a todos temblando.

—¿Fue la mejor escena que filmaste en toda tu vida profesional?

—Qué difícil de contestar, porque si digo que sí desmerezco todas las demás. Fue una escena que me gustó mucho hacer, y esto lo puedo decir hoy, porque salió bien. Es decir, el gran riesgo de esa escena era que también podía salir muy mal, no había término medio. En ese sentido sí, es una escena que adoro, que digo "qué bueno haber filmado eso".

—¿Cómo hacés para elegir el tema de tus películas? ¿Cómo hiciste, por ejemplo, *No quiero volver a casa*, tu primer film?

—Lo que pasa es que es difícil saber la génesis de las cosas, o en qué momento decido hacer un tema y no otro. La primera película es como la más, diría, visceral. Era muy chica cuando la hice. Tenía veinticuatro años, así que hace casi diez años, ¡qué barbaridad! Qué rápido que pasa el tiempo, porque parece que la hice ayer. No sé cómo fue que elegí el tema. En un principio fue el ejercicio de un guión literario, que era como el cruce de dos familias a partir de un asesinato, es decir, como mezclar también a víctimas y a victimarios. Así fue. Es una película coral, no hay sólo un protagonista, pero uno de ellos es un niño y me interesaba la mirada infantil ante ese desborde de los adultos. Fue así como fui llegando después a esto de la familia. Voy encontrando excusas, lo que Hitchcock llamaba el *MacGuffin*. Hay como una anécdota, pero en realidad habla de otra cosa; son anécdotas muy fuertes, convengamos. Hay un asesinato en la primera, el incesto en *Géminis*...

—¿Cómo llegaste al corto de animación?

—Ah. *Las Barbies porno...* La verdad es que fue un chiste, jamás pensé que lo iba a poder hacer. Lo había escrito como un juego, una especie de chiste largo sobre las Barbies. *Barbie también puede estar triste* era el título. Lo sorprendente fue que me gané una beca para hacerlo, y a partir de ese momento me lo tomé en serio. Fue muy difícil de realizar porque es un corto largo, con veinte minutos de animación en *stop-motion*, moviendo los muñecos a mano. Es un trabajo infernal. De hecho, cuando me dieron la beca lo primero que hice fue empezar a hablar con gente que había hecho animación con muñecos, y me decían: "No, acá tenés un proyecto de millones de dólares y seis meses de rodaje". Es decir, algo imposible. Y finalmente lo hice con las cosas que teníamos, porque era un corto que tenía las posibilidades de hacerlo así. Más allá de lo divertido que pudo haber sido, fue el rodaje más aburrido de toda mi vida. Cuando lo terminé, dije: "Nunca más en la vida hago animación". Cosa que después no cumplí.

—¿Te gusta más rodar o editar?

—En general me gusta más el rodaje, pero no en el caso de *Barbie...*, que era exactamente al revés. La edición era el momento de la vida, cuando veías que los muñecos se movían. Pero lo que me pasa con la edición es que me angustia la sensación de final, de lo que está y lo que no está. Es como pagar por tus errores también. Además de que no querés terminar, que siempre te da pena. Hay un momento de la película en el que decís: "¿En qué momento me metí en esto, para qué?". Y después, cuando está terminando, te duele y decís: "No, ¿por qué ahora de nuevo?". El montaje me da como frustración. Además de alegrarme cuando empiezo a ver que todo se une, se arma, siempre tengo una sensación de frustración, de que algo falta. Y sobre todo que pago mis errores: todo lo que no hice y todo lo que no pensé. Bueno, ya está, es el momento de solucionarlo. Entonces eso me genera una cierta incomodidad.

—¿Te considerás parte de lo que se llama *nuevo cine argentino*? ¿Hay un *nuevo cine argentino*?

—Sí, hay un *nuevo cine argentino*, y yo soy parte por una cuestión generacional. Creo que existe en ese sentido. Es una nueva generación que empezó a hacer películas con un sistema de producción totalmente diferente, que era esta cuestión de hacer películas sin plata y de pagarlas con un subsidio. Es decir, hacer películas con muy poco dinero: ese sistema de producción te obliga a pensar en otro tipo de narraciones. En ese sentido es un nuevo cine, es otra manera de hacer cine, que luego se va industrializando y que es lo mejor que le puede pasar. Porque la industria da de comer a la gente, y es importante que se le pague.

—¿Vivís de esto?

—Yo vivo del cine, y además vivo del cine desde los diecinueve años, porque trabajaba como asistente de cámara. Así que siempre viví del cine. Una cosa bastante exótica, pero sucedió.

—Dentro del cine argentino, ¿a quién admirás, quiénes son tus referentes?

—Voy a decir lo obvio, pero mi referencia es Leonardo Favio.

—¿Por qué?

—Porque es un cine de autor, un cine de autor profundo. Después, pensando en esto del cine de autor, también nombraría a algunos de la década del sesenta. Pero no porque hacer cine de autor fuera algo bueno de por sí, sino porque realmente había una búsqueda cinematográfica.

—¿La búsqueda cinematográfica es contar con imágenes las cosas casi imposibles, como la ausencia?

—Sí, pienso en películas que no se conciben como un proyecto sino que están claramente abocadas a contar una experiencia o una emoción, y creo que ahí entra ese cine. Hubo, en especial en cine independiente, una muestra que a mí me gustó mucho que se llamaba *Independientes hubo siempre*, donde pasaron la primera película de Polaco, y creo que *La cifra impar* de Manuel Antín. Y me gustó mucho porque era un rescate. ¿Por qué hay tantas buenas películas en el nuevo cine argentino? Porque en el cine argentino históricamente hubo buenas películas, porque el cine argentino fue importante desde siempre. De hecho el nuevo cine argentino existe gracias a, por un lado, un cambio histórico muy importante que fue la vuelta de la democracia. Y con ella, la generación que puede educarse en universidades, donde se reabrieron las escuelas de cine. Pero además de eso, tenemos una ley de cine que es increíble, y la tenemos gracias a las generaciones anteriores que la votaron. Entonces, en ese sentido, esto no es nuevo: no nacimos de un repollo.

—En cine, ¿la calidad va en contra de la cantidad?

—No, no debería ser así. Las películas de alta calidad las deberían ver millones de personas.

—¿Te gustó *Derecho de familia*, o *Tiempo de valientes*?

—Me vas a meter en un lío, porque no está bueno hablar de los demás. Pero no es un cine que a mí me interese, para nada. La comedia familiar de *Derecho de familia* no me interesa en lo más mínimo; *Tiempo de valientes*, tampoco. Justo nombraste dos que no me interesan. El director del nuevo cine argentino que más me interesa es Martín Rejtman, y justamente no es popular. Mencionaría *La ciénaga*, de Lucrecia Martel, que es una película de alta calidad y muy vista. Creo que es posible, lo que pasa es que no depende sólo de los directores, sino de un aparato mucho más grande.

—¿Cine con o sin actores profesionales?

—Soy abierta, no me caso ni con el cine de actores ni con el cine de no actores. Es algo que me pasa en general con el cine. Me acuerdo cuando empecé a estudiar en la facultad y decían: "No, el *travelling* no se puede usar para tal cosa". Me suena un poco a esa discusión.

—¿Sos buena dirigiendo actores, o sos mejor contadora de historias?

—Preguntale a los actores. Me gusta dirigir actores, me encanta, me divierte. Me gusta dirigir a los actores y a los no actores. Para mí el momento del rodaje es el momento de la puesta y de la dirección de actores, es lo que más me gusta. Contar la historia es algo que trabajo más desde el guión o desde la edición, y que por supuesto siempre está presente en el rodaje. Pero mi concentración en el momento del rodaje es, por sobre todas las cosas, lograr que esos seres humanos puedan transmitir la historia.

—¿Y el casting?

—Es algo que me gusta, pero me angustia. En realidad trabajo con una directora de casting. No me pongo a hacer el casting en vivo y en directo porque es algo que me resulta violento. Es un lugar que no me agrada, no me interesa. Después veo el material y trabajo mucho con la directora de casting, y luego quizá sí tengo que decirle que no a alguno. De todos modos no me resulta grato. Pero además me provoca un nivel de ansiedad muy grande tener el personaje escrito y que no aparezca. Además no soy una persona paciente, no podría probar a la gente que ya sé que no va a funcionar, por diferentes razones. Es que, por ejemplo, una de las cosas que me propuse en *Géminis* con los chicos era que fueran lindos.

—Algunas de tus películas se parecen mucho a la vida...

—La verdad es que lo que más me divierte del cine es la posibilidad de representar.

—¿Lo disociás?

—Sí, hay una disociación, y sobre todo lo de trabajar la ficción a rajatabla, entrar en lo verosímil de la historia.

—En *Los rubios* metiste parte de tu vida. Cuando terminaste la película y la viste por primera vez, ¿qué te sucedió?

—Me dio miedo. Sí, fue la primera vez que tomé conciencia de tanta exposición.

—Contame de cuando los seleccionadores de Cannes —vos estabas presentando *Géminis*— preguntaron sobre tu película autobiográfica...

—Cuando los seleccionadores de Cannes vieron *Géminis* preguntaron por mi película anterior, y entonces los productores les contaron de qué se trataba. Les explicaron que era autobiográfica, y que se trataba del asesinato de mi familia. A mí me llamó la atención que dijeran: "Menos mal que ésta no es autobiográfica". Lo cuento como algo que me llama la atención, porque estamos mucho más acostumbrados a escuchar que maten a la gente que a que la gente se ame. Cuando dijeron eso, lo primero que pensé fue: "La verdad es que yo preferiría tener como autobiografía la otra". Pero bueno, eso no se elige.

—Lo que pasa es que dos hermanos amándose no es lo habitual.

—No es lo habitual y tampoco es fácil. Quiero aclarar: la película no es una oda al incesto. De hecho cuido muchísimo al personaje de la madre, que es como la mirada en contra de ese amor prohibido. Y no me resultaría nada fácil estar involucrada en una historia así, ni como madre, ni como hermana, ni como nada.

—Te quedaste sin papás a los cuatro años. ¿Qué sucedió?, ¿quién te crió?

—Es largo, porque no tuvimos un lugar específico. El lugar en donde más tiempo viví fue el campo, donde pasé seis años. Soy la menor de tres hermanas, con una diferencia de edad muy importante. Mis hermanas se llevan dos años entre ellas, y ellas me llevan diez y ocho años, respectivamente. Entonces, ellas ya eran adultas y yo era una nena. Eran adultas, pero por otro lado no podían hacerse cargo de esa niña, así que fue un largo camino por diversos personajes de la familia: tías, tíos, abuelos. Los abuelos fueron el comienzo, después pasé de mano en mano. Hasta el campo fue muy lindo: mi adolescencia no fue linda, no la recuerdo como algo lindo. Viví unos años en Lobos y tengo buenos recuerdos de los que fueron mis amigos, pero no la pasé bien ahí.

—¿Te puedo preguntar por qué?

—Sí, creo que es una mezcla. Por un lado creo que es la adolescencia, donde muy pocas personas la pueden pasar bien, y por otro lado creo que llegué al lugar equivocado. Viví con una parte de la familia que es muy conservadora, muy católica, y la verdad es que no me llevaba bien, no fue una experiencia agradable. Pero luego de eso me volví a encontrar con la parte de la familia que quiero: mi abuela y mi tía, con la que había vivido en el campo. Así que mi historia familiar es muy larga, me agota contarla. Viví por todas partes, hasta en Lobos, que para mí era como un no-lugar. Había vivido en la ciudad y había vivido en el campo, pero tengo acostumbramiento a la urbanidad, me encanta la ciudad. Y, a su vez, me puedo acostumbrar en dos segundos al campo. Pero hay algo que no lo puedo explicar: no puedo soportar el pueblo, el intermedio, no va conmigo. De hecho, cuando hacía *Los rubios*, encontré algún tipo de explicación, que era el barrio. Me parecía que algo de Lobos me recordaba al barrio.

—¿Y *La rabia*?
—Y *La rabia* es un paraje.

—Es decir, tu próxima película.
—*La rabia* es un paraje en la provincia de Buenos Aires y también es mi próxima película. Es volver también a las historias que contaba hace un rato, de monstruos y de fantasmas, en el medio del campo. Algo que me atrae mucho de esta película es la idea que tenemos los que vivimos en la ciudad, que siempre tenemos una mirada romántica sobre el campo. "Qué lindo el campo, cuando me vaya a vivir al campo, o cuando me retire de esta locura." Pero la naturaleza es violenta, y la película trata sobre esa violencia.

—Cerrá los ojos. Pensate a vos dentro de los mismos años que tenés ahora. ¿Qué ves?
—¿Qué veo? Espero ser un poco menos cascarrabias, me da miedo una acumulación de treinta y tres años más...

—Seguí con los ojos cerrados, que te vas a encontrar...
—Veo una persona feliz y tranquila, sobre todo. Sí, lo que querría buscar en estos próximos treinta y tres años es eso: un poco de paz. No me acuerdo quién me dijo hace mucho: "La verdad es que ya no quiero ser feliz: lo que quiero es estar en paz". Es un poco eso.

Señas particulares:
*"Lo que mejor me sale es amar"*

—¿Qué es lo mejor que te sale en la vida?
—Amar, supongo.

—¿Qué te hace reír?
—Aunque parezco una persona muy seria, me río mucho, y

me río de las cosas más pavotas. Me río con mis perros; con mi torpeza me río mucho y con la torpeza a mi alrededor, de mis amigos.

—¿Qué te hace llorar?

—Soy capaz de llorar con una telenovela, sí, a veces me sucede, con determinadas frases, o hay personajes que de pronto me conmueven; en realidad las cosas que más triste me ponen no me hacen llorar en el momento, me enojan.

—¿Qué te pone de mal humor?

—Cuando las cosas no se hacen bien; o no salen; o se atrasan. Soy de fácil mal humor.

—¿Qué te da miedo?

—Les tengo miedo a los fantasmas; y algunos errores también me dan miedo.

—¿A qué te gustaría animarte?

—Ahora me gustaría animarme a actuar, por ejemplo; me gustaría animarme sobre todo a salir por completo de mí. Cuando estoy muy triste o mareada digo: "Me encantaría ser matemática", como algo que realmente no tiene nada que ver conmigo, o yo creo que no tiene nada que ver conmigo. Me gustaría animarme a hacer un cambio así, rotundo, algún día.

—¿Qué cosas te resultan irresistibles?

—Una película buena me puede, puedo pasármela así hablando durante meses de una película que me encantó; los cachorros en general me pueden, no tanto los bebés humanos, sino los animales bebés me pueden en general; me pueden los gestos cariñosos de las personas a las que quiero; y me pueden las personas a las que quiero en su totalidad.

—¿Qué conservás de niña?

—Creo que conservo la necedad, en gran parte, y no lo digo con orgullo. Es algo malo, pero lo conservo. Conservo muchos rasgos infantiles en esto del enojo y en esas cosas, y conservo un banjo que era de mi padre; una espada de esgrima que también era de él; y un facón que era de mi tío, que es algo que me gusta conservarlo junto porque siempre digo que las armas se heredan, son mis armas heredadas.

—¿Una película para enamorar?

—*Muerte en Venecia*. Es difícil enamorar a alguien con *Muerte en Venecia*, pero creo que si se enamora se enamora para toda la vida. Por eso lo llevaría a ver esa película.

—Contá una historia que hable de vos.

—Cuando era chica y vivía en el campo, tenía un tío que me contaba cuentos que yo creía que los había leído y eran inventados por él. Me acuerdo mucho de un cuento de una oveja con tres cabezas; siempre tenía historias así. Y después aparecía una nena que salvaba al mundo, que obviamente siempre era yo. Mi tío era encantador. Se murió cuando yo tenía doce años, así que los recuerdos que tengo son de muy chica. Para mí siempre fue muy estimulante la presencia de Federico, y también una gran pérdida. Lo pienso como la extraña relación personal que tengo con las desapariciones y las ausencias. Esas historias que siempre hablan de seres que no están, de cosas que no existen y de fantasías. De mi propia creación, de cómo vas inventando y se van llenando estos agujeros.

---

—Dejanos tu mensaje para el año 2050.

—Les voy a dejar un mensaje a los hijos que todavía no tuve, y les voy a pedir disculpas porque seguramente voy a cometer muchos errores. Eso es todo.

Adrián Caetano

# "Me parezco a Burruchaga"

AUTORRETRATO:
*"Soy Israel Adrián Caetano, treinta y seis años,*
*tres hijos preciosos y una familia muy grande.*
*Hincha de Peñarol e Independiente y simpatizante*
*de Talleres. Y medio tristón hablando de eso porque*
*Uruguay no pudo entrar al último Mundial..."*

Adrián Caetano es uruguayo y nació en 1969.

Caetano no parece un director de cine o de televisión.

Tiene la apariencia de un tornero, la profesión que abrazó cuando era más pequeño, o de técnico de divisiones inferiores, algo con lo que sueña y todavía no pudo.

—¿Cómo llevaste adelante *Crónica de una fuga*? ¿Dijiste "ésta es la película que voy a hacer" o directamente apareció?

—Antes de hacer esta película, sin siquiera saber de qué se trataba, estaba convencido de que iba a ser importante. En primer lugar porque hacía mucho tiempo que no filmaba, que no me ponía detrás de una cámara; y en segundo lugar porque venía de una experiencia en televisión donde todo era a un ritmo muy acelerado.

—¿Cuáles fueron tus últimas experiencias en tevé?

—*Tumberos*, *Disputas* y luego una malograda experiencia en Uruguay con una miniserie llamada *Uruguayos campeones* (sobre fútbol): los productores no eran muy buenos, llegué hasta el cuarto o quinto capítulo y perdí el control de la serie. Después de eso quedé golpeado y era muy importante hacer una película para salir del limbo. Entonces me acercaron el guión de esta historia real y

185

me la apropié, algo que había aprendido a hacer durante mi trabajo en la tele. Porque en televisión te proponen un hijo y vos tenés que adoptarlo, criarlo y cuidarlo, aunque después vengan a llevárselo.

—Justamente comentábamos que a la salida del cine vimos gente con el alma estrujada, ¿tenés conciencia de lo que produjo ese film en los espectadores?

—Sí, me gusta eso: creo que el cine está hecho para generar emociones. La gente va a una sala sabiendo qué tipo de película va a ver y creo que con *Crónica de una fuga* no se sintió defraudada. Es una película honesta, que va al corazón y apela a los sentimientos, aunque te los deje estrujados.

—¿Mirabas películas en tu infancia en Montevideo?

—Muchísimas, básicamente gracias a mi madre, que era una gran consumidora de películas. El cine quedaba a tres cuadras de mi casa, un cine de barrio (el Barrio del Cerro supo tener casi cuatro cines y ahora no tiene ninguno), y me veía todo.

—¿Te creías todo lo que veías?

—Las de amor me aburrían un poco, de hecho no eran mis favoritas. Pero de las demás películas sí, me creía todo: me acuerdo de haber ido a ver *El exorcista* y salir corriendo a mi casa a esconderme debajo de la cama. Además tenía la libertad de ser amigo del hijo del dueño del cine, de ver películas eróticas prohibidas para menores, que en esa época eran las de (Pier Paolo) Pasolini...

—Te oí decir que las de Pasolini estaban catalogadas como eróticas pero en realidad eran de culto, no se comparaban con las de Isabel Sarli, ¿no?

—En ese momento las veía porque había mujeres desnudas y ni siquiera pegaban los afiches en la puerta del cine. Ese cine me marcó mucho. Además, mi familia era obrera y muy culta. A los diez años mi viejo —que era obrero tornero y metalúrgico— me hablaba de Jean-Luc Godard o de Luis Buñuel.

—¿Tornero como vos?

—Sí, hace rato que no ejerzo, pero me acuerdo de los fierros cada tanto. Trabajábamos para Singer o Baluar haciendo piezas muy chiquititas para máquinas que a su vez iban a integrar otras máquinas. Era como sentirse parte de algo muy grande y realmente muy divertido.

—Nunca estudiaste para ser director, ¿de qué modo fue calando entonces tu pasión hacia el cine?

—Siempre tuve la necesidad de expresarme: cuando era chico escribía cuentos y me atraía mucho lo fantástico, la ciencia ficción o las películas de terror. Mi familia era obrera pero todos tenían su costado artístico: mi viejo y mi tío tocaron siempre la guitarra, mi viejo escribía poemas y luego los escondía, mi madre leía muchísimo. Había mucha cultura dando vueltas por ahí y alguien lo tenía que sacar afuera: parece que ese rol me tocó a mí. Eso te marca mucho y a los diez o doce años podía hablar de cine con cualquiera.

—Cuando decís que podías hablar de cine con cualquier adulto, ¿en esa charla estaba presente la fotografía o el guión?

—Sí, algo así. Mi viejo, por ejemplo, me enseñó acerca del ritmo de una película. Yo jugaba a ver cuándo venía un corte, los tiempos del montaje, qué iría a decir tal o cual personaje. Mi padre era muy grosso y lo admiro mucho. Me decía: "Ahora este personaje vas a ver que dice tal cosa" y sucedía. Creo que desde su lugar de tornero entendía el funcionamiento del cine, que no es otra cosa que una gran máquina, claro que una máquina de generar emociones. Mirando películas con mi viejo aprendí mucho de cine y trabajando de tornero entendí los planos y las escenas o cómo una cosa tan pequeña podía formar parte de algo muy grande pero sin olvidar que esa cosa pequeña existe. O sea, el concepto de una máquina es que está compuesta por miles de pequeñas piezas, y algo de eso hay en el cine.

—¿Cómo te definirías? ¿Como director de cine o como contador de historias?

—Como un contador de historias. Me gusta definirme así porque me pasa todo el tiempo con mis hijos: les cuento cosas y empiezo a inventar, incluso les narro algunos de los guiones que tengo en mi cabeza y que no sé si algún día voy a filmar.

—¿Por qué? ¿Va más rápido la cabeza que la máquina?

—Porque creo que se me ocurren más cosas de las posibles: debo tener una treintena de películas en la cabeza y dudo que vaya a filmarlas. O podría, pero transformándome en una suerte de enfermo mental que siga filmando hasta los ochenta años y que se olvide de su vida personal y sólo se dedique a rodar películas.

—Con el impacto que produjo *Pizza, birra, faso*, ¿pensaste que sería una bisagra en tu vida o que era la primera y estaba bien?

—*Pizza, birra, faso* fue muy importante porque se trataba de mi primera película y además se transformó en una bisagra en lo personal. De hecho, gracias al éxito que tuvo pude comprarle una casa a mi hija. Pero fue una producción aislada y, a partir de ese momento, se dio un bajón muy grande: filmé *Bolivia* y estuvo cinco años parada. Recién ahora puedo decir que vivo del cine o de la televisión.

—¿Cuál te gustó más, *Bolivia* o *Pizza, birra, faso*?

—Soy un enamorado de *Bolivia*, fue una de las películas que más me costó hacer, no di con la gente indicada, me ganaba la calentura, y en ese ínterin hacía cualquier cosa. Llegué a firmar con una productora fantasma y quedé abrochado por cinco años con un tipo que no había hecho nada por la película. Pero pagué ese delito.

—Esas cosas suceden mucho pero se cuentan poco. ¿Ahora es más difícil venderte un buzón?

—Sí, en el Río de la Plata suceden muy a menudo. Existen terrenos vírgenes y está repleto de chantas que todavía venden buzones a lo loco. Pero por *Bolivia* tengo un cariño especial, quizá por todo lo que me costó hacer esa película, y también por *Crónica de una fuga*. Esta última fue un encargo y me da un placer enorme haber sido el elegido y estoy eternamente agradecido de haber podido hacerla.

—Una de las cuestiones que más me sorprendió de *Crónica de una fuga* fue el hecho de saber que se venía la sesión de tortura en cualquier momento y pensaba en pararme e irme porque no me la iba a aguantar. Sin embargo, esa escena estuvo prácticamente velada, ¿cómo lo resolviste?

—Sabía que estaba haciendo una película que transcurría en una época de terror. Como fanático del cine de terror, tomé la iconografía y los elementos del género: el suspenso, el encuadre, la música. La idea era transformar la vida cotidiana de ese personaje en una película de terror. El fuera de cuadro permite que todo lo que no se ve meta más terror, porque no sabés qué es lo que va a pasar en esa habitación, por dónde llegará el monstruo.

—¿Y la contaste con la culpa de una generación que no pudo estar ahí, con la mística que uno recibe de sus mayores?

—La conté un poco enojado, porque a mi generación nunca le

dijeron lo que realmente pasó. Cuando cursaba la escuela primaria, en Uruguay, los libros de texto los redactaban coroneles o capitanes, o bien los profesores eran militares. Fuimos educados con miedo, con el "no te metás" o "no hagas lío". Como yo tenía muy mala conducta en la escuela, les traía dolores de cabeza a mis viejos, y les pido disculpas por eso, pero ahora entiendo que quizás estaba enojado con todo ese devenir. Tuve y tengo la necesidad de saber lo que pasó, profundizando el tema. De hecho, cuando tuve que explicarle a mi hija de diez años de qué se trataba la película, me costó mucho hablar.

—¿Tu hija vio la película?

—No, pero seguro la va a ver. Me parece que debo formarla sin tirarla a una pileta vacía. No quiero condenar desde la pantalla y después irme a cenar como si no pasara nada. Esa época nos dejó un legado muy grande que sigue latente: todo el tema del individualismo, de ojo con lo que decís o lo que te pasa. Filmando *Tumberos*, por ejemplo, pasó algo surrealista: estábamos en un pabellón de la vieja Cárcel de Caseros, en un parate del rodaje, y de pronto cayó una comitiva de ocho militares. Preguntaron quién era el director y me presenté —nunca me sentí tan solo como en ese momento, y eso que estaba rodeado por el equipo técnico—, y se armó una discusión porque uno de ellos me decía: "Cuidado con lo que le metés en la cabeza a la gente, porque la gente no sabe qué pensar, se cree todo lo que uno dice".

—Frases que nos marcaron mucho.

—Sí, una serie de frases hechas que parecen pelotudas (o que son pelotudas). Básicamente sentí el miedo de la gente que estaba a mi alrededor. Después de esa escenita, los milicos se fueron y quedó un gran silencio, hasta que vino uno de los chicos del equipo técnico y me dijo: "Cómo te apuraron, ¿eh?". Un salame. Pero, claro, nadie tiene la osadía de cuestionar al poder. Ése es el legado más grande que dejó la dictadura. No sé si fue un sueño o qué, pero después le pregunté a la gente de producción si sabía cómo habían entrado esos tipos y nadie me supo contestar.

—¿Filmar es como volar?

—Filmar es como un trabajo común y corriente: tedioso. A la hora de montar la película, sí, volás. Es el momento en el que ya tenés todo filmado y empezás a jugar, ponés una toma, sacás otra, le agregás la música. Digamos que filmar una película es como tomar carrera, pero armarla sí tiene que ver con volar.

—Hace muy poco estuvo Carlos Belloso y dijo que con vos se juntaban y "soñaban con caballos". ¿Volaste cuando hiciste *Tumberos*?

—Sí, me explotó la cabeza con *Tumberos*, en el mejor sentido de la palabra. Venía sin hacer nada, lo último había sido *Un oso rojo* y no estaba conforme, aunque ahora que la veo en retrospectiva...

—¿Por qué no te gustó *Un oso rojo*?

—Sentía que en esa película no había puesto todo lo que debía. En cambio, en *Tumberos* sí, volaba todo el tiempo. Llegaba a mi casa y se me ocurrían ideas, incorporaba todo. Hablando de Belloso, simulaba adoptar el método *paranoico crítico* de Salvador Dalí, donde no hay discusión alguna porque todo es arte. De hecho, *Tumberos* es una experiencia onírica más que otra cosa, por todo el tema de los caballos, los sueños, la secuencia de títulos. Le debo muchísimo a *Tumberos* porque me permitió descargar toda una cuestión artística que llevaba dentro. En cambio, en *Un oso rojo* estaba sujeto todo el tiempo... pero es una declaración de amor a mi hija Milagros Maral (es la más grande, ahora cumple diez años).

—¿Y por qué es una declaración de amor?

—Porque se trata de la historia de amor entre un padre y su hija. Cuando Milagros nació, la vi y me puse a llorar. No había razón, no entendía por qué; ahora me acuerdo y me emociono. Y es loquísimo, porque uno se va preparando para ese momento, pero llegué y me puse a llorar. A partir de allí empecé a escribir *Un oso rojo*, amén de que me gustaba el género y quería filmar una película con escenas de acción, tiros y pistoleros.

—¿Qué trabajos hiciste por encargo y cuáles porque realmente te dio la gana?

—*Pizza, birra, faso*, *Bolivia* y *Uruguayos campeones* los hice porque me dieron ganas, aunque en el caso de la uruguaya no tuviera un final feliz. Entre algunas de las que me avergüenzo está la de un amigote que un día me encargó una película para hacer en el sur y como tenía que mantener a mi familia, fui a filmarla y era espantosa porque no tenía ni guión. Me puedo avergonzar, pero nunca arrepentirme. No creo demasiado en la gente que se arrepiente por algo, me rompe las pelotas el que hace gala de sus errores.

—Por ejemplo, ¿no te arrepentís de *Luisito y Carlos Paz*?

—Para nada, adoro ese cortometraje, quizá porque es la contracara de Villa Carlos Paz. Yo vivía allí por esa época y es una ciudad turística, bella, con su lago y la farándula, pero éstos son dos pibes marginales que un día piensan en robar un almacén y que a la hora de los hechos no les sale como pensaban. Lo rodé con una cámara VHS que me prestó un amigo, trabajaba Héctor Anglada, que era otro gran amigo, y obtuvimos el primer premio en el Festival de Villa Gesell de ese año.

—Héctor Anglada es el protagonista de *Pizza, birra, faso*, que luego murió...

—Sí, después de esa película también trabajó en la televisión. Por eso ese corto tiene una carga afectiva enorme, incluso porque a partir de allí comencé a vincularme con el cine y poco después llegó *Pizza, birra, faso*. Todo eso llevó a ir definiendo mi vida personal y profesional: hasta ese momento, plena época de hiperinflación del gobierno de Raúl Alfonsín, creía que mi vida implicaba trabajar como tornero, formar una pareja y una familia, ahorrar para comprarme una casa y, de repente, todo se fue al demonio y quedé como un mono colgado de la primera liana que apareciera que, por suerte, fue el cine.

—Entre una buena película y un buen partido de fútbol, ¿qué elegís?

—Ah, qué difícil, ¿por qué hay que elegir? Un buen partido. Soy un traidor a la profesión, pero un buen partido de fútbol me puede.

—¿Sos fanático de Independiente y de Peñarol, o tenés el corazón partido?

—No, tengo el corazón compartido, no partido. El primer partido fue de Peñarol.

—¿Pero te empezaste a enamorar de Independiente?

—Sí, era como respetar al enemigo, porque mi abuelo era fanático y me llevaba al Estadio Centenario.

—¿Hay algún punto de contacto entre un partido de fútbol y una película?

—Sí, muchos. En primer lugar, que los dos duran noventa minutos. En segundo término, que la gente juega al fútbol tal cual es en la vida —por ejemplo, cuando alguien es generoso con la pelota, cuando es medio *morfón*—, y existe además una analogía entre el cine y el fútbol porque ambos son trabajos en equipo y se hacen con un director y jugadores, un esquema y una forma de trabajo.

—¿Por eso nunca decís *mi* película sino *la* película?

—Me gusta hablar de *nuestra* película. De todas maneras tengo un sueño: quisiera dirigir un equipo de fútbol. Incluso hace algún tiempo me ofrecieron hacerme cargo de las divisiones inferiores de un club muy chiquitito, llamado Ciudadela Norte, pero finalmente quedó en la nada. Realmente me ilusioné mucho, supongo que algún día cumpliré ese sueño y dirigir niños debe ser lindísimo, en cine o en fútbol.

—Te propongo un juego: comparemos los mejores jugadores del mundo con los mejores actores o las mejores películas del mundo. ¿Qué buen actor sería Riquelme?

—Riquelme es un armador muy generoso, es un personaje que complementa al resto de los actores. Porque existen básicamente dos formas de actuar: aquel que juega a hacer su papel y que cada uno se arregle con el suyo y otros que proponen la construcción de la escena entre dos, tres o los que sea. Riquelme es de los actores con talento y generosos.

—¿Y Ronaldinho?

—No, Ronaldinho es pura fantasía, me parece que es un actor tipo Tom Cruise, es una suerte de tipo que hace cosas imposibles. Es increíble, hace cosas que no se pueden creer con la pelota.

—Tom Cruise sin doble.

—Claro, sin doble. El cine también tiene grandes directores (como en el fútbol) y se desprenden en distintas vertientes. Por ejemplo, la gran antinomia entre Bilardo y Menotti: podría compararlos con directores de cine en el sentido de que hay algunos más rígidos, otros que tienen más vuelo, los que se dedican a un plano autoral. Carlos Bianchi es un tipo que crea equipos fascinantes de la nada, pero cuando se va la cosa no es la misma.

—¿A quién te parecerías?

—Soy un tipo de trabajo. Si hay alguien a quien me parezco es al *Burru* (Burruchaga): un tipo humilde, dedicado y abocado al trabajo, que no se queja de lo que hace, que no anda lloriqueando por ahí, que no anda quejándose de los arbitrajes, que sabe cómo es el fútbol más que nadie, que sabe qué es definir un mundial. Es un tipo que ha pasado las mil y una, y todavía cree en el trabajo. Vivimos una década en la que no se creía en el trabajo, en donde el que trabajaba era un boludo, ¿no? Esto dicho por los mismos políticos. Y que alguien apueste al trabajo es muy valioso. Yo sería uno de ésos.

—¿Y quién es el Maradona del cine?

—John Carpenter, Leopoldo Torre Nilsson y Leonardo Favio (que apela directamente a los sentimientos).

—Un tipo que no necesitaba hacer casting para buscar al chico de *Crónica de un niño solo*.

—Sí, un niño porque sí. Sigo siendo un fanático de Favio pero aprendí a admirar muchísimo a Leopoldo Torre Nilsson. Creo que tiene una producción increíble, un autor de las *pelotas* y que está bastante ignorado, del mismo modo que lo está el gran cine argentino de esos años. Éste es un país que tiene una penetración cultural espantosa en el cine.

—¿Te sentís parte del denominado "boom" del cine argentino? ¿O, mejor, cómo te llevás con el éxito?

—El éxito lo relaciono con lo personal: considero más importante ser exitoso como padre que como director de cine. Digamos que si hay algo en lo que quiero ser exitoso es como padre, después como abuelo y, si llego a bisabuelo, estaría buenísimo. Pero me interesa tener éxito en esas pequeñas cosas que hacen a la vida. La meta es preciosa... en eso de lograr el día a día. Con relación al "boom" del cine argentino, no me gustaría sentirme parte de ningún "boom" de nada, trataría de no explotar con nadie. Me parece que estoy haciendo una carrera de a poquito y ojalá que eso no se detenga.

—¿Qué hace un director cuando se para frente a una "bestia" como Rodrigo de la Serna? ¿Lo deja actuar, lo marca, se sienta a tomar un café antes?

—Lo primero que necesito con los actores es lograr confianza. Si el actor no confía en su director, se hace muy difícil pedirle cosas. Con Rodrigo logré una amistad enorme, de hecho vamos juntos a jugar al fútbol, seguimos en contacto y nos vemos: es muy placentero trabajar con él, es un tipo sumamente visceral.

—¿De qué jugás?

—Empecé siendo arquero, hasta que me quebré dos dedos. En Uruguay, a diferencia de la Argentina, al malo lo mandan a hacer goles; a los argentinos los mandan a atajar. Y por eso pasé de arquero a jugar de nueve e hice un montón de goles: jugaba en el Liverpool de Montevideo, pero no pude seguir. Me gusta atajar.

—De la Serna se mete con el cuerpo, ¿no?

—Sí, pero se zambulle de lleno, entonces hay que estar, en el buen sentido, conteniéndolo. Trataba de marcarlo poco para no embarullarlo y eso lo aprendí justamente de Carlos Bianchi: hay que decirles pocas cosas a los jugadores en la cancha para que no se entreveren, que es lo contrario a lo que hacía Marcelo Bielsa, que les daba tantas indicaciones que los volvía locos.

—¿Por ejemplo?

—A Rodrigo a veces le marcaba que no llorara tanto o que gritara un poco más, que cuando hablara con este personaje lo mirara a los ojos. Yo marco cosas puntuales y el personaje queda a cargo de él. De hecho hizo algo genial que es decir: "Yo me zambullo, si total todo lo que le pasó a este pibe fue inesperado, que para mí sea igual". Y claro, se trata de eso: un tipo que jugaba al fútbol y un día lo *chupan*, lo empiezan a torturar, lo encierran en una habitación con tres desconocidos, lo enfrentan con el tipo que lo mandó al frente. Es decir, todo eso era inesperado.

—Otra cosa que me sorprendió de la película es la relación con la muerte. Ahora hablando con vos me doy cuenta de que todavía seguís pensando como un niño y que no hay muerte en la película. Digo, está presente pero nadie muere.

—Sí, pero está flotando, ¿no? Lo bueno es que el personaje finalmente logra escapar de esa muerte, muy herido, con secuelas para toda la vida, pero logra escapar de la muerte. Es como un pequeño sueño cumplido: poder escapar de la muerte.

—¿Cómo te imaginás los años que siguen en tu vida?

—No me los imagino pero me gustaría llegar a viejo tomando mate abajo de una parra, en Montevideo, y seguramente viendo o hablando de fútbol. Y, si es posible, gordo. Pero antes de eso tengo que dedicarme mucho a mis hijos, hacer muchas cosas, ésa es mi meta: trabajar mucho ahora para poder descansar después. Todavía sigo teniendo ese mandamiento.

—Y si tuvieras que elegir una película de tu vida, ¿cuál sería?

—*Qué bello es vivir*, de Frank Capra. Se trata de un tipo que siente que todo le sale mal y se quiere suicidar, viene un ángel y le muestra cómo sería la vida sin él, y el tipo empieza a valorarse a sí mismo, porque se da cuenta de que si no hubiera estado en ciertos momentos importantes de la vida, muchas cosas no hubieran sucedido. Y justamente estoy empezando a darme cuenta de que soy un tipo valioso y que lo que hago también lo es. A veces todo eso se parece a la humildad, pero en realidad tengo la autoestima por el piso.

—Si te ponés a mirar la película de tu vida, ¿está buena?

—Sí, está buenísima. Tiene sus momentos amargos y dulces, como la vida en general, pero la volvería a vivir.

—¿Y los momentos más dulces cuáles son?

—Tienen que ver con momentos familiares: mi abuelo, mi viejo, mi vieja, con escenas de fin de año, con comilonas, con cumpleaños y piñatas (no existían los peloteros), con niños corriendo, donde se cocinaba a mano, se tomaba Coca-Cola y uno hacía unas mezclas espantosas (mojaba los sándwiches de miga en la Coca). Esos momentos tienen que ver con ese desorden precioso. Soy un desconfiado de la palabra *orden* y adoro ese desorden divino que tiene todo lo que está vivo, como el desorden que Maradona le metió un poco a la vida y al fútbol.

—¿Te podrías editar?

—Sí, pero desordenadamente, no me gustaría que fuera una cosa lineal, me parece que cuando el rompecabezas funciona, las piezas pueden... digo, el orden de los factores no altera el producto.


SEÑAS PARTICULARES:
*"Me gustaría volar"*

──────────

—¿Qué es lo que más te gusta de la vida?

—La vida misma, la gente, los animales, los niños.

—¿Qué te hace reír?

—Las ocurrencias de mis hijos me hacen reír a carcajadas; me acuerdo y ya me río.

—¿Y llorar?

—Básicamente, la injusticia. Y todo lo que atente contra la vida. La mentira me hace llorar un montón. Todo lo que tenga que ver con la muerte.

—¿Qué te enoja?

—La mentira, la violencia y el desencuentro.

—¿Qué te da miedo?

—La muerte en general, la muerte de las cosas, la muerte de las ideas, la no concreción de los sueños. Todas esas cosas me dan mucho miedo.

—¿A qué te gustaría animarte?

—A actuar, pero me da mucho pudor, me sentiría un ladrón ahí...

—¿Qué cosas "te pueden"?

—Un gol, un niño, una pelota de fútbol, un libro (más que un libro, un cómic). Un dibujo animado, una buena película, una mujer con sentido del humor.

—¿Qué conservás de niño?

—Y... todo. Soy un niño en muchísimos aspectos. Sigo teniendo imaginación, sigo pensando que no me voy a morir algún día, que las cosas pueden ser eternas, que Uruguay puede ser campeón del mundo, digamos, que Peñarol va a ganar la Libertadores. O sea, sigo creyendo en lo imposible.

—¿Cuál es la historia que te gustaría contar y no podés?

—Me gustaría contar el *Maracanazo* de Uruguay, en 1950.

—¿Y qué te gustaría hacer y tampoco podés?

—Si hay algo que me gustaría hacer y no puedo, es volar. Sueño a veces que vuelo y es alucinante.

—¿Qué cosas no te gustan de vos?

—La parquedad que tengo en muchas cosas. Soy un tipo muy parco, pero en realidad soy muy sensible, aunque me cuesta mucho mostrarlo. Tengo mucha vergüenza de mostrarme sensible, creo que eso es lo que más me molesta de mí.

—¿Y lo que más te gusta?

—Creo que la imaginación. Es muy prolífera. Creo que lo que más me gusta es lo que me pasa por dentro de la cabeza.

—¿Una película para enamorar?

—Una película de terror, claro, para enseguida contener. Sí, nada de cine francés, una película de terror, donde sienta miedo, donde se asuste.

—Tema libre: contá lo que quieras.

—Es una historia que me parte la cabeza: un cuento chino de un tipo que va a pedirle a un terrateniente que le enseñe a volar. Y el terrateniente se empieza a burlar de este tipo porque, obviamente, nadie puede volar. Entonces le dice que le va a enseñar pero a cambio debe hacer las tareas que él le encomiende durante un año. Y le encomienda una serie de cosas totalmente disparatadas: lo hace trabajar como un negro, lo explota, lo humilla. Y el tipo aguanta pensando que un día va a poder volar. Hasta que pasa el año y el tipo encara al terrateniente y le dice: "Ya hice todo lo que me encargó durante un año, ahora enséñeme a volar". Entonces el terrateniente le contesta: "Bueno, subite a aquel árbol que está ahí arriba". El tipo se sube, mientras el otro se burla de la ingenuidad del hombre y le avisa que cuando esté en la punta le grite. El tipo le dice: "Ya llegué a la punta". Entonces el terrateniente le ordena: "Soltá un brazo". Y el tipo suelta un brazo. "Soltá una pierna." Y el tipo suelta una pierna. "Ahora soltá el otro brazo y la otra pierna." El tipo las suelta y empieza a volar. Entonces, mientras se va, mira al terrateniente y le dice: "Muchas gracias".

---

—Dejá un mensaje para el año 2050.

—Quiero recordar las palabras de un compañero peronista, Roberto Galán, que decía que hay que quererse y besarse más.

# Quinta parte

# Actuar para vivir

Sucedió a fines de los años noventa. La crisis económica ya empezaba a mostrar su cara más brutal. Fue entonces cuando un grupo de artistas comprometidos con su tarea acuñó una frase y se las gritó en la cara a los dueños de la tele, en el medio de la entrega de los Martín Fierro, cuando hacer ficción salía demasiado caro y muchos programas baratos y malos superpoblaban la grilla de todos los canales. La frase decía: "Somos actores. Queremos actuar".

Durante esos años, otro grupo de actores igual de serios comenzaron a dejar su marca: traspasaron la pantalla del cine y la televisión, conmovieron a mucha gente arriba de los escenarios de los teatros, y mostraron algo que a la clase dirigente no le sobra: coherencia y compromiso.

No sólo aprendieron a actuar. También aprendieron a vivir.

Los que pasaron por *Hemisferio Derecho* no son todos, pero representan a una buena parte de esta raza bendita.

A algunos de ellos los considero amigos míos, y casi todos tienen mucha y buena vida sobre sus espaldas.

Desde Ricardo Darín, uno de los tipos más sinceros, divertidos y agradecidos que me tocó conocer, pasando por Juan Leyrado, con quien compartimos un tiempo de supervivencia, y terminando con Julio Chávez, uno de los actores más rigurosos y entrenados de su generación.

Todos tienen una enorme correspondencia entre lo que dicen y lo que hacen. Cuando actúan ponen mucho de su vida. Y cuando viven no actúan: sólo dan testimonio de lo que son.

Se los dije una y mil veces, pero vale la pena repetirlo ahora: estoy agradecido y me siento halagado por haber compartido este tiempo con ellos.

# Ricardo Darín

# "Reconozco que hay violencia dentro de mí"

AUTORRETRATO:
*"Permítanme presentarme. Mi nombre completo es
Ricardo Alberto Darín, a disposición"*

"Desopilante" es la palabra que define mejor el diálogo que mantuvimos con Ricardo para *Hemisferio Derecho*. El hecho de pertenecer a una misma generación, de tener algunos amigos en común y el profundo sentido del humor del que hizo gala Darín durante la hora que duró el reportaje, lo hicieron uno de los más interesantes de toda la temporada.

Darín nació el 16 de enero de 1957. Debutó a los diez años en una obra de teatro en la que también participaban sus padres, Ricardo Darín y Renée Roxana. Casi de inmediato empezó a trabajar en televisión, en ciclos como *Alta comedia* y *Estación Retiro*. Alberto Migré lo incorporó a sus telenovelas junto a otros actores jóvenes como Carlos Calvo. Se los reconoció, durante mucho tiempo, con el nombre de *galancitos*.

A los veintisiete años, y después de una enorme popularidad que lo impulsó, incluso, a grabar un disco del que ahora se burla, Darín empezó a ser reconocido como un actor "serio" por sus trabajos en *Nosotros y los miedos*.

A partir de ese momento no dejó nunca de trabajar en televisión, teatro y cine.

*Mi cuñado*, cuyo protagónico compartió con Luis Brandoni, fue su máximo éxito en la tele.

En cine, sus actuaciones más destacadas empezaron con *Perdido por perdido*, de Alberto Lecchi, y continuaron en *El faro*, del recientemente fallecido Eduardo Mignogna. Un poco más tarde se transformó en el gran protagonista de muchas de las películas más prestigiosas y taquilleras de los últimos años. Las más importantes fueron *El mismo amor, la misma lluvia, El hijo de la novia* y *Luna de Avellaneda*, todas dirigidas por Juan José Campanella, y *Nueve reinas* y *El aura*, ambas dirigidas por su amigo Fabián Bielinsky, que murió en junio de 2006.

—Entre todas las anécdotas que me contaron sobre vos quisiera que me respondas sobre una en particular. ¿Es verdad que viste un OVNI?

—Sí, dos veces. La primera fue en un viaje en auto, por Córdoba. No me mirés así. No tiene nada de extraño, es de lo más normal. Y otra vez fue yendo de Rosario a San Nicolás.

—¿Y cómo eran?

—Bueno, eran unos tipos bajitos... No, qué sé yo. Es muy difícil de explicar.

—¿Y cómo sabés que era un OVNI?

—Cuando fui de Rosario a San Nicolás iba solo en auto. Era rarísimo, no podía ser ninguna otra cosa.

—¿Cómo sabés que no podía ser otra cosa?

—Y porque uno tiene acumulado en el disco rígido una cantidad de datos que te llevan a deducir que no puede ser otra cosa. Además, estaba a una distancia bastante próxima.

—¿Y lo de Córdoba?

—Éramos siete u ocho personas arriba de un auto. Estábamos haciendo la gira del teatro.

—¿Había alguna persona más o menos conocida con la que se pueda corroborar?

—Sí, pero no estoy autorizado a dar nombres, porque no sé si van a adherir o no. A lo mejor dicen: "No, dejalo que estaba en pedo". Pero sí, lo vimos y quedamos estupefactos, si es un término que se me permite utilizar.

—Ricardo: me estás jodiendo.

—No. Pero estás en libertad de pensar lo que quieras.

—¿Y cómo fue aquella vez que tu papá te dijo: "Ricardito, hacete cargo del avión"?

—No, pero no hay relación entre una cosa y la otra. Porque una cosa es que mi viejo estuviera loco, y otra es que yo estuviera mintiendo. Fue en un avión de entrenamiento, que tenía doble comando: uno adelante y otro atrás. Yo iba atrás, donde mi viejo llevaba normalmente al alumno, porque él era instructor de planeadores. Fue cuando tenía siete años, y estando en el aire —como siempre hacía en los momentos importantes, me trataba de usted— me dijo: "Bueno, prepárese porque ahora va a manejar usted". Claro, yo tenía su espalda delante de mí, no le veía las manos, y entonces dije: "Andá, si sos vos el que está manejando". Cuando levantó las manos me di cuenta de que era yo. Fue un momento de gran iluminación.

—Revisando el archivo de tus entrevistas, tu vida parece una película.

—La vida de todo el mundo es una película. Todos tenemos una capacidad para algo, o un don. La vida de todo el mundo es apasionante en sí misma, para arriba y para abajo. Todos tenemos algo interesante, o algo que merezca ser analizado.

—Hablaste de dones, ¿cuál sería el momento en que encontraste tu don?

—En mi caso no hablaría de don. Me parece que hay que ser un poco más prudente y hablar de capacidades. Me parece que yo tuve la suerte de desarrollar mi capacidad por proximidades. Es decir, por criarme en una atmósfera en la que tuve la oportunidad de ver desde muy cerca los trucos del oficio. Es como si uno se criara con un mago. Me parece que tuve esa oportunidad, o se me dio, y la pude desarrollar.

—Tus padres eran actores y no les resultaba fácil vivir de esta profesión, encontrar equilibrio. ¿Cómo influyó eso en vos?

—Ése fue el motivo por el cual ellos no querían que yo fuera actor. Es decir, tampoco tuve una oposición, tengo que ser honesto, pero ellos no me estimularon nunca. No querían que yo fuera actor, como es lógico de imaginar. Porque ellos venían de la época de la famosa transición de la radio a la televisión. Ese cambio, para muchos actores, fue muy traumático. De hecho, figura en los libros el gran cambio del cine mudo al cine sonoro, donde se cayeron muchísimas figuras. Ellos habían tenido una muy buena época en la radio y, con mayor o menor suerte, siempre estuvieron trabajando en teatro. Después, la televisión funcionó para mis viejos como una especie de mano en el pecho, como algo que merecía mucho respeto y que había que aprender cómo era la metodología de trabajo. Me parece que fue en ese ínterin cuando las posibilidades de tener cierta estabilidad, a través del oficio, no se dieron con facilidad. Yo tuve toda la suerte que ellos no tuvieron.

—¿Por qué decís suerte, no es también constancia?

—No. Es suerte, porque hay trescientos mil tipos con más capacidad que yo, con más talento, con más don. Y no es falsa modestia, estoy seguro de eso. Cuando hablo de suerte quiero decir que siempre encontré gente que confió en mí. Siempre tuve una oportunidad. Las capacidades pueden ser desarrolladas o no. Hablo de una igualdad, o de un reparto equitativo de posibilidades originarias. No todo el mundo tiene las mismas oportunidades, y a mí se me dieron muchas. Después trabajé, no es que cada vez que me convocaron dije: "Esto lo hago de taquito". No, me preparé y lo tomé con seriedad. Pero siempre tuve las oportunidades.

—¿Creés, entonces, que tuvo algo de azar el camino que trazaste?

—No, yo no pienso en la palabra azar. Creo que todo tiene una cierta cronología, o se le puede encontrar cierta lógica. Yo quiero decir que hay mucha gente que pasa toda una vida esperando que se le dé una oportunidad para poder demostrar su capacidad.

—¿Cuándo fue tu gran oportunidad?

—No tuve una, tuve varias, por eso digo que soy un tipo muy afortunado. Bueno, hay una que es en la que pienso mucho porque intervengo yo. Fue en el año 1982. Tenía mucha popularidad y me divertía muchísimo. Pero no gozaba de reconocimiento como buen actor. Tampoco me tenían como malo. Pero quizá por la edad o por el tipo de trabajos que hacía, no tenía la chance de ser reconocido como actor. No había logrado formarme una "chapa". Entonces aparecieron dos cosas. Yo estaba en Mar del Plata y me ofrecieron hacer una novela en Canal 13. Al mismo tiempo conocí a Diana Álvarez, que me ofreció integrar un elenco conformado por un grupo de actores prestigiosos, donde el protagonismo iba a ser alternativo y se hacía hincapié en la temática. Ella encontró mucha oposición en ese momento cuando sugirió mi nombre, porque había otros que estaban antes que yo para ocupar ese lugar. Sin embargo, me defendió. Después creo que le rendí, y nos fue muy bien con ese ciclo. El ciclo se llamaba *Nosotros y los miedos*. Fue emitido por Canal 9. Y fue muy importante para mí. Fue la primera vez que sentí reconocimiento no por el rating o la popularidad. Sentí que la gente me valoró por mi oficio, por mi trabajo.

—¿Y si tenés que elegir una "oportunidad" de los últimos años?

—Está plagado. Soy el "operaprimista" por excelencia: soy convocado para cuanta ópera prima anda por ahí. Y eso también es una gran suerte. Porque un tipo que ha estado planeando su primera película durante años, que tiene tantas expectativas desde hace tanto tiempo y que decide confiarlo o depositarlo en tus manos, también es importante.

—¿Y *Nueve reinas* o *El hijo de la novia* también fueron importantes?

—Creo que cada cosa tiene su aporte. Mi relación con el cine cambió a partir de *Perdido por perdido*, que fue la primera película de Alberto Lecchi. Porque Alberto, que no sólo es un buen cineasta sino que es un muy buen tipo, tuvo la generosidad de mostrarme cómo era el juego, en qué consistía hacer películas. Yo había trabajado en muchos filmes hasta ese momento pero nunca había formado parte del proceso originario. En realidad, la metodología de trabajo para los actores en el cine es completamente distinta de cualquier otra y puede llevarte mucho tiempo darte cuenta de eso. Y aprenderlo ni hablar. Entonces, ahí sentí una cosa distinta. Sentí que era interesante formar parte, que no era solamente estar.

—Si alguien te ofreciera hacer algo en televisión, ¿lo aceptarías?

—Si es algo que de verdad me moviliza, sí. La televisión es un medio al que le estoy muy agradecido porque fue muy generoso conmigo. Y no lo considero un género menor.

—¿Harías algún programa parecido a los que se realizan en la actualidad?

—Me parece que es necesario un programa con más compromiso, como *Nosotros y los miedos*. Esos programas donde la gente sienta que se habla de las cosas que nos pasan, en los que los actores representen a la comunidad con temas de todos los días. Con lo que le pasa a un tipo que tiene sensibilidad social, que tiene su trabajo, su familia y que está tratando de atravesar la ciudad, en una emergencia, mientras hay un piquete que se lo impide. Hoy no sé si lo harían. Lo que pasa es que en *Nosotros y los miedos* había un equipo de trabajo muy bueno, encabezado por Diana Álvarez y por su equipo de autores, que tomaban la cotidianidad y la ponían sobre la mesa. La repercusión que tenía cada uno de esos programas duraba una semana.

—¿Sentís que sos un tipo complicado o sencillo?

—Todos tenemos nuestras complicaciones, pero en términos generales no soy de muchas vueltas. Puedo tener complicaciones como todo el mundo, pero soy bastante simple. Sencillo no, simple.

—¿Por qué una vez dijiste que sos violento?

—Es que eso se remite a mi más tierna infancia. Reconozco que hay violencia dentro de mí, ésa es la verdad. Una violencia que tiene que ver con la acumulación de potencias, de cosas impuestas, de sinsabores y dolores. Yo me di cuenta, desde muy chico, de que siempre tuve un gran rechazo, no sólo por la violencia, sino por todo lo que pudiera generarla. Pero a su vez comprobé que yo también podía ser muy violento y eso me sorprendió muchísimo, porque yo creía que no. Pensaba que como la violencia me petrificaba, me produciría todo lo contrario. De todos modos creo que es nuestra naturaleza.

—¿Y lo vas liberando?

—Es un trabajo permanente. Es decir, el que cree que lo superó se equivoca. Me ha pasado de estar pregonando la paz y la armonía y de repente reconocerme en una actitud violenta. Desarrollás un tipo de capacidad para darte cuenta de las cosas que pueden generar violencia. Es como si te adelantaras un paso. La violencia, cuando está al alcance de la vista, tiene forma de reacción. Pero existen pasos previos. Por eso hay que trabajar sobre el control, porque nuestra naturaleza nos tiene permanentemente en la cornisa. Tenemos mucho animal adentro.

—¿Es verdad que mientras estabas separado de tu mujer compraste la casa que le gustaba a ella?

—Sí, habíamos visto una casa que nos había gustado a los dos, cuando nos imaginábamos que nada nos podía llegar a separar. Tampoco me quiero hacer el mosquetero: en realidad no conocía otra casa y no tenía muchas posibilidades de ver otra. Entonces pensé que, como estábamos tomando distancia, una buena opción para no romper podía ser conseguir esa casa. Y que si las cosas se arreglaban, era algo que nos iba a gustar a los dos. Lo que me terminó de certificar que estaba bien encaminado fue que cuando averigüé por la casa me dijeron que el día anterior la habían vuelto a poner en venta. Así que estaba todo encarrilado. Todos sabemos lo que es la vida en pareja, compartir el territorio, el tiempo. La tendencia cuando hay una ruptura es creer que el otro es el culpable de todo. Por eso es que se dicen las cosas que se dicen, y por eso es muy difícil volver de esas cosas que se dijeron, porque cuando se pasa una barrera, ¿cómo hacés para mirarle la cara al otro después de decirle cosas que incluso posiblemente ni siquiera pienses? A nosotros no nos pasó eso, no dejamos de querernos. Nosotros nos miramos un día y nos dimos cuenta de que la cosa no estaba funcionando, que era lo que nos había estimulado a estar juntos y a formar una familia.

—¿Cómo es convivir con un tipo como vos, con tanto nivel de exposición?

—Es muy difícil, porque yo tengo exposiciones que son muy perversas en ese sentido. Quieras o no, seas o no narcisista, seas o no ególatra, seas o no egocéntrico, el oficio tiende a que todo el mundo te esté hablando de cómo te salió el programa, de cómo te fue, de que si vas a tal canal o si hacés tal película. Hay una sobrecarga de presencia. Solamente alguien muy inteligente, muy generoso y que tenga un gran sentido del humor puede soportarlo y llevarlo adelante. Florencia es muy especial, sería un necio si no lo reconociera. Además, me encanta reconocerle todo porque convivir con un tipo como yo no es fácil. El tema es que con ella todo es mejor.

—¿Cómo te llevás con el éxito?

—El que se lo cree todo, pierde. Ni siquiera es que me quiero hacer el santo: me parece que es hasta estratégico. En el momento en que yo pase por el espejo, que hago bastante seguido para ver el deterioro, y crea que soy un fenómeno, ese día perdí. Es que el hecho de que vos aparezcas como un fenómeno depende de tantas otras cosas, de tanta gente que trabaja, que si te quedás con la pelota para vos solo sos un salame. Hay gente que a lo mejor tiene otra teoría. Pero yo sé que para que algo me salga bien hace falta que muchos estén dando una gran parte de sí. Entonces es mi forma de disfrutarlo, no es que pateo la pelota, no es que yo no lo disfruto: lo disfruto de esa forma. A mí me gusta el trabajo en equipo, intercambiar ideas: me gusta que me escuchen y me gusta escuchar.

—¿Te preocupa el dinero?

—Me preocupa en la medida en que me doy cuenta de lo que

desequilibra, de lo que se produce cuando no lo tenés. No me preocupa tanto en mi caso, yo estoy bien económicamente. Me preocupan los que no tienen guita. Es decir, cómo hacen para mantener a cuatro pibes sin trabajo, con lo que cuesta vivir, con lo que cuesta bancar una casa.

—¿Es verdad que mirando el noticiero te podés poner a llorar?

—Sí, me puede pasar. Trato de que no me pase más porque me di cuenta de que mi hijo se asustaba mucho. Una vez le dijo a Flor: "No dejes a papá ver el noticiero porque llora". En general me parece una reacción, una resultante de la impotencia y de lo inabarcable que resulta ver tanta injusticia, tanto dolor y tanta estupidez organizada. Por ejemplo, al ver que hay chicos que se mueren de hambre o están desnutridos en un país que genera alimentos para trescientos millones de personas. Eso no es un problema económico, es un problema cultural, de educación. A mí lo que me preocupa es la falta de vocación de servicio, el egoísmo, el no sacrificarse por el bien común. ¿Cuánta gente más vamos a ver morir de hambre, cuántas generaciones más vamos a ver pasar para reaccionar? Y todavía seguimos discutiendo si es peronista o radical, si es de derecha o de izquierda. Estamos sin reacción. Si en los semáforos vemos a los pibes con los mocos hasta la rodilla y se te ocurre levantar la ventanilla eléctrica, te encontrás con el mismo programa en el siguiente semáforo. No hay forma de escapar a eso. Ese pibe no vio trabajar ni a su hermano ni a su viejo ni a su mamá. La vida no le está ofreciendo nada, mira para adelante y ve todo negro. Y muy probablemente no haya recibido ningún tipo de afecto ni de contención, entonces, ¿por qué ese chico va a valorar una vida? Ese chico está inhalando pegamento porque es la única forma de escaparse de la asquerosa realidad que le tocó vivir. No estoy tratando de justificarlo, estoy tratando de averiguar por qué lo hace. ¿Por qué se llega a eso, por qué vemos pibes de ocho años totalmente drogados en la vía pública y llegamos a casa y preguntamos: "¿Querida, qué hay de comer?" y lo tomamos con tanta naturalidad? De pibes de ocho años estamos hablando. Estamos sin reacción, porque los señores que elegimos para que nos representen y hagan valer nuestras ideas están dedicados a otra cosa. ¿Sabés qué deberíamos hacer? Cambiar las normas, estas normas no funcionan. Tenemos que seguir en democracia, obviamente, pero hay otras formas más civilizadas de convivir. Yo la última sensación de esperanza la tuve con el tema de las asambleas vecinales. Dije: "Algo está pasando, nos dimos cuenta de que todos somos vecinos, reconocimos al prójimo". Y por algún motivo eso desapareció, se diluyó.

—¿Te gustaría volver a tener veinticinco años?

—Si hay algo que me gustaría recuperar de esa época es más que nada la aptitud física: no tenía los ligamentos cortados ni las hernias de disco que tengo en las cervicales. Tenía una resistencia física mucho mayor. Sin embargo, me parece que cada etapa ha sido vivida en la forma en que se pudo. Estoy muy feliz de tener mi familia, y para volver a los veinticinco años tendría que borrarlos a ellos.

—¿Cómo te imaginás dentro de unos años?

—Todo pelado, con una sola teta, para que llame más la atención... No me imagino mucho para adelante: voy piloteando la vida como viene. Cuando tenés hijos estás un poco obligado a pensar en lo que viene, sobre todo en el aspecto social. Me gustaría que vivieran mucho mejor, que no tuvieran que asistir a la vergüenza que nos toca vivir a nosotros. Bueno, de hecho están asistiendo porque viven con temor. Me gustaría que tuvieran la chance de vivir un mundo mejor, donde las cosas sean un poco más equitativas. Yo estoy muy confiado en ellos, sé que son personas sensibles, generosas. La vida ha sido también buena con ellos. No se los ve con manías o cosas raras, o que sean chicos quisquillosos. Tienen una buena capacidad de adaptación, son frescos, son alegres, tienen buen sentido del humor. De todos modos me parece que me faltan algunas materias más para quedarme totalmente tranquilo.

—¿Creés en Dios?

—No. Bueno, es muy fundamentalista decir no. Creo en la necesidad de creer, entiendo y confío en la necesidad de creer en Dios. Y respeto profundamente, y envidio en algunos casos, a los que creen. Yo estoy inhabilitado para creer en Dios. Mi viejo se dedicó a estimularme el pensamiento y la rebeldía, y no las creencias. Me parece que lo que hizo fue estimularme para desconfiar de lo establecido y, entre esas cosas, lamentable o afortunadamente, estaba la religión.

—¿Qué disfrutás de la vida cotidiana?

—El sol en los días fríos, cenar con mi familia, una buena ducha caliente.

—¿Y qué odiás?

—Odio tener que afeitarme. Odio tener que planear alguna salida, me gusta salir con espontaneidad. Y también diría que me cuesta bastante salir de mi casa.

—¿Qué cosas te hacen llorar?

—Muchas. Un recuerdo súbito, en un semáforo, que esté relacionado con algo así como mi viejo o un amigo, me puede hacer llorar sin ningún tipo de pudor. La injusticia y la estupidez, a nivel social, normalmente me hacen llorar de impotencia. Las cosas que me dan bronca me pueden hacer llorar.

—¿Y qué cosas te hacen reír?

—Normalmente me río bastante de mí mismo. Me hace reír bastante la frescura de la gente, la espontaneidad en mis hijos y en los amigos de mis hijos. Y mi mujer me hace reír mucho: creo que es una de las personas que más me hacen reír.

—¿Qué película te hubiera gustado protagonizar?

—*Taxi Driver*, *Después de hora*, que en inglés se llama *After Hours*. Y tranquilamente me hubiera gustado participar de cualquiera de la saga de *El padrino*.

—¿Qué tiene que tener un buen actor?

—Sensibilidad, cierto coraje y buen estado físico.

—¿Qué cambiarías de vos?

—Me gustaría ser un poco menos caótico, sólo un poco. Ser más valiente... y me gustaría ser más alto.

—¿Qué te gusta de vos?

—Mi cabello, cierta relación callejera que he adquirido y la honestidad.

—¿Tenés manías?

—Tengo cierta manía con lo simétrico. Tengo la manía de cumplir con la palabra empeñada, que es algo que todavía estoy tratando de que entiendan mis hijos. Y soy medio maniático a la hora de hacer el asado.

—Mencioná tres cosas que te gusten de las mujeres.

—La frescura, la frescura y la frescura.

—¿Qué cosas no hiciste y te hubiera gustado hacer?

—Me hubiera gustado jugar bien al tenis, me hubiese encantado nadar bien, y, ya que estamos, me hubiese gustado aprender a volar. ¿Hay alguien aquí que me pueda enseñar cómo se hace para volar?

—¿Qué hacés cuando no hacés nada?

—Exactamente eso: nada. Es algo que me reclaman: no hago nada. Lo que pasa es que cuando no hago nada lo que me gusta es tomar conciencia de que no tengo nada para hacer. Entonces me regodeo en la nada. Es decir, el ocio en sí mismo. Me gusta tomar una periódica conciencia de eso. Cuando era chico me gustaba despertarme los sábados, a la hora en que normalmente lo hacía en la semana, para darme cuenta de que no tenía que ir al colegio. Y me gusta levantarme para desayunar, como si tuviera que levantarme temprano, y después volver a la cama. Porque si seguís de largo no lo disfrutás.

—Nos gustaría escuchar tu mensaje para el año 2050.

—Bueno, esto fue grabado hace mucho tiempo, previendo precisamente que esto pudiera ser visto en el futuro. Simplemente lo que quiero es aclararles un detalle: las cosas están como están porque no nos esforzamos, no nos pusimos de acuerdo y no nos dimos cuenta de que tenemos que tirar todos para el mismo lado. Les pido disculpas en lo que a mí respecta y espero que ustedes se den cuenta de esta trampa. Y lo modifiquen.

Juan Leyrado

# "No compraré más espejitos de colores"

AUTORRETRATO:
*"Según mi documento, soy Juan Leyrado, nacido en la Argentina hace cincuenta y tres años. Soy actor, tengo una familia, tengo amigos, como cualquier ciudadano común y corriente. Y duermo bien. También me gusta mucho caminar por la ciudad: soy un gran caminante. Me gusta leer en los bares y almorzar solo un día de la semana, y trato siempre de acariciarme con algún buen vino tinto"*

Con Juan compartimos algunos momentos lindos y otros muy complicados.

Sobrevivientes, la palabra que repite a lo largo de la charla, es la que define con más precisión nuestro lugar en el mundo.

Leyrado hizo de Leyrado para *Por qué cayó Alfonsín*, una investigación periodística que se transformó en la crónica de la hiperinflación y la caída del primer gobierno democrático después de la dictadura más sangrienta de la historia.

Todavía recuerdo cuando, en el medio de los saqueos y la sensación de que todo se iba al demonio, Juan me decía:

—A veces quiero taparme con una frazada bien grande y despertarme cuando todo esto pase.

Pero más allá del pánico que sentimos todos, lo que hizo Leyrado fue seguir laburando como un animal. Actuar para vivir. Y para sobrevivir. Como lo sigue haciendo ahora. Sólo que con más años, todavía más calidad, y mucha más sabiduría.

Juan Leyrado nació el 18 de agosto de 1952, y su trayectoria abruma.

En teatro participó en obras como *Ella en mi cabeza*, con dirección de Oscar Martínez; *Cabaret Bijou*, *Cyrano de Bergerac*, con la dirección de Norma Aleandro; *Los mosqueteros, El burlador de Sevilla, Un tranvía llamado deseo* y *Aquí no podemos hacerlo*, dirigida por Pepito Cibrián.

En cine trabajó en *Iluminados por el fuego, Despabílate amor, Camila, Tacos altos, Asesinato en el Senado de la Nación* y *Los chicos de la guerra*, por citar sólo algunas películas.

En televisión tuvo participaciones muy destacadas en *Mujeres asesinas, Alta comedia, Atreverse, Dos vidas y un destino,* y *Situación límite,* entre otros.

—¿Cómo afectó a tu familia el descomunal éxito de Panigassi, tu personaje de *Gasoleros*?

—Bueno, *Gasoleros* lo veía mucha gente y cuando hacés una tira trabajás doce o catorce horas por día. No podés participar de lo que te está pasando porque en realidad no tenés tiempo de disfrute. Yo llegaba a la noche cansado, con ganas de cenar y en casa miraban el programa. Entonces empecé a observar que miraban a ese que estaba en la pantalla, que no era yo, sino Panigassi. Entrábamos en un juego en el que el personaje se despedía de la persona. Era una cosa tan fuerte que a mí también me pasaba, porque terminaba enterándome en la tapa de los diarios, por ejemplo, de nuestra relación con Roxy (Mercedes Morán) como si yo fuera otra persona. Esa filosofía de Panigassi había penetrado mucho en la gente. En realidad tenía una cantidad de elementos. Y esos elementos se terminaban de armar en la cabeza o el corazón de los televidentes. Fue muy fuerte para mí escuchar, durante dos años, por la calle, las mismas cosas que decía mi personaje, como si yo mismo fuera parte de la vida cotidiana de la gente.

—¿Cómo pudiste sobrevivir a Panigassi?

—Yo no tuve ningún problema con Panigassi. En realidad, las dificultades que tuve fueron por la envergadura del éxito. Yo no estaba preparado para un éxito así: estaba preparado para hacer el personaje. Yo estudié para trabajar de actor, no para hacer el éxito. Lo digo con toda la ilusión y las ganas de tener éxito que tenemos todos. El éxito que uno imagina tiene muchas formas, y yo pasé por muchas etapas. La primera era que no tenía tiempo para asimilar lo que me estaba pasando, por lo tanto tenía respuestas del momento, sin análisis. No podía procesarlo y se me escapaba de la base establecida por mí. Es decir, yo hacía teatro y después fui a la televisión. Había hecho cosas que funcionaron muy bien, pero no era un actor popular en el sentido televisivo. Al someterme a ese nuevo trabajo yo me seguía manejando de la misma forma que antes, pero no era lo mismo. Aparecen las apetencias, las partes de uno que estaban ocultas: la posibilidad de sentir que uno tiene una cuota de poder. Sin embargo, es el momento en que menos amigos tenés.

—¿Te sirvió para la vida?

—Sí, me sirvió. Me equivoqué en muchas cosas, pero me mantuve íntegro en mis principios. Eso me costó situaciones no agradables, porque yo podía haber seguido trabajando de Panigassi: yo soy un actor, no soy el personaje. Pero por respeto a Panigassi no seguí haciéndolo. Entonces, el primer enfrentamiento fue conmigo mismo: "¿Cómo voy a abandonar esta beca, con estas características, si a mí me gusta el éxito, me gusta vivir bien?". Pero no fue una elección ideológica o filosófica, con respecto a si es más o menos importante ser actor en otro medio, sino que la cuestión era qué me hacía feliz a mí. Cuando terminé el programa, gran parte del dinero que había ganado lo puse en la producción del *Cyrano de Bergerac*. Pero no para demostrar que podía hacerlo, como interpretaba el periodismo, sino porque era mi necesidad. Recién ahora, después de unos cuantos años, puedo decir que hice el proceso, que ya no me tengo que pelear ni con Panigassi ni con el éxito. Simplemente deseo que las cosas continúen y se hagan como se tienen que hacer. Tengo la gran felicidad de haber sobrevivido a eso y esto es algo pura y exclusivamente personal. No es una fórmula de cómo es el éxito. No, a mí me pasó. Yo quiero seguir teniendo éxito, estamos en una obra que lo tiene y me pone contento cuando la gente todavía me saluda como Panigassi. Pero yo tuve que hacer un proceso donde perdí y gané muchas cosas. Y me reencontré también con otras que habían quedado en el camino.

—¿Cuándo fue el momento en tu vida en el cual dijiste: "Ahora sí soy actor"?

—La verdad es que no debe hacer más de ocho meses. No sé si es decir "ahora soy actor" sino que decís "soy actor, ¿cuál es el problema?". Y esta obra que estoy haciendo, *Ella en mi cabeza*, fue muy importante para mí por una elaboración interna de cómo encarar el trabajo con los compañeros, con el director. Porque me jugué, ayudado por Oscar (Martínez), a no poner el oficio adelante. Quiero decir que uno tiene que aprender y que siempre hay algo nuevo: no quería zafar sólo con la técnica, por eso también hubo momentos muy difíciles en la búsqueda del personaje. Salí al es-

214

treno bastante asustado porque no quería transitar nada conocido, o que el personaje tuviera aspectos de algún otro que hubiese hecho en la historia de mi profesión. Es decir, salí al escenario como si fuera la primera vez.

—En Panigassi, en *Cyrano de Bergerac* o en el psicoanalista que representás en *Ella en mi cabeza*, ¿hay pedacitos tuyos o es al revés?

—Sí, seguramente. Al revés o al derecho. Yo me descubro haciendo cosas que tienen que ver conmigo y que se asemejan a las que haría ese personaje pero que está amparado por el escenario, por las luces, por la gente que está expectante. Además, se sabe que la gente pagó para ver a un personaje, no para verlo a uno. Por eso cuando lo quieren ver a Juan, no al personaje, si no estoy inspirado prefiero no ir a los reportajes. No es porque me guste hacer desplantes, sino porque yo no la paso bien.

—¿Acá cómo la estás pasando?

—Muy bien, por eso vine. Yo sabía que la iba a pasar bien acá, porque te conocía. Además, porque estos espacios de la televisión, de hoy y de siempre, son importantes. Como espectador yo los necesito. Porque cuando hago zapping por los cuatrocientos ochenta y cinco canales, con ese aparato grande que cuando hay tormenta se corta, solamente me paro, lo que muy pocas veces sucede, cuando uno le pregunta al otro: "Contame, ¿cómo andás?". Hablan como uno, les pasa lo mismo. Por eso me siento cómodo con vos.

—Norman Briski contó que el asesino de (Abraham) Lincoln era un actor que nunca había podido actuar y que de esa manera pudo hacerlo. ¿Qué hubieras sido vos, de no ser actor?

—Yo hubiera sido probablemente el asesino de Lincoln. Yo soy actor. La primera vez que fui a un teatro fue para trabajar, nunca había ido ni me habían llevado. Lo que me atrajo fue el tema de los grupos y de los amigos. En realidad cuando yo era chico, en Barracas, era un poco raro. Íbamos a jugar a la pelota pero me aburría y todos me puteaban. Entonces yo tenía que actuar que me divertía, jugando todos los malditos minutos. Iba a bailar y me embolaba, entonces pensaba: "¿Cómo puede ser?". Después, pasé por todas las etapas: "¿Me gustan o no me gustan las mujeres?". Porque a todos les gustaba, todos bailaban y yo no. Era el raro. Jugaba con toda esta serie de cosas y situaciones, porque además no admitía la posibilidad de que eso existiera en la mente de cualquier ser humano. Para mí eso era signo de estar enfermo. Entonces descubrí, después de un tiempo trabajando en el escenario, que yo podía utilizar todo eso que me torturó durante la vida, todos esos pequeños Juanes asesinos, buenas personas, egoístas. Los pude transitar desde un lugar donde nadie salía herido, utilizando todas mis partes para impresionar a la gente, hacerla pensar o ganar dinero para vivir. Para mí ser actor tiene que ver pura y exclusivamente con eso. Hay otras situaciones que yo no alcancé a manejar porque no elegí la profesión con otro objetivo, en un mundo y en un momento donde prevalecen otro tipo de mecanismos. Por eso yo no me sé manejar de otra manera: yo sé actuar. Mi mejor forma de manejarme, en la profesión, es actuando.

—Bueno, estábamos hablando (en el corte) como viejos amigos de cuando íbamos al mercado comunitario a hacer las compras: te recuerdo en esa época de hiperinflación, de gente desesperada, como un sobreviviente. Un día me dijiste: "Luis, sueño con taparme hasta la cabeza y despertarme cuando venga la normalidad", ¿te acordás?

—Sí, recuerdo mucho esa época, yendo al mercado, llevando los cajones para repartir los tomates. Sí, hemos sido y seguimos siendo sobrevivientes. De todas maneras, no ha cambiado mucho. Yo particularmente no he cambiado mucho, en el sentido de los altibajos económicos que tenemos los actores. La diferencia es que ahora uno aprendió a transitar mejor. Pero yo hacía *El burlador de Sevilla*, en el Teatro San Martín, y era resistencia pura. Después lo hice en España mucho tiempo, ganábamos dos pesos con cincuenta y se hacían negociados alrededor nuestro. Estaba dos horas hablando en verso, con el teatro lleno. La gente aplaudía de pie y yo decía: "Pensar que ahora se van a comer y yo me voy caminando hasta el hotel". No tenía guita porque no me lo habían depositado. E iba al hotel, donde vivía Jorgito Mayor, un gran actor argentino que ya no tenemos, y nos hacíamos unos fideos y seguíamos sobreviviendo. Después pasa el tiempo, hacés un trabajo y te comprás una casa con un crédito. Y luego te viene lo que vino, vendés la casa y podés comprar otro pedacito, pero ya no te dan el crédito. Estamos sobreviviendo todo el tiempo. Pero por lo menos podemos sobrevivir, hay gente que está muriéndose todo el tiempo. Yo creo que nosotros somos una generación a la que todavía le falta encontrar un lugar, en cada una de nuestras profesiones, para hacer valer la experiencia que tenemos. Creo que es una generación que ha perdido mucha gente, que nos ha costado mucho, pero existimos porque tenemos cosas que nos permiten seguir estando vivos. Quedamos afuera, pero no individualmente: lo que se queda afuera es el proceso evolutivo de la Argentina.

—Hay una energía que está siendo poco utilizada, pero también hay decenas de obras de teatro que son cultura pura, donde hay reflexión, donde la gente se para, piensa y discute, y no consume cualquier cosa. ¿No hay algo ahí también?

—Hay muchas cosas. Lo primero es la increíble falta de inteligencia y de servicio de la gente encargada de la cultura. Es maravilloso ver cómo el pueblo, los artistas, están mostrando todo el tiempo cosas que quienes deberían hacerlo ni siquiera se asoman a verlas. La gente está mucho más interiorizada del arte, del funcionamiento de lo artístico, que los que tienen cargos relacionados con el arte. La gente sigue yendo al teatro porque se enriquece. Primero que en el teatro la gente paga para ver una mentira, algo que no existe. Van a ver *Romeo y Julieta* y desean que no se mueran, pero saben que se van a morir. Entonces van a transitar una sana ilusión, una zona en donde ellos pueden poner la necesidad y saben que van a perder, pero igual van a sobrevivir a esa pérdida. Se juega una serie de factores fundamentales para el crecimiento de un país. Porque un país sin cultura, todos lo sabemos, no puede crecer.

—Sin cultura y sin memoria. Como la memoria a la que recurrís cada vez que se te da por ir a ver tu vieja casa de Barracas y no la encontrás.

—Si yo fuese un escritor, lo escribiría y me lo podría sacar de encima. En realidad, yo vivía en un barrio en donde hicieron una autopista, que cruza una línea de manzanas en donde estaba mi casa. Y una de las cosas más fuertes fue que cuando la empezaron a derribar pasé por el frente y vi expuesta mi pared, donde yo me apoyaba. Y la gente que pasaba podía ver mi intimidad. Se veía esa pared donde yo me recostaba, tenía las minas desnudas. Tenía toda mi historia en esa pared. Y bueno, desapareció mi casa, ya no está. Vuelvo para encontrarme con ese Juan, a decirle: "¿Viste que no estabas loco, que eras actor, que podías aburrirte al jugar un partido entero o reírte en la mitad, cuando perdías?". Y ese Juan es la parte melancólica mía.

—¿Es melancolía o es memoria? ¿Saber quién fuiste para saber quién sos?

—Quizás el buscarte en el pasado para enterarte de lo que sos sea una buena costumbre de nuestra generación. Pero hay algo que me preocupa aun más: hay generaciones enteras que no sólo no registran lo que pasó, sino que no registran este instante, el momento en que decís: "Hola, ¿cómo te va?". No sólo no tenemos memoria con el pasado sino que no se puede capturar el presente, que es en definitiva lo único que existe. Se está pensando todo el tiempo en el futuro: en de qué me sirve, en qué te tengo que contestar y qué tengo que escuchar para ver de qué me puede servir, o qué puedo ganar o perder con eso. Eso es la cultura en estos tiempos, que seguramente obedece a gente que se dedica a ver cómo conviene llevar a la humanidad.

—¿Estás conforme con tu presente?
—Sí, muy conforme.

—¿Feliz?
—Sí, plenamente feliz de reconocer el presente. De verme transitar el presente de esta manera, conociendo mis partes débiles, distinguiendo las que tengo que modificar, viéndome modificar cosas. Porque si hay algo que no soy es necio. Tengo la fortuna de haber logrado con mucho trabajo una sinceridad que hasta puede traer problemas. Porque uno a veces no dice las cosas que debería decir, según las circunstancias, entonces tenés que callarte y, a veces, uno no se calla.

—¿Volverías a hacer televisión, con la posibilidad del éxito y todo lo que implica?
—Yo aceptaría un trabajo, más allá del rating y todo eso, si realmente me gusta lo que me proponen. Lo hago, pero si durante ese éxito me llaman para hablar en las reuniones que hacen para los que tienen la tarjeta *súper no sé cuánto* y yo como portador de esa tarjeta *súper no sé cuánto* debo participar, no lo haría. Una vez entraba a casa, como todos los días, y debajo de la puerta había un papel: "Leyrado, tiene veinte mil dólares: tiene que decir sí o no". Un actor como yo, que nunca quiere saber nada, terminó poniendo toda la energía en eso. Imaginate que lo primero que voy a decir es: "Sí, ¿cómo no?". Me daban tarjetas de colores, la roja, la azul, la amarilla. Me vi dando una charla en un banco, porque tenía una tarjeta no sé cuánto, porque es imposible que a los actores nos den tarjeta. Nos querían convencer, porque los actores queríamos ser millonarios. La verdad es que no tenemos manejo de la realidad, nos manejan, como me pasó a mí, y después nos abandonan. Entonces, yo les dije: "¿Ustedes toman conciencia de que le están hablando a un actor como si fuese un inversor?". No, porque ellos se habían creído que nosotros éramos distintos. Es gracioso. El banco que me usó para vender su tarjeta es el mismo que me

sacó el noventa por ciento de mi casa, el que me embargó, el que al otro día les cerró las puertas a todos, y no sólo a mí. Entonces, para contestar tu pregunta... si me ofrecen un trabajo que me gusta respondería que sí, pero si me ofrecen espejitos de colores no los compraría de nuevo.

—¿Tenés sueños o preferís que la vida te vaya sorprendiendo?

—Tengo sueños, pero también prefiero que me sorprenda la vida. Me voy a mudar dentro de poco, una vez más, y espero que sea la última. Nosotros los actores tenemos doscientos cincuenta y ocho millones de mudanzas, y con María conseguimos un lugar, una casa que nos gusta mucho y estamos por concretarlo. Y mi sueño es poder recuperar cosas que perdimos en este tiempo trágico. Como nos habíamos mudado a un lugar más chico, había muchas cosas que no teníamos dónde guardar y las pusimos en dos guardamuebles. Entonces, la ilusión más grande que tengo es que dentro de quince días voy a sacar mi escritorio, un metegol que me habían regalado los chicos para mi cumpleaños, una mesa, y un par de cosas que no entraron en esta casa y van a entrar en la nueva.

—¿Cómo te imaginás dentro de algunos años?

—Llevando a comer a mis nietos, al mediodía, a un restaurante de esos lindos donde me gusta comer a mí. Me imagino rodeado de mis nietos, llenándoles la cabeza con todas mis historias y mis cosas, utilizándolos para jugar y ellos a mí. Me los imagino con mis hijos sanos y sin perder más cosas. No perdiendo más cosas.


SEÑAS PARTICULARES:
*"Siempre quise tener el pelo lacio"*
---

—¿Qué amás de lo cotidiano?

—El beso de mis hijos, el mate cocido y, cuando puedo, las siestas.

—¿Y qué te provoca algo parecido al odio?

—La calle, con los autos pasando en luz roja, el poco sentido que se tiene del valor de la vida. Hay muchas cosas que me dan bronca: el problema es que sufrí mucho por la bronca y no logro darle solución.

—¿Qué te hace llorar?

—Puede pasar en cualquier momento que de repente se me caiga un lagrimón: si a mis hijos les pasa algo o no están bien, si con mi mujer no nos podemos entender. Una película me hace llorar. Lloro, y me encanta llorar.

—¿Qué te hace reír?

—Cualquier película de Niní Marshall, alguna estupidez mía, y algún chiste que me cuenta Oscar Martínez, porque son de los mejores que escuché.

—¿Qué te gusta de vos? No vale ser modesto.

—Mi sensibilidad, mi honestidad, mi espíritu de lucha.

—¿Qué te gustaría cambiar?

—Mi intolerancia y mis eternas dudas. Pero lo que siempre quise cambiar y no pude fue tener el pelo lacio: me ponía Lord Cheseline, dormía con una media. Parecía Benito Mussolini. Llegué a dormir con una red. Pero no hubo caso.

—¿Qué debe tener un buen actor?

—Primero un conocimiento profundo de sí mismo, conocerse cada vez más sin miedo. Luego debe estar seducido por el vértigo y tener mucha sabiduría humana.

—¿Tres gustos?

—Navegar, cocinar y leer de día.

—¿Un par de manías?

—Que en la mesa todos los platos sean iguales. Tampoco puedo dormir con ninguna puerta o ningún placard abierto.

—¿Qué te enamora de una mujer?

—La forma de pararse, la mirada y la boca. Después, que sea inteligente y que sea buena. Y que jamás deje de ser una buena madre.

---

—¿Un mensaje para el año 2050?

—Busquemos formar parte de un gran universo de juegos, donde no tengamos que perder en ningún momento la capacidad de ser niños, para jugar sin dañar.

# Julio Chávez

# "Soy soberbio, hipersensible, miedoso y cholulo"

AUTORRETRATO:
*"Soy Julio Chávez. Tengo cuarenta y nueve, y estoy a punto de cumplir cincuenta, de manera que éste es un año importante para mí. Me dedico a la actuación, soy actor, soy director, escribo y también me ocupo de pintar"*

Julio Chávez Hirsch es terriblemente tímido, considerablemente fóbico e inexplicablemente cholulo. Lo confesó en el transcurso de una conversación en la que dejó traslucir su sabiduría del oficio de actor, la pasión que le pone a cada cosa que hace y su compleja personalidad que lo mantiene a distancia del ruido y los flashes pero muy cerca de su trabajo interno, al que se toma muy, pero muy en serio.

Chávez es, además, autoexigente. Y es uno de los pocos actores que cuenta con un entrenador personal cuya única función es evitar, en cada actuación, ¡los defectos que ya sabe que tiene!

Muchos críticos, directores y colegas consideran a Julio Chávez uno de los mejores actores de su generación.

—"Es cierto: cielo, agua y el fondo del mar." ¿Te suena?

—Sí, me suena porque ése fue el primer texto que tuve como actor, cuando tenía siete u ocho años. Me habían elegido como uno de los marineros de Colón, en una fiesta por el Día de la Raza. Me dieron ese texto y fue la única vez, hasta ese momento, que yo sentí que el mundo me miraba con cara de que no había nacido al pedo. Y me dije: "Creo que acá hay una opción". Así que para mí fue muy importante, y creo que otros se dieron cuenta, porque el vicedirector del colegio le dijo a mi madre: "¿Por qué no lo hace estudiar teatro?". Ese breve parlamento fue una anécdota para mí, hasta que empecé a estudiar teatro.

—Y ahora que sos grande, ¿sentís que ése fue el instante en que te hiciste actor?

—No. Para mí ese momento fue el verdadero anticipo de que no me iba a ser muy fácil encontrar un espacio donde yo pudiese expandir mi naturaleza. Porque yo ahora lo puedo contar desde mi experiencia en mi cabeza, y en la mirada del otro. Pero entonces y casi siempre sentí una extremada subjetividad y emotividad en mi persona. Algo que me hacía sentir distinto y profundamente sensible. No me era muy dado un espacio donde yo pudiese justificar eso.

—¿Te definiste en algún momento como un chico anormal?

—Me definieron en un momento como alguien anormal. Y por anormal me refiero a que algo no estaba funcionando bien en mi cabeza. Para la mirada de una maestra de séptimo grado, que un chico se pusiera en un rincón y gritara desesperadamente "¡Injusticia!" puede ser considerado anormal; es un razonamiento que yo puedo entender. Esa señora no sabía muy bien qué hacer conmigo. Te diría más, mis padres no sabían muy bien qué hacer conmigo porque advertían que había algo en mi naturaleza un poco excesivo a veces... como decía mi padre, demasiado sensible. Dios mío. Todavía me parece que lo escucho: "Demasiado sensible Julio".

—Tu padre era un carpintero alemán y tu madre una egipcia, hija de un petrolero...

—Sí, eran una mezcla rara como muchas de las mezclas que hubo en la Argentina, justamente por la cantidad de inmigración. Así es la vida, y armaron una cosa bien interesante. Porque a pesar de que tuvieron una vida no muy feliz, en mi interior debo decirte que el paisaje que yo vivía cuando era chico era muy particular. Sería difícil poder ubicarte en ese lugar, porque nací en un barrio donde había muy poca gente que fuera judía. Ser judío y pobre era una cosa... pero yo era judío, pobre y tampoco estaba integrado a un grupo fuerte o a una colectividad. De hecho mi madre, cuando era todavía bastante chico, empezó a separarse mucho de la religión. Mi padre no, aunque tampoco era un hombre ultrarreligioso. Pero entonces para mí era una mezcla, porque mis padres hablaban alemán, mi madre hablaba francés, inglés, vivíamos en un barrio con doña Coca a la vuelta, teníamos objetos que pertenecían a la religión judía, pero no sabía qué hacer con eso. Porque además no había una tradición religiosa en mi casa: había libros en alemán, en hebreo, discos de pasta alemanes, y al lado estaban Sandro o Leonardo Favio.

—¿Es verdad que cuando viste la telenovela *La cruz de Marisa Cruces*, con Jorge Salcedo y Silvia Montanari, dijiste: "Ésa es la familia en donde yo quiero estar"?

—Y "ésa es la madre que yo quiero tener". Porque para mí era extraordinaria la bonhomía de toda esa gente. Ella era tan hermosa... sufría, pero era linda. Entonces era como un sufrimiento lindo, estéticamente placentero, que tenía sentido. Los hijos también tenían muchos problemas, pero los abrazos eran increíbles. La gente se besaba en una forma extraordinaria, y yo pensé: "¡Ay, qué ganas de estar ahí!". Era importante la ficción para mí cuando era chico. No era broma, era algo verdaderamente atrapante, y yo siempre la sentí como una posibilidad. De hecho empecé a estudiar teatro porque una amiga mía, estando en un campamento, me dijo: "¿Querés estudiar teatro?", "Y... no sé", le dije. "¿Qué se hace en teatro?" Y me respondió: "Por ejemplo: vos me ahorcás y yo me hago la muerta". Me pareció extraordinaria la posibilidad de poder ahorcar, y la posibilidad de hacerse el muerto... sin morirse de verdad.

—¿Cómo hacés para componer en la obra de teatro *Ella en mi cabeza* a ese tipo que está hablando y hablando sin equivocarse una vez, y que parece que en dos minutos se le va la vida, le vuelve, se ríe, llora, se atormenta, quiere matar a la mujer y también a él mismo?

—*Ella en mi cabeza* llegó en un momento muy particular, porque significaba un gran riesgo y un salto sobre mí mismo para hacer ese papel, porque sentía que me iba a ayudar a poner un poco de agua a mi espesura. Yo me considero una persona un poco espesa, densa, y me parecía que hacer esta obra me iba a ayudar. Es que para comunicar la profundidad de la obra sólo se podía hacer con liviandad, que el material mismo pedía. Liviandad que no es superficialidad, sino una liviandad en la comunicación. De manera que, para mí, atravesar *Ella en mi cabeza* fue un gran aprendizaje. Yo generalmente aprendo mucho de mi equivocación. Cuando me ofrecen un papel, a veces me digo: "Dios mío, Julio. A vos es a la última persona a la que habría que preguntarle". Porque a veces estoy a punto de decir que no, como lo estaba por hacer con *Un oso rojo*, cuando llamé a Lita Stantic y le dije: "Pero vos me estás ofendiendo, me estás dando un papel que claramente no es para mí". Tardé mucho en comprender que se trataba de un papel casi escrito para mí.

—Volviendo a *Ella en mi cabeza*, ¿es cierto que dos horas antes de la obra te ponés un botón en la boca y empezás a recitar el texto desde el principio hasta el final?

—Sí, es cierto. El botón te ayuda a articular, obliga a que, como la lengua está inmovilizada, los labios empiecen a colaborar: cuando la lengua se mueve, los labios no colaboran. Pero yo no hago esto porque creo que es una ley, lo hago dado mi temperamento, mi nervio, mi ansiedad, mi tensión y mi densidad. Muchas veces he sentido que en la boca y en la articulación se manifestaba un soldado que, frente a todo ese quilombo, era el que más miedo tenía en la batalla. Entonces he entendido que yo era un soldado al cual debía entrenar de una manera mucho más exigente.

—¿Después de treinta años de ser actor y director te diste cuenta?

—No, desde siempre. Lo que pasa es que es un trabajo que me llevó y me sigue llevando treinta años, porque es mucha la batalla arriba de un escenario que un actor debe librar. Mejor es preparar a todos los soldados como si fueran a tener un enemigo enfrente, al cual habrá que abatir. Aunque después el viaje sea muy placentero, prefiero no confiar. Es como la persona que va en un barco y dice: "¿El matafuegos está?". "Está." "¿Está el salvavidas?" "Está." Todo lo que entienda que tal vez me fuera a ser necesario, porque en medio de la batalla yo te aseguro que... Es decir, hay veces que viene algo inspirado que necesita más velocidad, entonces mejor que la boca esté preparada. Son cuestiones de nuestro oficio. Además, viene nuestro asistente y chequea que estén los objetos, viene el iluminador y chequea que estén las luces, y el actor, ¿qué chequea? A mí me gusta hacer mi trabajo, y ésa es la manera de ocuparme.

—*El custodio* es una película distinta, donde sos el único protagonista. Sin embargo, es un protagonismo que consiste siempre en permanecer en un segundo plano, a la espera de que te requieran, como hacen los custodios en la vida real. ¿Cómo lo compusiste? Es decir: ¿cómo lograste mantenerte en un segundo plano?

—Cuando me enfrento a un papel, me parece que es una estrategia, y digo: "Creo que debo comunicar esto". Consideré que *El custodio* necesitaba una naturaleza que estuviera presente a través de su ausencia. Es decir, que se advirtiera que ahí había una naturaleza humana retirada, como una persona que está y su ocupación es la de estar, pero al mismo tiempo no está. Ocuparse de vigilar, y al mismo tiempo que esa ocupación no pase a primer plano. Nadie lo debía notar. Es una persona que realmente está en un segundo plano, y que entiende que tiene que estar en ese lugar. Su rol estaba bien cumplido si él no molestaba, y cuidaba. No fue fácil esto para mí, porque para conseguirlo había que olvidarse. Frente a cada toma, decía: "No molestes, retirate". Retirar mi ambición, esperar. Su ocupación, mi tarea, era esperar, no molestar. Eso en mi mente producía algo que despertaba mi imaginación en relación con una determinada naturaleza, y también usé como modelo algunos aspectos que tenía mi padre.

—¿Cómo?

—Porque mi padre, si bien era un hombre de un enorme humor y ternura, también tenía amor a la ceremonia. Para mi papá estar sentado en un bar era siempre lo mismo: el pantalón de tal manera, la taza de café levantada junto con el platito y poniéndola de un modo particular, a las cuatro y media de la tarde y con la temperatura justa. Entonces así él sentía que el mundo estaba en orden, o el mundo como él lo percibía. Para mi padre mirar la calle Corrientes, y mirarla a su modo, era mirar la calle Corrientes. A veces yo veía que ni siquiera miraba, era el gusto de pensar: "Estoy mirando la calle Corrientes". Tenía un amor por la ceremonia que a mí me conmovía mucho, y que creo que este personaje de *El custodio* lo tuvo. Pero este personaje no era una persona que estaba bien de la cabeza, aunque era imposible imaginárselo. Porque tenía una estructura psicótica que podría no desencadenar ningún episodio psicótico de por vida, pero también podía llegar a brotarse. Ahí está el nudo de la película.

—¿Cómo te llevás con la fama, con lo que generás en los demás?

—No soy ni me considero una persona famosa. Yo no salgo a la calle y la gente me reconoce, no soy un actor popular. Y dada mi naturaleza me parece que está muy bien que así sea. Me gusta que me halaguen; soy también muy tímido, y muy soberbio. No me considero una persona humilde, sino bastante soberbia. Pero también creo que no soy tonto, y sé que tengo en la "cámara de senadores interna" de todo un poco. A mí me gusta hacer muy bien mi trabajo, porque es mi arma de competencia. Soy hipersensible y, como te dije, muy inhibido. No me siento partícipe de la colonia artística, pero no por "retirarme", sino porque la frase *colonia artística* o farándula no me representa. No voy a un estreno porque me muero de vergüenza, y porque soy muy tímido. Porque tengo en mi haber interno una sensación de "es un estreno" y de "mirá quién está ahí". Por otro lado, soy un amante del oficio del actor, y esas dos cosas juntas a veces no arman un buen matrimonio. En mi experiencia hasta hoy no es un matrimonio muy feliz: amo profundamente nuestro trabajo de la escena, la acción, la ficción, pero soy muy inhibido en lo que es la farándula. Sigo siendo, en ese sentido, un chico sumamente inhibido, por eso a veces no voy a algunos programas: porque me doy cuenta de que no puedo negociar entre mi timidez y mi pensamiento.

—Cuando tenés que llenar un formulario, ¿qué ponés: actor, pintor, artista o astrólogo...?

—Actor. Para mí la pintura es un espacio serio de trabajo, pero no sé si soy un profesional. Sé que el problema de la pintura me lo he tomado muy en serio y estoy metido en él, pero si como actor soy inhibido como pintor ni te puedo explicar. Digamos que en un punto siempre espero que me toquen el timbre y me lleven en cana por impostor. Porque soy un actor que es un impostor, porque soy un pintor que es un impostor, y en un punto pienso: "Acá en cualquier momento me llevan en cana". Pero eso ya tiene que ver con mi cabecita. A la astrología me acerqué porque conocía a una astróloga, a una mujer profesional en la astrología que se llama Olga, y le pregunté dónde podía estudiar astrología. Ella lo hacía en Casa Once, que es un lugar que dirige Eugenio Carutti, un hombre que ha entrado en la astrología por una puerta muy importante. Es un estudioso, un hombre que se ha internado en el lenguaje de la astrología. Me parece que no soy yo la persona encargada de presentarlo como creo que él merece.

—Y tomás clases de filosofía también.

—Bueno, ahí también soy una pequeña ladilla que está metida en el organismo de un hombre que sí se ha colocado en sus espaldas el problema de la filosofía, que se llama Raúl Cerdeiras.

—¿Y para qué lo hacés?

—Para mí es un espacio de lo más humano y autónomo que hay. Me parece que el hecho de que el hombre tenga que responder para qué es la filosofía es una contradicción. Yo puedo entender que una vaca diga para qué me voy a poner a estudiar filosofía, si mi destino es hacer "mu" y nada más que "mu". Pero, con nosotros, los hombres... Este espacio que tenemos es el de un grupo que hace diez años intenta que este hombre, que sí está en relación con el pensamiento y la filosofía, nos ayude un poquito a entender qué es esto de pensar.

—Dijiste, un poco en broma y un poco en serio, que cuando sabías que se terminaba el amor te ponías frente a la biblioteca a elegir los libros que te iban a tocar en suerte en los próximos días, porque te iba a quedar mucho tiempo. ¿Es cierto?

—Es que no confío en una persona espontánea. A veces me gustaría ser más espontáneo, entregado, pero yo veo el aspecto mío que ama y el que puede dejar de amar. Es una decisión amar.

—No tiene nada que ver ni con la química, ni con la primera vista, ni con...

—Sí, eso es algo muy importante, pero después hay un ejercicio que no tiene que ver ni con la química ni con la primera vista. Una vez leí un libro de Jean Guitton que decía que el amor primero es el amor, después es el trabajo, y después es el amor. Y a mí me ha pasado mucho eso, pero sobre todo con mi profesión. Primero fue el encuentro con el trabajo de actor, que es muy arduo, y ahora es el amor pero no como aquel de cuando tenía diecisiete años, sino que es otro tipo de amor, que conlleva en su interior un esfuerzo, un acto de fe, de decisión. Al amor lo considero así. Considero que casi todo lo humano es un acto de ficción y conlleva fe.

—¿El personaje de *Ella en mi cabeza* tiene algo de Julio Chávez, aunque no se pueda tocar ni una coma del texto de Oscar Martínez?

—Es inevitable, está atravesado por mi naturaleza también, y mi naturaleza tiene la capacidad o la posibilidad de articularse gracias al rol. Pero bueno, ése es mi trabajo de actor, es lo hermoso que tiene esta profesión. Es poder unirte a una experiencia humana, abrirte y poder correrte un poco de vos y prestar tu instrumento a otras posibilidades, lo mismo que el lenguaje. Por suerte tengo el lenguaje social, de la vida, y por suerte tengo mi rol. Sería espantoso terminar una película y no saber adónde volver. Yo vuelvo a mi casa y soy Julio.

—¿Te sacás todo de encima?

—Sí, bueno, lógicamente hay una parte mía que está un poco ocupada o tomada, porque hay algo que está trabajando.

—¿Es cierto que cada tanto llamás a tu casa paterna para ver si encontrás a los fantasmas que la habitan?

—No, porque me gusta escuchar que en ese lugar hay alguien

que está vivo. Es la casa en la que yo viví hasta los diecisiete años. Llamo para escuchar la voz.

—¿Y por qué cortás?

—Porque supongo que no llamo para hablar. Sólo para escuchar una voz humana en ese espacio. No podría decir nada, además estamos en una época complicada. "Mirá, yo vivía ahí..." "No, a mí el cuento del gasista no me lo hacés." Y te cuelgan. Muchas veces pienso que sólo me gustaría decirles que si en algún momento esa casa se pusiera en venta, que me avisaran. Porque si yo pudiese, a mí me gustaría comprarla.

—Esas personas deben saber que vos viviste ahí.

—No sé, la verdad es que no sé. Son fantasías, y no importa si las cumplo o no. Para mí, como para todos, la casa, la casa de uno, la casa donde nacimos, donde vivimos, es muy importante. Pero sí, es una particularidad llamar... me conmueve mucho.

—Una vez, en una charla con Norman Briski, él decía que si el asesino de Lincoln hubiese trabajado de actor, probablemente no hubiese matado a Lincoln. ¿Vos sentís eso también?

—Mirá, no voy a especificarlo en el caso del asesino de Lincoln, porque no lo conozco y no lo sé. Pero sí me parece un buen ejemplo de que la experiencia humana es mucho más grande que la posibilidad que permite lo social.

—¿Cómo es eso?

—Las personas tienen una subjetividad y una cultura de lenguajes internos. Yo veo todo el tiempo humanos, y digo: "Dios mío, tanto en su interior y tan pequeño el espacio en donde se puede articular lo humano". Digamos, la subjetividad. Ves una mesa, cuatro personas, vienen de ver una película. Lo que cada uno vio en esa película es infinito, pero lamentablemente hay que estar de acuerdo en una mesa de a cuatro. En definitiva, y a lo sumo, termina hablando uno y haciendo su exposición, y los otros escuchando el viaje que se mandó el otro. Entonces, hay tanta subjetividad... A mí me parece perfecto ir al cine y charlar, pero yo hablo desde una actitud retirada y digo: "Dios mío, todo lo que pasa ahí adentro, y qué fortaleza de decisión es vivir socialmente. ¿Es cierto que el hombre es social?".

—¿Te lo preguntás porque vos no sos social?

—Para mí sí, pero te voy a explicar: a esta altura del partido ya no me creo eso de mí mismo. No tengo esa razón frente a la expresión del otro. Yo trabajo casi todas las noches con muchos alumnos, amo dar clase, leo mucho, estoy en contacto con muchos humanos, y durante mucho tiempo.

—No sos un ser antisocial, ni fóbico.

—No, porque yo siento que me puedo abrir en cierto aspecto frente al otro.

—Pero no te gusta ir a bailar.

—No, no me gusta ni vacacionar.

—¿No te gusta irte de vacaciones? ¿Con qué disfrutás?

—La otra vez estaba leyendo, terminando de leer *La peste*, y pensaba para mí mismo: "¿Qué vacaciones? Si me estoy haciendo un viaje infernal, ¿adónde voy a querer ir?". Las vacaciones, frente a la lectura de semejante libro, hasta me parecen intrascendentes.

—¿Qué película u obra de teatro te cambió la vida, de las que hayas hecho?

—No, cambiar la vida no, pero tomé una decisión muy fuerte en mi vida cuando Luis Agustoni casi me echa del conservatorio por persona intratable. Y tenía razón.

—¿Por competitivo?

—Por desastre de persona, vergonzosamente expuesto en su competencia.

—¿"Vergonzosamente expuesto en su competencia"?

—Sí, pero muy ingenuo. Luis Agustoni, a fin del primer año de conservatorio en 1974, me dijo: "O cambiás y dejás de pelearte con tus compañeros para demostrar quién es mejor, o no volvés". La decisión de volver fue muy importante, porque yo entendía que él me decía que sobre un aspecto de mi naturaleza iba a tener que operar, y que era una responsabilidad mía. De manera que se lo voy a agradecer eternamente, porque me hizo muy bien llegar a esa decisión. En ese momento decidí tomar las riendas de mi naturaleza e intentar hacer algo con eso.

—¿Qué te queda por hacer, Julio?

—Infinidad de cosas. Te diría que todo lo futuro me queda por hacer.

—¿Pero hay algo en particular?

—No, yo no funciono así. Nunca dije: "Voy a hacer tal obra". Lo que venga, voy a encontrar un espacio de aprendizaje. No soy un actor que diga: "Me falta esto". No, me falta todo.

—Dentro de poco cumplís cincuenta años. ¿Un número *karmático*?

—Asqueroso, no lo puedo ni escuchar, ni me puedo hacer cargo. Me impresiona el sonido "cincuenta años". Me impresiona el sonido. Deseo profundamente crecer y seguir, no quiero retener nada, pertenezco a una generación en la que pensar en crecer era una esperanza. Porque uno decía: "Epa, es para los setenta años". "Epa, hay que tener setenta y nueve." Yo mantengo eso, y soy un luchador incansable de algo que siento que todos vemos que está acá y que está en el lenguaje. Y yo me cuido mucho en el lenguaje. La palabra "grande" es de esas palabras... "Bueno, che, pero ese tipo ya es grande." La edad no es en sí misma una virtud o un defecto: la edad es una circunstancia, y me parece que como todos vamos hacia allí, digo: "Ojo, porque estamos labrando nuestro futuro". Y hoy quiero preservar mis sesenta, mis setenta y mis ochenta años. Si Dios quiere, poder llegar y preservarlos.

—¿Cómo te imaginás tus próximos cincuenta años?

—¿Cincuenta? Te agradezco en el alma. Los que haya. Mirá, no sé qué se va a mantener de mi cuerpo. No sé qué pueda pasar con mi cabecita, no sé qué va a pasar con mi estado físico. Todo va a depender mucho de eso. No lo sé. Trabajo esperanzadamente para que mi cuerpo vaya a funcionar bien, y si sigue todo así, voy a ser un lindo arrugado. Y si mi cuerpo no está bien, ahí sí voy a tener problemas porque no me creo una persona muy capacitada para soportar el dolor, no lo tengo en mi imaginación. Tampoco creía que podía llegar a hacer *Un oso rojo*, quizá diga: "¿Viste, Julio, que aguantaste?". No lo sé, pero hoy te diría que no me siento una persona con capacidad de aguantar mucho dolor.

—Dijiste que eras muy miedoso y que salías de ese miedo con mucho coraje.

—Sí, es así. No solamente yo, creo que es una característica propia del actor. Estar aterrorizado, entregarte y decir: "Dios mío, me encomiendo a vos, hacé conmigo lo que quieras". Y a los cinco minutos te estás preguntando: "¿Qué le está haciendo a la función, qué es esta barbaridad?". Me siento muy agradecido por haber tenido un encuentro en mi vida con una profesión que, en un punto, está haciendo de mí lo mejor que me podía imaginar. Y que también me conecta con el otro en lo que más me gusta conectarme. Eso me produce felicidad, aunque algunas veces menos que otras. Pero sin lugar a dudas es vital para mí.

SEÑAS PARTICULARES:
*"Debería llamarme Julio Miedo"*

—¿Qué es lo que más te gusta de la vida?

—Saber que tengo un tiempo, horas, tres, cuatro, cinco horas para hacer todo lo que creo que puedo llegar a hacer en ese tiempo y que me gusta hacer, que es generalmente a lo que me dedico.

—¿Qué te hace reír?

—Muchas expresiones de nosotros los humanos, sobre todo si no se dan cuenta de que estoy mirando. Expresiones, actitudes, maneras de relacionarse, una persona que se cae. En general, me hace reír mucho eso.

—¿Qué te hace llorar?

—Lo mismo. Me pueden resultar profundamente conmovedoras esas pequeñas actitudes de los humanos que denotan, sobre todo, fragilidad y mucha vulnerabilidad.

—¿Qué te enoja?

—Me enoja mucho cuando advierto el peligro: frente a un pez que se cree más gordo que yo y que me va a hacer daño, eso me puede producir mucho enojo. Y el desprecio: soy muy sensible a esas expresiones de nosotros, los humanos.

—¿Qué te da miedo?

—Todo. Un reportaje, un taxi que va rápido, un avión, una calle oscura, el destino, la muerte. Debería llamarme *Julio Miedo*, porque soy una persona sumamente miedosa.

—¿Qué te puede?

—Confieso que me puede la pizza. Pueden desaparecer la torta, los bombones, cerrar todas las heladerías. Para mí no sería un problema. Pero la pizza es un problema grave. También el cigarrillo me puede, lamentablemente. Es algo que lo tengo asociado a la vida de una manera absoluta, aunque tenga una calavera y te pongan todo eso. Lo sé y estoy de acuerdo pero, a mí, me puede.

—¿Qué cambiarías de vos?
—Mi relación con el tiempo. Es sumamente traumática. Si me tengo que tomar un avión y sale a las siete de la tarde, llego a las tres y media. En el espacio que tengo, hasta subir al avión, me pregunto todo el tiempo qué es vivir, porque me doy cuenta de que eso no debe ser. Eso me pone un poco loco, mi obsesión con el tiempo y con llegar y con que esté todo. La idea de perder un avión, un tren, eso me pone un poco loco.

—¿Con qué figuras te volverías cholulo?
—No me volvería: soy cholulo. Empezando por la señora Mirtha Legrand y terminando con Noemí Alan. Soy fundamentalmente una persona cholula.

—¿Qué te gusta de vos?
—Mi habilidad de negociar entre el mundo y mi subjetividad.

—¿Y qué odiás?
—Mi cerrazón.

—¿Qué te sigue resultando un misterio?
—La existencia y la humanidad. La pregunta *¿qué es ser humano?* es la gran pregunta.

—¿Quién te puso Julio Chávez?
—Cuando hice mi primera película, que se llamó *No toquen a la nena*, (Juan José) Jusid me dijo que me tenía que cambiar el apellido, porque Hirsch, el verdadero, era muy complejo. Y me dijo: "Julio Hirsch es muy complejo acá: ponete otro apellido". Y dije: "Bueno, el de mi mamá: Jabes". "¿Julio Jabes? Mmmm, tiene mucha jota." ¡Mirá quién me lo decía, el hombre de las tres jotas, Claro, Juan José Jusid. Al final, cansado, le dije: "Bueno, no sé... lo más parecido a Jabes me parece Chávez". "¿Chávez? Ése está bueno." Justo venía una periodista y me presentó: "Te presento a un actor que va a dar que hablar. Se llama Julio Chávez". Nunca más me llamé de otra manera.

—¿Podrías dejar un mensaje para ser visto en el año 2050?

—Primero: lamento en el alma ya no estar, no me quiero imaginar cómo desaparecí y lo que me habré resistido. Así que, ante todo, mis más grandes condolencias acerca de mi desaparición. Después, una frase que está escrita en el pizarrón de un hombre que existió también, que se llamaba Raúl Cerdeiras, a quien yo admiro mucho, que dice: "No sabía que era imposible, fue y lo hizo". De manera que yo espero que en el año 2050 sean muchos los que tengan coraje de seguir buscando aquello que se cree imposible, y que la ignorancia siga haciendo un camino posible para lo humano.

# Sexta parte

# No se manchan

Darío Grandinetti, Adrián Paenza, Gastón Pauls y León Gieco tienen algo en común: defienden sus ideas y sus posiciones hasta el final. No transan. Pueden estar más o menos equivocados, pero no traicionan sus convicciones por nada ni por nadie.

Quizá muchos no lo recuerden, pero Darío se fue del unitario *Los machos* porque no aceptó los argumentos con que le bajaron el sueldo, y fue dado de baja de la tira juvenil *Chiquititas*, entre otras cosas, porque no aceptó hacer una escena con el chivo de una gaseosa.

Adrián dejó de trabajar en *Fútbol de Primera* después de que desobedeció la orden de no darle derecho a réplica al Cabezón Oscar Ruggeri. El entonces jugador de San Lorenzo había criticado a un personaje parlante, Hueso, quien lo había acusado subrepticiamente de hacer negocios sucios con el fútbol.

Gastón dejó sentado que no fue su intención trabajar en Canal 9, aunque la productora que lo contrató, encabezada por Dolores Fonzi, no tuvo otro remedio que negociar con ese canal para poner en el aire el programa *Soy tu fan*, que lo tenía como protagonista.

Y León sostuvo con dignidad su defensa de Callejeros y de Romina Tejerina. Ambos fueron incluidos en el último disco del cantautor. La banda ha sido responsabilizada por la tragedia de Cromagnon. Romina es la chica que fue abusada y que mató a su bebé, en el medio de una crisis que no puede superar, porque está en la cárcel purgando por su destino.

Hace un par de años, un oyente de la radio en la que trabajaba puso en tela de juicio la coherencia de Gieco, después de escuchar un tema seguido de un elogio. Una linda versión de "En el país de la libertad", la primera canción que escribió, estaba siendo utilizada por Telefónica para promocionar su servicio. "¿Cuánto habrá cobrado León Gieco para darle esa canción a Telefónica?", se preguntó con desconfianza aquella persona.

La respuesta es nada: así como recibió el cheque, lo donó al Hospital Garrahan para comprar un aparato que contribuyó a salvarles la vida a decenas de chicos.

# Darío Grandinetti

# "Algunos medios han sido muy crueles conmigo"

AUTORRETRATO:
*"Soy Darío Grandinetti, actor. Cumplí veinte años, y soy oriundo del principado de Rosario"*

Hay algo que sabemos de memoria todos los periodistas: Darío Grandinetti no da notas. Hacerle un reportaje es tan difícil como entrevistar a Sandro, Fidel Castro o —últimamente— al propio presidente Néstor Kirchner. Las razones también son conocidas: no soporta a los colegas que viven de los chimentos, no respeta a los advenedizos que le ponen un micrófono con absoluta ignorancia sobre su carrera o sus proyectos y, por encima de todo, vive feliz sin hablar con la prensa.

¿Por qué aceptó entonces la invitación de *Hemisferio Derecho*?

Primero: porque Deborah Gornitz le insistió más allá de lo que puede soportar cualquier ser humano.

Segundo: porque tenemos amigos en común, como Miguel Ángel Solá, Juan Leyrado y el director de cine Alberto Lecchi (y eso, para nuestra generación, es considerado algo serio).

Tercero: porque supo, desde siempre, que los asuntos de las revistas del corazón no iban a estar presentes en nuestro diálogo.

Mientras charlábamos frente a las cámaras, nos dimos el gusto de hacer algo que se hace mejor con amigos y con tiempo: tomar unos buenos mates.

Estaban ricos. Pero debo denunciar ahora, porque es la pura verdad, que Darío me cebó uno por cada tres que se sirvió él. (Y eso que lo miré con insistencia para que se diera cuenta de lo poco generoso que estaba siendo.)

De cualquier manera, hay cosas que estuvieron mejor todavía: la conversación, sus definiciones, y su impresionante sinceridad.

—¿Cómo es eso de que tenés veinte años?

—No, no los tengo. Yo sólo dije que cumplí veinte años y es cierto. Cumplí veinte, veintiuno, veintidós... y ahora tengo cuarenta y seis.

—¿Los llevás bien?

—Sí, los llevo bien. Creo que me pegó un poco más cuando cumplí treinta. Ahí sí sentí que era grande, que ya era un hombre.

—¿Y ahora?

—Ahora siento que soy un pelotudo. (Risas.) No. En serio. No se me da por sentirme viejo, al contrario, siento que sigo siendo joven.

—¿Cuándo sentiste que eras Darío Grandinetti, actor?

—Cuando llegué a Buenos Aires tenía la ilusión de convertirme en alguien que pudiera vivir de este trabajo, de este oficio. Al principio me costó adaptarme porque esos años en Rosario los alternaba mucho con Las Rosas, una ciudad de la provincia de Santa Fe, y me había acostumbrado a ese ritmo pueblerino. Entonces venir a Buenos Aires era un cambio fuerte. Recuerdo que estuve dos horas sentado en la cama de la habitación de la pensión, con la valija sin abrir, y al final lo asumí. Tuve suerte, porque enseguida me ayudaron en la adaptación las personas con las que empecé a trabajar: Ana María Campoy, Pepe, Pepito, Raúl Taibo.

—¿Y ahí dijiste: "Soy actor"?

—Es que yo venía de Rosario para trabajar, me pagaban, y trabajaba todos los días. Eso también era alucinante para mí: hacer teatro de martes a domingo, cosa que ya no se estila. Sé que todavía no te contesté, pero la verdad es que no sé cuándo.

—Cuando te viste en la pantalla haciendo *Hable con ella*, ¿sentiste la trascendencia de ser un actor internacional?

—Cuando supe que iba a hacer la película de (Pedro) Almodóvar yo tenía que ocuparme de actuar, no de pensar si iba a cambiarme la vida. Y cuando la vi sentí que formaba parte de un hecho artístico muy importante, y que seguramente en algunos aspectos me iba a cambiar la vida. Y así fue. Cuando hice *El lado oscuro del corazón*, con esa soberbia de los treinta años, sentí que no le tenía miedo a nada. Pero si después de hacerla me decían que iba a trabajar con Almodóvar hubiese respondido que no, que no estaba preparado para tanto. Ni siquiera sé si a los treinta y cinco años hubiese estado para filmar con él, por eso creo que me llegó en el momento justo.

—¿Pensás que tenés algo del personaje de Oliverio, en *El lado oscuro del corazón*?

—Algunas cosas debo tener. Por lo pronto, la afinidad con la poesía y la relación con la soledad.

—¿Cierta relación con la soledad?

—Sí, cierto disfrute con la soledad. Ahora que viajo y estoy solo mucho tiempo, puedo disfrutar caminando por las calles a la hora que quiero y por los lugares que quiero. Cuando vi la película por primera vez encontré que había cosas que no sé si estaban en el guión, si yo las quería así o no, pero me parecía que tenían que ver con algunas cuestiones mías.

—En el Oliverio que no se resigna a soñar y a vivir un amor como tiene que ser, ¿se puede descubrir a Darío Grandinetti?

—Sí, en el sentido de no claudicar. Eso me gustaba mucho de Oliverio, y por eso también me gustó hacer la segunda parte, diez años después, porque significaba reencontrarme con ese tipo que tenía los mismos principios. La pasé muy bien haciendo esa película.

—¿Qué es lo que te hace elegir un trabajo?

—La historia que se va a contar. La historia se cuenta con el guión y los actores, y a mí me gusta el cine con actores: estoy a favor de la profesionalización. Tengo una teoría sobre el cine sin actores, creo saber a qué responde eso: a abaratar costos, a no tener el conocimiento y la capacidad para enfrentar el cuestionamiento de un actor, a no saber cómo explicarle a un actor lo que se quiere y por qué. Además el ego de que la película es del director. Es decir, una película con Darín es la película de Darín. Digo esto porque yo escucho y leo que la quieren disfrazar diciendo que buscan lograr una naturalidad que el actor no tiene, o que no quieren que actúe. Es mentira, ¿cómo que no actúan? ¿No les hacen decir un texto, o relacionarse con un animal o una persona? Hacerles tener un comportamiento que no es el suyo es hacerlos actuar. El problema es que no saben lo que es, y como no saben, y saben que no saben, no pueden enfrentarse a un actor que les cuestione y les pregunte: "¿Por qué?".

—¿Elegís por el guión?

—Por la historia; tiene que ser una historia ideal para mí. Creo que el cine es una herramienta demasiado importante como para malgastarla haciendo pavadas. Eso es lo que pienso.

—¿Por eso no trabajás en televisión?

—En este momento no trabajo porque puedo no hacerlo. De todos modos los actores, en general, hacemos lo que podemos, no lo que queremos. Yo últimamente estoy eligiendo el cine que hago, pero sé que mañana probablemente tenga que hacer en televisión algo que no me guste. A los actores en general no nos gusta hacer televisión porque la televisión no tiene que ver con el hecho creativo.

—¿Y cuando hiciste *Los machos*?

—*Los machos* fue una comedia que dio muy buen resultado, pero de ahí a pensar que representábamos la problemática de cuatro tipos en relación con las mujeres, es mentira. Con el cine hay tiempo para desarrollar los temas de otra manera. *Los machos* era una sátira de cuatro tipos que se juntaban, y parecía que de lo único que se habla cuando se juntan cuatro tipos es de minas. Y no es así. No se hablaba de fútbol ni de política. Bueno, los autores habían elegido contar esa historia, y me parece bien.

—¿Te acordás del lío que armaste en *Los machos* al rechazar la baja de salarios?

—Sí, de hecho no trabajé nunca más en ese canal. Es que primero tenía un contrato firmado, me podía haber quedado y haber exigido los dos meses que me faltaban. Pero preferí irme porque sabía que las cosas en esos dos meses iban a ser diferentes, y porque además el conflicto no era con el programa. Como el canal se había gastado la guita con otras emisiones que no andaban bien, terminamos pagándolo nosotros. Y yo sé que había otra gente a la que no le bajaron el sueldo. Creo que Claudio García Satur tampoco aceptó.

—¿Hiciste *Chiquititas* porque te lo pidió tu hija?

—Mis hijos estaban encantados con que yo hiciera *Chiquititas*. Pero no, lo hice porque necesitaba trabajar.

—¿Sabés que mucha gente miraba el programa porque estabas vos?

—No, no creo eso. Pero si fue así no lo tuvieron en cuenta, porque me echaron sin ningún problema. El año siguiente no lo hice, y creo que fue porque me negué a interpretar una escena con botellas de gaseosa alrededor.

—¿Te acordás de *Apasionada,* con Susú Pecoraro?

—Sí, una telenovela producida por Televisa donde me hicieron poner una peluca. Pero no sólo eso: la peluca fue después de un intento de ponerme extensiones. Un disparate, al que yo accedí. Era una cosa patética. Después apareció Jorge Turano, que me trajo un *gato* extraordinario. En una época, aunque ya era pelado, tenía una coleta que un día me saqué y guardé. Y con esa coleta me hicieron otro *gato*, así que tenía dos. Después lo usé en una película que filmé en Bolivia.

—¿Te importó cuando te empezaste a quedar sin pelo?

—Me preocupó al principio, pero le preocupó más a mi entorno. Incluso los compañeros en el medio me preguntaban qué iba a hacer, me ofrecían alternativas. En una época tomaba unas pastillas que me había mandado Olga Zubarry, hasta que un día dije basta y me pasé la máquina.

—Dejaste de preocuparte por la mirada de los otros.

—Exactamente, y tiene que ver con una cuestión moral, con la aceptación moral que uno necesita. Una cosa es la exposición y otra cosa es que la mirada del otro opere en uno hasta el punto de condicionarte, o que te preocupe más la opinión de ese otro que lo que vos realmente tenés ganas de hacer. De todos modos, ahora estoy bastante mejor con eso.

—¿A qué creés que se debe que tu relación con los medios sea complicada?

—A mí lo que me pasó es que quise dejar de sentirme cómplice. Es decir, como no iba a poder evitar que se metieran conmigo, dije: "Bueno, por lo menos no voy a ser cómplice". Entonces no di más entrevistas a esos medios, porque tampoco me interesaba de lo que hablaban. Soy un actor, y no se habla de actuación. Hablan de lo que tienen ganas de hablar pero no de mi trabajo. No soy un hombre público: públicas son las veredas y las plazas, y yo no tengo por qué andar ventilando mi vida. Si vienen a hacerme una entrevista relacionada con mi trabajo, yo acepto. De todos modos, hay medios con los que no quiero hablar de nada porque han sido muy crueles, y porque no me aportan nada. ¿Cuál es mi responsabilidad frente a los medios? Informarle a la gente qué es lo que estoy haciendo, nada más. Si para hablar de un trabajo que estoy haciendo, para lograr que la gente venga a verme al teatro, tengo que ventilar o invitar a la prensa a mi casamiento, me quedo en Rosario y me dedico a otra cosa.

—¿No te molesta que te digan "amargo"?
—¿Qué van a decir, que tengo razón? Ellos tienen que justificar por qué no les doy una nota cuando todo el mundo accede: porque soy un amargo.

—Cuando estuviste haciendo la gira de *Hable con ella*, pasaste mucho tiempo con Caetano Veloso, Rosario Flores y Pedro Almodóvar, ¿lo disfrutaste?
—Muchísimo. Se presentaba la película en Nueva York, en el Lincoln Center, y estábamos en el camarín, en los pasillos, los cinco actores: Javier (Cámara), Rosario Flores, Geraldine Chaplin, Leonor Watling y Caetano (Veloso). ¡Qué bárbaro! De Rosario al Lincoln Center. Y estábamos mirando en un televisor esperando que Pedro presentara la película para subir al escenario cuando Rosario prendió un cigarrillo y un guardia le dijo que lo apagara. Casi se nos arma un quilombo bárbaro. Y en eso Javier empezó a tararear *Mi cocodrilo verde*, y Caetano se le sumó y comenzó a cantarla para todos nosotros. Y la canción termina con "las gaviotas anidan en tu litoral", entonces él dijo: "Qué frase tonta". Y nosotros no lo podíamos creer. Esa misma noche, después del estreno, nos íbamos en una limusina y Pedro, a propósito, vino y me dijo: "Darío, tenemos que llevarla a Jessica Lange, ¿no te jode que la subamos?". Son cosas que no te van a suceder nunca más.

—¿Hay alguna película que quisieras filmar o un trabajo que quisieras hacer, o que pudiste haber hecho y no te animaste?
—Tuve dos ofertas que me hubiera gustado hacer, en particular una sobre el Che Guevara, pero pedí un tiempo que no me dieron para prepararme. En realidad me lo ofrecieron y el guión todavía no estaba terminado, pero tenían fecha de estreno y querían hacerlo ya. ¿Pero cómo iba a empezar a filmar en un mes cuando todavía faltaba medio guión que escribir y yo tengo que, además de terminar de leer el guión, aprender a hablar de la manera que hablaba el Che, aprender a usar las armas? Es que querían estrenarla el día en que se cumplían los veinte años de la muerte: querían

aprovechar el aniversario para vender llaveritos. Claro, porque después soy yo el que pone la cara.

—¿Qué película fue la que más disfrutaste en toda tu carrera?
—*Hable con ella*; es curioso, pero la filmé con mucha tranquilidad. Aunque también siendo absolutamente consciente del lugar en el que estaba, de lo privilegiado que era.

—Recién me contabas que en *Hable con ella* te maravilló cómo Almodóvar podía contar la historia de un enfermero que violaba a una mujer en estado vegetativo.
—Es que si uno cuenta la historia así, dice: "Yo no veo esa película ni loco". No sólo la filma, sino que logra que la gente no condene al enfermero. Pedro contó que él quería que se llamara *El hombre que llora*, porque una de las imágenes que le dispararon esa historia fue un tipo llorando. Después la historia derivó en otras cosas, pero te cuento esto porque habla del sentido de la sensibilidad con que un tipo como él retrata un mundo tan masculino, ¿no? Digamos, la idea era un tipo, un hombre, masculino, heterosexual, llorando, y todo lo que podía disparar esa imagen.

—¿Cuándo llorás?
—En la vida me cuesta mucho llorar; lloro más de emoción que de dolor. Sí, me emociono y lagrimeo.

—¿Por qué?
—Porque hay que ser macho y aguantársela... No. Es un chiste. Todavía no sé.

—¿Te acordás de *Yepeto*?
—Sí... Es más, algún día voy a hacerla, para ser *Yepeto*. Hace poco me la ofrecieron en Madrid, para hacer el personaje del profesor, pero me parece que todavía me faltan diez años.

—¿Ése fue otro momento fuerte en tu vida?
—Sí, ése puede ser un momento en el que haya sentido algo especial. Pero en realidad fue antes, cuando me llamó (David) Stivel para hacer teatro con el Beto Brandoni, Julio De Grazia y Martha Bianchi. Ahí dije: "¡A la mierda!". Fue en *Papi*, con la vuelta de la democracia. Después con *Yepeto* también sentí que fue una prueba, que me podía bancar a un monstruo como Ulises Dumont todos los días arriba de un escenario. Siempre había un momento en esa obra en el que me quedaba embobado viendo alguna cosa

que hacía él. Tengo un recuerdo bárbaro de eso, además de la fantástica experiencia de vida.

—¿No pensás que en la Argentina tipos como vos, como Ulises Dumont, como Oscar Martínez deberían estar, además de tranquilos económicamente, haciendo una película cada tres años y que todos nosotros les rindiéramos homenaje todo el tiempo?

—No sé, en este país en donde todavía existen todos los problemas que existen, no sería lógico. Sí sería lógico que el Estado tuviera una participación más activa en cuanto a lo cultural, que tuviera en cuenta que a la cultura no se le puede pedir rédito económico, como tampoco se le puede pedir a la educación o a la salud.

—Darío, ¿cómo te imaginás tu vida profesional de acá a unos cuantos años?

—Mi expectativa era poder vivir de mi trabajo, y sigue siendo la misma. Con la posibilidad de crecer, además, como actor y como persona. Algunos trabajos te ayudan a comprenderte mejor, pero en la medida en que no crezcas como persona, como ser humano, es muy difícil que puedas ser un mejor actor.

—¿Y estás bien con eso?
—Sí, intento crecer. Estoy bien, la verdad que sí.


SEÑAS PARTICULARES:
*"Me hubiera gustado ser poeta o futbolista"*
_____

—¿Qué amás de lo cotidiano?
—El mate amargo de la mañana, hacer asados y, cuando puedo, llevar a mis hijos al colegio e ir a buscarlos.

—¿Qué odiás?
—El despertador y algunas cosas que pasan con el tránsito. Por ejemplo, que el que va a entrar a la rotonda no sepa que el que tiene prioridad es el que viene por ella; que los taxistas cuando no tienen pasajeros vayan a dos por hora, y cuando van con gente te pasen por arriba. ¡Ah!, y que los colectivos siempre vayan con el guiño puesto, amenazando que van a doblar para la izquierda y no doblan nunca. Se sabe: es para tener los dos carriles.

—¿Qué te hace reír?

—El gordo (Alfredo) Casero me hace reír mucho. Mis hijos... También *Todo por dos pesos* me hacía reír mucho.

—¿Qué te hace llorar?

—Mis hijos, algunos amigos, y algunas películas.

—¿Qué hacés en tu tiempo libre?

—Yo puedo no hacer nada, sin ningún problema. Pero puede ser escuchar música, tomarme una caipirinha, ahora que aprendí a hacerla, y un fulbito.

—¿Qué te hubiera gustado ser?

—Jugador de fútbol, poeta, y músico, cantautor.

—¿Qué asuntos te resultan un misterio?

—Que la única forma de curar una gripe sea estar tres días en la cama, que todavía nadie haya descubierto algo para que no se caiga el pelo, y la televisión: cómo es que uno está, y sale por ahí.

—¿Qué te gusta de una mujer?

—Las manos, la mirada, el sentido del humor. Y que sea gauchita. El otro día le escuché una cosa a Gabriel Schultz: "Todas las mujeres que en una primera cita toman cerveza son gauchitas". Me parece una síntesis fatal, no hace falta aclarar nada.

—Elegí tres películas que valgan la pena de verdad.

—Cualquiera de (Emir) Kusturica, *Tiempo de revancha*, y *El padrino*.

—¿Tres cosas para arrepentirte?

—Cierta radicalidad que tengo, de qué manera influye en mí la mirada del otro y un montón de errores que he cometido, y que no voy a detallar ahora.

—¿Algo que te gustaría ser y no sos?

—Un poco más tolerante con algunas cosas.

—¿Qué te gusta de vos?

—La frontalidad, la honestidad, y un grado de compromiso que creo tener.

—¿Tres manías?

—Una manera que tengo de acordonarme los zapatos, afeitarme en la ducha y una manera de preparar el mate, al estilo uruguayo.

—Dejá tu mensaje para el año 2050.

—A mis hijos les quiero hablar. Decirles que todo lo que hice fue pensando en ellos, para ayudarlos a crecer bien y mejor. Y que incluso aquello que pudiera haberles causado dolor fue sin la menor intención de que sufrieran, al contrario. De todo lo que hice, de lo único que jamás me podría arrepentir es de haber sido padre.

# Adrián Paenza

# "Soy una duda"

AUTORRETRATO:
*"No creo que me pueda definir porque no alcanzaría el tiempo del programa, y porque no podría sentarme y hablar sobre mí mismo. Primero porque sería una arrogancia infinita, segundo porque dudaría todo el tiempo, y tercero porque no tendría claro qué decir, qué elegir. ¿Cómo podría sentarme y definirme en un ratito? Uno es tantas cosas, tan diferentes, tanto tiempo... Yo pienso cosas y mientras las estoy diciendo ya no estoy de acuerdo con lo que dije. ¿Cómo podría simultáneamente definir qué soy? Soy una duda. Soy una persona muy curiosa, que tiene ganas de dudar siempre de lo que pasa. No me puedo definir"*

Adrián es, además de un prestigioso periodista y un profesor inolvidable, una excelente persona. Y por eso se encargó de recordarme, más de una vez, en privado y en público, lo mucho que había disfrutado de este diálogo y los elogiosos comentarios que había recibido después de nuestro encuentro.

—¿Cómo podría retribuirte algo de ese lindo momento que pasamos? —me preguntó meses después, en el medio de otra nota que le hice para mi programa de radio con motivo del lanzamiento de la segunda temporada en Telefé de su programa *Científicos industria nacional*.

—Firmame la autorización para publicar el reportaje en el libro que estamos preparando con las mejores entrevistas, y quedamos a mano —le dije, en broma, porque sabía que Fernando Lema, el encargado de la primera corrección de los diálogos en el papel, lo estaba llamando a su casa de Chicago para lograr ese permiso.

Entonces Adrián, a mitad de camino del juego y la solemnidad, declaró algo así como:

—En este humilde acto público te autorizo a que publiques todo lo que hablamos aquella tarde.

Y días después, como es un perfeccionista, me pidió la entrevista para corregir cualquier error involuntario.


—¿Fuiste un niño prodigio?

—Fui un niño privilegiado, no un niño prodigio. Creo que todas las personas nacemos con alguna facilidad, alguna destreza, con algún gusto por algo. Lo que pasa es que todo depende de las oportunidades que uno tenga de poder descubrir que las tiene. Yo nací en un hogar de clase media donde mis padres nos dieron, a mi hermana y a mí, unas posibilidades increíbles para poder elegir. Cuando tenés arriba de la mesa un menú de posibilidades tan amplio, es muy posible que algo te guste. Mis padres me estimulaban mucho, y yo creo que eso es esencial. ¿Cómo sabemos que no hay un Picasso en potencia en este momento limpiando un parabrisas en la esquina? Entonces, frente a eso, no me considero prodigio. A mí me costaba todo mucho, terminaba antes pero no tenía noción de lo que hacía. Yo qué sé. A mí me hicieron dar primero inferior libre...

—¿Por qué?

—Supongo que me habrán llevado mis viejos, no lo recuerdo. Tenía cinco años. Ellos creerían que yo sabría las cosas que me iban a enseñar. Mis viejos me ayudaron porque querían que yo entrara al Colegio Nacional de Buenos Aires, aunque después no me dejaron entrar porque tenía once años. Como me había preparado para eso cursé sexto grado, que en ese momento era como hoy séptimo, pero estudié todas las materias de primer año y rendí todo primero libre. Tenía todos los estímulos que necesitaba en mi casa, era todo muy natural. Igual me costaba mucho trabajo. Y mientras estaba cursando quinto año mis viejos me dijeron que por qué no trataba de averiguar si podía hacer el ingreso, que es lo que hoy sería el CBC. Iba a la mañana al colegio, y por la noche iba a hacer el curso de ingreso, que aprobé. Empecé la facultad con catorce años, pero también tenía todas las conexiones naturales. Todo eso a mí me quedó muy claro: fue el privilegio de poder tener la chance de elegir.

—¿Qué profesión ponés en las tarjetas de los aeropuertos?

—Muchas veces me pregunto qué poner; algunas veces pongo

periodista y otras profesional. Porque lo que me gustaría ser dentro de cualquier cosa que haga es ser un buen profesional, entender que estoy honrando la profesión: sea la de matemático, la de docente, la de periodista, la de comunicador, o lo que fuera.

—¿Cómo te hiciste periodista?
—Primero, que yo vivía en un barrio en el que todos jugaban a la pelota: nací en Villa Crespo, pero después nos mudamos a Larrea y Peña. Vivía a tres cuadras de Radio Rivadavia, y lo veía pasar a (José María) Muñoz todos los días. Cuando se produjo el golpe de (Juan Carlos) Onganía y La Noche de los Bastones Largos, se cerró la universidad. Tenía dieciséis años, y le pedí al gordo Muñoz que me tomara una prueba, que quería entrar. Hasta que un día estaba en el Colegio Buenos Aires visitando a unos amigos, llamé de un teléfono público a mi vieja y me dijo que me habían llamado de Radio Rivadavia. No había terminado de decirlo que ya estaba en la puerta de la radio. Me hicieron entrar en un estudio, Muñoz me tiró un papel, y dijo: "Bueno, acá está nuestro nuevo compañero, ¿cómo te llamás?". "Adrián Paenza", le respondí. "Bueno, acá están los resultados de Italia", y me dio a leer los resultados del fútbol italiano. Recuerdo haber dicho algo que hasta el día de hoy me persigue: en lugar de decir Sampdoria dije Samporia. Pero es que ni siquiera sabía lo que iba a leer. Eso me quitó para siempre el temor al micrófono y a la cámara, y a partir de ese momento empecé a trabajar con Muñoz. Trabajaba los viernes, sábados y domingos, aunque la condición de mis viejos era que yo tenía que estudiar.

—Y seguiste estudiando.
—Sí, además tocaba el piano, estudiaba música clásica, y tenía una banda de rock.

—¿Tocás piano todavía, Adrián?
—Tocar el piano es sentarme ahí y hacer que toco, porque tengo uno en mi casa.

—¿Es verdad que tenés oído absoluto, como Charly García?
—Pero que Charly García tenga oído absoluto es un hecho significativo, porque lo transforma en una persona que dentro de la profesión lo pudo desarrollar. Para mí tener oído absoluto es como tener ojos celestes, no es ningún mérito: una persona nace con oído absoluto. Ahora, lo meritorio puede ser que una persona que no entendía nada pase a tener oído relativo. Oído absoluto sig-

nifica que a una persona le tocan una nota y sabe cuál es. Después hay otra categoría de personas, a las que si les tocás una nota no tienen ni la más vaga idea de cuál es. Pero para poder saber cuál es la nota tenés que haber aprendido algo, es decir, en alguna parte tuviste que tener un entrenamiento. El que no tiene buen oído es porque no lo ha desarrollado o porque no tuvo chance: quizá tiene oído absoluto pero no lo sabe.

—Me encantó la clase magistral que acabás de dar, como si fueras profesor las veinticuatro horas.
—Te voy a contar lo que me parece que me pasa. Recién vengo de Chivilcoy, luego de hablar con un grupo de docentes que además no desean escuchar sino ser escuchados. Porque el problema es que acá hay muy pocas orejas para escuchar a la gente. Lo que siento es que yo tengo la necesidad de comunicar, no sé si eso será ser profesor, pero yo quiero contar. Es interesante la pregunta del oído absoluto, porque si me preguntaras "me dijeron por ahí que tenés el oído absoluto" y yo te contestara "la verdad, sí", dejamos eso y la gente va a pensar que yo tengo oído absoluto. Entonces hagamos algo mejor: contemos qué es.

—Cuando pensás, ¿lo hacés como un matemático clásico o pensás con la sensibilidad y la intuición que debería tener un buen periodista?
—Hay un estereotipo sobre lo que es un matemático. Porque yo creo que si uno parara a una persona por la calle y le preguntara qué hace un matemático diría que resuelve problemas. Ahora, qué problemas, ya es otro asunto. La respuesta de que hace cuentas y trabaja con números es una respuesta que se daba hace dos mil años, es decir, han pasado cosas en dos mil años. El otro día decía uno de los más importantes matemáticos que tiene la Argentina: "Los matemáticos hacemos razonamientos, no números". Creo que la matemática es una herramienta muy útil para poder pensar, para poder relacionar. Ahora, ¿eso me quitó sensibilidad? Porque al mismo tiempo pueden decir: "Este tipo es esquemático, lógico, disciplinado, entonces no siente". A mí me apagan la luz en el cine y lloro, entonces, ¿qué me dicen que no siento? Claro que siento, me emociono en la vida como cualquiera.

—Alguien me contó una anécdota en la que un estudiante tuyo de matemática, al que creo que vos le preguntaste...
—Sí, ya sé cuál es la anécdota. La conté en algún momento porque a mí me impactó mucho y me gustaría que las personas

que están mirando el programa piensen en el poder que tiene la televisión de tocar las vidas de las personas, y no necesariamente uno tiene idea de haber confrontado con eso. Estaba en el año 1996, empezando el curso de Análisis I, que es una materia que se dicta en la Facultad de Ciencias Exactas y que damos los matemáticos a los biólogos, a los químicos, a los físicos, a los estudiantes de computación, porque es una materia de primer año. Entonces, cuando terminó la primera clase se juntó un grupo de chicos alrededor del estrado, nos quedamos hablando y le pregunté qué estudiaba a cada uno. En un momento determinado, uno me dijo que estudiaba matemática y computación, y quise saber por qué. Y él me respondió: "Porque cuando estaba en el colegio primario vi a un tipo por televisión que dijo que no se podía dividir por cero". Lo recordaba bien, entonces paré de hablar con los otros y le dije que necesitaba hablar con él. El chico tenía miedo, sentía que había dicho algo que estaba mal. Entonces le dije que quería llevarlo a mi casa, que tenía la grabación donde en Canal 11, en 1989, en el tercer programa que hice en el noticiero, expliqué por qué no se puede dividir por cero, que es una cosa tan obvia. Entonces le pedí a Cristian que viniera a mi casa porque yo le quería mostrar un video, que correspondía a lo que yo había hecho. Desde 1989 hasta 1996, siete años, él había pasado el primario y todo el secundario, y ya lo había decidido en ese momento. Es maravilloso tocar la vida de una criatura de esa manera, para mí es una anécdota maximal: no debe haber una anécdota más conmovedora.

—¿Me podrías explicar la teoría de los seis grados de separación?

—Suponte que vos y yo nos conocemos, y suponte que vos conocieras a Lula. Suponte que le diste la mano, y mientras yo estoy a distancia uno tuya, vos estás a distancia uno de Lula. Es decir, yo estoy a distancia uno de todos los que están acá y de mi familia y vos, que no conocés a mi vieja, estás a distancia dos de ella, porque me conoces a mí y yo la conozco a ella. Entonces necesitamos una interposición de personas como si fueran dos segmentos. Ahora, con Nelson Castro o Víctor Hugo (Morales), estamos los dos a distancia uno porque ambos los conocemos. Es decir, toda la gente que vos conocés está a distancia uno, y los que no conocés pero son conocidos por alguna persona que está a distancia uno de vos, están a distancia dos. Después, si esas personas conocen a otras, que no son conocidas por vos, están a distancia tres. Entonces, suponte que yo le di la mano a (Carlos) Menem, y él le dio la mano a (Nelson) Mandela: ahí yo estoy a distancia dos de Mandela y vos también. Y con Mandela vas a estar a distancia tres de todos los que conozca Mandela que no conozca Menem. Entonces, la teoría dice que dadas dos personas cualesquiera en el mundo, están a lo sumo separadas por seis grados de separación.

—¿Por qué nos afecta más Cromagnon, con doscientos muertos, que el tsunami con cientos de miles? Eso, ¿tiene que ver también con el grado de distancia o de separación?

—Pero no tengas ninguna duda. Nosotros leemos sobre desastres climáticos o naturales que suceden, pero no es lo mismo que un incendio al lado de tu casa: un incendio al lado de tu casa puede hasta expandirse a la tuya. Estaba en Estados Unidos cuando ocurrió lo de Cromagnon, y primero me enteré por Internet. Lo que hice fue llamar a la Argentina para saber si mi familia estaba bien, si mis sobrinos estaban bien, si todos mis amigos tenían a sus hijos bien. No es que no me preocupaban los que estaban muertos, pero tenía sentido la pregunta, y eso me afectaba directamente. Entre la gente del tsunami, no las víctimas sino los que perdieron a algún familiar, yo no conozco a nadie. Ahora, ¿lo hace menos devastador? No. Pero supongamos que cae un avión y muere una persona, y decimos: "Menos mal que murió nada más que una". Pero andá a preguntarle al familiar de la persona que murió. Es decir, importa lo de los grados de separación. Con lo del tsunami estamos muy lejos, pero si falleció alguien que no conocés pero afecta a una persona que está a distancia dos de él, ya hay una persona que está alterada por eso. Entonces te importa.

—¿Por qué, Adrián, a veces decís: "No creo en lo que no veo"?

—Porque es lo que pienso. Esto tiene que ver con una pregunta que me hizo una vez una periodista de la revista *Noticias*, que quería hablar de cuestiones un poco más religiosas. Cada uno puede elegir lo que le parezca, pero yo cuento honestamente lo que me pasa. Yo creo en lo que veo, entonces no creo en lo que no veo. Es lo que me pasa, qué voy a hacer.

—¿Tiene que ver con que, como tu padre era católico y tu madre judía, terminaste alejado de la religión?

—Mi padre tenía una tradición católica porque venía de una familia así, y él era monaguillo de iglesia, pero no era creyente. Mi vieja viene de una familia judía, pero tampoco era creyente. Cuando se juntaron y estuvieron de novios durante siete años, sin que nadie supiera, fueron un día y le dijeron a mi abuela, a la madre de mi vieja, que se iban a casar. Mi abuela se quería morir, porque no podía aceptar que se casara con una persona no judía: estuvo siete años sin hablarle a mi viejo. Y después terminó siendo muy amiga de él. A mí lo que me molestaba cuando era chico es que no podía entender por qué algunos iban a la iglesia y otros a la sinagoga. Y yo, ¿adónde iba? Es decir, podía haber elegido lo que quisiera pero yo no creía en nada. A lo mejor porque me crié así. Hubiera podido cambiar, no es que me impusieron no creer, era natural. De todos modos no estoy proponiendo ni diciendo lo que está bien, por eso creo en lo que veo.

—Obviamente no creés en Dios.

—No, es que no puedo creer que haya un Dios cuando hay una criatura que se muere. Tengo un amigo que se crió conmigo y tuvo un hijo que se murió a los tres años: yo no tengo explicación. Mucha gente me va a contrarrestar y me va a dar muchas explicaciones. No sé si hacen falta, no sé si eso resuelve mi problema. Es decir, no es que no creo porque se haya muerto y creería si se hubiera salvado: ésa es sólo una de las injusticias. No es justo que yo tenga acá algo para tomar, algo para comer, y que diga: "No tengo más ganas". Suponte que de pronto, por alguna razón, salgo y me muero: yo fui un gran privilegiado, viví una vida muy privilegiada. Y se terminó, qué se le va a hacer. Yo quiero vivir todo lo que pueda, pero si me muero no lloren, porque yo la pasé muy bien.

—De todos modos, desde el punto de vista de las estadísticas y de las probabilidades, te quedan muchos años, ¿no?

—Sí, igualmente yo tengo algunos condicionantes porque sufro del corazón. De todos modos sí, me quedan muchos años y yo me voy a cuidar.

—¿Eso te cambió la vida?

—En ese momento me preocupé por algo en lo que hasta entonces nunca había pensado, y que no era una cosa trivial. En ese sentido posiblemente me la cambió. Claro, ¿cómo no me va a cambiar la vida tratar con una situación tan conflictiva como ésa? Es que terminé en el medio de la nada, en una sala de operaciones. Como me operaron temprano, le pregunté a cada médico si había dormido la noche anterior. Es que ellos van a ir a otra sala y van a operar de nuevo, pero yo tengo un solo corazón, una sola vida. Desde ese lugar me cambió la vida. Para ellos somos uno más, pero para cada uno de los que estamos tirados en la camilla es nuestra propia vida.

—¿Te quedan sueños por cumplir?

—Me queda todo por hacer. No viviría de nuevo, pero me gustaría saber lo que va a pasar. Quiero saber, quiero conocer. Es el ejemplo que te iba a dar recién y me olvidé. Tengo una sobrina, Lorena, que es hija de mi hermana Laura, que se iba de paseo a Europa y un montón de amigas la fueron a despedir. En un momento determinado, mientras estábamos esperando en Ezeiza, le pregunté a alguien, no sé por qué, si le gustaría ir al futuro o al pasado y después volver, sin tocar nada. Eran como quince las chicas, y todas dijeron al pasado. Entonces yo les dije: "No puedo entender lo que me están contestando, ¿cómo que quieren ir al pasado? Yo quiero ir al futuro, porque en el pasado ya sabemos lo que pasó". A partir de ese momento, se lo comenté a Víctor Hugo y él me dijo también "el pasado", entonces empezamos a hacer una consulta. Podría darte el resultado de una encuesta, hecha en forma totalmente casera, y es que el setenta y seis por ciento de las personas quieren ir al pasado, y eso yo no lo puedo entender. Ahora, yo pertenezco a esos que quieren ir al futuro. Iría a un solo lugar del pasado, uno solo: a averiguar cómo empezó todo.

—¿El amor cambia como las nuevas tecnologías?

—No creo que haya algo que no cambie. Si te dicen que tenés que deponer todos tus afectos y hay que elegirlos de nuevo, y te preguntan si querés a tu hijo, o si querés a tu vieja, o si querés a tu familia. A todos los quiero, pero a lo mejor hay alguno que no quiero. No, los quiero a todos...

—Pongámoslo en duda entonces.

—Creo que todo cambia y que está bien que cambie, si no sería muy aburrido: ya sabríamos nuestro futuro.

SEÑAS PARTICULARES:
*"Me gusta la comida chatarra"*

—¿Qué te gusta de lo cotidiano?
—Tener tiempo, leer y hablar por teléfono.

—¿Y qué no te gusta?
—Odio tener un zumbido en el oído izquierdo desde hace cua-

tro años, cuando me explotó el tímpano. Si hay mucha gente es ruido, y si no hay nada de ruido también me molesta, porque es como tener una radio mal sintonizada en el oído. Me molesta la forma en la que se maneja en Buenos Aires. Me da bronca no tener contacto con Internet.

—¿Qué te hace reír?

—Me hace reír el ridículo en el que soy capaz de entrar algunas veces, y pienso: "Menos mal que nadie se avivó". Pero esas cosas me causan gracia, porque me considero un tipo que mete la pata todo el tiempo.

—¿Qué te hace llorar?

—Más que nada me parece que me emociono. Me emociono muchas veces durante el día, y si no me emocioné, siento que fue un día perdido.

—¿Qué hacés cuando no trabajás?

—Por lo general, fiaca no hago nunca. No tener que ir a trabajar significa poder leer, poder estar con mi computadora y mirar lo que pasa en el mundo. Creo que no debe haber cosa más interesante que poder mirar lo que está pasando en el mundo y después, obviamente, comunicarlo.

—¿Tres músicos?

—(Ludwig van) Beethoven es el primero, The Beatles y (Antonio) Vivaldi.

—¿Tres comidas?

—Pizza, pizza y pizza: no hay duda de eso. La comida italiana en general. Me gustan las pastas. Y voy a decir otra cosa: a mí me gusta la comida de plástico; las hamburguesas también.

—¿Tres postres?

—Eso ya es más complicado, porque a mí me gusta mucho el dulce: el helado, la *cheesecake*, la frutilla. Me gusta mucho el chocolate, y el mousse de chocolate.

—¿Tres manías?

—Soy disciplinado para mis cosas, no sé si es una manía. Me gusta trabajar. Leer los diarios es una manía; leer. Desde hace dos años que tengo un problema en el corazón y tengo que caminar una hora diaria. Entonces me levanto y me imprimo cien páginas de lo que me parece más importante en el mundo, y las leo mientras camino en una cinta.

—¿Qué cosas te resultan un misterio?

—Yo puedo dar una explicación que me satisfaga técnicamente de por qué vuela un avión, pero cada vez que está despegando uno no puedo creer que esté pasando. Cómo funcionan las cosas. Yo uso cosas todos los días que no sé cómo pueden ser: Internet me parece maravilloso. Es decir, yo podría dar una explicación que conozco, desde el punto de vista racional, pero es que cuando nací no existía ni la televisión. Recuerdo estar enfermo en mi casa y la señora que estaba en la otra habitación, que estaba colaborando con mi mamá, escuchaba la radio. Le dije que por favor viniera que yo quería la radio. "¿Para qué, si vos tenés una?", me respondió. "No, porque yo quiero escuchar lo que estás escuchando vos." Entonces, imaginate de qué época vengo. La televisión me sorprende. Me sorprende que alguien haga una buena pizza y que le pueda quedar todas las veces igual. Todo me sorprende.

—Contá una historia cualquiera.

—El otro día estaba en la Feria del Libro y se me acercó un señor, se me sentó al lado y me dijo en voz baja, ya que había mucha gente: "Perdóneme, ¿usted es Paenza?". "Sí", le contesté. "El matemático", repreguntó. "Sí", volví a responderle. "Perdóneme, lo confundí con su hermano el periodista."

---

—Un mensaje para el año 2050.

—¿Qué tal, cómo estás? Cuando yo vivía, porque supongo que para este momento no vivo, nosotros sabíamos lo que pasaba, por ejemplo, cuando a los zurdos les ataban la mano atrás porque no les permitían que escribieran con esa mano: se toleraba y se pensaba que estaba bien que le pegaran con una regla en la mano izquierda. En aquella época eso era aceptado como algo natural, no se les permitía ser diferentes. Hoy, miramos eso y lo entendemos como una anomalía, como un error, como una aberración. La pregunta es para ustedes, que están mirando lo que pasaba hace cuarenta y cinco años, donde debe de haber cosas que hacemos nosotros hoy, sin advertir, quizá, que tenemos la mano atada y alguien nos está pegando. ¿Qué es, qué fue? Gracias.

# Gastón Pauls

# "Yo también di un par de vueltas por el infierno"

AUTORRETRATO:
*"Hace treinta y tres años, mis padres —no sé si mis padres o alguien que maneja los hilos de mis padres— dijeron: "Ponele Gastón" a esta persona que están viendo acá. Soy yo, Gastón. El apellido lo heredó mi padre, que es Pauls. Detesto hablar demasiado. Mi madre, cuando yo era muy chico, me dijo: "Las palabras tienen que ser usadas sólo cuando sean mejores que el silencio". Por eso trato de hablar poco, y de escuchar más. Es decir que ahora intentaré escucharme. Intento escucharme durante todo el día"*

Hicimos con Gastón Pauls algo que no se considera muy profesional en ciertos ámbitos dedicados al periodismo y a la comunicación social. En el medio de la conversación, cuando empezó a hablar de que a veces escuchaba trompetas y que había pasado una etapa de su vida arrastrado buscando unos cuantos gramos de cocaína, le preguntamos si prefería grabar de nuevo. Presentíamos que un par de programas cuyos productores y conductores se ganan la vida metiendo el dedo en la llaga de otros se iban a aprovechar de la honestidad brutal de Gastón para editarlo y reducirlo a otro chistecito berreta.

—Los cuervos van a levantar el material y te van a gastar durante toda tu vida —le anticipamos.

—No importa —se las aguantó—. Dije lo que dije porque tuve ganas, y ya está.

Gastón nació el 17 de enero de 1972. Es hijo del productor de cine Axel Pauls Harding y de la dibujante y productora Marina

**257**

Guerrero, hermano de Christian (director de cine), de Alan (escritor y guionista), de Nicolás (actor y músico), y de Ana (estudiante de teatro). Empezó a trabajar en televisión en 1994, en *Montaña rusa*, y participó en más de veinte películas. Entre las más importantes se encuentran *Nueve reinas*, *Nueces para el amor* e *Iluminados por el fuego*. Además fundó una productora que le sirvió para poner en el aire de Telefé su programa *Humanos en el camino*.

—Cuando te escuchás durante el día, ¿qué escuchás?

—De todo. Escucho mucha soledad, cosa que me llama la atención. Estoy empezando a disfrutarla: como me anestesió muchos años, ahora la disfruto y ya no necesito meter nada en mi cuerpo para no vivirla. A veces, también, escucho música. Y cuando logro un estado de paz y tranquilidad empiezo a escuchar algunas trompetas. Quizás en dos años me veas internado en un psiquiátrico, pero me parece que está bueno: me gusta la música que empecé a escuchar, a la que empiezo a prestarle atención, a la que dejo de temerle. Yo escuchaba por momentos música que realmente aturdía los oídos. Un día me encontré, en mi casa, haciendo una obra con vidrios y con espejos en la pared. Descubrí que eso en realidad correspondía a esa música que yo estaba escuchando, y que se trasladaba a esa necesidad de expresar lo que me pasaba en una pared. Creo que la música es el hecho artístico más complejo y más completo que puede vivir el ser humano.

—¿Más que la actuación?

—Creo que sí. Alguna vez Miguel Ángel dijo que la música es lo más completo de un artista. La música tiene que ver directamente con la naturaleza: uno para dos minutos y está escuchando un pajarito, un grillo. Hay música. Justamente para una película tuve que aprender a tocar piano, y durante dos meses y medio tomé clases intensivas. Descubrí que para llegar a hacer música hay que hacer un trabajo. El actor, en ese sentido, está haciendo un personaje. Para que alguien suba a un escenario y toque un solo de guitarra tiene que saber. En una película hay actores que no son actores, que están actuando. Más allá de eso, creo que el verdadero actor es el que va hasta el fondo con la actuación. Hablo de cosas muy profundas que tienen que ver hasta con ideales y con una coherencia y una ética. Pero creo, además, que el actor es alguien que necesita dignificar y valorizar la expresión artística.

—A los veintidós años ya eras un éxito con *Montaña rusa*. ¿Qué te sucedió con todo aquello?

—Me acuerdo de una nota que nos hicieron en *3.60: Todo para ver*, donde Julián Weich preguntó cómo estábamos viviendo todo eso y yo le dije: "Mirá, es duro". "¿Por qué es duro?", repreguntó. En realidad era algo ideal para un pibe de veintidós años. Era trabajar, ganar guita, ganar minas, entrar gratis a los boliches donde antes te cortaban la cara, pero a la vez todo eso tenía un precio. Las letras pequeñas del contrato implicaban paranoia, una exposición a la que yo me vi sometido, y cuando quise cerrar la puerta no pude. Me parece que hubo un momento en el que me pregunté cómo frenaba todo eso. No lo disfrutaba. Me alegro de haber sido sincero en medio del delirio, porque después que terminó *Montaña rusa* me ofrecieron hacer otra tira y yo preferí parar. Lo siguiente fue hacer *Verdad-Consecuencia*, que era un programa que me exigía, pero que iba a ser una prueba para ver en qué nivel actoral, espiritual e intelectual estaba. Fue como un paso necesario.

—¿Hacés siempre lo que querés, tanto en la vida como en la profesión?

—Sí, en ese sentido me siento sumamente orgulloso conmigo mismo. Igualmente me someto a juicios constantes, pero en general, en mi trabajo, hago lo que me parece. Y cuando hablo de mi trabajo hablo en general de mi vida. Estoy tratando de hacer cada vez más lo que quiero. Tampoco es fácil darse cuenta de por dónde va el deseo, por dónde va la ambición y por dónde va la codicia, pero siento que estoy ligando cada vez más las decisiones a mi corazón.

—Una vez dijiste que preferías, en relación con las mujeres, ser promiscuo a ser hipócrita.

—Me encantaría ser promiscuo todo el tiempo con la misma mujer, amaría eso, y creo que estoy en camino de lograrlo. Cuando yo hablaba de la promiscuidad y de la hipocresía hablaba de que prefería decirlo libremente. Tampoco sé si en realidad hay que ser fiel. Hay que ser fiel sólo a lo que uno siente, y yo realmente sentía promiscuidad. Tiene que ver con una búsqueda, porque el término "promiscuidad" quizá lo llevemos solamente al terreno sexual. En ese sentido soy un tipo que está buscando constantemente, y que quizá sea un eterno insatisfecho. Sigo una búsqueda, pero creo que quiero la promiscuidad con una mujer. Con una sola.

—¿Se puede tener una experiencia fuerte con las drogas y sobrevivir como persona, internamente?

—Creo que no sólo se puede sobrevivir sino que se puede vivir. Hoy entiendo, mucho más profundamente que antes, ciertas cosas que tienen que ver directamente con la vida. Hace poco decía que hoy prefiero ver una nube blanca a una línea blanca, porque realmente he visto y me he inhalado unas cuantas en mi vida. Después de estar literalmente arrastrándome por el piso cuatro horas, buscando un gramo que se me había caído, y poder estar parado mirando una montaña o una nube, digo: "Esto es la vida". Juan (Castro) hablaba sobre aquello de dar un par de vueltas por el infierno, y es cierto. Hay momentos en donde ves a la Parca, donde aparecen cosas muy extrañas: sombras, caras, ruidos. Sentís que te tocan pero no ves a nadie. Después de pasar por eso la vida tiene un valor impresionante, porque pasaste por un lugar donde la muerte estaba ahí. En ese sentido hablo de la vida: estoy hablando sobre la vida antes que sobre la droga.

—Tenés treinta y tres años, ¿te gustaría tener hijos?

—Siempre quise, desde que tengo dieciséis o diecisiete años. De todos modos yo tomé cocaína varios años de mi vida y siempre creí que si seguía tomando cocaína no iba a buscarlo, porque mi semen iba a estar infectado de una sustancia que ni siquiera era la cocaína, sino de todo lo que tiene agregado. Prefería tener un semen limpio de todo eso. Hoy que no estoy tomando mi descendencia sería mucho más pura.

—¿Te bancarías que tu hijo experimentara como experimentaste vos en la vida?

—Sí, pero lo acompañaría desde un lugar más cercano. Obviamente le diría que no necesita pasar por eso para disfrutar de la vida, pero le tengo miedo a no poder dialogar. El adicto es una persona que no dice. De ahí viene la palabra "adicción".

—¿Cómo te llevás trabajando en una industria tan brutal y tan dañina como la televisión, siendo un tipo tan sincero?

—Yo no sé si uno hace pactos, como hablábamos hace un rato, y termina cediendo. En las relaciones supongo que se cede siempre. Durante *Ser urbano*, y esto se los dije a las personas que producían el programa, cuando estuve haciendo un informe en la isla Maciel, había visto situaciones de una pobreza económica llamativa. Cuando terminé de grabar me pasó a buscar la combi, que tenía aire acondicionado, y pensé: "Esto es una estafa: yo estoy haciendo un programa, mostrando cosas, pero ahora me voy a mi casa y listo". Es decir, había cortes publicitarios en *Ser urbano* donde las empresas de gaseosas y de cervezas vendían sus productos, y yo era parte de todo eso. Algunas cosas pueden cambiar y otras no, pero sentía que era una inmensa contradicción. Después empecé a ver desde dónde iba a hacerlo, desde dónde me encontraba con la persona que hablaba, dónde estaba mirando yo, aunque después hubiese ediciones, cortes, publicidades, publicidades dentro del programa, que detesté, pero ya sabía desde qué lugar lo estaba haciendo yo. Se hace muy difícil a veces, en especial para quienes deseamos un mundo mejor. Quizá también haya una necesidad de expresión, quizá demagógica, quizás exhibicionista, quizá de ego, pero también de encontrar un poco de dignidad en ciertos aspectos de la vida cotidiana.

—Dijiste que en *Iluminados por el fuego* te pasaron cosas muy fuertes, que tienen que ver con el compromiso y con el saber para qué uno viene a este mundo. ¿Vos sabés para qué estás en este mundo?

—La edad en la que estoy tiene que ver con Cristo. Es una edad de potencia y de profundidad, de planteos. Es decir, Jesús desde los treinta hasta los treinta y tres hizo mucho. Yo me planteo qué voy a dejar, para qué estoy. Evidentemente estoy descubriendo, y esto también se me despertó estos últimos dos años, sobre todo al haber hecho *Ser urbano*, que quiero hacer algo que tenga que ver con mirar, con palpar, con tocar ciertos lugares y descubrir ciertas personas.

—Cuando estuviste en Malvinas, ¿fantaseaste con que vos pudieras haber estado en esa guerra?

—Cuando estuve en Malvinas sentí una inmensa responsabilidad. Allá el terreno vibra. Esa tierra tiene mucha sangre joven, una generación que podría haber creado cosas de una manera diferente. Para mí era una inmensa responsabilidad porque, ¿cuántas familias por problemas económicos no pueden estar aunque sea tocando una cruz, o por lo menos apoyando la mano en el piso y diciendo: "Acá está mi hijo"? Yo sentía que era un enviado, que estaba representando a todas esas familias. Era un peso inmenso también. Ojalá pudiera encontrarme con cada una de esas familias y decirles que yo estuve ahí e intenté poner todo mi amor contando la historia, pisando esa tierra. Por eso yo decía que no sabía si iba a poder soportar el rodaje de esa película: entre el comienzo y la última escena pasaron dos años. Pero a la vez siempre sentí que algo nos daba energía a cada uno de los que la hicimos, y estoy convencido de eso. Tampoco lo hablo como un hecho sobrenatural: era una energía que había estado mucho tiempo bajo la alfombra en este país. Es una historia que habla mucho de cómo somos. Cualquier país del mundo relata sus guerras: todas las guerras son retratadas y exorcizadas a través del cine. Haberla podido contar a través de los ojos y de la mano de Edgardo Esteban, poder contar su propia historia, me hizo entender también por qué soy actor.

—En la Argentina pareciera que las muertes masivas, brutales, (Malvinas, Cromagnon), no sirven para construir conciencia. ¿Qué sentís respecto de eso?

—Si uno piensa en la historia de la humanidad, donde se vienen repitiendo tantas guerras, desde que el hombre es hombre, es obvio que no se aprendió. Y creo que no se va a aprender, no hay manera. No se aprende ni de eso ni de la tragedia ajena: ni del hambre ni del dolor. Si alguien que está generando hambre en otro pudiera mirarlo aunque sea dos segundos a los ojos creo que algo le haría clic.

—Quizá lo que termine con la guerra sea el amor. En una entrevista dijiste que en un momento de tu vida te habían salvado los abrazos que te dieron tus maestras Blanca en tercero y Mabel en cuarto grado.

—Tiene que ver simplemente con una mano, con una mirada al otro, con un abrazo en un determinado momento. Estaba en una etapa muy difícil de mi vida. Se habían separado mis padres, se había muerto mi abuela, y recibir de dos maestras un mínimo abrazo me enseñó muchísimo. Además, paradójicamente, yo puedo hablar de la Reforma y la Contrarreforma porque en ese momento me lo enseñaron, pero como también me estaban dando amor, yo lo pude entender mejor. Creo que a un chico se le entra más fácil cuando se le explica con calor y amor.

—¿Creés en Dios?

—Creo en representaciones divinas en la Tierra, en seres iluminados que han sabido respetar su corazón y que lo han sabido abrir. Yo no estoy bautizado, no tomé la comunión, pero hace once años un amigo me regaló un libro y yo primero lo tomé como: "Uh, otro libro más de éstos". Era la Biblia. Empecé a entender de qué hablaba Jesús. Hoy creo en ciertas ideas y palabras de Él, pero también creo en los *Jesuses* cotidianos. Hablo de la gente que está poniendo el alma, no desde una cuestión económica, sino espiritual: hablo de los que ponen el corazón. Por eso hay *Jesuses* por todos lados.

—¿Hacés terapia?

—Ahora no. Hice en el momento en el que estaba consumiendo cocaína, pero decidí: "Ya está, esto no es para mí, no vienen por acá la expresión y la paz". Estuve haciendo terapia con Álvaro, que es una persona que me ayudó muchísimo.

—¿Se puede salir de la adicción si uno quiere?

—Sí, pero será una lucha constante porque hay momentos en los que todavía digo: "Qué ganas de pegarme un saque". Pero no lo haría porque recuerdo que no es ese saque: son los siete que vienen después, es la herida siguiente, es el bajón y la soledad nuevamente. Es el frío, es el miedo de que venga nuevamente la Parca. Creo que sí se puede, pero me tuve que pegar un susto grande: me pasé de rosca una noche, y dije: "Esto no lo quiero más". Quizá, si no me hubiera pasado eso, me hubiese costado aun más.

—Es raro ver a un tipo de treinta y tres años que mencione tanto la muerte. ¿Tenés elaborado ese tema?

—El otro día un amigo, Fernando Rubio, estuvo haciendo una exposición con fotos donde él le preguntaba a una serie de personas qué es lo más bello que hizo en la vida, y a la respuesta le sacaba una foto. Mi respuesta fue: "Morir". Cuando vi todas las respuestas, pensé: "Soy el único boludo que habla sobre la muerte, cuando todos están hablando de la vida". En realidad lo estaba diciendo desde el lugar más vital que hay: la muerte como el inicio de algo nuevo. Lo decía desde el mejor lugar, no desde el lugar trágico y doloroso como el de Cromagnon. Hablaba de la muerte llegando en un momento digno, con una muerte preparada y una despedida.

—¿Cómo te imaginás a tus hijos, o a tu hijo, o a tu hija?

—Me lo imagino un ser de luz, al que seguramente no le voy a entender un montón de cosas. Me va a ocurrir en algún momento como padre, más allá de lo que diga hoy, que por ahí dice algo que justo era lo que yo nunca creí que iba a decir. Pero me imagino una persona con verdad, con un inmenso sentido de la verdad y de la honestidad, porque eso es lo que me transmitieron mis padres, a los que agradezco profundamente. Eso es lo que yo quiero transmitir. Cuando tenía dos años, mi vieja entró en mi habitación y me vio haciendo una cosa con otro niño. Mi mamá salió corriendo a decirle a mi papá: "Se está tocando con un pibe". Pero mi viejo le respondió: "Dejalo, va a encontrar el límite cuando lo tenga que encontrar; que haga lo que se le ocurra". Tiene que ver con eso. Si yo puedo disfrutar una relación con una mujer es porque sé que hay ciertas cosas que no me atraen. Es cuestión de poner tus propios límites.

—Si tuvieses que elegir en este momento una foto para ser recordado, ¿cuál te gustaría?

—La de un tipo alimentando a las palomas. Podría estar haciendo cualquier cosa a esta edad: podría tener un banco, podría tener un canal de televisión, podría estar vendiendo drogas, pero me gustaría una foto alimentando palomas.


SEÑAS PARTICULARES:
*"No me arrepiento de nada"*

—¿Qué amás de lo cotidiano?

—Amo a mi perro a la mañana. Y amo profundamente la paciencia que me tiene al no poder despertarme y seguir al lado mío. Amo el olor de la mañana y amo la mirada de la gente.

—¿Y qué odiás?

—Detesto la violencia en cualquiera de sus expresiones: la violencia de un nene muriéndose de hambre o de una pelea callejera; detesto y me da mucho odio la corrupción, la corrupción de las almas; el miedo a la vida, lo odio: me da miedo volver a tenerlo, pues lo tuve durante mucho tiempo. Y aprendo a vivir cada día con un poco más de paz y de ganas.

—¿Qué te hace reír?

—Un chico jugando; un viejo aceptando su vejez dignamente, y aceptando lo niño que puede llegar a ser; me causa gracia también el humor ácido y a veces oscuro.

—¿Qué te hace llorar?

—El hambre me hace llorar, y sobre todo el hambre y la soledad en un niño. Me hace llorar la imposibilidad de una muerte y de una vida digna.

264

—Tres actores dignos de nombrar.

—(Marlon) Brando, Gary Oldman, Ulises Dumont.

—Tres películas.

—*Drácula* de (Francis Ford) Coppola, *Barton Fink* de los hermanos Joel y Ethan Cohen, y *Las alas del deseo* de (Wim) Wenders.

—Tres músicos.

—El Flaco (Luis Alberto) Spinetta, (Keith) Jarrett, Richard Strauss.

—Tres comidas.

—Arroz, cualquier tipo de pastas, y el toque *snob*: sushi.

—¿Tres cosas de las que te arrepentís?

—No me arrepiento de nada, de nada y de nada.

—¿Tres manías?

—Dos. Necesito que todo esté simétrico; otra manía es, por ejemplo, que si me lastimo una mano tengo que golpearme la otra para compensar.

—¿Qué te gusta de una mujer?

—El humor: el humor de una mujer me mata. El pelo, aunque esto no sé si es por una cuestión de envidia. Y la sencillez; amo la mujer que no se pinta, que puedo ver sin pintar, con una remera y un jean. Me mata. En realidad me enamoro bastante seguido, pero me parece que lo que más me enamora es la sencillez y la simpleza.

—Una historia cualquiera.

—Cuando me mandaron el guión de *Iluminados por el fuego*, terminé de leerlo y dije: "No la hago". Me duró un segundo esa sensación, o ese pensamiento o esa certeza. No podía soportar ese peso de doscientos sesenta y cinco pibes muertos en un terreno de batalla, otros muertos en el *Belgrano*, los suicidios. Sentía que no podía ponerme eso en los hombros y cargar con esa cruz. Y al instante dije: "Es esto, esto dignifica el trabajo de un actor, poder decir lo que no se dijo, poder ser la voz de los que ya no la tienen". Pero pedí ayuda: "Necesito la energía de los chicos que no están más". Y cuando llegamos a Malvinas y fuimos a filmar la escena más difícil, en el cementerio de Darwin, lloramos todos. Éramos un equipo de quince personas llorando. Porque esa tierra vibra, la sangre está ahí, hay una energía que no se puede evitar. Y la energía bajó y casi tomó posesión de mi cuerpo. Y dije: "Que hagan de mí lo que quieran: yo soy el instrumento para contar una historia". Y algo ocurrió. Algún pibe bajó.

—Tu mensaje para ser visto en el año 2050, por favor.
—Hoy hablé bastante sobre esto y espero que varios años adelante, cuarenta y cinco años adelante, tenga más valor que hoy. La mirada. No es ni una firma, ni una mano, ni un abrazo: es una mirada. Que en una mirada se puedan decir todas las cosas. Tal vez me estoy hablando a mí mismo, pero en el 2050. Si llego a ver esto, dentro de cuarenta y cinco años, que en ningún momento quite los ojos de lo que estoy diciendo, que no juzgue, que me pueda aceptar como me veo, como lo que soy. Porque me parece que es el principio de cualquier relación: en la primera mirada está todo dicho entre dos personas. Ojalá que, en cuarenta y cinco años, me pueda reconocer.

# León Gieco

## "Todavía no estoy preparado para morir"

AUTORRETRATO:
*"Hola. Yo soy León Gieco, nací en Cañada Rosquín, provincia de Santa Fe, el 20 de noviembre de 1951. Canto, compongo canciones, soy esposo, padre y abuelo"*

La charla con León fue sencillamente deliciosa.

León, antes de irse, hizo algo que jamás olvidaré: tomó un CD de entre sus cosas —un disco especial, que todavía no estaba a la venta, con el polémico tema "Un minuto" que cantaron junto al líder de Callejeros, Pato Fontanet, y que luego la discográfica lo obligó a quitar— y me lo dio, pero antes lo firmó con una dedicatoria muy sentida.

Nos habían presentado formalmente hace un par de años, en una entrega de los Premios Carlos Gardel, a la que había sido invitado junto a otra gente que no era "del palo", como el director de cine Pablo Trapero.

En ese momento pensé que era raro no habernos conocido antes.

Ahora me parece que el destino o como se llame estaba esperando una buena oportunidad, y que terminó resultando única.

—En tu libro *De Ushuaia a La Quiaca* contás, entre otras cosas, que cuando eras chico trabajabas repartiendo carne para mantener a tus padres. ¿Ese chico, en esencia, era igual a lo que sos ahora?

—Sigo siendo exactamente la misma persona, aunque uno se vaya haciendo más grande y más duro. Yo nací en el campo, y tengo unos recuerdos maravillosos: el canto de los pájaros, el caminar solo hasta la tranquera, dar vueltas alrededor de la casa, jugar con un perro. También tenía una vida social. Vivía con mi papá y mi mamá, pero en la casa de al lado, unidos por un living, vivían mi tío Adelio, mi tía Nélida y mis dos primos. A veces también se reunían todos los hermanos de mi papá, que eran como nueve, junto con mis abuelos. Se hacían las "carneadas" que duraban cuatro o cinco días, donde venían otros vecinos del campo y traían un chancho. Era la comida de todo el año, como yo cuento en una de mis canciones. También venían un acordeonista y un baterista a tocar, se bailaba, y se mezclaban las parejas. Después algunos se quedaban a dormir en carpa, o debajo de la galería. Cuando comencé el primer grado de la primaria ya había empezado a trabajar. Tenía siete años. Cuando yo llegué a Cañada, al pueblo, que queda sólo a quince kilómetros del campo pero que igual era una vida diferente, mi papá pasó a tener trabajos que eran *freelance*: de albañil, pintaba casas, hacía asados. Me encontré en una situación desesperante, porque no había plata y me tuve que poner a trabajar.

—Es muy divertida la anécdota que relatás de la persona con la que trabajabas repartiendo la carne, cuando quisiste imitarlo y terminaste gastándote el sueldo completo.

—Sí. ¡Qué ingenuo era! Cuando repartía carne me encontraba en un bar con un tipo al que le decían *El Patón*, que era mucho más grande que yo. Él llegaba con el carro, con los paquetes de carne, y se sentaba en el bar de Riguetti. Entonces, como si fuera el dueño del pueblo pedía: "Riguetti: café con leche con galletitas Express, manteca y dulce de leche". Era tan chico e inocente que pensé que ése era el bautismo de fuego para hacerse grande. Y como no lo veía sacar la plata, me parecía más impresionante todavía.

Entonces un día me senté en una mesa y pedí: "Riguetti: café con leche, pan tostado, dulce de leche y manteca". El tipo vino y me lo trajo. A partir de ahí todos los días hice lo mismo. Pero después le pasó el gasto al carnicero: yo no creía que el tipo me lo iba a cobrar, pero me lo cobró. A partir de ese momento se me generó la responsabilidad de pagar en cualquier circunstancia.

—¿En serio?

—Sí. Un día me pasó una cosa increíble. Yo estaba sentado en el cordón de la vereda y pasó Perotti, un tipo que tenía un avión en el hangar del aeroclub, y me preguntó: "¿Querés venir en el avión?". Le dije que sí, sin ningún problema. Entonces me llevó hasta Piamonte, un pueblo que queda a treinta kilómetros de Cañada. Me pareció increíble volar. Cuando estábamos regresando, como en el barrio ya se habían enterado de que yo estaba en el avión, podía ver a mi papá y a mi mamá señalando para arriba. Todavía lo recuerdo. Cuando llegamos, Perotti me preguntó: "¿Te gustó el viaje?". Sí, le dije. Entonces mandó: "Bueno, son quinientos pesos" y se fue. Quinientos pesos era una barbaridad, pero yo los "tenía" que pagar y los iba a pagar: estuve cinco meses para conseguir el dinero. En una lata iba guardando parte de lo que ganaba, y cuando logré juntarlo todo, agarré el fajo y le toqué la puerta: "Le vine a pagar el viaje en avión". El tipo se sorprendió, y le recordé lo que me había dicho aquel día. "Pero por favor, querido, era un chiste, ¿cómo te voy a cobrar quinientos pesos, estás loco?" Fue maravilloso. Porque me quedé con los primeros quinientos pesos, era mi primer ahorro.

—¿Con eso compraste tu primera guitarra?

—No, fue un poco después, cuando me di cuenta de que tenía suficiente dinero. Porque trabajaba en la carnicería hasta las diez de la mañana y después, hasta el mediodía, le hacía los mandados a una señora imposibilitada. Según mi mamá, ganaba más plata que mi papá. Por un lado era halagador, pero también era triste. Así que yo le daba la plata a mi mamá para pagar las cuentas, en la despensa, en la panadería. Después sí, fui y me compré la guitarra.

—¿Éste, el actual, es el momento de tu vida en el que están plasmados casi todos tus sueños?

—Depende de cómo se mire. A mí con la vida me alcanza, con la vida me organizo. Si yo perdiera todo lo que tengo, todo lo que hice, podría rehacerme nuevamente. Mi único sueño sería el de poder vivir. Creo que tengo una edad para seguir viviendo. De todos modos, tampoco se sabe cuándo podés morir: llegamos a una edad en la cual han muerto personas muy cercanas, y me da un poco de miedo. Por otro lado también soy bastante anarco con el pensamiento. Es decir, si tengo que morirme me muero. Pero no estoy preparado, no me gustaría, no estoy invitando a la muerte. Así es que trato de comer sano, trato de ser una buena persona para alargarme más la vida: me encanta la vida, me encanta el misterio de la vida. Por eso es que mi único sueño es querer seguir viviendo.

—¿Cómo llegaste a escribir tus primeras canciones?

—Yo trabajaba en ENTEL, en Maipú y Corrientes, en el subsuelo donde (Héctor José) Cámpora le enviaba los télex a (Juan

Domingo) Perón. En realidad me di cuenta cuando leí el libro de (Miguel) Bonasso, que decía: "El otro día fuimos a ENTEL con Cámpora, a mandarle un télex a Perón". El que se lo mandaba era yo. Cámpora me llamaba a mí porque era muy rápido, era más joven, y tenía buena onda. En primer lugar yo había entrado en Transradio que era una empresa que operaba el servicio de télex, igual que ITT e Italcable. En Transradio había tenido una entrevista con el presidente, y yo creo que le gustó lo que le dije: "Mire, yo sé mecanografía y sé algo de inglés; si a usted le alcanza con eso, le aseguro que soy una buena persona: yo vine a Buenos Aires para ayudar a mis padres".

Además era la verdad. De hecho con la primera plata que gané empecé a hacerles una casa a ellos. En Transradio me di cuenta de que yo había tenido suerte: un día abrí la ventana y pensé: "Tengo suerte, el primer trabajo que consigo y ya veo el Obelisco". Eso se lo escribí a mi maestra y a mi papá, en una carta. Entonces después estas empresas se nacionalizaron, pasaron a ser ENTEL, y a partir de ese momento empezamos a trabajar en el subsuelo de Maipú y Corrientes. Yo vivía en una pensión en Moreno 411, y allí empecé a acumular las primeras canciones.

—¿Ahí empezaste a ser León Gieco, con todo lo que significa?

—Sí, porque además tuve la oportunidad de presentar algunas de mis canciones en la RCA, que fueron rebotadas porque tenían algo de protesta social y la gente no quería. Es decir, ahí empecé a ser León Gieco y a componer mis primeras canciones, como "Hombres de hierro" y "En el país de la libertad".

—¿Cuál fue la primera?

—Creo que fue "En el país de la libertad". Después compuse "Hombres de hierro", por lo que había pasado en el *Mendozazo*. Entonces conseguí un contacto increíble con Gustavo Santaolalla, gracias a una radio que escuchaba en ENTEL por las noches, cuando cambiaba los turnos.

—¿Y cómo fue cuando estabas en el taxi y escuchaste tu primera canción?

—Un día, cuando pasó todo y grabamos el disco —que estaba por salir en una empresa argentina que se llamaba Music Hall—, me tomé un taxi para ir a trabajar. Y en Callao y Corrientes escuché "En el país de la libertad" en una radio. Me bajé del taxi y no volví a trabajar nunca más. Dije: "Ésta es la mía, voy a ser músico". Ese día salí a recorrer la avenida Corrientes para ver si ya había salido el disco, pero recién salió al otro mes. Recuerdo que me encontré a Charly (García), que estaba en el bar La Paz. Ya nos conocíamos porque el que nos había presentado era Gustavo Santaolalla, que ya había empezado a producir grupos. De hecho el primer disco que produjo fue el mío. Sin embargo también pude haber tocado otras canciones y pude haberme ido para otro lado, porque la inconsistencia mía era muy grande. Yo venía del campo, para mí Buenos Aires era muy grande y estaba esperando que alguien me ayudara. Cuando me ofrecieron grabar canciones de los Bee Gees en castellano, que era con la orquesta de Horacio Malvicino, que se hacía llamar Alan Debray, pensé: "Yo agarro. Total... una vez que pase esto, me voy a hacer famoso, y después me manejo yo". Pero Gustavo Santaolalla me dijo: "Si hacés ese trabajo no vengas nunca más por acá, no tenemos nada que ver con vos". Estuve cuatro o cinco días sin ir a trabajar. Para pensar iba a ver películas de cowboys a un cine que quedaba en Avenida de Mayo, que se llamaba Victoria. Entonces un día me decidí y le dije a Gustavo que tenía razón. "Gustavo, me entrego a vos, vamos a hacer el disco: creo que lo más interesante que me pasó en Buenos Aires fueron tus palabras."

—El ataque de pánico que tuviste, ¿tenía que ver con la alta exposición, por lo que representás?

—No lo sé, porque fue una sorpresa. Cuando vos te tomás un vaso de whisky, te fumás un porro, o cuando te tomás una droga cualquiera, sabés que después te produce un efecto. Pero el ataque de pánico vino de sorpresa y me produjo un efecto tremendamente mortuorio. Se te manifiesta una proximidad muy grande con la muerte, pero tampoco sabés de dónde viene. Pudo ser por lo que planteás, pudo ser por viejas cuestiones que no solucioné, por no hablar con un psicólogo, o por exceso de adrenalina. Cuando estás actuando todo el tiempo el fluido que te viene es la adrenalina, que te adorna para que puedas estar en el escenario. En el momento en que me agarró el ataque de pánico hacía tres meses que no actuaba: quizás haya sucedido algo que tuviera que ver con eso.

—¿Sos consciente de lo que generás, o en el fondo seguís siendo el chico que admiraba a (Luis Alberto) Spinetta, a Bob Dylan o a Charly (García)?

—Soy consciente de las dos cosas. Ser consciente de lo que yo produzco en otra gente no me hace olvidar que haya sido un chico que repartía carne, o que haya admirado a Luis Alberto Spinetta mientras vendía empanadas. Una cosa no se contradice con la otra. Soy consciente de lo que hice cuando viene una persona, me mira y se larga a llorar. Es que hay gente que me escucha desde hace veinte años, y cuando me tienen enfrente les represento una persona muy importante en sus vidas. A mí me ha pasado igual con los músicos con los que yo he grabado en 1992, con Russ Kunkel y Leland Sklar, que fueron siempre la base de James Taylor: yo tengo incorporados treinta y cinco o cuarenta años de su música. Cuando lo vi llegar a Leland Sklar me produjo un estado emocional tan grande y tan fuerte que le conté de la significación y de la importancia de su trabajo en mi disco. "Es lo mismo que vos toques en el mío", me respondió.

—¿Te gusta el lugar de gurú que tenés con las bandas?

—Bueno, me tuve que acostumbrar a eso. Cuando yo era chico trabajaba con canciones de Atahualpa Yupanqui, de (Jorge) Cafrune, y también armamos un conjunto de música folclórica, que era la formación clásica de ese momento de Los Chalchaleros y Los Fronterizos: tres guitarras y bombo. También formamos un grupo de rock, donde tocábamos temas de los Rolling Stones, The Beatles, The Spencer Davis Group, The Who. Es decir que abarcábamos un espectro muy grande. Cuando empecé a hacer canciones, ya con el primer disco, me había despachado con rock, folk y folclore: tenía la cabeza abierta a todos los estilos y ritmos musicales. Gracias a eso hicimos *De Ushuaia a La Quiaca*, donde nos sentíamos muy bien recibidos en el interior por Sixto Palavecino y el Cuchi (Gustavo) Leguizamón. Ellos tenían el honor de que nosotros estuviéramos ahí grabando, y nosotros teníamos el honor de estar ahí aprendiendo. El asunto del gurú, donde los chicos me invitan a cantar, tiene que ver con eso. Es porque yo no tengo problema con nada ni con nadie, es porque conozco la música de ellos y me gusta también. Por ejemplo, Ciro, de Los Piojos, cuando era chico me paró en la calle y me dijo: "¿Cómo se toca una armónica?", y yo paré y le expliqué. Y ahora es Ciro, de Los Piojos, el que me invita a cantar al Luna Park, y me presenta con la anécdota que acabo de contar. Gurú o no gurú, quizá sea el resultado de cómo uno se mueve en la vida.

—¿Y tu relación con Charly (García)?

—Con Charly somos amigos, por más que nos veamos muy poco. Además somos la segunda generación del rock, la criticada por la pesada, por Pappo (Norberto Napolitano). Porque ellos venían tocando un rock rabioso con guitarras eléctricas y nosotros salimos con "Canción para mi muerte", "En el país de la libertad",

"Hombres de hierro". Pappo nos decía: "Nosotros nos rompemos todos para hacer esta música, para hacer rock & roll, para hacer un blues, y vienen estos pibes y nos copan todo el mercado con esta musiquita de mierda". Con los años reconoció que nosotros éramos del mismo *target*.

—¿Por qué decís que con los años evolucionaste mucho escribiendo, con las letras, y no tanto con la música?

—Es muy probable que sea porque leí más de lo que estudié guitarra. Voy a mejorar las melodías cuando me ponga a estudiar guitarra. Incluso tengo una invitación del señor (Esteban) Morgado, el gran guitarrista, que me dijo una cosa muy valiosa: "Yo no te voy a enseñar a tocar la guitarra: yo voy a ampliar todos tus conocimientos". Eso es muy importante. A toda la gente le aconsejo que estudie, el estudio es muy importante. Yo soy una persona que no se puede concentrar ni para estudiar guitarra, ni para estudiar armónica, ni para cantar, ni para estudiar canto. Todo lo hago por intuición. Trato de no fumar, para que no me haga mal. Yo quisiera cantar mejor, quisiera tocar mejor la armónica, y quisiera tocar mejor la guitarra. Hace diez o quince años vengo diciendo esto, todavía no lo hice. Pero les prometí a mis hijas que algún día lo voy a hacer.

—¿Qué resume tu disco *Por favor, perdón y gracias*, además de la polémica de Romina Tejerina, además de "Un minuto" con el Pato (Patricio) Fontanet, y además de Cromagnon?

—Eso fue una polémica que surgió después del lanzamiento, porque yo le iba a poner al disco *Santa Tejerina*, ya que me parecía un nombre hermoso. Pero, al final, uno es un inocente. Cuando pasó lo de Cromagnon los llamé a los chicos de Callejeros, y les dije: "Hagamos un concierto a beneficio de los chicos que tienen que rehabilitarse y compramos cuatro o cinco máquinas para un hospital". Cuando dimos la noticia, casi nos matan. La gente cree que hice el tema de Santa Tejerina adrede e hice el tema de Cromagnon adrede: nosotros hacemos lo que sentimos. Me puse en la piel del pibe como una víctima más, porque él no es un asesino. Estos pibes se levantaron a la mañana para hacer un recital de rock. Que hayan sido responsables o irresponsables de que salieran o entraran con bengalas, ¿quién lo podía saber? Si además había desmanes de gente en todos los conciertos: en los de Los Piojos, en los de Los Redondos, en los míos, en los de Divididos, en todos lados.

—¿Y cuál es la crítica que se puede hacer?

—La crítica es hacia la pérdida de valores en este país. Este país fue muy golpeado con la dictadura militar: cuando vos rompés con la inocencia de la gente, rompés también con el crecimiento y con el futuro. Después tuvimos un par de gobiernos democráticos en los que tampoco pudimos salir: vino el gobierno de (Carlos) Menem, en donde se usó la misma política que la de (José Alfredo) Martínez de Hoz y nos mintieron en la cara permanentemente. Se perdieron muchos valores. A su vez, se "futbolizó" el rock: la gente empezó a tener un protagonismo especial y muy grande. Antes ibas a un concierto de rock y no escuchabas ni al cantante ni al grupo: escuchabas un canto colectivo, que al final era lo que estaba estudiando (Leda) Valladares. Se le fue de las manos el canto colectivo, se nos fue al carajo. El protagonismo era tan importante que no solamente se quedaban con el asunto de cantar sino que empezaron a manifestarse físicamente, con el asunto de las bengalas. Y ése fue el accidente de Cromagnon: un tiro que salió de las bengalas. Perdimos todos los valores. No les voy a echar la culpa ni a los chicos que entraron en Cromagnon ni a los grupos, somos todos. Cromagnon fue un grupo de causalidades argentinas que dio como resultado ese tremendo accidente, que terminó rebasando un vaso que viene llenándose desde la época de la dictadura militar: con la bomba de la AMIA, con la bomba de la Embajada de Israel, con la cantidad de catástrofes que tenemos todo el tiempo.

—¿Se puede salir de ese lugar de deterioro y de tristeza con el arte y con la música?

—La canción sola nunca va a cambiar nada. Es lo mismo que me digas: "¿Se puede ver una película sin música?". Sí, se puede ver. Pero con musica quizá sea mucho más lindo, quizá te inspire mucho más o las lágrimas sean más fáciles de largar. La música es más que nada un acompañamiento, igual que las letras. La canción sigue en paralelo a los movimientos políticos o a las modas: antes era el rock & roll, después fue rock, después fue new wave, después fue heavy. Ahora tenemos millones de ritmos pero la canción en verdad es para dibujar: nosotros somos como un pintor que pincela una situación determinada. Nada más que eso.

—¿Cuál es la canción que más te gusta del último disco?

—La que más me gusta, la que más trabajé, es "Yo soy Juan", que es la primera y está dedicada a Juan Cavandié, el chico que hizo ese discurso maravilloso y conmovedor en la ESMA. Además, él nació allí. Ésa fue toda una historia, porque estábamos con

(Joan Manuel) Serrat y Víctor Heredia en el camarín, y había mucha gente que quería autógrafos. Lo vi a Juan, que me saludó desde lejos, y yo no sabía quién era. Lo saludé como a uno más, y a los cinco o seis días lo vi en el programa de Gastón Pauls. Me agarró una culpa tremenda, porque él es un estímulo grande de la vida, un emblemático de la vida. Debería haberlo abrazado. Entonces lo llamé a Gastón, le pedí el teléfono de Juan y nos fuimos a comer los tres. Fue increíble esa charla. Después llegué a mi casa y le compuse la canción "El hijo de la sangre". Porque él siempre decía que se llamaba Juan pero no sabía que se llamaba Juan, hasta que descubrió que realmente siempre había tenido ese nombre. Y le dije: "Bueno, vos sos el hijo de la sangre. La sangre pudo mucho más, porque la información que te dio tu mamá en la teta fue a la sangre, a llamarte Juan siempre". Ésa fue una de las canciones que más me gustó.

—¿Cuáles son tus sueños por cumplir?

—Los más recientes, los que van a aparecer de aquí en más. Uno es el proyecto de hacer *Pedro y el Lobo*, una versión muy especial donde voy a largar el lobo al final, no lo vamos a llevar al zoológico. Es una obra infantil, pero quiero hacerlo de una forma muy original. También quiero hacer un disco con las canciones que son del setenta para atrás, que fueron muy importantes en el ámbito del rock. Son canciones que ocuparon un espacio muy importante en nuestras vidas, los que somos de la segunda generación del rock. Eso es un sueño: los proyectos son los sueños. Y como un gran sueño, el único sueño, es vivir. Con la vida puedo generar muchas cosas. Por supuesto que podría delirar: quisiera grabar con Bob Dylan, o con Paul McCartney. En realidad me gustaría terminar el trabajo *De Ushuaia a La Quiaca* con todos los artistas que están en el interior de la Argentina, que no los conoce nadie, para que el día de mañana haya un banco de datos de las provincias argentinas y los chicos de los colegios vayan ahí y puedan buscar en *De Ushuaia a La Quiaca* qué significa la música, y el arte en general, de San Juan, de Mendoza, de La Rioja, de Misiones, de Corrientes.

—¿Qué mensaje le darías a la gente que te quiere y no te conoce, a ese tipo que te mira, está enfrente tuyo y se pone a llorar?

—Les diría que a mí me pasa lo mismo que a ellos, con otros artistas. Cuando lo vi a Joe Cocker en el camarín, cuando estuve hablando con Peter Gabriel en Amnistía, cuando estuve reunido con Bruce Springsteen, cuando estuve en Uruguay con Bob Dylan, donde él me firmó un autógrafo y me dio una pequeña armónica con su nombre. No soy nada especial, a mí me pasa exactamente lo mismo que le pasa a esa gente conmigo.

—¿Y te gusta vivir con eso?

—Me gusta vivir con eso; si no me gustara... ¿cómo podría seguir? La memoria y el respeto... es lo único que tengo.

## SEÑAS PARTICULARES:
### *"Odio levantarme temprano"*

—¿Qué amás de lo cotidiano?

—Me encanta ir al cine y ver una buena película; me encanta salir a caminar a la mañana y escuchar música, y me encanta tener un proyecto diario.

—¿Y qué odiás?

—Odio levantarme temprano: creo que es lo único que odio del día.

—¿Qué te hace reír?

—Les Luthiers, mis amigos y mi mujer.

—¿Y qué te hace llorar?

—Me hacen llorar la mentira, las noticias tristes y las desgracias humanas.

—¿Qué canciones te hubiera gustado componer?

—"La balsa", de Litto Nebbia, "Muchacha ojos de papel", de (Luis Alberto) Spinetta, y "Blowin' in the Wind", de Bob Dylan.

—Mencioná tres músicos que te hayan pegado fuerte.

—Atahualpa Yupanqui, Charly García y Peter Gabriel.

—Tres personas que te hayan cambiado la vida.

—Mi papá, Alicia, mi mujer, y mis hijas.

—¿Qué te hubiera gustado ser?

—Carnicero, maquinista de tren y músico de peñas.

—¿Qué te gustaría cambiar de vos?

—La falta de concentración, y la falta de voluntad para estudiar vocalización y música.

—¿Qué te gusta de vos?

—Hacer positivo lo negativo, la libertad que tengo y la sencillez, que heredé de mi familia.

—¿Tres manías?

—Ir al baño antes de cualquier actuación, no ponerme las medias al revés, y no usar el color amarillo.

—¿Qué te enamora de una mujer?

—La sensualidad, la inteligencia y la alegría.

—¿Tres cosas que te estás debiendo?

—Vivir, vivir y vivir.

---

—Un mensaje para ser visto y oído durante el año 2050.

—Me dirijo a los que quedan en esta humanidad: yo viví en el año 2005. En ese momento había un cuarenta por ciento de habitantes que no tenían las necesidades mínimas cubiertas, como es un lugar para vivir. No podían educarse en una escuela pública y no podían sanarse en un hospital público. Tampoco podían tomarse vacaciones para poder salir de lo cotidiano. Eso éramos nosotros en 2005: espero que ustedes hayan solucionado ese problema, y muchos otros más. Saludos a todos. León Gieco, cantante.

# Séptima parte

# Mujeres ejemplares

Nacha Guevara, Cecilia Roth y Graciela Borges son mujeres ejemplares.
Cada una, de distinta manera, ha sostenido su carrera y su vida en un
ambiente y un mundo machista y prejuicioso.
En la entrevista, la inteligencia y la hondura de Nacha le ganaron
a mi prejuicio.
El diálogo con Cecilia, en cambio, la revela más vulnerable de lo que parece.
Y Graciela Borges viene transitando un camino de luz que vale
la pena curiosear.

# Nacha Guevara

# "Le perdí el miedo a la muerte"

AUTORRETRATO:
*"Mi nombre es Nacha, y en esta noche van a ver pasar una y mil Nachas porque soy muchas a la vez: con mis luces, mis sombras, mis logros y mis fracasos. Lo que sí puedo decir es que amo el trabajo de actriz. Soy una persona muy trabajadora. Era más atrevida cuando era más jovencita y a veces extraño eso. También podría decir que tengo una muy buena vida y que le estoy muy agradecida. Ha sido muy generosa conmigo y yo también he sido generosa con ella"*

Confieso que, hasta el día en que la entrevisté, mi opinión sobre Nacha Guevara estaba contaminada de prejuicios.

Siempre sospeché que se trataba de una mujer inteligente, pero tenía incorporado ese estereotipo de persona que vive para su apariencia, con un ego enorme y potente, que puede tapar todo rasgo de humanidad y de capacidad para analizar las cosas con cierta profundidad.

Quizás haya sido influido por sus incursiones mediáticas en *Caras* o *Gente*, o por el reduccionismo que hicieron muchos colegas para hablar de cómo Nacha pelea contra el paso del tiempo. Lo cierto es que, después de este diálogo, aprendí a conocerla mejor. Y me alegro de haber intentado mostrar una mujer más completa.

Nacha fue invitada la misma semana en que el entonces secretario de Cultura, Torcuato Di Tella, comparó su actividad con la de una prostituta. Después de terminar la charla, ella agradeció que no le hubiese preguntado por esa referencia tan grosera.

—¿Por qué dejaste de ser atrevida?

—Los de afuera creerán que soy muy atrevida pero dejé de serlo para mí. Ahora soy una atrevida más educada, pienso más algunas locuras que quiero hacer. Antes no medía las consecuencias y ahora uno las va pensando mejor. Eso es natural y saludable, pero también considero que era más lindo cuando no tenía ese límite.

—¿Cuándo y por qué empezaste a medir consecuencias?

—Supongo que durante el exilio, pues las situaciones se vuelven más peligrosas. Estás fuera de tu ámbito natural, perdiste todo: la identidad, la patria, los amigos, la familia. Yo me fui con mi pareja y mis tres hijos, pero todo lo demás quedó atrás. Es similar a una muerte y el renacimiento, uno se vuelve forzosamente más prudente. Además, cuando estás con tres niños tenés que cuidar más lo que decís y lo que no decís para conseguir un trabajo, para no perderlo. Creo que en ese momento se perdió algo de esa chispa.

—Una artista, ¿nace o se hace?

—Las dos cosas. Se nace para hacer ciertas cosas y también hay que trabajar toda la vida para llevar ese don a su punto más alto, a su punto mejor, si es posible a la perfección. Creo que es muy importante que las personas descubran a qué vinimos, porque todos venimos a algo o tenemos algún propósito en la vida, todos sabemos hacer de una manera creativa y diferente de los demás. Es importante descubrir eso, porque cuando eso no se conoce la vida se transforma en una desgracia para el que la vive y para los que te rodean, porque estás como fuera del riel, del camino que está trazado. De modo que la educación debería ocuparse mucho en alentar a los niños y a los jóvenes, no tanto a tener éxito, sino a ocuparse de ser felices, porque la verdad es que cuando uno está cumpliendo con el propósito de su vida, en el momento en que está haciendo esa tarea, es completamente feliz. Es ésa la prueba de que uno está en el camino.

—¿Vos sabés a qué viniste?

—Yo vine a comunicar algunas cosas y también a descubrir que en el arte hay un don sanador de conectar alma con alma y de imprimir ciertas cosas que olvidamos todo el tiempo. La vida de hoy hace que olvidemos hasta quiénes somos y la misión del artista tal vez es recordar, pero no desde un punto de vista intelectual sino desde el corazón, quiénes somos en realidad. Y cuando se hace esa conexión, nos damos cuenta de que somos mucho más parecidos de lo que creemos, que tenemos muchas más coincidencias que diferencias y, en ese sentido, el arte sana. Hace unos cuantos años vino Zubin Mehta a dar un concierto en la Avenida 9 de Julio que nunca más olvidaré. Y había cien mil personas. Todas esas personas, completamente distintas las unas de las otras, cuando el concierto concluyó eran mucho más hermanas que al comienzo del show. Ése es el sentido del arte.

—Tu carrera comenzó con la danza, continuó con la actuación y luego con el canto, ¿te desdoblás todo el tiempo?

—Te salteaste mi etapa como modelo. Yo fui buscando este propósito que tiene que ver con lo artístico, lo estético, con tratar de embellecer todo lo que tocaba, con ser creativa, pero hasta que encontré el lugar… sí, estuve buscando mucho.

—Cuando te preguntan en el aeropuerto por tu profesión, ¿qué ponés?

—Que soy actriz. A pesar de que canto, y cada vez mejor porque me preocupo por estudiar desde hace años, yo abordo todo desde la actuación. Cuando tomo una canción le brindo un tratamiento teatral. Me costaría mucho hacerlo desde una partitura o sólo desde las notas, no llegaría a expresarla como tal.

—En todos esos desdoblamientos, ¿también está la Nacha que se anima al desnudo en *El graduado* y la profundamente comprometida con su ideología?

—Mi ideología es muy burda y simple: siempre estoy del lado de los indefensos. No me voy a fijar si un blanco le pegó a un negro, si un negro le pegó a un blanco, eso es secundario. Es la situación, no tolero el abuso. Pero lo cierto es que nunca fui profundamente ideológica, no pertenecí a ningún partido o movimiento. Creo sí en el anarquismo, porque implica una utopía extraordinaria y que tiene que ver con que cada ser es absolutamente responsable de sus actos, sin decirle qué o cómo hacerlo. Son seres libres, solidarios, una libertad que quizás es muy difícil de alcanzar porque siempre estamos actuando, interpretando personajes.

—Hablando de personajes, ¿siempre estás interpretando uno?

—No. Soy de salirme bastante de mis personajes. Pero siempre hay dos personajes: te sacarás el más obvio, el más grueso, pero en el momento en que uno puede sacarse todas las caretas ahí está la libertad, ahí es cuando una persona es realmente irresistible.

—¿Has podido hacerlo?

—Se puede por momentos, por fracciones. Es similar a la felicidad, ya que no contamos con veinticuatro horas de felicidad, sólo disfrutamos de ciertos momentos. Lo importante quizás es ser conscientes de eso, atesorarlo, valorarlo y guardarlo como si fuera en un banco. Sería bueno que haya un banco en el cual resguardar momentos felices para cuando vengan los malos tiempos.

—¿La mayoría de los momentos de tu vida fueron felices?

—Puedo decir que ahora soy mucho más feliz que antes. He trabajado para ello, desde hace muchos años, en conocerme más. Sí uno se conoce a sí mismo automáticamente conoce a los demás, porque el camino es exactamente el mismo hacia adentro que para afuera. He perdido algunos miedos, he entendido algunas leyes fundamentales que rigen el universo.

—¿Qué miedos perdiste?

—El miedo a la muerte ya no es una cosa que me pueda asaltar por la noche como un fantasma en el medio de la oscuridad. O, por lo menos, he aprendido a trabajar ese miedo. Nuestra cultura pone ese temor debajo de la alfombra y, finalmente, la muerte es una transición como lo es el nacimiento. Hay culturas que lloran el nacimiento y festejan la muerte. Este camino de la vida tampoco es la pavada, hay que pasar muchas aquí y nadie se salva de eso. Así que en realidad no sabemos qué es esto, ni qué hay antes ni qué viene después.

—¿Creés que después viene algo?

—No lo sé, nadie lo sabe. Creo que en una sola vida no podemos evolucionar hasta ser seres luminosos, no creo que el universo te condene a una sola vida. El universo no cuenta el tiempo como lo hacemos nosotros: creemos que ochenta años es una vida completa, y para el universo eso no existe. De modo que si todo en el universo es cíclico, ¿por qué la vida no puede ser cíclica? Y volver y volver y volver. Aunque, siendo sincera, desearía no volver.

—¿En serio?

—Sí, ¿sabés por qué? Para no ir a la escuela. Yo no quiero volver a pasar por la escuela primaria, por las maestras, no quiero ir más a la escuela.

—Estuviste en el Lenguas Vivas, ¿no?

—Sí, estuve en el Lenguas Vivas, pero eso no quiere decir que haya tenido maestros amorosos. No recuerdo, hasta más grande, haber tenido maestros amorosos. La pasé muy mal en la escuela.

—No estás dispuesta a volver después de irte. ¿Estás dispuesta a enamorarte otra vez?

—No, creo que no. Pero uno nunca puede decir eso porque después salís a la calle y te pasa cualquier cosa. La vida y el amor son muy inesperados. Pero sé estar sola, me llevo bien conmigo. Desde que soy niña me gusta la soledad. El momento en el que más me gustaba estar en mi casa era cuando se iban todos. Hacía dibujos, jugaba con telas y diseñaba trajes. Era mágico.

—¿Y qué hacés hoy cuando estás sola?

—Me gusta no hacer nada, soy muy vaga cuando no tengo que trabajar. Hay gente que no puede no hacer nada pero yo sí, paso bastante tiempo sin hacer nada, hasta que tenga ganas de hacer algo nuevo.

—¿Incluso podés manejar la energía al punto de no pensar?

—No, porque la energía no se maneja ni se controla. Uno puede estar centrado en su energía, en sí mismo, y entonces tener menos pensamientos, pero en general uno no manipula su mente, eso causa más estrés. Los humanos tenemos sesenta mil pensamientos diarios. Lo más triste es que mañana vamos a tener casi los mismos sesenta mil pensamientos, o sea que hay una cantidad de ruido interno que no nos permite ser creativos, que esos pensamientos se manifiesten en acciones. Cuando nace un deseo, un pensamiento se suscita para transformarse en acción. Nosotros solemos atrancarnos en un torbellino de juicios, prejuicios, creencias que hacen que no podamos materializar esos deseos o pensamientos.

—¿Estás en una etapa en la que tenés muchos ruiditos o en una donde hay mucha materialización de sueños?

—Yo tengo técnicas y herramientas para los desafíos, porque la vida va cambiando todo el tiempo, te pone a prueba. Hace veinte años que trabajo en estas cosas y, sin embargo, la vida me sucede como a todos. Ahí utilizo mis herramientas para darme cuenta de dónde está el desequilibrio. Ahí logro una conexión más profunda conmigo misma, con mi mente, mi espíritu o mi cuerpo. Esos sesenta mil pensamientos hacen que, en el afuera y el adentro, haya tanto ruido que oigas tu voz interior (que es la más pura). Hay gente que hasta que no llega a sufrir una úlcera no tiene síntomas. Cuando se trabajan estas cosas, estás más conectado con vos mismo y sabés automáticamente lo que necesitás en ese momento para bajar los niveles de estrés. Pero esta vida tiene estrés, lo que podemos hacer es no ser un estrés caminando sino sólo seres humanos que viven situaciones estresantes y las resuelven desde un lugar más alto que el del estrés.

—Sos un icono de la eterna juventud. ¿Está bueno o te pesa?

—Las dos cosas. Lo que me pesa es cuando sólo se ocupan de eso o ven el exterior. Las personas que sólo ven lo exterior es porque también ven sólo su exterior. En cambio, las que ven más allá pueden aprovechar mi experiencia en esto. Por eso me agota cuando lo frivolizan. Soy una persona curiosa, me gusta investigar, ver cosas nuevas, que me pregunten cosas nuevas, contestar cosas nuevas. Entonces, cuando una cosa se hace ya rutina, me cansa.

—Siempre decís que no buscás estar más joven o vieja sino mejor por dentro, ¿cómo se trabaja eso?

—Se trabaja desde muchos lugares. Creo que para toda tarea o problema que uno quiera abordar no hay un solo enfoque ni solución sino muchos caminos. Yo quiero tener una mejor calidad de vida, no me importa vivir ciento veinte años, sino que cuando me llegue la hora pueda estar lúcida e independiente. Quiero morirme sana. Cuando uno aprende a conocerse, a cuidarse, a pensar de otra manera, a entender por qué las personas que viven esclavas del tiempo envejecen más rápido que aquellas que han establecido su mente en un lugar donde las leyes del tiempo y el espacio no son las mismas que las que conocemos aquí, pone su atención en el espíritu. ¿Porque qué es lo que nunca cambia? El espíritu. Siempre que te refieras a él y mires hacia él, vas a tener la experiencia de que está intacto. Las personas que aprenden a echar un ancla en ese lugar y al mismo tiempo vivir en este otro tendrán una combinación exquisita. Esta combinación de silencio y actividad simultáneos hace que la vida se desarrolle de una manera muy diferente y que enfoques las cosas de otro modo. Pero la verdad es que yo no cambio ese camino por ningún otro: medito hace veinticinco años.

—¿Es verdad que nunca tomás alcohol?

—A veces sí. En el cumpleaños de una amiga, el otro día, me emborraché. Era un grupo chiquito y fue muy divertido. Además, como estoy armando el personaje de *El graduado*, que es una mujer alcohólica, quería experimentar qué hace una persona cuando toma alcohol, cómo pierde sus inhibiciones, cómo se siente de este modo, cómo ve el mundo, cómo ve a los demás. Los actores somos medio enfermos en ese sentido. De todas formas, yo siempre hago lo que tengo ganas, no creo en los sacrificios. Creo que lo que hay que hacer es trabajar internamente para que tus decisiones, tus gustos, sean espontáneamente correctos. Lo que hay que hacer es desintoxicar el sistema, tener una mente más silenciosa, un cuerpo más armonioso, una alimentación más sana, más contacto profundo con la naturaleza, tratar de hacer aunque sea quince minutos de silencio durante el día. La mente ama el silencio y lo agradece, y la verdad es que no podemos evolucionar sin eso porque el conocimiento viene del silencio.

—Estaba pensando cómo debía ser una persona para acompañarte en todo este proceso.

—Una es capaz de enamorarse de cualquier cosa y también creo que la relación de pareja es el desafío más grande que se nos presenta. Ese compromiso, esa convivencia, esa capacidad de negociar cada detalle de la vida, es admirable. Cuando veo parejas grandes de la mano, me da mucha emoción. No sé si serán felices pero lo que sé es que han atravesado demasiadas tormentas juntos y pudieron resistirlas de algún modo. Eso es admirable.

—¿Te enamoraste muchas veces?

—El amor de la vida es uno y yo ya lo tuve. Cuando a una mujer le preguntás cuál fue el amor de su vida, no lo duda un instante. Lo dice con nombre y apellido. No existe duda en eso.

—¿No puede aparecer otro de repente?

—Puede aparecer otro tipo de amor. Cuando me preguntan qué hombre me gustaría, pues si vamos a soñar, hagámoslo a lo grande, digo que Sting. Se trata de una persona que evolucionó, que si lo comparamos a cuando tenía veinte años, ha cambiado muchísimo. También Richard Gere es un hombre que creció como actor y como persona, se lo ve en la mirada. Digo, tendría que tratarse de una persona de ese tipo, que haya trabajado mucho sobre sí mismo. Y, en los hombres, eso es poco probable. A cualquier seminario, clase o conferencia que vayas, vas a notar que de diez personas, habrá dos hombres y ocho mujeres. Las mujeres son curiosas, están deseando transformarse.

—¿Por qué?

—Porque siempre han tenido un espacio más permitido para relacionarse con ellas mismas. El hombre siempre ha ido hacia afuera y la mujer ha quedado siempre en su casa y eso le ha dado una relación más íntima con ella misma. Incluso porque somos diferentes. Entonces, la transformación deberá llegar de ambos lados, porque la mujer se ha vuelto más masculina y el hombre tiene que tomar partes femeninas. No existe eso de que la intuición es femenina, se trata de un don humano.

—Como tampoco existe sólo el instinto maternal.

—Por supuesto, también existe el instinto paternal.

—¿Es cierto que te falta paciencia?

—Sí, soy muy ansiosa. En lo cotidiano, mi naturaleza es la ansiedad. Sucede que, en muchas ocasiones, no puedo entender que las cosas más simples no se puedan hacer bien. Sin embargo tengo mucha tolerancia para cuestiones de largo alcance. Por ejemplo, si me dicen que mi evolución personal va a concluir dentro de diez vidas, lo entiendo perfectamente. Ahora, si no se puede colgar un cuadro derecho en este momento, no lo tolero. De hecho, hace cinco años empecé a estudiar canto nuevamente y mi maestra me dijo: "Para crear una nueva voz vas a tardar cinco años en desechar la vieja". Y lo acepté perfectamente.

—¿Desarmaste tu voz creando una nueva?

—Sí. Técnicamente, la vieja era una voz muy de garganta. Tengo una voz de soprano, muy grande. Las técnicas habituales quieren que la voz suba y las voces muy grandes no pueden subir, tienen que bajar. ¿Qué quiere decir eso? Que hay que colocar arriba las notas más agudas y que esa posición se derrame luego sobre las notas graves. Todo eso es un proceso muy lento pues se trata de una musculatura muy chiquita que no conocemos ni vemos, y las sensaciones son subjetivas. A veces suele ser descorazonador porque lo que sale en los primeros tiempos es espantoso. Es más fácil aprender que reaprender. Una voz virgen va y hace un proceso, pero cuando viene con vicios, con posturas, con reflejos de ir a ciertos lugares incorrectos, es muy trabajoso, pero es muy gratificante también cuando va apareciendo lo nuevo. Y la voz nueva es más bella, me permite ser más expresiva, me permite disfrutar mucho más de cantar sin dudar adónde tengo que poner esa nota para que suene bien.

—Hace unos años te hiciste un chequeo médico y dio como resultado que tus signos vitales eran los de una mujer más joven, ¿con qué tiene que ver esto?

—Eso tiene que ver con la física cuántica. Nosotros tenemos este cuerpo y también uno cuántico, un cuerpo que se rige por otro tiempo y espacio. Cuando las personas establecen su vida en ese lugar, ello permite que no envejezcan, pero además que retrocedan en el tiempo. Sé que todo esto le da risa a mucha gente porque yo también me he reído, lo cierto es que cuando me lo dijeron por primera vez yo era una porteña escéptica. Por eso si provoca risa lo entiendo profundamente. Las cosas sólo se comprenden cuando se experimentan, y nadie puede invalidar tu experiencia. De modo que yo sé que esas cosas funcionan porque las he probado.

—Las relaciones que mantuviste con hombres más jóvenes, ¿están asociadas a esa energía?

—No, en todo caso sí tiene vinculación con aquellas personas que han aprovechado la vida. Cuando veo a personas de mi edad que están estancadas me da mucha bronca, porque siempre uno va para atrás o para adelante. Por eso las personas que no se han dedicado a ser mejores se encuentran peor que cuando tenían veinte años, y de esos seres a mí no me interesa nada. Lo que tienen los jóvenes, no sólo cuando están en pareja, es un momento maravilloso en el que tienen ganas de ser, en eso radica su potencial, que está por declararse. Pero eso no es patrimonio de los jóvenes sino de las personas que han decidido vivir de acuerdo con sus creencias, que son libres. Lo viejo en sí mismo implica algo despectivo, pero hay culturas que veneran a la gente que tiene más experiencia.

—Culturas que, por lo tanto, consideran bella a la vejez.

—Sí, pero también hay viejos y viejos. Lo que te digo es que existe gente que vivió mal, resentida. ¿De qué se trata una persona linda? Pues es aquella con la cual uno quiere estar. No importa cómo sea, ni la edad que tenga, no importa nada. Es alguien con quien querés compartir algo. El maravilloso Jack Bell, cuando le diagnosticaron que padecía cáncer, se dedicó a lo que siempre soñó: se fue a vivir a Tahití. ¡Sobrevivió nueve años! Entonces dijo algo que siempre me golpeó: "Tenía que tener un cáncer para hacer lo que había soñado siempre". No esperemos a eso, hagámoslo antes.

—¿Qué amás de lo cotidiano?

—Aprecio, cada vez más, las cosas sencillas. Despertarme en mi casita (porque oigo pájaros en la mañana), estar con mis gatos que me dan mucho cariño, amor y compañía, y disfrutar de una buena comida.

—¿Qué odiás?

—Los ruidos del tráfico y de las tizas en los pizarrones y las personas que hablan de más, que tienen diarrea verbal.

—Nombrá dos mujeres que merezcan ser nombradas.

—Eva Perón y Juana de Arco.

—Tres músicos.

—Wolfgang Amadeus Mozart, María Callas y Judy Garland.

—Tres artistas.

—Charles Chaplin, Charles Chaplin y Charles Chaplin.

—¿Qué te enamora de un hombre?

—¡Ay! Hace tanto que no me enamoro que ya me olvidé. Pero que tenga sentido del humor, que sea muy educado, que haya vivido intensamente y aprovechado esa experiencia para evolucionar y crecer. Es por eso que hace tanto que no me enamoro.

---

—Tu mensaje para ser visto en el año 2050, por favor.

—Llenos de miedo y esperanza hemos entrado al siglo XXI. Mil nuevos años se abren ante nosotros. El mundo es, al mismo tiempo, una gran aldea y un pequeño camino. En este milenio, nuestras creencias cambiarán dramáticamente. Se entenderá por cultura el desarrollo de la capacidad de amor, ser sabio significará hacer florecer las plantas, el más culto será aquel que más ame y un corazón puro será el arma más poderosa.

# Cecilia Roth

# "La actuación redime"

AUTORRETRATO:
*"Soy Cecilia Roth y aquí estoy"*

Cecilia Roth está aquí y es imposible no darse cuenta.

Ha venido temprano para retocar su maquillaje y aportar toda su luz. Da un par de indicaciones a su asistente y permanece en silencio.

Su mundo interior es tan potente como su presencia.

Su manera de responder no es ajena a su fuerte personalidad.

Cecilia, como dice la canción de Joaquín Sabina, siempre dice lo que piensa. Pero elige cada palabra con sumo cuidado, como si supiera que cualquier definición estruendosa y fuera de contexto puede ser utilizada por las revistas que venden con el escándalo.

Tiene roce internacional y es una artista internacional.

Estuvo casada con una estrella de rock —Fito Páez— y juntos decidieron criar un hijo.

Es consciente de para qué llegó a este mundo y defiende su intimidad con uñas y dientes.

Pero ella sabe que yo sé que hay otra Cecilia más relajada y mucho más tierna.

Es la Cecilia madre de Martín.

La que lo consintió con amor incondicional y paciencia infinita en aquel vuelo Buenos Aires-Madrid que compartimos, por casualidad, junto a mi mujer, *China* Conte-Grand.

Lo que conversamos durante el vuelo no es crucial ni misterioso, pero forma parte de la vida privada de gente que se encuentra y necesita aclarar un par de asuntos.

Pero las pocas horas compartidas con Cecilia y con Martín —quien efectivamente, como afirmará su madre, tiene olor a bizcochito— fueron un material invalorable para entrevistarla de una manera distinta.

—¿Cuándo comenzaste a ser Cecilia Roth?

—No sé si las cosas son así de un día para otro. En las personas eso se va construyendo con los nombres, las caras, los cuerpos. Ahora puedo decir lo mismo que cuando se presentó el programa: "Soy Cecilia Roth y aquí estoy". Por ahí hace unos años me hubiera costado más o lo habría dicho de otra manera, pero no sé cuándo empezó.

—¿Y hubieras dicho Cecilia Roth actriz o Cecilia Roth madre?

—Hubiera dicho más cosas también: mujer, amiga, hija, hermana.

—Estaba pensando en la canción que escribió Joaquín Sabina para vos: "Cecilia siempre dice lo que piensa y casi nunca piensa como yo".

—Eso lo decía porque Fito Páez hablaba en tercera persona y porque formó parte de una época también. Pero sí, soy bastante irreverente con respecto a que cuando tengo algo que decir no me cuesta mucho. Con el tiempo uno aprende también a endulzar, porque no siempre es bueno con el otro ser tan irreverente, tan brutal y tan sincero, porque a lo mejor uno no lo aceptaría si fuera al revés.

—¿Sos también dura con vos?

—Muy dura. Y también estoy aprendiendo a ablandarme y a disfrutar un poco más.

—¿Te preguntaste por qué sos tan dura?

—Sí, pero supongo que hay muchas razones. El tema de la autoexigencia posiblemente tenga que ver con lo familiar, en eso de pedir, de una manera muy inconsciente, que seamos todo el tiempo lo que se espera de nosotros. Y seguramente también tiene que ver con un recorrido de la vida en el cual si no me pedía mucho a mí misma, desaparecía.

—¿Por eso te pasaste la vida moviéndote de un lado al otro, de un país a otro?

—Soy totalmente nómade. Me gusta el movimiento, me asusta la quietud. Es gracioso porque, de pronto, después de un viaje de trabajo, que son la gran mayoría, los últimos días suelo decir: "No puedo más, no quiero trabajar más en mi vida, me quiero quedar en casa, ¿por qué tengo que hacer esto?". Y, una vez descansada, empiezo a pensar adónde voy ahora o qué es lo que viene.

—¿Qué influyó más en tu vida: haberte ido a Madrid cuando eras muy chica o volver a la Argentina a pesar de que en España tenías todo?

—Lo más importante es el regreso. Quise volver para cerrar un paréntesis que sentía que estaba abierto. Aún hoy, en algún lugar de mí, siento que tengo diez años menos por todo aquel tiempo que estuve en España y sin poder volver a la Argentina. Por supuesto que esos diez años fueron riquísimos, conformaron mi ser y me han constituido. Pero fueron diez años que dejaron de ser argentinos. Es decir, había una continuidad que se cortó, un novio, unos amigos, un país, un aroma que se dejó. Entonces volver a la Argentina tenía que ver con cerrar eso.

—¿Sentís bronca con respecto a todo aquello?

—Cuando regresé a la Argentina, los primeros años sentí eso pero luego esa sensación se fue disipando. Sentía una enorme rabia y que esa bronca haría que la memoria no se perdiera, que el encuentro también con una Argentina que me encantaba, que me abrazaba y a la que también tenía que sumarse aquel dolor, era partícipe con la bronca del agujero enorme que dejó no solamente en mí, sino en varias generaciones, la dictadura argentina.

—¿Disfrutaste mucho en Madrid?

—Disfruté mucho y fui muy feliz en Madrid, aunque uno siempre es muy feliz en la juventud. Pero sí, el lugar era en ese momento profundamente estimulante por su movida.

—¿Cuándo te "recibiste" de actriz?

—No sé. Incluso si me preguntás en qué momento de mi vida decidí ser actriz creo que no hay un punto claro. Lo que sí reconozco es que cuando era muy chiquita iba a un colegio que tenía un salón de actos con un escenario maravilloso y creo que me pasaba más tiempo allí que en el salón de clase: montaba espectáculos, los dirigía, actuaba, abría y cerraba unas cortinas de terciopelo bordó de las que también recuerdo el olor. Creo que fue una continuidad, como un seguir ese juego, nunca me planteé otra cosa, sabía qué era lo que había venido a hacer aquí en la Tierra. Ahora siendo grande me doy cuenta de que siempre mi tendencia fue quedarme en ese lugar acolchonado del juego de la actuación.

—¿Por qué *acolchonado*?

—Es un lugar protegido para mí, de mucha exposición, pero a la vez enormemente protector. Un lugar donde todo está permitido, donde toda emoción está permitida, y eso es bueno porque estás protegido emocionalmente. Por lo menos así siento que es la actuación: ese extraño juego emocional. Parece absurdo pero los actores somos muy absurdos, estamos constantemente jugando con esas emociones. Es un oficio absurdo pero bello.

—En *Todo sobre mi madre* hay dos o tres escenas donde la vida y la muerte están muy presentes, y pensaba en cómo las procesarías, porque se notan muy cerca.

—Sí, aunque creo que me moriría más si no pudiera hacer eso. Creo que la actuación es un tubo de escape maravilloso. Ése es un lugar en el que todo lo malo se redime, todo el *bullshit* interno. Es una buena manera de limpiarse o aliviarse. Lo contrario de lo que parece, en todo caso. Uno no lo fabrica para hacer un personaje sino que todo eso está dentro de uno. Por eso ahí se terminó la carga.

—Otro ejemplo es *Vidas privadas*: una mujer que se masturba como una manera de castigo y que vive el placer de una manera culposa, donde sufre terriblemente.

—Sí, es una locura. Por eso te digo también que los actores hacemos cosas absurdas, pero evidentemente ahí hay un lugar de placer, si no no lo hago. Nada de eso está hecho con dolor. Sí hay material inflamable, sin duda, que tirás una chispa y enciende una fogata, el gran incendio. Pero es el material más atractivo para trabajar.

—¿Cuál es el personaje que más te gustó hacer?

—Creo que a partir de *Martín (Hache)* hubo como un entendimiento, algo que abrió una puerta para mí. Sucedió por distintos motivos: quizá tuviera que ver con el guión, con el personaje, la dirección de Adolfo Aristarain o las actuaciones de Federico Luppi, Eusebio Poncela o Juan Diego Botto, el hecho de estar lejos de Madrid y viviendo todos juntos. Todo eso fue un recontra clic. Posiblemente todo lo que había hecho antes favorecía o estaba detrás de que ahí sí pudiera hacer un clic. Por eso creo que a partir de *Martín (Hache)* entendí algo más. Me falta muchísimo, nunca se entenderá nada del todo, pero ahí hubo algo así como "ay, esto es actuar, estoy instalada en algo que desconocía".

—¿Cómo es Pedro Almodóvar?

—Él se muestra como es, es muy parecido a lo que se ve de él. Pedro es una persona muy frontal, brillante, muy tierna pero también dura, como se debe, y es riguroso.

—¿Te llamó la atención alguna vez?

—En todas las películas hay fricción en algún momento por alguna situación. No por algo en concreto de desencuentro de trabajo sino porque debe haber en algún momento un chisporroteo, hay demasiadas cosas comprimidas —en muchas ocasiones, emocionalmente— y considero que es necesario que exploten. Y sí, con Pedro pasó pero creo que es muy sano que pase.

—¿Son amigos?
—Somos muy amigos.

—¿Y es bueno ser amigo de un director?

—Sí. Claro. También soy amiga de Adolfo Aristarain. En general, no con todos los directores con los que he trabajado pero sí podría ser amiga de gran parte de ellos.

—Y el hecho de trabajar con un director, ¿te genera resistencia para trabajar con otros?

—Es posible que la haya pero yo miro para otro lado, no me hago cargo.

—Y tu papel en *Cenizas del paraíso*, ¿no te hizo cambiar?

—Sí, totalmente. Por eso te decía que *Martín (Hache)* fue para mí un clic clarísimo, pero para que sucediese había un background que podía fomentarlo o provocarlo. *Cenizas del paraíso* fue parte de eso, fue una película ideológicamente muy importante también. Una película de (Marcelo) Piñeyro durísima.

—En algunas entrevistas que te hicieron decías que seducís sin hacer ningún esfuerzo.

—A veces, hay momentos en que no, por supuesto. Digo, la neurosis nunca afloja.

—La llegada de tu hijo Martín, ¿te volvió más "sabia"?

—Sí, ahí hay un punto fuerte. Supongo que sabia sería una de las palabras: es fuerte la maternidad o la paternidad, sobre todo cuando uno es grande. Martín apareció en nuestras vidas teniendo mucha vida atrás. Fue un cambio muy shockeante en una persona ya muy estructurada, con una vida hecha y una historia de muchos Carlos Pellegrinis, con lo cual fue arrollador. Todavía creo que estoy en estado de shock. Es maravilloso tener un hijo: creo que fue la mejor decisión que tomé en mi vida.

—¿Sos una *idishe mame*?

—Totalmente, con todo lo bueno y lo malo de ser una *idishe mame*. Supongo que habrá que ir ahorrando en la alcancía para pagar la próxima terapia. A veces, pero eso creo que les debe suceder a todas las madres, veo como que hay una distancia exageradamente corta entre mi hijo y yo. Es tu hijo el que te dice: "Mamá, ¡andate!", y uno sigue apegado, como sintiendo que los hijos no pueden hacer las cosas del todo solos, que uno tiene que estar atrás. Mi nene es muy chico todavía, recién tiene cinco años y medio, pero tengo la impresión de que eso será así para siempre.

—Sé que lo llevaste varias veces a los rodajes de tus películas, ¿cómo es eso?

—Martín viaja desde que tiene cuatro meses, cuando estuve en Los Ángeles y en Nueva York promocionando *Todo sobre mi madre*. Viajaba en una cunita que le ataba en el asiento de adelante.

—¿Qué sucede cuando te ve en algún film?

—Nunca me ha visto en una película porque no he hecho ninguna que pueda ver mi hijo. Tal vez *Kamchatka* es la única que pudiera llegar a ver porque no hay nada de aquello que lo pueda divertir. De pronto me ve en fotos o sabe que soy actriz, sobre todo hay una cosa en la calle cuando pasamos y nos miran y se pregunta por qué lo saludan o conocen su nombre. Pobrecito, mi vida, me parece una invasión.

—¿Te afecta eso?

—Trato de que no me afecte, también la gente lo hace con la mejor leche.

—¿Te tapás en la calle?

—No, ni ahí. Yo voy al supermercado, necesito la vida cotidiana porque si no me volvería loca. Además, en ese sentido, no tengo ningún tilde de estrella.

—Cuando viajás afuera, ¿no te duele la Argentina?

—Sí, claro, joder que me duele. Además de ser mi país, es donde siento que están mis pasiones más profundas. Tenemos una cotidianidad muy difícil en la Argentina y un enmarañamiento muy duro. Lo que duele es la sensación de dónde, cómo termina, cómo se hace, quién lo hace, quiénes lo hacemos, por qué. Está todo tan deteriorado, tan confundido, con una cosa tan perversa desde hace tanto tiempo, de arriba hacia abajo, que eso también hace que todo esto nos parezca natural. Con eso de que es parte de la idiosincrasia y que así somos, que nunca se va a terminar, y vamos continuando como podemos.

—¿Cuántas veces uno se puede enamorar en la vida?

—Hace muy poco, un nuevo amigo chileno con el que estuve rodando una película que disfruté muchísimo dijo en un momento: "¿Cuántas veces uno se enamora?", y la pregunta quedó rebotando. Qué sé yo. No son muchas las veces que uno se enamora, porque además no hay tiempo. Cuando uno se enamora necesita estar un tiempo largo con esa persona, ojalá pudiera más, ojalá pudiera estar para siempre.

—¿No puede haber un amor furtivo?

—A lo mejor sí. No quisiera ser prejuiciosa y generalizar, pero a lo mejor el gran amor de tu vida te duró una mirada, uno, dos o tres días, o fue un paréntesis entre dos historias de dos personas con otras historias, y a lo mejor ése era el gran amor de tu vida.

—¿Tuviste un gran amor?

—Sí. Creo que los grandes amores no terminan nunca. Te siguen acompañando aunque te enamores de otra persona. Los hombres que quise los sigo amando absolutamente. Eso no quiere decir que uno pueda volver a convivir o estar en pareja, pero los hombres que quise sin duda que los sigo amando.

—Cuando uno tiene un hijo y no tiene un amor, ¿te condiciona?

—No, mi hijo tiene un padre maravilloso. En relación con Martín somos sus papás, por lo cual ahí hay una familia, constituida de una manera quizá muy poco convencional, pero siento que hay una familia. La familia es una cosa que se reinventa todo el tiempo.

—¿Y te gustaría tener otro hijo?

—Sí, me gustaría mucho. Sabés que a veces pienso qué pena no haberlo tenido antes o de más joven no haber tenido cuatro hijos. Qué sé yo, esa cosa de que lo que uno no tiene es lo que quiere, a veces.

—Volviendo a las canciones: cuando escuchás otra vez "Un vestido y un amor" (de Fito Páez) o el tema que te compuso tu hermano Ariel (Roth) a los diecisiete años, ¿pensás en que ésa sos vos?

—Cuando las escucho, tengo claro el recuerdo del momento en que fueron escritas, siento que es el aroma de una época, de un momento en el que estoy yo y otra gente más.

—¿Tenías un vestido y un amor?

—Sí, tenía un vestido y un amor que no hacía otra cosa que escribir. Creo que para mí la escritura siempre fue y será terapéutica. No soy una escritora ni mucho menos. Siempre tiene que ver con contar situaciones y sacar emociones, tiene que ver con contarme. Me gusta escribir y siempre tengo la fantasía de que lo haré algún día.

—Tantas veces actuaste con libros de otros, ¿por qué no escribir el papel ideal para vos?

—No estaría mal, ¿no? Qué sé yo por qué, debo ser vaga. Creo que el acto de la escritura es excesivamente comprometido, exige un enorme rigor; veo a amigos escritores, novelistas o guionistas y la enorme desesperación durante el proceso de la escritura, el dolor, el compromiso emocional y el trabajo cotidiano, y posiblemente huya para otro lado.

—¿Sentís que es demasiado?

—Creo que hay que ocuparse exclusivamente de eso. Es un acto de una enorme soledad y sin interferencias, y yo estoy llena de *afueritas*.

—¿Tu vida podría ser una buena película?

—¿Mi vida? Qué sé yo, en todo caso creo que la vida de todos podría ser una buena película, no existen las vidas pequeñas.

—¿Creés en Dios?

—Quisiera tener fe pero es tan irracional, uno la tiene o no. Quisiera pero no la poseo.

—¿Tuviste una educación religiosa?

—No, de ninguna manera, vengo de una familia agnóstica. Si me hablás de la cosa judía, lo judío no tiene por qué ser religioso. Mi padre tiene una cultura judía muy rica y profunda, con un enorme conocimiento desde la literatura o la historia judía, pero no es religioso. Es absolutamente agnóstico.

—¿Por qué decís que no tenés fe pero que quisieras creer?

—Porque sería tan maravilloso creer en lo divino, pero no me es natural. Me encantaría tenerla, me encantaría tranquilizarme con el más allá. La fe desconoce aquello en lo que cree.

—¿En qué creés vos?

—Creo en muchas cosas: en los vínculos, en las familias elegidas con el corazón, en las cosas que podemos hacer juntos unos con otros en todo sentido: desde el amor hasta una charla o una obra para ser contada.

—¿En qué no creés para nada?

—No creo nada de los políticos y es un golpe duro, porque pertenezco a una generación en la cual la política era muy importante. Yo tenía catorce años y repartía volantes en el colegio, en la década del setenta, y es un mazazo no creer más en todo eso. Creo que los políticos son profesionales del no sé qué. Se acabó el romanticismo, se acabó el honor, se acabó el querer el bien.

—¿Se acabaron los sueños?

—Sí, en relación con el político, a quien se elige para que esté en ese lugar de entender la necesidad y poder llegar a concretar algo.

—¿No ves ni una luz?

—Andá a saber en qué se va a convertir este mundo. Así como vamos, a lo mejor nos dirige una computadora. Nos dirige, qué fea palabra. No, la verdad es que no lo sé. A lo mejor los países se terminan, no sé cómo es.

—¿Te falta hacer la gran película?

—Miles de películas, miles de directores, pero no como una fantasía concreta de algo. Aunque me encantaría que me dirigiera Mike Nichols. Creo que él es a América lo que Almodóvar a Europa, en relación con los actores y con las actrices. Tengo millones de... no sé si fantasías concretas de querer hacer tal o cual personaje, pero sí quiero hacer muchas películas todavía y muchos personajes. Además, tengo muchas ganas de hacer teatro. Me gusta cómo se trabaja en teatro en la Argentina.

—¿Una comedia?

—No. Como verás soy poco comediante. Tengo ganas de hacer

una gran obra de teatro de un gran autor como Anton Chéjov, Harold Pinter, Arthur Miller.

—¿Cómo imaginás los próximos años?

—Me los imagino bastante parecidos. Creo que estoy en un momento en el cual me está gustando cómo se están desarrollando las cosas, en el sentido en que aparecieron una calma y una estabilidad, en el mejor sentido de la palabra. Tal vez tiene que ver con la madurez, que es una linda palabra, y me gustaría que los próximos años tengan que ver con nadar en aguas calmas pero profundas.

—¿Con un amor?

—Con un vestido y un amor.

## Señas particulares:
### "Soy maniática de la limpieza"

—¿Qué amás de lo cotidiano?

—Ver la cara de mi hijo, por la mañana, cuando se despierta y viene a mi cuarto (esté como esté, en el estado en que esté, eso me ilumina el día). El baño nocturno también me gusta mucho (me baño por la noche cuando la casa está dormida y yo soy la única que está despierta) y otra cosa que me gusta mucho de lo cotidiano es salir a comprar flores.

—¿Y qué odiás?

—Que suene mucho el teléfono y en varias líneas a la vez, la irrupción del afuera, el insomnio, las bocinas, la agresividad de las calles.

—Tres actrices que te encanten.

—Me mata Meryl Streep, que es una actriz de una riqueza y una sencillez increíbles, Julianne Moore y Bette Davis.

—¿Tres directores?

—Cuatro: Martin Scorsese, John Huston, Stanley Kubrick y Adolfo Aristarain.

—¿Tenés manías?

—Algunas. Soy maniática de la limpieza, de cierto extraño

orden necesario para vivir: geográfico, paisajístico. Saber por las noches cuando me acuesto que la gente que me importa y que quiero está bien. Es una llamada para irme a dormir tranquila (aunque después no me duerma tranquila).

—Tres olores que te marcan.

—El olor de la madera, el olor de Martín, que es como de bizcochito, y el olor de las ciudades que amo.

—¿Tres canciones?

—El "Arroz con leche" y cualquier tema de los Beatles o de Tom Jobim.

---

—Un mensaje para ser mostrado en el año 2050.

—Que nadie se olvide de cómo se hace el pan casero, cómo se cose un botón a mano, cómo se escribe con una lapicera, y de juntarse en las casas a charlar, escuchar música en vivo, salir a caminar y a pasear. Que nadie se olvide de eso. Que se pueda seguir haciéndolo.

# Graciela Borges

# "Soy transgresora y me gusta"

AUTORRETRATO:
*"Creo que es bastante difícil definirse a sí mismo,
pero soy Graciela Borges. Soy una actriz de hace muchísimos
años y una persona que camina por la vida intentando ser lo
más abierta y luminosa posible. Y estoy contenta con ese
caminito que estoy haciendo"*

Graciela Borges llegó al piso del estudio aterrada.

—Los reportajes me dan pánico. Tengo miedo de decir cualquier pavada —fue lo primero que lanzó. Después empezó a emitir unos sonidos extraños.

—¿Qué estás haciendo? —le pregunté.

—Me estoy aflojando la boca. Son unos ejercicios maravillosos que me enseñó (la excelente actriz) Rita Cortese. Y, por cierto, te los recomiendo.

De inmediato varios de los que estábamos ahí empezamos a emitir los mismos sonidos, en un movimiento colectivo de aparente distensión y relajación, y el clima cambió como por arte de magia.

Todavía me pregunto por qué una artista con semejante trayectoria puede inquietarse frente a una charla por televisión.

Graciela trabajó en más de cincuenta películas, entre las que es necesario mencionar *Crónica de una señora*, con la dirección de Leonardo Favio, *Martín Fierro, Sola, Los pasajeros del jardín, Funes, un gran amor, La ciénaga*, de Lucrecia Martel, *Monobloc*, dirigida por Luis Ortega, y *Las manos*, de Alejandro Doria, el film que cuenta la vida del padre Mario Pantaleo, a quien ella conoció y quiso mucho.

Y también participó en unitarios de televisión como *Botines, Infieles* y *Primicias*.

—¿Cómo se hace para caminar por la vida más abierta y luminosa?

—Creo que simplemente es eso y que, en algún momento, hice un cambio. Algunos lo hacen con la edad, otros con una conciencia de justicia sobre sí mismos o sobre ciertas cosas que no nos gustan. En algún momento me di cuenta de que era una inconformista y que era más grave de lo que creía, sobre todo para ser relajada y feliz. Me di cuenta de que, en general, no tenía alegría o que las alegrías que tenía no eran totales. El ochenta por ciento del tiempo no era una persona relajada o con agradecimiento por las cosas buenas que me pasaban, porque de hecho son las mismas que me pasan ahora y sí me hacen feliz. Pero, de alguna manera, me parece un poco cursi la palabra feliz.

—¿Por qué?

—Porque no se trata de la felicidad sino de estar equilibrado, relajado, armónico. Entonces me di cuenta de que había algo que tenía que cambiar, y siempre el maestro llega cuando el alumno lo necesita. En ese momento aparecieron algunas cosas porque la familia estaba bastante desequilibrada con el tema de la enfermedad y la muerte de Juan Manuel, que para nosotros fue muy doloroso. En realidad, en aquel tiempo no me importaba demasiado mi trabajo. De hecho, debo decir, a pesar mío, que siempre fue más importante mi vida fuera del arte que el arte mismo. Sé que la vocación es una cosa maravillosa y sagrada, como un lugar adonde uno puede siempre volver. La tuve y estoy enormemente agradecida, pero los momentos de máxima felicidad no fueron en el cine ni en la televisión o en la popularidad, fueron otros.

—¿Te sucedieron en la vida?

—Sí, me sucedieron en la vida. Entonces pensé que tenía que cambiar. Es difícil contarlo: hubo algunas cosas, algunos seminarios, porque todos lo sabemos pero no solemos usarlo.

—¿Qué te hace ser tan espiritual?

—Todas las personas son espirituales. Sólo que a veces no nos damos cuenta. Es como la paz, está ahí pero no es fácil tenerla. Pero soy una persona bastante sensible y espiritual. He trabajado para que eso, en mí misma, brille más. Quería tener más compasión o ser muy comprensible. Esto no quiere decir tener lástima por alguien. Como decía Adolfo Bioy Casares: "Padecer con es compadecer". Quería estar más agradecida y clara. La imagen perfecta tenía que ver con que la calle más fea, en algún momento, así fuera con una tarde de lluvia o de sol, me pareciera muy linda porque estaba en un lugar de equilibrio. Si antes venías y me preguntabas con quién querría filmar, yo te decía con Luchino Visconti. Pero luego de eso, había una parte mía que decía ¿y después qué? Ahora cada cosa que me sucede es sorprendente. Soy una mujer pero estoy gozadora, como dice Ángeles Mastretta.

—Formás parte de la mitad del mundo que goza.

—Que goza, que agradece y piensa mucho en el otro. Antes era más egoísta, los años también dan ciertas cosas buenas (no sólo malas).

—¿Es cierto que aprendiste a leer a los cuatro años y que te transformaste en actriz a los catorce?

—Sí. Fue maravilloso que apareciera en mi vida esta señora que, en casa de mi padre, me enseñó a leer y a escribir. No te podría decir cómo leía pero sé que con cuatro añitos juntaba las palabras, las pensaba, y descubrí que había un mundo maravilloso por descifrar. Eso me ayudó mucho porque estaba muy sola y tenía mis lecturas. Después fui creciendo y a los ocho ya leía a Charles Dickens, no porque fuera a comprarlos sino porque estaban en la biblioteca de mi viejo, y no se podía tocar los libros que tenían la "crucecita colorada", pero por eso mismo intentaba leerlos. Se trataba de libros pecaminosos. La lectura era muy salvadora para mí.

—¿Por qué te hiciste actriz a los catorce: por necesidad o por amor al arte?

—No, en realidad empecé desde muy chica, aunque tenía una voz muy oscura, un color de voz muy especial. Era muy flaquita, se reían mucho en los colegios de mí por mi voz, les hacía mucha gracia que fuera tan ronca.

—¿Nunca la trabajaste?

—Sí, claro, pero después me gustó. Algunos años más tarde, una maestra extraordinaria me dijo: "Elógiatela, no te la critiques".

—Conozco a muchos hombres que se quedarían escuchándote horas.

—Muchas gracias, qué bueno, pasame su número para llamarlos, por favor. Sí, hay gente a la que le gusta mi voz y otra que me imita y yo pienso si seré tan complicada hablando. Pero la verdad es que uno sabe muy poco de sí mismo.

—¿Por qué te llevás tan bien con directores jóvenes como Lucrecia Martel, Carolina Fal o Luis Ortega?

—Seguramente porque algunas de las cosas que hice les interesaron o por la capacidad de asombro que se descubre en eso. Cuando la gente te conoce descubre qué cosas te hacen más feliz. Existen viejos productores o directores que tendrán mi edad o más que me parecen espléndidos, pero en lo nuevo está lo enriquecedor. Finalmente son mundos desconocidos. Lo repito siempre: todo lo que desconozco me atrae como nada en la vida. En realidad, voy haciendo las cosas sin red, trabajando en personajes que son los que menos conozco. Me pasó con *La ciénaga* en el momento de elaborar esa alcohólica (pues quería que fuera una mujer alcohólica y no simplemente una borracha). Era muy complicado y sin embargo me encantó encarnarla, que me dirigiera Lucrecia. También me gustó mucho conocer a Luis Ortega y descubrir a un chico que a los diecinueve años hizo un film como *Caja negra*, o pedirle a Carolina que hiciera una película para nosotros. Sí, soy transgresora.

—Hablando de transgresiones, hasta llegaste a ser vedette con Nito Artaza.

—En realidad no fui vedette, pero me gustó tanto hacerlo... mucho más que otras cosas en el mundo. Si vos me preguntaras qué cosas me hicieron feliz en el mundo del espectáculo, una de las cinco o seis, y eso que son muchos años, fue llegar a ese teatro y encontrar siempre a alguien cantando, bailando, afinando, una bailarina estirando la pierna, encontrarme con mis compañeros y divertirme. Eran tres funciones diarias hasta las cuatro de la mañana, y eso que yo estaba bastante enferma en ese entonces porque tenía un quiste en la columna que me producía enormes dolores de espalda. Pero no sabés el placer y la alegría que me daba estar allí. En todo lo que hacés se forman familias alternativas, y siempre creés que te vas a volver a ver con todo el mundo, y no sucede así en todos los casos. Pero en ese momento había una energía de amor muy poderosa. En el teatro era una cosa, nunca fue tan divino. Me gustó mucho hacerlo, fue muy gratificante.

—¿Cuántas veces amaste de verdad?

—El enamoramiento es una pasión y el amor es un sentimiento. No amé muchas veces. En cambio, esa cosa adolescente de enamorarme, tan pasional, tampoco demasiadas, sólo algunas veces. Siempre es doloroso, siempre es un tormento; ésta es otra de las frases favoritas de Lito Cruz, que siempre la digo y además lo honro diciéndola, porque es la palabra exacta: un tormento, con esa cosa de ay, cómo me gusta, si me llamará o no me llamará, qué hace este hombre... Toda esa zozobra en el corazón después pasa y queda una relación que a veces es maravillosa, con el deseo intacto.

—¿Intacto?
—Sí, en alguna historia en la vida.

—¿Linda?
—Una buena historia que todavía está presente. Historia del pasado que todavía está presente. Pero en realidad el amor es un sentimiento muy profundo y que queda después de todo eso de la pasión.

—¿Cómo diferenciar el enamoramiento del amor?
—Te das cuenta. Es como el cuerpo humano: va cambiando con el paso del tiempo. El amor también cambia de formas. Por eso el enamoramiento tiene que ver con los primeros pasos, con la zozobra y todo eso. Es como un mar en el que tirás una piedra y después va cayendo en un profundo silencio. Pero todo tiene cosas muy rescatables. He sufrido, pero tengo que agradecer porque yo he recibido muy bien el amor y me han amado de veras. Elegí un marido que no podría haber sido mejor; aunque luego haya querido separarme, siempre fue una persona absolutamente presente en mi vida. Para toda nuestra familia siempre fue un patriarca, le debo la vida de mi hijo; no pude haber elegido mejor padre y mejor marido. Y las personas que han estado en mi vida han sido personas de las que tengo un profundo amor.

—¿Tenés la fantasía de enamorarte de nuevo?
—Eso creo que es más difícil. Tendríamos que tomar todo un programa para contártelo, pero es más difícil. De todas maneras, está bueno el tema del amor.

—¿Sos de las personas que piensan que el amor no tiene edad verdaderamente?
—Una vez estaba viendo un maravilloso reportaje a Shirley MacLaine. En ese momento tenía sesenta y tres años. Es una persona muy especial y una espléndida artista. Le estaban cuestionando que se había ido a Machu Picchu con un joven de veintisiete

años. Ella respondió: "Ese hombre es alguien elegido por mi corazón, no quiero casarme o vivir con él, aunque tampoco sería grave, porque yo soy tan infantil de todas maneras...". Miró al periodista, que era un americano muy duro, y continuó: "Si yo fuera hombre, usted y yo no estaríamos teniendo esta conversación". Eso es verdad.

—¿Por qué dijo eso?

—Lo dijo porque si fuera un hombre de sesenta años, a todo el mundo le parecería un halago que saliera con una chica de veintisiete. Pero no sucede lo mismo con las mujeres. De hecho, yo nunca elegí gente distinta de lo que soy. Tuve sólo una relación con una persona más joven y que, además, me eligió a mí. Yo no lo elegí sino que lo acepté recién después de mucho mandarme flores, de ser adorable y perfecto, de conocer a su familia, con la que me sigo viendo. Nunca lo elegí porque era joven...

—¿Por qué lo elegiste?

—Porque descubrí a alguien enamorado de mí y me pareció que estaba bien observarlo, me gustó, la pasé bien, fue tierno. Era bastante más grande que yo anímicamente. Es verdad, no existe mucho la edad como no existe mucho el tiempo. Cuando Juan Manuel enfermó de leucemia, los médicos me dijeron que tal vez en dos o tres años tuviera una buena calidad de vida. Allí pensé: ¿Nada más que tres años? Cuando se internó, había que cambiarle la sangre todo el tiempo y dormíamos vestidas para conseguir todo. Su última mujer, la pobre Patricia, estaba desesperada. Yo cuidaba de sus chiquitas. Mi hijo Juan estudiaba y volvía a lo de su papá y todo era un desenfreno con este hombre que amábamos. La única cosa que pedíamos eran treinta días para que pudiera salir del hospital, volver a su casa y despedirse bien de todos nosotros. Entonces me di cuenta de que el tiempo no existe. Dos o tres años no es nada, pero a veces treinta días significan todo para nosotros.

—Lo único que vence al tiempo es el amor.

—De todas maneras quiero advertirte que no soy fácil para entrar y salir de las cosas, cada vez menos. Es muy difícil que ahora me guste alguien, es absolutamente cierto, pero no pierdo mi capacidad de asombro. En otras seré enormemente rigurosa y pienso como una señora de ochocientos años, pero en cierto punto sigo pensando de la misma manera que a los catorce.

—¿Qué hacés para relajarte?

—Estoy haciendo algunas técnicas que me enseñó Rita Cortese. Una tiene que ver con ablandar la boca haciendo sólo un sonido. Es muy gracioso porque cuando estábamos filmando *Monobloc*, a Evangelina Salazar, que es tan suavecita y muy señora, le parecía horrible hacer ese sonido y se tapaba la boca. También conocí una técnica de una australiana muy especial que trabaja con relajación antiestrés y que sirve para dormir mejor (yo he tenido viejos temas con el sueño).

—Te internaron cuando eras muy chica, ¿no?

—Sí, a los trece años. Entonces fui a ver a esta australiana a Punta del Este porque daba una charla. Tomé un cuarto en un hotel, sin decirle nada a nadie. La oí y pensé: "Es bastante simple pero voy a intentar hacerlo". A la media hora me quedé totalmente dormida. En un mundo donde hay tanto ruido, no solamente el de los ómnibus, sino todo tipo de ruido, encontrar el equilibrio, estar dentro de tu profundo silencio interior, es algo muy poderoso.

—Hablaste de caminos, ¿probaste caminos como las drogas o la terapia?

—Me hace gracia pensarlo porque no soy miedosa para nada, pero las sensaciones desconocidas me darían temor. Ojo con lo que hablo, porque conozco mucha gente que toma pastillas o que lamentablemente se droga. No estoy hablando por razones morales, que casi siempre son razones sociales, sino de lo que no podría hacer. No he fumado en mi vida porque he sido tuberculosa. No tengo esos desbordes, tengo otra clase de locuras.

—¿Qué clase de locuras?

—Todos nosotros somos muy raros. La precariedad del sistema, porque vos pensás que nos disfrazamos de otra cosa y al pensar en ello decimos cosas que no sentimos o intentamos sentir, para hacernos querer o deslumbrar. La actuación es una cosa muy extraña.

—A veces pareciera que conviven dos mujeres en vos: por un lado una muy refinada y otra capaz de sentarse en un carrito a comer un choripán en Costanera Sur.

—Soy más de comerme un choripán. De hecho, mis amigos dicen que voy como una especie de *Carlitos* por la vida, y mi hijo Juan Cruz, que pertenezco a Los Pibes Chorros. En primer lugar, porque jamás me maquillo, sólo me puse un poco de rímel para venir a tu programa. De veras, no lo hago y soy muy cotidiana. Tengo muy buen trato con la gente. Soy mucho menos estrella que la mayoría de mis amigas. Me acomodo a las cosas con mucha simplicidad. Si fuera de otro modo te lo diría.

—No sos una estrella pero sí una diva.

—Es una idea de los demás, y está bueno, pero a esta altura de mi vida no voy a criticar los pensamientos ajenos ni tampoco me importa demasiado. Pero soy una persona muy cotidiana. Soy mucho más sencilla y simple que lo que la gente normalmente cree. Tengo mucha naturalidad en mi vida, no pretendo ser otra cosa que lo que soy.

—¿Te preocupa el paso del tiempo?

—No me preocupa, aunque quizás en algún momento llegue a ser un problema. No me miro mucho al espejo pero cuando lo hago, lo que veo no me desagrada mucho. Veo mis viejos filmes y es obvio que el tiempo pasó. Imaginate que empecé a los catorce años.

—No me refería solamente a la estética.

—Soy muy orientalista en eso. Creo que cuando uno envejece tiene mayor conocimiento y se vuelve más sabio. Viste que cuando sos chico no sabés que gozás, porque estás sin piel. Lo veo en los chicos que filman conmigo: consideran que la vida es oscura y triste y revalorizan mucho el dolor porque les parece que es más poderoso que otras cosas.

—Más intenso.

—Más intenso. En cambio, uno que ya tiene más costumbre o aceptación por todo piensa de otro modo. Al menos para mí, la aceptación es el primer precepto espiritual. Sin la aceptación no podemos cambiar nada. Yo no tengo mucha conciencia del tiempo. Por momentos me parece que esta vida ha sido larga y genial, a pesar de todos los dolores y de muchas cosas, porque tuve una infancia muy oscura.

—¿Por qué oscura?

—Porque era hija de padres separados; pero ya prescribió. Me imagino que todas las infancias son especiales, pero me maravillo cuando alguien dice que fue realmente feliz. En cambio, fui una chiquita muy sola y pasé momentos muy duros. Sin embargo, deben haber sido buenas algunas cosas para que luego estuviera contenta conmigo misma. Sigmund Freud dice que la infancia es el padre de la vida. Y por eso no tengo resentimientos, ni por mi madre ni por mi padre.

—Se nota cuando hablás de los ojos de tu madre...

—Ay, qué cosita mi mamá y también mi viejo. Finalmente terminamos diciéndonos —porque fueron sus últimas palabras—: "Te quiero con todo mi corazón". Así que prescribió todo. Y tengo dos hermanos. Aunque a Gerardo lo veo menos, está medio enojado conmigo —tengo el defecto de contar todo, por ahí es un error—. Cuando era chiquito era muy regalón, y ahora a lo mejor tiene un poquito de celos de Marcelo, que es muy pegoteado a mí. Pero son divinos, honestos y linda gente. Y tengo unos amigos tan lindos. ¿Sabés que los amigos son el más puro amor incondicional? Es algo con lo que de verdad Dios te premia.

—¿Tenés sueños?

—¿Sueños de noche o si tengo utopías? Tengo algunos sueños en la vida, soy de soñar y de estar, que estén presentes los deseos casi tan míos como cuando éramos niñitos es algo maravilloso. Tienen mucho que ver con la familia, tienen mucho que ver con mi hijo, tienen mucho que ver con mi vida en un espacio donde lo cuido mucho. Pero de noche, soñando, tengo algunas horribles pesadillas. Por ejemplo, soñé muchas veces con que me apuñalaban por la espalda. Una cosa muy patética y de alguien que conozco mucho. Y me da una sensación de angustia horrible.

—¿Lo tenés vívido?

—Lo tengo vívido, y de ciertas personas que además quiero. Qué raro será esto. Sabés que tuve la suerte de tener una psicoanalista, cuando tenía dieciocho, diecinueve años, que fue la única discípula de Sigmund Freud: se llamaba Marie Langer. Creo que, de esta carrera, una de las cosas más preciadas fue el hecho de haber conocido tanta gente linda. Algunas personas cercanas a veces me dicen que debería escribirlo, pero a mí no me importa, es un bagaje para mí.

—¿Entre las figuras que más te impactaron está Salvador Dalí?

—Sí, mucha de la gente que conocí. El cuento con Dalí es muy gracioso: Juan Manuel Fangio —que fue el padrino de mi hijo— estaba con Juan Manuel y conmigo almorzando en París. En un momento entraron al restaurante Salvador Dalí y Cocó Chanel. Entonces Dalí mira a El Chueco y le dice en su tono catalán: "¡El hombre que más admiro en el mundo!". Imaginé que Fangio ni lo conocería, entonces veo que Juan Manuel se acerca y le dice algo. Luego Fangio lo mira a Dalí y le dice: "Che, acá me dice Juan que vos pintás, ¿es cierto?".

—¿Es cierto que eras muy amiga de Carlos Monzón?

—Sí, lo adoré. Justamente el otro día me enojé mucho porque alguien me contó una información que espero que no sea cierta. No soy capaz nunca de negar a una persona que haya estado en mi vida. Me parece que por una razón de calidad interna, jamás los he negado. Me contaron que había ido alguien, yo toco de oído porque no quiero nombrar a nadie, a un programa...

—Y te había adjudicado un romance con él.

—Si algo me dolió es eso, porque él trabajó un año conmigo y la única cosa que hice, y no quiere decir que me arrepienta, fue que cuando me llamaba Borges, porque tenía una forma de hablar muy de macho, y yo le preguntaba qué le pasaba, me respondía: "Hablale a Alicia, decile algo, que nos peleamos". Recuerdo que realmente la amaba y los reuní en varias ocasiones, una historia bastante siniestra para lo que ocurrió después.

—Claro que sí.

—No hubiera tenido ningún inconveniente en decir que tuve un romance con Carlos Monzón. No fue de ninguna manera, porque en ese momento estaba saliendo con un señor que era arquitecto. Recuerdo un día en que me peleé con él a las cuatro de la mañana, con esa cosa intensa que tengo yo que ni sé por qué me había enojado, Carlitos me dijo: "¿Lo fajamos?". Y yo le decía que no, que lo iba a matar e iríamos presos. Pero me cuidaba y me adoraba.

—¿Esa noche Monzón durmió en tu casa?

—Esa noche se quedó una vestuarista amiga, Mercedes, y en un momento me dijo de ir a tomar un té a la cocina. Cuando bajamos por la escalera —es la misma casa en la que vivo ahora— vimos que en unos sillones chicos que tengo en el living había una sombra, y cuando miré me di cuenta de que era Carlitos. Le pregunté qué estaba haciendo allí y me respondió que se había quedado por si me hacía falta algo. Se quedó durmiendo en un sillón pequeñito, y nunca en la vida me voy a olvidar de eso.

—Está bien que no lo olvides.

—Sí, tuve unos compañeros divinos. Sé que toda la gente va a decir que era muy agresivo, pero uno quiere a la gente por cómo es con uno, y él tuvo una amorosidad enorme conmigo. Siempre lo voy a recordar con mucha pena, por la vida que pudo haber tenido y no tuvo, sin juzgarlo y con el afecto enorme que le tenía.

—Si tuvieras que elegir una escena para coronar tu vida, ¿sería con tus amigos?

—La escena sería eso: una comida, una cena de placer. Hay muchos lugares que me gustan. Me gustaría que fuera en un sitio donde estuviera relajada y en el que no hubiera prensa, y eso que nunca me quejo porque son las reglas del juego, pero algunas cosas me duelen o me molestan. Estaría allí comiendo, conversando plácidamente. Me cuestan un poco las sobremesas, pero seguramente ésta sería una comida importante y me quedaría conversando con ellos sobre los temas de cada uno o riéndonos mucho. Digo, con esta energía indiscutida del amor incondicional que dan los amigos.

—¿Cómo te gustaría ser recordada?

—Me gustaría que aquellos con los que tuve buenas acciones se acordaran y dijeran: "Me quiso". Me importa que sientan mi amor. Y con los que no fui gentil o a quienes les debo alguna cosa, que sepan que estoy tratando todo el tiempo de no tener juicios pesados y que me disculpen las cosas del pasado en las que no estuve bien, también. Estoy en una época en la que necesito eso, no sé por qué, quisiera decirles que me disculparan y que a veces uno ama y no sabe demostrarlo.


SEÑAS PARTICULARES:
*"Odio atender el teléfono"*
_____

—¿Qué amás de lo cotidiano?

—Me gusta mucho estar en el campo, leer y reunirme con mis amigos.

—¿Y qué odiás?

—Atender el teléfono; hay muchas llamadas en mi casa y, en algún momento, eso me produce mucho estrés; ser ansiosa y no hacer mis ejercicios; cuando más los necesito menos los hago, y eso me da mucha rabia.

—¿Qué te hace reír?

—Me hacen reír mucho mis lecturas y algunos actores, como Alfredo Casero.

—¿Qué te hace llorar?

—La indefensión, la gente que es expuesta a malos tratos, la falta de piedad, la niñez y la vejez no bien tratadas.

—Describí las mejores fotos de tu vida.

—Los ojos verdes de mi madre —mi madre me miraba como nunca nadie me miró en la vida. Es lo que más extraño en el mundo. Son cosas de las que me cuesta hablar. Pero esos ojos verdes, esa piel y ese abrazo con mi mamá, son cosas que voy a extrañar— y una foto de mi padre, tan buen mozo y con una sonrisa muy amistosa; en la infancia me costó mucho verlo como *amistoso*, teníamos como una suerte de distancia. Después, una foto en el campo de Juan Manuel, con él y Juan Cruz, que era muy chiquito, y un petizo que se llamaba Mariano. Ésa es una foto con una impronta familiar muy fuerte para mí.

—¿Qué comidas te resultan irresistibles?

—Soy una gordita. Hago un esfuerzo para estar bien. Me gustan mucho los guisos, las pastas, aunque ahora los estoy dejando; me gusta la tarta de atún que hace mi amiga Grace, me gusta mucho la comida que hace Betty en Tortugas y me gustan mucho los mariscos.

—¿Tenés alguna manía?

—¡Ay! Soy una maniática del desorden. No sé por qué me ocurre. Debe ser una manía el desorden, porque hoy arreglo una cosa y mañana está desordenada, la arreglo de vuelta y otra vez se desarregla. Soy bastante maniática para que no usen demasiado mis perfumes. Un asco, antipática.

—¿Qué te gusta de un hombre?

—Lo que te gusta de un hombre es algo físico que tiene que ver con algo interno, que es cierto corte de inteligencia, porque hay gente que es como *zen*, que te parece que no está del todo terminada, pero tiene un tiempo y un modo de accionar que son diferentes. La inteligencia es lo más erótico que hay. Lo que más me importa es la intención de la mirada y lo que más me gusta es que sea un señor (que no tiene que ver, de ninguna manera, con clases sociales).

**313**

—¿Qué te sigue resultando un misterio?

—La química del amor me parece un misterio. También las preguntas sobre lo que vendrá después de la muerte. Y otra cosa que es un misterio es cómo aprender a descifrar las cosas que mi hijo me dice, y a veces no me doy cuenta de si quiere o deja de querer y qué le hace bien o qué no.

---

—Dejá tu mensaje para ser visto en el año 2050.

—A través de los años y para siempre, solamente un pedido: que el amor los ilumine, porque lo demás viene solo. Gracias.

# Octava parte

# Dibujen, maestros

Maitena y Rep deberían ser incluidos en la primera parte
de este libro, junto a *los entrañables*.
Ambos forman parte de mi vida más allá de lo que hacen y lo que son, y ya se
sabe que *Hemisferio Derecho* y este libro fueron concebidos por el puro
placer de conversar con la gente a la que admiro y quiero.
Sólo un deseo más: me encantaría saber qué mágica fuerza hace que las
manos de estos dos monstruos tomen el lápiz, empiecen a dibujar y a escribir,
y consigan atraparnos de semejante manera.

Maitena

# "La felicidad no hace reír a nadie"

AUTORRETRATO:
*"Yo soy Maitena Burundarena. Soy humorista gráfica, dibujante de historietas, y me gusta reírme de lo que me hace llorar"*

La nota con Maitena fue, quizás, una de las mejores de todo el ciclo.

No sólo porque permaneció en el aire, durante toda la charla, la sensación de confianza de quienes ya se conocen y vivieron asuntos comunes a su generación. También porque Maitena venía de conceder decenas de entrevistas a periodistas polirrubro que no tenían la información suficiente sobre su carrera, su vida y su último libro, y enseguida se dio cuenta de que en *Hemisferio* no tenía la necesidad de explicar nada ni defenderse de nadie.

La imagen más fuerte que tengo de Maitena corresponde al año 1983 o 1984. Trabajaba junto a una amiga común, María Alcobre, en su taller de dibujo y pintura de San Telmo, mientras maquinaba cómo sobrevivir a una pareja tortuosa que le estaba chupando la energía, el buen humor, la belleza y la ternura.

Es evidente que ella salió por arriba y de la mejor manera de aquel laberinto.

Sexta hija de siete hermanos, autodidacta y rebelde, en la década del ochenta publicó historietas eróticas en la revista *Makoki*, de Barcelona, y en *Sex Humor, Fierro, Humor* y *Cerdos & Peces*. Al mismo tiempo fue guionista de tevé, tuvo un quiosco de veinticuatro horas y un restaurante y un bar, de los que huyó despavorida.

En 1993 la revista *Para Ti* le propuso una página de humor semanal. Así nació *Mujeres alteradas*, la serie de viñetas que se sigue publicando en medios de todo el planeta.

—¿Por qué decís, Maitena, que te gusta reírte de lo que te hace llorar?

—Porque creo que es una buena definición de mi trabajo. Suelo hablar de cosas que en realidad son muy dramáticas, y de las cuales la gente me dice: "¡Ay!, me río como loca con lo que vos escribís". Y yo les respondo: "En realidad no sé de qué te reís, porque en general hablo de cosas que son bastante tristes". Separarse, divorciarse, no encontrar el amor, sentirse gorda, sentirse fea, estar desbordada. No son cosas graciosas.

—¿Pero son cosas tan dramáticas en el fondo?

—Y sí, son dramáticas. Sentirte mal, solo o fracasado es triste. Entonces por eso digo que son cosas que no son graciosas. Lo que hago es buscarle la vuelta para poder reírse de eso, para poder reírse de uno en esa situación.

—Voy a tratar de entender tu vida a través de dibujos, como si yo te viese dibujada a vos. Veo una Maitena que tiene diecisiete años, que acaba de tener un bebé, y se va de su casa porque es madre soltera, o porque...

—No, me había ido antes. Cuando nació mi bebé volví porque me lo había pedido mi padre. Me fui de casa porque era una chica muy rebelde, porque me llevaba mal con mis padres. Ellos se habían mudado de nuevo a Bella Vista, que era donde vivía cuando era chica, y yo ya era una chica de Capital Federal: mis amigos, mi vida, todo estaba en otro lado.

—¿Y es un dibujo alegre el de la chica embarazada a los diecisiete años?

—No, yo no tenía conciencia de eso a los diecisiete años. Muchos años después, viendo fotos de mi embarazo, me dio mucha tristeza. Me pareció que era muy chiquita y que realmente me estaban pasando cosas muy tristes para ser tan chica; me vi a mí misma como "pobre nena". Aunque en ese momento me sentía grande.

—¿Y la foto de Maitena haciendo el primer dibujo era una Maitena alegre, contenta, con fuerza, emprendedora?

—Lo que pasa es que dibujo desde que me acuerdo, entonces no sé. Cuando era chiquita para mí el dibujo tenía que ver siempre con mi espacio, donde nadie me jodía. Mi madre, que es arquitecta, siempre me estimuló mucho para que dibujara, me compraba hojas y pinturas. Entonces eso de encerrarme a dibujar estaba bueno porque mi mamá decía: "No, dejala que está dibujando". Así no te mandaban a comprar papas a la esquina, ni te pedían que sacaras la ropa del tendedero porque se había largado a llover. Era como un buen refugio del resto de mi familia, que era muy grande, muchos hermanos. Y las familias con muchos hermanos suelen ser muy caóticas, con mucho ruido.

—En una entrevista tuya me hizo reír mucho la anécdota de que, cuando estabas en la mesa familiar, para que te prestaran atención —sobre todo tu padre— tenías que decir cosas muy inteligentes y en un tono de voz, supongo, más alto. ¿Es un poco lo que sos hoy?

—No sé, porque cuando me di cuenta de eso, gracias al análisis, traté de sacármelo de encima. Pero estoy segura de que tiene que ver con lo que terminé haciendo. Esa cosa de sentir que tenía que llamar la atención, o que para llamar la atención tenía que destacarme... y para la mirada de mi padre se destacaban las personas ingeniosas o inteligentes. Por suerte, porque mirá si para destacarte tenías que ser bello. Porque yo soy más linda de grande, pero cuando era chica ¡no sabés lo fea que era! Creo, sin duda, que en el fondo está muy ligado a ese lugar de llamar la atención con el comentario ingenioso: incluso por cierta cosa de maldad, por no decir jodido. Eso fue lo que quise sacarme de encima, no ser la que siempre estaba criticando a la gente. ¿Por qué, desde dónde, qué necesidad hay? Soy mucho más buena ahora que hace veinte años, sin duda.

—Tenías fama de jodida...

—Sí, mi suegra dice que soy jodida. Esa palabra la usa mi suegra.

—La palabra jodida es medio jodida...

—Es medio jodida. Es como ser medio mala.

—Es mejor la palabra ácida, ¿siempre fuiste así?

—Era brava. Los hombres me tenían miedo, y cuando me di cuenta de eso me impresionó mucho. Me lo confesó un amigo al que le dije: "¿Por qué no se me acerca ninguno?". Era una época en la que estuve como un año tratando de pasar una noche... agradable. Tenía veintiocho años y decía: "Soy joven, soy linda, soy divertida... ¿Por qué?". Y él me respondió: "Porque te tienen pánico".

—¿Y por qué te tenían pánico?

—Porque era muy frontal, un poco agresiva, y la gente le tiene pánico al rechazo. "Tienen miedo de que los mandes a la mierda", me decía. O sea, tienen miedo de decir: "Che, ¿salimos?", y que yo les responda: "¿Con vos?". Los hombres también tienen mucho miedo a ser rechazados, y las mujeres muy fuertes y muy avasalladoras —contrariamente a lo que la gente piensa— suelen estar muy solas. Cuando me di cuenta de esto bajé unos cuantos decibeles, porque dije: "Que esto no perdure". Y traté de ser más buena.

—Y hoy estás enamorada…

—Sí, la verdad que sí. A veces más, a veces menos —viste cómo es el amor—, pero sí, estoy muy enamorada.

—¿Y eso te completa, te hace trabajar mejor, te inspira?

—No, porque la felicidad no es muy inspiradora. No digo volver al artista tortuoso, pero es verdad que hay toda una estabilidad que no te hace hacer demasiadas preguntas, ni te genera demasiado conflicto interno como para sacar cosas.

—Alejandro Dolina dijo que él cree que la felicidad, el estado amoroso, distrae la inteligencia, ¿coincidís?

—Depende, él es un poco melancólico, un poco más sufridito que yo, y ha tenido algún episodio realmente triste… Lo que pasa es que la felicidad no hace reír a nadie. Uno no hace humor a partir de hechos felices: "¡Soy feliz, mi marido me ama, tengo un hijo maravilloso!". Es decir: ¡Soy infeliz, me dejó, le gusta otra, no me da bola, el que amo no me ama!". Lo malo. Bueno, Charles Chaplin, el cachetazo, el pibe solo en la calle, eso es de lo que se nutre el humor. Lo que pasa es que en mi trabajo no soy autorreferencial, contrariamente a lo que piensa mucha gente: yo puedo ser feliz y mis mujeres alteradas pueden ser infelices.

—Me sorprendí leyendo cómo mostrás a las señoras mayores, por decirlo educadamente.

—¿Señoras mayores? No, son viejas. ¿Cómo las vamos a llamar, "gente mayor"? Es peor.

—Bueno, a las viejas. ¿Qué sabés vos de ellas si sos una pendeja?

—Es una buena pregunta que a veces me hacen las viejas. Me dicen textualmente: "Disculpame, nena, ¿cómo sabés lo que piensa una mujer de setenta años si sos una criatura?". Realmente no sé cómo es. Siempre digo que es sentido común; yo tengo bastante habilidad para pararme en el lugar del otro. Te digo que si hacés el ejercicio de pararte en el lugar del otro, no sabés lo fácil que es entender todo. A partir de eso empecé a dejar de pelearme con la gente, porque entendés a todo el mundo. Sos mucho más tolerante, y hasta el más malo y el más boludo se te hacen comprensibles. Si te ponés en el lugar de las viejas, tenés que entender, si no sos alguien que llegó hasta ahí operándose y sufriendo por lo perdido, que tiene que estar muy bueno ser viejo. Estar de vuelta de todo y que nadie te quiera vender nada. ¿Viste que toda la publicidad de consumo es sub treinta y cinco? Entonces, a vos no te bombardea el consumo ni la publicidad: sos viejo y nadie te quiere vender nada. Remedios te venden. Está bueno, te ponés lo que querés... Y los viejos son inimputables, por eso en las historietas les pongo los globos. Suelo ser bastante incorrecta políticamente, pero hay cosas que ya están en el borde de la mala onda. Entonces, cuando tengo algunos de esos bocadillos y los quiero poner, se los pongo a una vieja, porque las viejas son inimputables... Viste que los viejos entran a un negocio y dicen: "¿Cuánto es?". "Treinta pesos." "Pero ustedes son unos ladrones." Uno lo piensa, pero te avergüenza decir eso. Las viejas pueden decir lo que piensan sin que nadie les diga nada.

—¿Sabés en qué estoy pensando? En la terrible anécdota de la noche en que cumplías cuarenta años... ¿ahora te causa gracia?

—Sí, me cagué de risa. Un mes después ya me cagué de risa.

—La noche de su cumpleaños cuarenta, la señora Maitena decidió mirarse al espejo desnuda, solamente porque estaba cumpliendo cuarenta, y empezó: "No me gusta esto, no me gusta lo otro, se me cayó esto, se me cayó lo otro". Te agarró una amargura total y, ¿te pusiste en pedo?

—Sí, no sólo me puse en pedo mal sino que además estuve llorando una semana. Yo vivo en Rocha, en Uruguay, pero como era el día de mi cumpleaños mi marido, que es un romántico y un galán total, me dijo: "Vamos a Punta del Este a cenar en un buen restaurante, a dormir en un buen hotel, paseamos mañana por el puerto, compramos cosas lindas y volvemos a casa". Y yo respondí: "Dale, vamos". Agarramos el auto, fuimos a comer, llegamos al hotel para pasar una noche maravillosa, pero bueno, pasó eso y me puse a llorar. A las cinco de la mañana, mi marido, cuando vio que no iba a pasar nada divertido, me dijo: "Bueno, flaca, no te pongas mal pero me voy a dormir. Disculpá que no te acompañe, pero estoy muerto". Y yo seguí llorando. A la mañana nos levantamos, e insistió: "Dale, vamos al puerto", y yo: "No, me quiero ir a casa". Nos subimos al auto en silencio, y estuve ciento cincuenta kilómetros llorando.

—Pero fue una gran catarsis.

—Qué sé yo. Pero estuvo bueno. A partir de ahí, todas las mañanas empecé a salir a correr, a caminar por la playa, y bajé cinco kilos.

—¿Estabas tan gorda o es la percepción de uno?

—No, no estaba gorda: estaba vieja. Hay cosas que son físicas y que te las devuelve el espejo. Luis, no me jodas, que a los hombres también les pasa. Te mirás la pancita, el cosito de acá...

—Y está bien, hay que asumirlo.

—Hay que asumirlo, pero si aparte del flotador tenés una postura corporal espantosa, se te cayó el culo... no es una cosa, es la suma. Te mirás y decís: "¿Y éstos?, no los tenía". Entonces creo que no está mal mimarse un poco, a mí me hizo bien. A mí, y agradezco, la naturaleza me ha dado ser flaca y bastante linda, no tengo nada de qué quejarme, pero justamente eso te da cierto descuido. Y dije: "Bueno, señora, a ponerse un poco las pilas".

—¿No será que las mujeres miran los pequeños detalles físicos con más dramatismo que los hombres?

—No, no es así. Depende de qué mujer y qué hombre. Conozco mujeres que son superrelajadas con el cuerpo y con el avance de la decrepitud, que es una frase espantosa, pero llamémosla por su nombre.

—Pero el paso de los años, ¿es el avance de la decrepitud?

—Sí, sí, sí. Pasan otras cosas maravillosas con el avance de los años, pero el exterior empeora y no hay manera de cambiarlo, es una carrera perdida. El otro día leí una declaración de una mina que es un bombón, que cumplió creo que cuarenta y cinco o cincuenta años, y me acuerdo de que decía que se retiraba. Se retira porque se da cuenta de que la carrera contra la juventud está perdida, que ya se hizo la lipo, y que ella tiene mucho para disfrutar de la vida. Me pareció genial. Otros dicen: "Bueno, pero es una actriz, podría hacer de madre". No, ella quería seguir siendo un bombón en la película. Me parece una decisión bárbara, y yo la tengo tomadísima. Voy a ser una señora que esté bien, no me voy a hacer todo de nuevo, voy a estar lo mejor posible para la edad que tenga.

Yo, por ejemplo, tengo una hija de veinticinco años, la miro a ella y veo que la juventud no se compra. La pielcita de los veinticinco años, la mirada, la sonrisa, el bracito... Esa cosa tan maravillosa que tiene alguien de veintitrés, veinticuatro años, no te lo va a devolver nadie.

—Te conocí cuando tenías veinticuatro...
—Pero estaba hecha mierda cuando vos me conociste.

—Y, más o menos...
—Y sí, era joven, era fresca, pero no tenía un mango. ¿Sabés de qué me acuerdo? Pasé seis años con el mismo par de zapatos. Esas zapatillas Pony, plateadas y rojas: seis años las usé. Porque no tenía un mango para comprarme otras.

—Lo que recuerdo es que tenías esa frescura de los veinticuatro años; y ahora sos una mujer de cuarenta, bella, linda, con experiencia, y además con un camino recorrido que está buenísimo.
—Está buenísimo, pero no es que hable de mí personalmente: estamos hablando de ese tema en general; igual yo estoy muy conforme. Hombres y mujeres, aunque me parece que les pasa más a las mujeres. Hay tipos desesperados porque se les cae el pelo, y lo entiendo. ¡Lo feo que debe ser quedarse pelado! Pero te quedás pelado y, ¿qué vas a hacer? A los hombres se les cae el pelo y a las mujeres todo lo demás. Era hora de que algo se les cayera. Creo que es justicia absoluta.

—Hablando del dibujo tuyo que dio la vuelta al mundo y que tenía que ver con la Estatua de la Libertad. No te gusta, ¿no?
—No, dale, ¿qué me ibas a preguntar?

—Decís que no es tu mejor dibujo, que no está bien dibujado, que lo tuviste que hacer de apuro, que fue el 11 de septiembre... ¿Sabés qué me pareció? Que estabas empezando a tener la dimensión de un artista, y que te resististe. Te ves como una laburante a la que el dibujo de *La Nación* le cuesta diez o doce horas de trabajo. ¿No será que sos una artista y no querés darte cuenta?
—Es curioso lo que me decís, porque ya tuve esta charla con un amigo que es un artista extraordinario, se llama Martín Kovensky. Tengo amigos de muchos años, y Martín es uno de mis viejos amigos. Martín siempre fue un artista, él pinta, y yo era la de los dibujitos. Él me dijo eso que me estás diciendo vos. Me dijo que él incluso había cometido el error de no considerarme una artista,

pero que el artista era aquel que es capaz de conmover, de emocionar, de provocar. "Lo que provocaste con un dibujito así es ser un artista. Que esté mal o bien dibujado no le importa a nadie. Hay mucha gente que dibuja muy bien pero no le mueve un pelo a nadie." Entonces Martín me dijo eso, que para mí fue muy importante porque era una conversación en la que él era el artista. Sí, lo puedo aceptar, pero tampoco es algo que me desvela. En lo que sí me considero una artista, eso siempre lo digo, es en cómo he manejado mi vida. Creo que mi vida es una obra de arte, y de lo mejor que he hecho.

—Todo el mundo conoce la teoría de la media naranja, pero no todo el mundo conoce la teoría de Maitena de las dos naranjas. ¿Cómo es?

—Para mí la teoría de la media naranja, el encontrar en el otro tu otra mitad, es partir de la carencia. Es partir de buscar lo que te falta, y me parece una pésima manera de empezar algo, sobre todo una pareja. A mí me gusta la idea de dos naranjas redondas, enteras, rodando juntas, jugosas y brillantes. Dos naranjas pueden ser diferentes, pero cada una con su jugo, con su semilla, con su historia. Creo que es importante buscar un par en la vida y no la mitad de algo, alguien que consideres que es como vos, y que puedan ir juntos. Me parece que cuando esperás que el otro llene lo que te falta y creés que le vas a dar lo que al otro le falta, se puede llegar a complicar.

—¿Eso incluye el respeto por la libertad del otro?

—Sí, primero somos individuos. La pareja es una cosa rara, es un invento rarísimo. Pero yo no sé estar de otra manera, me cuesta muchísimo. Siempre que he estado sola me he emborrachado para irme a dormir. Me he quedado en la computadora escribiendo hasta las tres de la mañana: cualquier cosa para no irme a dormir. Me cuesta muchísimo. Yo tengo muchos hermanos y siempre dormí con alguien, no en la misma cama, pero sí en el mismo cuarto. Al ser siete chicos, los únicos que tenían dormitorio propio eran los dos mayores. Después había otros dos en los que estaban las mujeres y los varones. En una época incluso dormí mucho tiempo con los varones. Cuando me separé a los veinticuatro años, la primera noche, me di cuenta de que era la primera vez en toda mi vida que dormía sola.

—¿Y cómo fue?

—No me gustó. Creo que la pareja es complicada, tengo esa

manía. Me preguntaban por mis manías: una es la pareja. Es raro vivir con otro. Creo que tengo muchísima suerte, incluso con mis amigas. Me saqué la lotería con Daniel, por un montón de razones de las que no voy a hablar porque son personales, y por otro montón de razones que tienen que ver a nivel profesional, en que es un tipo que ha sido manager de gente muy exitosa, que todo lo que él ha tocado lo ha convertido en oro, y que además trabajó muy bien. La persona que ha trabajado con él siempre se siente cuidada y muy bien llevada. Entonces, para mí es un lujo que él trabaje conmigo. Incluso sé que es un tipo que ha hecho *Los chicos de la guerra*, *La Noche de los Lápices*, que ha vendido libros, que ha tenido un montón de éxito. A veces le dicen: "¿Vos sos el marido de Maitena?", cuando en realidad tiene toda una carrera. De todos modos lo vive muy bien, me admira, lo vive con mucho orgullo, y él es mi fan número uno. Creo que tengo mucha suerte, porque conozco casos, por ejemplo, de parejas de actores exitosos que en el momento en que ella brilló más que él se arruinó la maravillosa pareja que tenían. Creo que a veces es muy difícil. En general les cuesta más a los hombres.

—Les cuesta más a los hombres soportar una mujer exitosa...

—Que una mujer sea muy exitosa. Entonces considero un lujo tener un tipo que es tan seguro de sí mismo, que está donde está, y tenerlo al lado, disfrutando de todo lo bueno que me sucede, paradito a un costado. Cuando en realidad de todo lo bueno que me sucede la mitad es obra de él. Tiene mucho que ver en mi trabajo.

—¿Por qué decís que es un milagro este éxito, que no te lo terminás de creer?

—Es un milagro porque muchos años tuve el síndrome del impostor, aunque ahora se me está pasando un poco. Pensás que un día se van a dar cuenta de que no sos muy buena, que no era para tanto. Pero bueno, ahora me doy cuenta de que mi trabajo está bien —no voy a tener falsa modestia—, tanto para una revista de actualidad como para un diario. Está muy bien, es una buena sección.

—¿Por qué decís que no dibujás bien?

—Porque no dibujo bien, pero no lo puedo hablar con vos. Si querés lo hablo con el Negro Fontanarrosa...

—Hacé de cuenta que estás con un colega. ¿Por qué no dibujás bien?

—No, porque mis colegas no me lo preguntarían: ya lo saben.

—¿Por qué, por los trazos?

—Pero igual me dicen: "Nena, estás mucho mejor". Me encanta cuando el Negro me dice eso: "No, nena, está bueno, estás dibujando con buena perspectiva". Lo veo como el elogio más grande del mundo. Porque yo soy una buena observadora del trazo y del dibujo del otro.

—¿Es cierto que te cuesta dibujar, que lo sufrís?

—Sí, sufro mucho. Sufro porque hago mucho boceto, y a veces no me sale lo que quiero, no me sale el primero. Cuando paso a la tinta pierde la frescura y se endurece, y pierdo toda esa cosa gestual blandita entre tanto proceso... y sí, me da una frustración muy grande.

—Entre que empieza y termina el dibujo, ¿hay un tramo en el que lo disfrutás?

—Un pequeño momento, sí. En general cuando empiezo a dibujar. A mí lo que más me divierte son las ideas, por eso me encanta cuando me baja una idea. Es un momento mágico, misterioso y de mucho placer. Entonces cuando tengo todo el texto escrito, digo: "¿Y a este cuadro qué le meto?". Ahí empieza a salir la mina, la cara de la mina... en ese momento siempre me divierto.

—¿Siempre empezás por el texto?

—Si no, no sé qué dibujar. Hay otros dibujantes que dibujan todo el tiempo, que van a un bar y mientras hablan dibujan. Yo sólo dibujo cuando trabajo, no me gusta dibujar. No soy de esos que andan por la vida dibujando.

—¿Escribirías un libro sin dibujos?

—Le tengo mucho respeto a la literatura, y creo en el oficio, en el oficio de lo que sea. Creo que el oficio de algo es lo que te da la posibilidad de hacerlo bien. Entonces no me voy a poner a escribir a los cuarenta años, tendría que escribir diez o quince años más para poder empezar a publicar algo que estuviera bien. Si yo me pusiera a escribir ahora, lamentablemente las editoriales me lo publicarían mañana, aunque sea una porquería. Entonces no voy a caer en la tentación. De lo que sí me doy cuenta es de que me gusta escribir, que lo disfruto, pero no haría literatura. Podría escribir pequeñas columnas, relatos, cosas cortas, mezclar. Veo mi trabajo y cada vez hay más texto y menos dibujo, y a mí eso me divierte. A veces me gustaría escribir, pero ya te digo: estoy en un lugar donde corro el peligro de que sea publicado, y son dos cosas diferentes.

—¿Qué se siente pasar el millón de ejemplares del libro?

—Yo no siento nada, de verdad. Sé que a la gente le cuesta creérmelo… No siento nada, no voy a ningún país en el que no hable el idioma. Es decir que no voy a ninguno salvo España, México, Brasil…

—Pero vendés mucho en Alemania.

—No, no vendo mucho en Alemania. No vendo mucho en todos los países en los que estoy publicada. Bueno, en Portugal vendo muchísimo, lo mismo que en Grecia, pero no voy.

—¿Por qué?

—Porque yo no hablo griego, no hablo portugués bien, no me divierte. La paso mal comiendo con editores a los que no entiendo, dando charlas, presentando un libro en un idioma que no entiendo: la paso horriblemente mal. En Estados Unidos tampoco, no me interesa. A mí ya me pasó mil veces más de lo que esperaba: yo era muy pobre, laburé en diez mil medios. A mí me empezó a ir muy bien a los treinta y dos o treinta y tres años. Entonces ya estaba muy acostumbrada a la vida que tenía, que ya estaba bien en esa época, todo lo demás es yapa. No quiero nada más, a mí me sobra. Tengo todos los pares de zapatos que quiero, no me interesa ser la más rica del cementerio. Entonces cuando me dicen: "¡Y te publican en Islandia!" no me genera nada. Por ejemplo, no miro las notas que me hacen, ni miro los programas en que aparezco porque siempre me veo gorda, vieja, fea, y con voz de pito.

—Estuve leyendo una nota que te hicieron en el *New York Times*, ¿la leíste?

—La tuve que leer porque Daniel se había ofendido, ¿sabés lo que le dije? "¿Por qué te ofendés si no entiendo un carajo de lo que dicen? Hacémela traducir y la leo." Me la hizo traducir y me la dio. Te voy a decir sinceramente lo que me pasa: lo que yo digo en esa nota ya lo sé. Cuando voy por la mitad me da un embole enorme seguir leyendo cosas mías que ya sé que dije. Me aburro de mí misma. Me gustan las fotos, eso lo reconozco. Me importa mucho la foto, y todas las fotos mías que salen publicadas son divinas. De hecho creo que la gente no lee la revista pero mira la foto. "¡Ay!, saliste en el *New York Times*." Y dije: "¿Qué foto pusieron?". Eso fue lo único que me importó, y la foto era genial.

—¿Cómo te llevás con la guita?
—Horrible, pero tengo la suerte de tenerlo a Daniel al lado. Daniel dice que ésa es mi única parte de diva, de *star*.

—¿Por qué?
—Porque no manejo dinero. Nunca, nada, no tengo plata. Te voy a contar una intimidad: hoy fui a mi analista, y había tenido un problema porque me tomé una pastilla para dormir que no me tendría que haber tomado, porque no estoy acostumbrada, y me levanté idiota. Entonces le dije: "Tenía que estar despierta y estoy idiota". "Tomate una aspirina", me respondió. Era a la vuelta de mi casa: tenía los pantalones, una remera, había ido corriendo, se había largado a llover, estaba sin cartera, e iba a tener que volver a buscarla. Le dije: "Sé que esto queda mal pero, ¿me prestás dos pesos para comprar la aspirina?". Entonces mi analista me prestó dos pesos y me dijo: "Vos te hacés la antidiva, y no tener plata encima es lo más superstar que hay". Bueno, cuando vengo a Buenos Aires traigo la cartera pero no tengo nada: cincuenta pesos y la tarjeta, por si quiero comprarme algo. Pero no me gusta manejar dinero, soy muy mala manejándolo, y aparte soy culposa. Entonces la regalo, soy muy dadivosa, les presto plata a todos mis amigos. Es que a mí me costó mucho entender que la plata que gano no tiene que ver con las horas hombre, y todavía me cuesta. Acá ya me lo hicieron entender a cachetazos, pero yo siempre pensé: "¿Cómo le voy a cobrar quinientos dólares por esto si lo hice en cinco horas?". Y ahí se agarran la cabeza: "¿Cómo podés ser tan estúpida?". Estúpida no, fui un esclavo treinta años. Digamos que me cuesta mucho entender el mercado.

—¿Cómo te llevás con tus viejos ahora?
—Con mi viejo no me llevo más porque se murió hace cuatro o cinco años, y con mi madre me llevo bien porque es una mujer grande y ya no estoy para andar peleando con ella.

—Durante un tiempo, el hecho de que tu viejo haya sido ministro de Educación durante una dictadura, ¿te afectó en tu círculo, en tu ideología, en lo que vos pensabas?
—A mí me dolió muchísimo. De todas maneras, una vez hablando con mi viejo, estábamos con mis hermanos y le dijimos:

"Vos, viejo, sos bastante facho". Y él respondió algo que tenía mucha razón: "Si yo fuera realmente facho, ustedes no serían los zurditos que son". Me pareció que tenía razón. El viejo era un tipo que te daba toda la libertad para hacer lo que quisieras, y que él haya sido ministro de Educación en el gobierno de (Reynaldo) Bignone no lo convierte en un asesino.

—Claro que no, y todo el mundo habla muy bien de tu viejo.

—Era un tipo con trayectoria en educación de muchos años, y en el momento en que le ofrecieron ese puesto, su vanidad hizo que le fuera imposible rechazarlo. Además, él era pro milico. Lamento decirlo pero mi viejo brindó con champán en el golpe, ¿qué querés que te diga? Mi viejo era gorila, era facho, pero eso no lo convierte en un asesino.

—¿Te quitaste el apellido?

—No, yo tengo mucho orgullo de mi apellido, y los prejuicios que tenga la gente acerca de mi padre son problemas de ellos. Sólo escucho hablar bien de mi padre y no conozco ninguna persona que pueda acusarlo de nada. Incluso muchos periodistas que me vienen a hacer notas me dicen: "Yo le hice una nota a tu viejo, y era un tipo muy derecho, muy íntegro, muy ingenuo". Incluso el otro día estaba comiendo con Mirtha (Legrand), y me dijo: "Vino a comer tu papá". A mí me conmueve que hablen bien de mi viejo.

—¿Cómo te llevás con el paso del tiempo?

—Muy bien, porque soy mucho más feliz ahora que a los veinte años. Entonces pienso que si esto es progresivo, a los ochenta voy a estar fenómeno.

—¿Y cómo te imaginás dentro de unos años?

—Me imagino muy bien de grande: tengo todo el *look* pensado pero no te lo voy a revelar. Tengo una amiga que se llama Marta con la que tenemos pensado nuestro *look* de viejas. Quiero ser una vieja encantadora, pero no de pendeja. A mí me encantan las viejas que usan sombrero, aunque no es lo mío, no va a ser lo mío, pero al ver pasar a una vieja de ochenta años con sombrerito y coqueta, pienso: "¡Qué genia, qué capa!". Me encanta verlas en la peluquería. Tengo para mí esa idea, quiero ser una vieja que todavía quiera gustar a la gente, y gustarse a sí misma. Espero que a esa altura sepa cocinar maravillosamente, tener mucho tiempo, tener mis amigos y poder leer, ver películas y pasarla bien.

—¿Hasta cuándo vas a seguir trabajando?

—Qué buena pregunta. No mucho más, no mucho más.

—¿Estás segura de que vas a poder dejar de trabajar cuando vos quieras?

—No, no estoy segura. Laburo desde los diecisiete y también disfruto trabajando, no soy obrera de una fábrica. Es decir, entrar a mi estudio, poner un disco y pensar ideas me divierte. Sí tengo un agotamiento de los medios, de tener que entregar todas las semanas una página. Dejé *Superadas* porque no me bancaba la tira diaria, y la semanal se me empieza a hacer también medio dura, porque además viajo y siempre estoy adelantando. Creo que lo primero que voy a dejar, paulatinamente, van a ser los medios. Y después voy a seguir haciendo libros. A mí me gusta pensar que voy a hacer todo eso que los dibujantes no quieren hacer porque es "de fracasado". Por ejemplo, un dibujante al que se supone que le ha ido bien no hace libros para niños. Los libros para niños los hacen los dibujantes que no consiguen laburo para otras cosas.

—Si te dieran la posibilidad de ser inmortal...

—No la tomaría, no la querría.

—¿Por qué?

—Porque no quiero ver morir a toda la gente que quiero. Me parece una pesadilla.

—Si te dieran la posibilidad de elegir cómo despedirte de esta vida, ¿cómo te gustaría?

—Me gustaría morirme durmiendo, muy viejita, muy débil y en la camita. Que de repente digan: "Che, no se despertó más". Algo así. El otro día un gran amigo, Marcelo, me contó que su abuela de noventa y cuatro años se acababa de morir así. Después tengo otra, donde la madre de una amiga mía se murió bailando tango, en una milonga. La única cagada es que tenía cincuenta y cuatro años, pero la muerte estaba buena.

—Pero en paz.

—Sí, haciendo algo que está bueno. O morirse en la cama, cogiendo, aunque sea medio feo para el otro. De todos modos hay un par de situaciones que son más interesantes que la hospitalaria.

—¿Qué amás de lo cotidiano?

—Salir a correr por la playa con mis perros, todas las mañanas, siete kilómetros; el momento en el que empiezo a trabajar, en el que me encierro en el estudio y pongo música o prendo un cigarrillo y digo: "A ver qué voy a hacer"; y el momento de meterme en la cama.

—¿Y qué odiás?

—Odio hablar por teléfono; las personas molestas, tener que lidiar con esas personas, por el trabajo o por lo que sea: que venga el tipo de la cortina a enrollarla y me explique lo que acaba de hacer, por ejemplo. También odio comer mal.

—¿Qué te hace reír?

—Me hace reír mucho mi marido; en realidad las pavadas, el ingenio popular, las contestaciones de velocidad mental de la gente; y el Negro Fontanarrosa me hace reír, siempre.

—¿Qué te parece un misterio?

—Mi éxito profesional; la particularidad de la Argentina para volver a resurgir de sus cenizas, porque la verdad es que nadie hace nada para que esto pase. La inspiración me parece un misterio, esa cosa que de repente tenés una idea; siempre me vuelve a sorprender el pensar de dónde carajo salió.

—¿Tenés manías?

—Tapar con los diarios antes de irme a dormir, en general cuando ya estoy en la cama, todas las lucecitas del video, todas las lucecitas rojas que quedan prendidas en el cuarto. Armar una carpa de diarios porque si hay una lucecita prendida, no puedo dormir. También tocarme el pelo permanentemente.

—¿Qué te gustaría?

—Me gustaría ser muy vieja, vivir muchos años; estar enamorada siempre; y me gustaría conocer la nieve, porque no la conozco.

—Dejame tu mensaje para el año 2050.

—Para el año 2050 voy a tener como noventa años, y estoy haciendo todo lo posible para estar viva. En lo personal me gustaría estar rodeada de mis hijos, de mis nietos, de todas sus mujeres. Tener una familia grande de hijos y de amigos que estén cerca de mí y que me quieran mucho. Y en el otro plano me gustaría que el mundo dé una vuelta, que seamos de nuevo todos comunistas, que la riqueza esté bien repartida, y que sea un mundo más justo, porque hay posibilidades de que todo se reparta mejor. No hace falta que haya tanta gente sufriendo mientras que otras se compran zapatos con diamantes. Entonces estaría bueno que para ese momento hubiéramos entendido un poquito más y que esté todo mejor repartido.

Rep

# "Toda mi ética está en los dibujos"

AUTORRETRATO:
*"Mi nombre es Miguel Repiso pero firmo como Rep.
Soy dibujante desde siempre (y humorista gráfico
por opción y adopción). Vine a este mundo
para molestar, ésa es la verdad"*

Advertencia imprescindible: Miguel Repiso es un amigo, y ambos nos conocemos bastante bien.

No es que nos veamos demasiado seguido. O que nos llamemos o nos enviemos mensajes para las fiestas o los cumpleaños.

No.

Nos vemos muy de vez en cuando, pero estamos unidos por un par de hilos finos, aunque bastante potentes: nacimos el mismo mes del mismo año e hicimos un camino de vida parecido. Un camino que nos hizo encontrar en cierto viaje iniciático a Villa Gesell. Un viaje divertido y alocado del que no tiene sentido hablar en este libro. Sólo me permitiré revelar que una madrugada caminamos por la orilla del mar unas cuantas horas, y hablamos de la vida, y cantamos canciones de Silvio Rodríguez y Pablo Milanés y nos reconocimos como varones dispuestos a pelear por lo que deseamos: desde la mujer más añorada hasta el proyecto de laburo más desafiante.

Tengo como legado de aquel tiempo de amistad un dibujo original de Miguel, realizado en 1984 y titulado *Democracia*, en el que la gente aparece con alas de libertad mientras un obispo y un general intentan alcanzarlos con sus tijeras en el medio de un cielo límpido y donde todo parecía mejor.

—¿Por qué decís que viniste a este mundo a molestar?

—Es obvio: parece que desde chiquito molestaba. Tengo una versión medio *hamletiana* de mi infancia, pero cuando le consulto a mi vieja o a gente que me conoció en ese entonces dicen que realmente era un chico molesto. Incorporé esa imagen y la sumé a un personaje que se me ocurrió: un bebé que ha venido al mundo a molestar. Digamos que no voy a lograr la revolución ni tampoco hacer grandes cambios, pero sí parece que puedo molestar. Pues la molestia puede generar pequeños cambios o al menos vueltas de tuerca. Por eso en primer lugar me molesto a mí.

—¿Cómo?

—Haciendo humor propio. No tengo amor propio pero sí humor propio, entonces con eso ya sé cómo es molestar a los demás sin que les gane.

—Tu primer dibujo lo hiciste a los catorce años y fue publicado, ¿ése fue un momento fundacional en tu carrera?

—No, me parece que el momento fundacional fue cuando hice mis revistitas en birome. Ahí sí dije: "Quiero publicar siempre en revistas". Cuando iba cada noche al quiosco para ver cuándo salía la revista de Fabio Zerpa en la que iba a publicar se me abrieron muchas puertas de percepción en la vida. La ilusión que se abrió con ese dibujo después se cerró bastante, y luego se abrió otra vez, y ahora está definitivamente abierta: sé que no voy a hacer otra cosa en la vida que no sea la prolongación de aquel pibe que publicó un dibujo a los catorce años.

—¿De qué se trataba ese dibujo?

—Era un dibujo sobre marcianos. Hace poco volví a verlo y no estaba tan mal. Era un dibujo de un adolescente pero bastante bien ilustrado. El chiste no estaba tan bueno, pero se ve que no tenía mucho para decir o lo hacía balbuceando. No sé si tenía esa carga de autoría a los catorce años o si se destapó después, a medida que uno va dejando de ser tan fóbico y va ilustrándose cada vez más. Sin embargo, creo que algo de lo que somos hoy éramos a los catorce años.

—¿Aún te resulta difícil dibujar?

—Ahora que estoy más valiente y más zarpado con mis dibujos me doy cuenta de que no me cuesta dibujar. Lo que sí me cuesta es ilustrar ideas, la esclavitud o ese estar al servicio de. Es que este laburo se trata casi siempre de estar al servicio de ideas, muchas veces de otros. Cuando hago una tapa de un diario, tengo que ilustrar el tema de otro y es realmente muy dificultoso.

—¿No te gusta?

—No, porque el resultado está bueno pero es una labor que no hay que idealizarla. En cambio, cuando dibujo *El Quijote* o la gente en la Recoleta, me doy cuenta de que soy dibujante, que no necesito de las palabras ni de las ideas. Ahí la forma y el contenido son uno. Si me tirás sobre una pared donde no tengo que tener una idea y soy libre, es muy placentero. Ahí me doy cuenta de que, como dibujante, no tengo límites. Puedo dibujar un gatito en un rincón con mucho blanco alrededor y también te puedo dibujar la batalla de Maipú con todos los soldados. Soy capaz de hacer toda una ciudad, con toda su gente. Encontré los trucos personales necesarios como para que pueda ilustrar, hasta sin dormir y con mucho placer, todo lo que yo quiera. Lo que siempre falta es tiempo, pero ésa es una limitación humana.

—Quino te considera uno de los dibujantes más importantes de los últimos años y también de los más originales. ¿Dibujás con la yema de los dedos o con toda la mano?

—No se trata de la yema de los dedos: todo debe estar en la cabeza. Ése sí que es un accesorio difícil que no se consigue ni en Warnes. El dibujo es algo mental. El arte o los artistas que admiro son grandes *cerebros* y pensadores. No son esclavos de la técnica, se trata de tener más cerebro y sentimientos que técnica.

—¿De qué se tratan los trucos de los que hablabas?

—La verdad es que no tengo trucos que pueda transferir, no son fórmulas.

—¿No se pueden enseñar?

—Siempre se puede enseñar a dibujar, pero lo que no se puede enseñar es a tener ideas, a ser un creador, un autor, un humorista. En todo caso, creo que si quiero estar caliente conmigo mismo tengo que descubrir los trucos para romperlos y generar unos nuevos. Por eso *El Quijote* me está generando romper cascarones de trucos: me liberé. Cervantes me dio las herramientas de la libertad porque *El Quijote* es la libertad. No se trata de la locura ni todas esas huevadas que se dicen, se trata de la libertad. El tipo me dijo: "Hacé lo que quieras con mi libro porque mi libro genera libertad". Y lo entendí porque es quizás el libro de mi vida, después será muy difícil que ilustre otros. Hasta que descubrí este libro, pensaba que los más importantes para ilustrar podían ser *Hamlet* o *La naranja mecánica*.

—¿En este momento estás dibujando el libro de tu vida?

—No, el libro de mi vida es el que voy a hacer. Estoy ilustrando el libro de la vida de otro, hasta hoy, claro. Por ahí también eso a mí me despierta algo. Es más, ya no pienso igual que antes de *El Quijote*. Siempre fui de tirarme a menos pero, a partir del tercer episodio de *El Quijote*, me siento con menos miedos y complejos.

—¿Por qué *El Quijote* te quitó los miedos?

—Porque ya no me importa lo que se dirá de mí. Lo que llamabas antes *trucos* para mí son soluciones que puedo encontrar para traducir mis ideas. Antes pensaba cómo solucionarían eso los dibujantes que amo mucho, pero ahora encontré una ruta, una puerta, un peaje, qué sé yo qué es, por el cual sé que encuentro mis propias herramientas en el mismo estilo que viene cargado. En mi propia CPU están todas las soluciones. A veces cuesta mucho, tenés que romper muchos papeles o hacer una gran introspección.

—¿Rompés papeles y hacés introspección?

—Sí, claro, porque muchas veces me sale un dibujo muy caretón. Y lo que quiero es un dibujo que sea fresco, lo más parecido al lápiz posible.

—¿Se puede hacer humor con cualquier cosa?

—Sí, absolutamente. Yo hago humor con cualquier cosa. El límite es lo que no me interesa.

—¿Con la tragedia de Cromagnon también se puede hacer humor?

—Sí, por supuesto. La diferencia entre el chiste de velorio y el chiste que está firmado es que alguien ve de quién es. Por ejemplo: al día siguiente del atentado al World Trade Center circulaban miles de chistes cobardes porque eran sin autoría. Pero yo hice un chiste que no era a favor del sentimiento de angustia que embargaba al mundo occidental sino un chiste argentino. No me sentía compenetrado con esa tragedia, era muy lejana para mí. Lo siento.

—¿Como el tsunami?

—Claro. En todo caso, cuando sucedió el atentado a la Embajada de Israel o la AMIA, que sí son cercanos y casi los tengo acariciándome el hombro, ahí sí conozco a esa gente, sé cómo son, no me manipulan mediáticamente, sino que estoy oliendo la pólvora, la sangre, las lágrimas, y sé de dónde salen esas lágrimas en la historia argentina. Ahí sí que me conmuevo y me paro frente al humor de otra manera, pero trato de no zafar. De hecho hice un chiste al otro día del atentado a la AMIA. Pero lo que está pasando afuera realmente no lo siento, no puedo *caretear* eso, no puedo hacer un chiste universal de congojas porque no lo siento.

—¿Te parece bien hacer humor con los rasgos físicos?

—La caricatura basada en los rasgos físicos es un bajón. Soy humorista y gracias al humor aprendí a ser humanista. No me importa el físico de alguien pero sí su humanidad. Por ejemplo, si quiero hacer una caricatura política no me voy a mofar si ese personaje es orejón o dientudo. Los políticos simbolizan algo y yo gasto ese símbolo. Si después los tipos trascienden el símbolo y se presentan como personas, como sucedió en la década del noventa, donde la vida privada inundó todo lo que era política, entonces sí me permito atacar la vida privada de esas personas, porque ahí sí vida política y privada terminaron siendo una misma cosa.

—¿Qué humor te parece *de cuarta*?

—El humor *de cuarta* es aquel que siempre está cargando a los demás, donde todo está visto desde el ganador. Detesto ese tipo de humor que viene desde los ganadores, como Gerardo Sofovich o Marcelo Tinelli, con formulitas que se van pasando año tras año. Y que, por supuesto, no es la que inventó Niní Marshall que es maravillosa, que se gastaba desde otro punto de vista.

—¿Se puede hacer humor *oficialista*?

—A mí no me gusta porque yo estoy aquí para molestar y el único modo que encuentro es hacer contra. Siempre hay un motivo, no hay que creerse nada. Lo que pasa es que es difícil ser contra frente a gobiernos comandados por José Stalin o en la primera presidencia de Juan Domingo Perón.

—¿Te provoca alguna contradicción trabajar en un diario considerado oficialista como *Página/12*?

—No. En primer lugar porque no soy editorialista, para eso debería contar con una editorial. Me siento absolutamente libre y no recibo órdenes de nadie. Desde ese punto de vista, pienso que lo que le pasa a *Página/12* es que muchas de las cosas que está haciendo ahora el gobierno fueron las que se pidieron desde el diario durante los últimos dieciocho años. Pero como a mí me gusta molestar, suelo ir de vez en cuando a la redacción a *gastar* a los directores. Abro la puerta y les digo: "Qué diario oficialista que están haciendo. A mí me gustaba más cuando era *Nueva Sión*". Entiendo que se los critique pero también sé que los avala la conducta de todo el diario.

—Alejandro Dolina sostiene que todo lo que hacemos es para levantarnos minas.

—Creo que cualquier disciplina artística o que posea cierta sensibilidad conmueve a las mujeres. De todas maneras, me hubiera encantado conquistarlas con la música. Amo la música, incluso más que lo que hago, pero sé que ya no tengo chances de ser un gran músico.

—¿Y dibujás para las personas que amás?

—Sí, por supuesto.

—Una de las máximas del mundo masculino es que un varón juega al fútbol de la misma manera en que vive.

—Debe ser así aunque yo soy horrible jugando. Como diría Roberto Fontanarrosa: "Tengo dos problemas: uno es la pierna izquierda y el otro es la derecha". Ojalá jugara bien pero no, soy muy malo.

—¿Uno puede dibujar como vive?

—Sí, creo que toda mi ética está en los dibujos. De todas maneras, creo que es mejor lo que pienso que lo que hago y es mejor lo que hago que lo que soy. Porque es mejor lo que pienso, idealizo o elaboro que lo que soy. Uno es una hoja al viento y la vida es del viento. ¿Cómo podés zafar de las sorpresas todos los días? Te puedo decir que hay que ser bueno y solidario pero después la vida te presenta un montón de planos. La vida es cubista, ojalá fuera plana. Creo que a todos los autores les pasa: siempre es mejor lo que crean que lo que son.

—¿Las mujeres son un tema para vos?

—Sí, aunque no sé si el más importante. Esto (N. del A.: muestra el dibujo que está ilustrando) más o menos lo puedo dominar, sé que puedo encontrarme lectores enojados, editores contrariados, acuerdos, desacuerdos, libros que salen o no. Pero las mujeres son una persona con la que uno tiene empatía o no. Tiene su camino parejo hasta que uno de los dos decide otra cosa y es un problema. Pero no es un problema capital o una obsesión. La mujer es un gran placer pero me genera mucha tensión, no es como la amistad. La amistad es más parejito, más placentero, no hay tanta exigencia.

—En tu último libro, *Rep hizo los barrios*, Horacio Verbitsky sugirió en el prólogo que hiciste esos barrios porque un día descubriste que las mujeres más lindas del mundo estaban en Buenos Aires.

—Sí, por lo menos del mundo que conozco. Pero la verdad es que sí, acá existe una linda mezcla y encima hay como una histeria muy bonita. Aparte de que es la que uno ha tenido más suerte de conocer.

—¿Qué te parece cuando surge un libro como *El Código Da Vinci*?

—Ni lo leí, no tuve curiosidad porque tengo un montón de libros por leer antes.

—¿Como cuáles?

—En primer lugar, los libros que me acercan para ilustrar. En segundo lugar, *El Quijote*, porque también lo tengo que dibujar y estoy leyéndolo cada vez más exhaustivamente. En tercer lugar, me gustan mucho los ensayos políticos (mucho más que la literatura o la creación pensada por otros). Estoy en un período en el que me interesa leer sobre la Segunda Guerra Mundial, la historia, la actualidad, la economía.

—Prácticamente sos un periodista.

—No soy periodista pero me interesa la obra de ciertos periodistas. Te explico lo que es el periodismo: la búsqueda de la objetividad, y yo estoy en la búsqueda de la más absoluta subjetividad, y cuanto más subjetivo mejor para mí. Yo no quiero ser objetivo en nada. En teoría, una carrera artística tiene que ver con ser cada vez más subjetivo.

—En lugar de la objetividad, diría que el periodismo es la búsqueda de la verdad.

—Es como las ciencias: nunca cierran. Siempre creemos que la ciencia llegó a su punto culminante y viene otra teoría que destruye eso. Digamos que uno busca la perfección. Creo que, de alguna manera, el periodista quiere la objetividad. No hablo de los columnistas, que por ahí son los más honestos porque dicen que ésa es su opinión sobre un asunto, pero sería bueno que los periodistas se dieran a la búsqueda inhallable de la objetividad. Quiero eso: el periodismo más puro, una historia objetiva para que el día de mañana alguien escriba la historia de los tiempos con los elementos más objetivos posibles.

—¿Sos un dibujante que se para en los hechos de la realidad que escriben otros o en los hechos de la realidad que mirás vos mismo?

—No soslayo nada. Para ser un dibujante seguidor de la actualidad escucho mucha radio y leo algunos articulitos. Después, gracias a lo que leí y escuché, armo mi propia opinión. Sin embargo, es muy difícil que exista un hecho que me revolucione la cabeza y que piense cómo me paro frente a esto. Los hechos son continuos y ya tengo una opinión formada sobre determinados aspectos. Por ejemplo, respecto de la Justicia: no es muy distinto de lo que pensaba hace diez años sobre eso. No hay nada que me sorprenda demasiado del comportamiento humano en este país o en el mundo. En todo caso, me puede sorprender el atentado del 11-S porque nadie lo esperaba. Pero el devenir histórico, al menos de la Argentina, es difícil que me sacuda porque siempre viene de antes, ya lo vi o lo estudié en el eterno retorno de la historia argentina.

—Sin embargo, reconozco que aún hay cosas que sorprenden, como la crisis de 2001. Vos la viste venir y le pediste a la clase media que saliera a la calle unos cuantos días antes del 19 y 20 de diciembre.

—La vi venir pero fue mucho más clarividente en el profesional que en mí mismo. Eso sí me sorprendió y me dolió mucho también. Pero se ve que la veía venir como pensador y como dibujante unos quince días antes, cuando publiqué en la tira de *Gaspar, el rebolú*: "¿Cuándo nos vamos a rebelar los de la clase media?". Y se armó el quilombo real nomás.

—Hablando de *Gaspar, el rebolú, Los Alfonsín* o *Los mutiladitos*, ¿qué hay de autobiográfico en tus dibujos?

—Los personajes que hago perdurar o que tienen vida son los que tienen mi carnadura. Si no, desaparecen. ¿Cuántos personajes creo en un año? Un montón y luego agonizan, se van. De vez en cuando aparece *El niño azul* y pienso: "Acá hay algo que tiene mi carne, que tiene pensamiento". Ésos son los personajes que quedan.

—¿Y los bebés?

—En los bebés que dibujo estoy recreando algo que no sólo tiene que ver con el misterio del bebé que fui o de los bebés que veo sino con las ganas que tengo alguna vez de tener bebés. Uno sublima mucho de sus deseos en los dibujos.

—¿Sos todavía un poco niño?

—Ojalá, porque yo quiero ser niño. Justamente ayer se me ocurrió un libro, porque tengo que pensar el tercer libro para Editorial Sudamericana, y me desperté a las cinco de la mañana pensando en ese libro: se llamaría *El humorista niño*. Siento que nunca voy a perder, salvo que me pase algo que me modifique la vida, la mirada del niño porque lo que quiero despertarle a la gente es el *niño* todo el tiempo. Quiero que nunca se acabe el asombro de los niños. *El niño azul* se trata de eso: todo el tiempo descubre algo nuevo, siempre hay asombro ante cualquier cosa.

—¿Tuviste crisis de los cuarenta?

—Yo tuve crisis a los veintiuno, veintidós, veintitrés, treinta, cuarenta años. Todo el tiempo tengo crisis, es muy raro que no la tenga.

—¿No te despertaste un día y estuviste más consciente de que nos íbamos a morir?

—Eso lo sé desde chico, desde el miedo terrible que yo tenía a la muerte de mi vieja. Hasta el día de hoy pienso en la muerte con ese miedo a perderlos. Pero claro que también está ese miedo, aunque no lo verbalice. Me parece que mientras más pase el tiempo y más empieces a ver reducidas tus capacidades físicas, será peor. De hecho, la enfermedad de mi papá fue muy terrible en ese sentido. Ésa fue una crisis que me devastó y que me hizo cambiar toda la vida, incluso en los dibujos. Yo era, en todo sentido, mucho más tierno y me volví más cínico, más duro; ahora me siento mejor preparado para los grandes problemas. Hace exactamente un mes perdí a un amigo de cuarenta y cuatro años. Vivía en Nueva York. Hace un mes y medio estuvo en mi estudio. Era, creativamente, un par. Cuando lo perdí, se murió algo de mí. Se trataba de alguien de mi edad y todo lo que proyectaba hacia el futuro con relación a mi obra lo pensaba con ese amigo. De alguna manera, teniendo la misma edad, vos ves al otro reflejado.

—Pero no sos vos.

—No. Pero hay algo. Por ejemplo: mi hermano (Jorge, trabaja en revista *Veintitrés*) es realmente como mi otro yo, aunque mejorado; y cuando él tenga sesenta años, yo lo voy a ver deteriorado pero en verdad yo también voy a estar así. Es como un espejo que te muestra que la edad son los demás: vos preguntándome la edad, las chicas preguntándome la edad, yo preguntándote la edad, esos convenios espantosos y hasta capitalistas, te diría, donde el tiempo es una medida capitalista.

—¿Creés en Dios?

—No, creo en una cosa pero no en ese lugar común. Pienso que la religión es una creencia que trato de conservar de mi vieja: en mi bolsillo tengo una estampita de Pompeya que me dio ella y en algún lugar de la billetera tengo una de San Jorge. Pero hasta ahí llego en esa especie de superstición. Es que soy muy supersticioso con asuntos personales y entonces hago ese tipo de cosas que heredé de mi vieja y que las llevo con una especie de hidalguía que me recuerda de dónde vengo. Y no me voy a olvidar ni a ser racional porque no lo soy: trabajo en algo que es misterioso. En ese sentido, no puedo creer lo que me pasa porque tuve suerte. ¿Cómo puede ser que viva de esto? Laburé como un hijo de puta, sigo laburando y laburaré aun más porque es la tendencia, pero también tuve suerte de encontrarme con cierta gente, de estar en el momento exacto, de haber llevado un proyecto a tiempo, de haber tenido la actitud angelical como para que alguien me abriera la puerta y me diera un consejo o me dijera no, quedate acá. He despertado la ternura que atrae a la suerte. A veces veo gente que tiene la misma o más capacidad que yo y no corrió con esa suerte que tengo yo.

—¿Te importa el dinero?

—Parece mentira pero sí. La infancia pobre y el miedo a la miseria no te los olvidás nunca. Lo trabajo pero no hay caso, es como cuando vos sentís que sos el Apolo ese que sostiene edificios, familiares sobre todo, eso no me lo voy a borrar nunca. Y a la vez, siento una profunda contradicción, porque detesto todo lo que es mercantil y capitalista. No soy consumista. Mi bandera es aquella que postulaba Pablo Picasso: "Vivo con poco, pero con una buena cuenta en el banco". No necesito mucho, simplemente un seguro de que los míos, si pasa algo, tienen con qué. Y que si a mí me pasa algo, tengo con qué.

—Si tuvieras que dibujar la escena ideal de tu vida, ¿cómo sería?

—Sería como una especie de Eureka dibujando, bien *pipón*. No me importa la edad, en todo caso la compañía. Quisiera estar acariciado por una mujer, mi vieja, mis hijos, con esos olores, esa cosa que te hace sentir contenido. Lo cierto es que hoy no me iría *pipón*, pero el día en que decida irme, ahí te digo: "Ya está, está bien". Aunque creo que eso no va a llegar nunca porque la insatisfacción forma parte de mi savia.

## Señas particulares:
### *"Me hacen reír los chistes pelotudos"*

—¿Qué te hace reír?

—Los chistes pelotudos que dice la gente inteligente. Aunque no me hacen reír los chistes pelotudos que hace la gente pelotuda ni los chistes muy inteligentes que hace la gente inteligente.

—¿Qué te hace llorar?

—Definitivamente me hace llorar la muerte de la gente que quiero y la muerte de la gente que subquiero. Me hace llorar la música pero no me hacen llorar un gol o la literatura. Tiene que ser algo activo: la muerte, la música.

—¿Qué amás de lo cotidiano?

—Yo amo leer mucho, dormir y crear.

—¿Qué odiás?

—No me gustan las cosas que tienen que ver con los números ni los trámites ni las cosas obligatorias. Me parece que uno tiene CUIT y ya es un número, no podés zafar.

—Nombrá personajes de historietas que te dejaron una marca.

—Entre los personajes conmovedores podría decir *El Corto Maltés*. Algunas creaciones de Héctor Germán Oesterheld. No son personajes, son momentos bellos de la historieta. No puedo decir que son personajes porque no me los creo. Como yo los creo, no creo en lo que creo y no creo en lo que crean otros.

—¿Qué obra te hubiera gustado firmar?

—La obra *Las Meninas* y casi toda la obra de Henri Matisse. También *Sin pan y sin trabajo*.

—¿Qué te cuesta o no podés dibujar?

—No puedo dibujar máquinas ni autos, siempre me salen los

mismos. Casi, casi que son autos de los sesenta los que me salen, no puedo dibujar esos autos que hay ahora.

—¿Qué cosas de macho no dejás de hacer?

—No soy muy masculino ni muy macho. Porque no sé jugar al fútbol (aunque lo amo), tampoco hago asados y no sé manejar.

—¿Qué cosas de chico seguís haciendo?

—Me gusta que me acaricien pero sobre todo lo que más me gusta es molestar, porque no llegás al punto más asqueroso sino que hay mucha ternura en la molestia y entonces los hago reír. Creo que es la manera más corporal, no desde el dibujo, en que yo hago reír a la gente que quiero. Y me gusta mucho hinchar las bolas.

—¿Tenés manías?

—Una manía fuerte que tengo es que le encuentro parecido a la gente: mi chica se parece a Bugs Bunny, Luis Majul se parece a mi primo Fernando, y así. Otra manía que tengo es que quiero estar en todos lados, no me quiero perder nada.

—¿Quiénes no te dieron pelota?

—Decenas de chicas. En primer grado inferior, porque hice inferior como oyente, no me dio pelota Lucrecia. En cuarto grado no me dio bola Nancy Adriana. Y después no me dieron bola o no alcanzaron a entender: Diana, Ana, varias, varias...

—¿Qué te enamora de una mujer?

—Lo primero que me enamora es la mirada. Ése es mi imán. También me enamora la capacidad de apasionarse, que sepan lo que quieren y la inteligencia. Pero es muy difícil encontrar todo eso en una mujer. Todas esas cualidades en una sola mujer provocarían en mí la muerte.

—¿Qué te resulta un misterio?

—Me resulta un misterio qué piensan los bebés. Otro misterio son las mujeres. Por qué es tan bello el fútbol es otro misterio. Por qué es tan bello e irrepetible el arte. Por qué es tan bello lo irrepetible.

—Dejanos tu mensaje para ser visto en el año 2050.

—Mensaje para 2050: deje su mensaje después de la señal bippppp. En 2050 ustedes estarán superpoblados. Ahora, donde yo estoy, hay lugar para gente y lo lamento por ustedes. Yo simplemente estoy vivo porque estoy tomando unas píldoras que me siguen dando vida y mi vieja también y lo peor de todo es que Fidel Castro está vivo. Fidel Castro sigue molestando, y en este mensaje aprovecho para mandarle un saludo. Lo que quiero decirles es que el mundo, seguramente, era mucho más lindo en 2005 (pero yo soy pesimista y espero que me equivoque).

# Novena parte

# Abierta la inscripción

Norman Briski, Cristina Banegas y Oscar Martínez no son sólo incomparables actores que dejan la marca en cada proyecto en el que participan.
Son, además y especialmente, maestros de actores y también directores de teatro. Nadie que haya sido entrenado por ellos pasa por esa experiencia sin ser afectado, y para bien. Norman y Cristina forman parte de una generación que presenta como condición esencial la puesta del cuerpo, o "la tripa" en todo lo que hacen. Oscar, por su parte, está llamado a convertirse en uno de los actores más importantes del país después de *Ella en mi cabeza* y *Días contados*. Son artistas desinteresados que trabajaron mil veces gratis, sólo por vocación y compromiso. Sus testimonios pueden ser considerados clases magistrales de actuación en el escenario de la ficción y en el otro también. Está abierta la inscripción.

Norman Briski

# "Enseñar es no tener que explicar nada"

AUTORRETRATO:
*"Soy Norman Briski. Actor, director y amante. Nací en Santa Fe, a la ribera del río Paraná, y con la caña en la mano he asustado a más de un pez"*

Norman Briski está loco, y no le interesa disimularlo.

Ama profundamente lo que hace y esa pasión le desborda el cuerpo y el alma.

En la mitad de la entrevista, cuando le hice una pregunta cuya respuesta se le antojó demasiado compleja, me dijo:

—Ah, no. Tendría que pensarlo mucho y la televisión no te permite pensar mucho. Te lo respondo otro día.

—Tomate el tiempo que quieras —le dije.

Y él se tomó un tiempo enorme para televisión. Se metió para adentro. Y respondió con sinceridad brutal, como hace siempre.

Un poco más tarde, en el corte, me sorprendió otra vez:

—Me siento tan bien aquí, que me gustaría que este reportaje se convirtiera en un acontecimiento.

Su autorización para que formara parte de este libro fue una de las más veloces y agradecidas.

—Un actor, ¿nace o se hace?

—Nace y se hace. Generalmente, uno quiere elegir entre una cosa o la otra, pero en muchas ocasiones sucede que las dos se unen. Digamos que un poco se nace actor y otro poco uno se va perfeccionando.

—¿Vos naciste actor?

—Sí, a los cinco años pasé por un lugar en el cual estaban haciendo teatro y abrí tanto la boca que podrían haberse confundido entre un tonto y alguien obnubilado por lo que estaba pasando: pero ¡realmente me parecía tan lindo ver actuar! Además, tuve la suerte de venir de una familia que aceptó mi vocación desde un primer momento. Mi viejo sólo me dio unos consejos, como diciendo: "Acordate que vas a comer sólo de vez en cuando".

—¿Por qué teatro estabas pasando cuando te sucedió aquello?

—Hablo de cuando tenía cinco años, en la escuela primaria de Santa Fe. Después de allí, nos fuimos a vivir a Córdoba donde mi padre, que tenía un negocio de artículos de electricidad, prestaba sus arañas y artefactos eléctricos para ciertas puestas teatrales. A cambio de eso, dejaban entrar a toda mi familia gratis al teatro (aunque yo era el único que iba todos los días). Andaba siempre con cara de zombie porque me acostaba tarde, iba a la escuela y seguía con la ensoñación de lo que había visto la tarde anterior.

—Muy pocos conocen tu veta de bailarín en el Teatro Colón.

—Sí, son cosas que me pasaron algunas veces, muy excepcionales, porque no soy bailarín. Siempre he sido un invitado. Lo que sí era es muy buen mimo, pero creo que ya no lo soy.

—¿Por?

—Porque se me fue la gracia que debe tener un buen mimo.

—¿Por qué se te fue la gracia?

—Porque uno va creciendo. Me explico: el hecho de no utilizar la palabra corresponde a una etapa infantil y la expresión corporal va relacionada con la falta de lenguaje. Pero una vez que la palabra forma parte de tu vida, ya no te enamora tanto el cuerpo. Pero sí la voz y la palabra. De todas maneras he tenido serios problemas respecto de la voz en mi profesión. Como me crié en Córdoba hablaba con tonada y nadie me quería ni ver. En esa época el teatro era más racista y en la única puesta que podía participar era en la obra *Las de barranco*, de Gregorio de Laferrère, donde existe un personaje cordobés. Sólo existía un rol para mí en toda la dramaturgia.

—Si mirás los hitos de tu trayectoria, que es muy prolífica, ¿cuáles serían?

—Sin duda elegiría *La fiaca* por el reconocimiento. También

*Niño envuelto,* un espectáculo que escribí, bastante anterior a esa obra, que me resultó muy gratificante.

—Si tuvieras que explicarle a un adolescente que ama la cultura de qué se trató Octubre, ¿qué le dirías?

—Que Octubre se trató de un grupo de patriotas que querían un país distinto, comprometido con lo mejor de la Argentina, con el teatro y la estética, y que deseaba acompañar un camino de lucha política reivindicativa de ciertos derechos. En ese grupo hacíamos un relevamiento de lo que sucedía en cada comunidad, tomábamos sus conflictos y armábamos pequeñas obras de teatro de quince o veinte minutos, con la temática que habían elegido los mismos vecinos. Al final, la presentábamos en el barrio.

—Fue una experiencia muy movilizadora, ¿no?

—Sí, muy jubilosa, con toda una idea de fiesta en derredor. Los vecinos veían representadas sus propias historias y sus percances, siempre jugando, que es la mejor manera de elaborar o de pensar algo.

—¿Cómo se enseña a ser actor?

—Esperando. Porque la base del teatro fue, y creo que será, la improvisación. Entonces proponés un juego, que es la improvisación, con una situación y un conflicto determinados, con roles (no personajes) y escenas. A partir de ahí aparece el juego. Cada uno tiene sus impulsos, sus variables o inhibiciones, una cantidad enormemente compleja que se va mirando paulatinamente. Por eso digo esperando, para ir detectando dónde está la dificultad y dónde las expresiones.

—Entrevistando a Alfredo Casero le pregunté quién le había enseñado a ser parte de lo que es. Empezó a mover los dedos de la mano de una forma muy creativa. Parecía independiente de su cuerpo. Mientras lo hacía, dijo: "Esto me lo enseñó Norman Briski".

—Sí, me acuerdo. Se trataba de una clase de comicidad donde existen una infinidad de ejercicios. La comicidad es un acontecimiento atemporal, una realidad total que no tiene una estética determinada y que produce hilaridad. Alfredo Casero tiene un enorme talento: pero por ahí decidís sectorizar la comicidad y probar con las manos o los pies. Entonces le sugerí que hiciera un ejercicio con los pies y resultó muy gracioso. No creo haberle enseñado nada, esa comicidad es innata en él.

—¿Por qué siempre describís la anécdota del asesino de Abraham Lincoln que quiso ser actor y no pudo?

—Porque si una persona tiene vocación de ser actor, no se puede joder mucho, deberá expresarla en algún lado. Es mejor que esté arriba de un escenario porque si no va a tomar el escenario de la vida. Por ejemplo, si no me invitaras más a tu programa, si no me dejaran trabajar más en televisión, me quedo en mi casa y voy a agarrar a mi señora y a mi gato y les voy a volar las plumas. Yo tengo una necesidad de exposición que, sin ser patológica, es en sí misma una expresión. Un actor necesita cambiar el mundo, decir algo que no se dijo, que está oculto o escondido.

—El teatro, ¿es testimonio?

—Cuando es vital, subversivo, sí. Como decía Vsevolod Meyerhold: "El teatro es subversivo o no está en su esencia".

—¿Por qué decís que el teatro es el único arte que te enseña a morir?

—Desde muy temprano, nos enseñan a temer a la muerte. Vivimos realmente asustados y, sin embargo, en otras culturas esto no es así. No es que se lo tomen como de rutina pero tampoco se torna algo tan agobiante. En teatro, si yo quisiera morirme ahora, lo haría con facilidad. Es cierto que me muero, después vamos a un corte, y logro vivir otra vez.

—¿Es cierto que ya moriste once veces?

—Sí, profesionalmente hablando; también me morí otras veces porque una chica no me dio pelota. Una vez me morí por un balazo, otra de un cuchillazo (viste cómo son los programas). Y, en algún momento, sentí una blancura celestial de las columnas del más allá, que también son blancas. Se trata de toda una configuración sobre la muerte, acerca de cómo debe ser la muerte en sí misma y, en ese sentido, me he muerto varias veces. El único juego que permite eso es el teatro: está repleto de aproximaciones al peligro o a la muerte. Quizá justamente por eso se inventó: para tener un miedo y poder representarlo sobre el escenario. Si te enseña a morir, te enseñará a vivir también.

—¿Por qué llamaste Calibán a tu sala de teatro?

—William Shakespeare escribió, en *La tempestad*, un personaje latinoamericano. En él visualizó a un poeta sensible e irreflexivo, y eso que aún no sabían qué nombre ponerle a la gente que habitaba estas tierras.

—Allí, actualmente, tenés tres obras en cartel, ¿no?

—Sí, *Con la cabeza bajo el agua, Copla* y *Doble concierto.*

—De esas tres obras, ¿cuál tiene más riesgo, en cuál hay más vida o más muerte?

—No sé, tendría que pensarlo mucho y la televisión no permite pensar mucho. Te lo digo otro día.

—Te invito a que te tomes los segundos que desees para pensarlo.

(Briski se metió para adentro, se olvidó de la cámara, se tomó muchos, pero muchos segundos para contestar, y finalmente respondió:)

—*Doble concierto* es el ensayo de mi propia despedida y *Con la cabeza bajo el agua* es la admiración que me provocan aquellas personas que tienen mucha muerte encima y sin embargo desafían la capacidad de amar. *Copla* es una historia de amor y la muerte está en el malentendido. Las tres tienen contenido de muerte y, al mismo tiempo, nunca va a aparecer más la vida que cuando aparece la idea del último día. Pero no es fácil motivarse. Vos me diste una posibilidad que es novedosa, en la Argentina, de pensar todo lo que quiera. Sin embargo me inhibo de tener la libertad de pensar tan fácilmente, y eso que soy actor y tengo instrumentos acerca de cómo ir para adentro. Y he ido para adentro, pero más o menos. Me parece que la mejor manera de vivir es pensar en que es el último día y que habría que no estar contando los ladrillos.

—En el corte me decías que desearías que esta entrevista se transformara en un acontecimiento, que no pasara desapercibida.

—Claro, que sea tu último programa o algo así. Como Orson Welles cuando inventó que ése era el último día en la Tierra y entonces todos se pusieron nerviosos. Poniéndote nervioso vas a tener más novedades que si estás dominando la situación. Odio a los actores cancheros, y eso que yo debo ser uno de ellos.

—¿Cancheros en qué sentido?

—Sin querer, uno ya no se asusta tanto, no tiene tantas novedades como un gato que tirás al agua por primera vez. Imaginate si un gato hablara después que lo tirás al agua: sería el mejor monólogo del mundo. Un amigo decía que no vas a inventar nada si estás sentado a una mesa. Pero entonces, ¿qué hacemos? Lo mismo pasa en la Argentina: todos dicen que están repodridos pero nadie propone otra cosa.

—¿Y el teatro?

—La vida no está en el teatro pero sí afuera. El teatro es un juego para poder vivir mejor, pero si después salís y no tenés ámbitos solidarios, no pasa nada. El sistema utiliza la televisión, el teatro, el fútbol para que no pase nada y, mientras tanto, deambulamos en juegos para no organizar ni la bronca, ni la ira ni el odio. El rock sólo tiene algo de inconformidad, en decir que estamos en desacuerdo en cómo es la civilización; es el planteo más político por parte de los jóvenes, siempre lo ha sido.

—¿Por qué de vez en cuando vas de visita al Hospital Borda?

—Me parece que siempre me ha hecho reflexionar mucho ver el enorme sufrimiento de los que no pueden con la realidad. Me parecen reveladores. La marginación y los bordes sirven para mi trabajo y para la vida, siempre me han revelado algo.

—¿Es cierto que incluso viajaste a La Habana a conocer a un grupo de psicóticos que criaban gallinas?

—Soy un admirador de la Revolución Cubana y allí hacen grandes invenciones. En Cuba, los locos trabajan en el sistema productivo. De hecho, se podría decir que las gallinas están mejor cuidadas. Incluso los baños tienen espejos donde reflejarte, no como sucede aquí que tienen temor a que los rompan o que maten a alguien. Los locos son mucho menos peligrosos que los normales: el caso es que no había ningún psicótico en la Junta Militar de la última dictadura militar en la Argentina. Los locos no acumulan dinero y entonces uno los ve —en su enorme desamparo— con gestos que uno no conoce. En cambio, nosotros estamos metidos en nichos de conducta y en el neuropsiquiátrico de La Habana ves a un tipo con el pito afuera que te da la bienvenida, y eso me parece extraordinario.

—¿De qué modo te marcó el exilio?

—Me marcó, sin dudas. A veces creo que no, que no me doy cuenta. Pero los viernes siempre me agarra un segundito, una especie de *rewind*, y vuelvo a ese lugar.

—Cuando te tuviste que ir, ¿España fue el momento más luminoso de aquel exilio?

—No, España es muy extranjero para un argentino, aunque hables el mismo idioma. A mi manera de ver, me resultaron mucho más cercanos los neoyorquinos. De hecho, en Nueva York aprendí mucho.

—Me pareció "una locura" que te encontraras casi todos los días con Richard Burton.

—También estuve dos días con Robert Redford, aunque no por la noche, ¿eh?, y con Al Pacino. Son actores que viven en esa ciudad y resultan accesibles. Otro caso sería el de Woody Allen, a quien podés ir a ver tocar el clarinete a la calle 53. De todas maneras, tenía una gran amiga que era crítica de cine, con la que cenábamos sólo dátiles, y que me llevaba a todas las *avant première* a ver a las estrellas norteamericanas.

—¿Enseñaste teatro en Nueva York?

—Sí, también en Boston. A partir de allí me hice un buen maestro, quizá por eso de ganar la batalla con el idioma. Es muy difícil trabajar con estudiantes de quienes no conocés sus orígenes, su idioma; es complejo llegar entonces a sus escenas primarias. En esa universidad también trabajamos sobre la creación colectiva y resultó muy divertido porque montamos una obra sobre la historia de esa institución (que estaba colmada de discriminación y de racismo). Y los liberales, que son tan extraordinarios, se la aguantaron sin chistar.

—¿Por qué volviste a la Argentina?

—Volví para este programa... (risas). No, en serio: volví porque éste es mi país y acá está mi gente. Acá no enseño lo que sé, siempre sigo aprendiendo. Afuera estás demostrando todo el tiempo lo que sabés. Acá todo es mío, hasta el enemigo.

—¿Y por qué no trabajás tanto en televisión?

—La televisión no es un medio que me guste. Sí, en todo caso, algunas cosas, muy sueltas...

—¿Entonces por qué aceptaste el papel de *Mujeres asesinas*?

—En primer lugar, por su director, Daniel Barone. Se trata de un tipo que te garantiza que vas a trabajar con el corazón, con tu propia entraña. Además, laburaban Cristina Banegas y Patricio Contreras. Con ese panorama decidís jugar, eso me entusiasma. Pero si me preguntás si es el programa que yo realmente quisiera hacer, te diría que no.

—¿Cuál es el programa que realmente te gustaría hacer?

—Yo inventé programas de televisión y nunca les han dado cabida, y también me he ido de ciertos programas justamente por la política. En toda mi vida, la televisión jamás le ha dado cabida a mis ideas o a mi comicidad, y eso que llevo unos cuantos años en el asunto. Es que los avisadores llevan sus intereses a una televisión promedio. La televisión es una caja de resonancia de lo que acontece en el mundo capitalista: muestra un poco pero no tanto, habla de esto pero tampoco tanto, tiene que parecer educativa. El gran enemigo del arte es la explicación y la pedagogía.

—¿Cómo la explicación y la pedagogía? Si justamente te dedicás a enseñar...

—Enseñar, para mí, significa que no tengas que explicarme nada, que te metas, que sientas, que produzcas estados; uno debe sentir la situación y eso mismo te va a mostrar un contenido trágico que moviliza tus gestos. Cuando actúo, lo hago comprometido en un sentido político, pero jamás he hecho algo para explicar lo que dijo Karl Marx sino que muestro la vitalidad del marxismo con el cuerpo, en un abrazo, con odio. Pero eso no puede estar explicado, a veces queremos explicar cosas que sólo deberíamos sentir.

—No me quedó claro el tema del exilio: a pesar de las marcas, ¿hubo algún momento de felicidad?

—No tengo nada en contra de las marcas, algunos chicos se hacen tatuajes y yo tengo estas marcas. En todo caso, lo jodido de estas marcas es que te pueden volver una persona defensiva y *caracteropática*.

—¿*Caracteropática*?

—Sí, un enfermo de carácter. Cuando alguien te dice buenos días y vos le respondés: "¿Qué te pasa?". Es alguien que está un poquito jodido de carácter. Es que te la dieron por acá, te la dieron por allá, ¿por qué creés que te van a querer? Todo eso te endurece, pero no quiere decir que seas duro. Ésas son las cosas feas de las marcas, que te endurecen. El Che Guevara hablaba justamente de la idea de ternura. El que pierde la ternura sonó.

—En algún momento, sinceramente, pensé que eras una persona en la que preponderaba tanto lo ideológico que quizás eso no te permitía mostrarte. Ahora descubro que sos amoroso.

—Seguro. Creo que los discursos políticos son necesarios pero me pongo feo, sé que soy aburrido cuando teorizo sobre política. La mayoría de la gente se pone fea, salvo Luis Zamora, que es un tipo que se pone lindo cuando habla sobre lo que pasa en el país, o Eva Perón, cuando reivindicaba aquellas cosas. Tal vez sea porque no está en mi vocación y ahí hay algo forzado.

—¿Imaginás tus últimos días?

—"¡Oh, my mother!", decía mientras personificaba a alguien al frente de una batalla, escenificando películas norteamericanas, cuando era chico. Digamos que vengo ensayando muertes desde hace mucho. Es lo que más quiero: hacer de mi muerte un hecho estético; que la decadencia tenga expresión. Por ejemplo, en el amor me cuesta mucho hacer un hecho estético (grita, enojadísimo): "¿Dónde me dejaste mi cepillo de dientes?" no es lo mismo que si lo dijeras de otro modo: "¡Qué parecido es el cepillo a la forma en que me querés los viernes!". Ahí sí, hiciste una inspección poética de algo que es una dificultad. Es muy difícil pero es tan divertido proponérselo, eso de realizar, con los seres que uno aprecia, una vinculación estética...

—Y de tanto morirte en la actuación, ¿le perdiste el miedo a la muerte?

—Vas aprendiendo, pero no sé, cuando me muera te digo. (Risas.) Me gustaría morir como esos compañeros que han muerto por sus ideales —equivocados o no—, pero con dignidad. O como mi viejo, que dijo: "Ya vuelvo". Se acostó y se murió. Mirá qué linda muerte tuvo, parece que no quería molestar.

SEÑAS PARTICULARES:
*"Odio estacionar el auto"*

—¿Qué amás de lo cotidiano?

—Entrar a mi teatro, ver los fruncidos de las aguas cuando voy a pescar, y también me gusta uno de mis gatos, el que me golpea la puerta.

—¿Y qué odiás?

—Una cosa que no me gusta nada es estacionar. También odio a los que están en contra de los piqueteros y los ruidos organizados del aeropuerto.

—¿Qué te hace reír?

—Como buen payaso, hay pequeñas cosas que me hacen reír mucho: los percances de detalles, como un error.

—¿Qué cambiarías de vos?

—¿Cambiar? Algunas facciones que se han ido cayendo, aunque no me entrego a la cirugía, algunos músculos. Digamos que todo lo que quisiera cambiar no se puede, así que estoy en la tristeza de tener que leer con anteojos.

—Tres cosas que debe tener un buen actor.
—"Rostricidad." (Palabra inventada por Briski que significaría capacidad para manejar el rostro con el objeto de expresar distintas emociones). También capacidad de vinculación y buen sexo.

—¿Qué te hace llorar?
—Los errores en la política porque le hacen daño a mucha gente, la injusticia, la impudicia y algunos programas de televisión.

—¿Qué condiciones debe tener un buen maestro de actores?
—Pensar en lo que le pasa al otro, al alma del otro, lo que quiere, lo que desea inventar, pensar en cómo inventarlo. También mucho placer en descubrir la máquina del otro.

—¿Qué manías tenés?
—Los agujeros deben estar encuadrados. La pintura debería tener un marco para poder pintar fuera de él.

—¿Qué te gusta de una mujer?
—Es una obviedad total, pero hasta podría decir que lo que más me interesa es cómo piensa.

—¿Qué cosas te siguen pareciendo un misterio?
—Cómo puede venir Bush a la Argentina y que no estemos todos los argentinos en la calle para decir: "No queremos que ese señor esté acá". Tampoco entiendo cómo no nos hacemos más amigos de todas las fronteras de América latina, y es un misterio saber por qué somos tan fachos, si los paraguayos y los bolivianos son preciosos, y mi vecina también.

---

—Tu mensaje para ser mostrado en el año 2050.
—Ojalá 2050 no nos encuentre tan dominados. Para los que están por 2050, gracias por tener hoy esa esperanza.

# Cristina Banegas

# "Soy una kamikaze de la actuación"

AUTORRETRATO:
*"Soy Cristina Banegas, argentina, tengo cincuenta y siete años, una hija y dos nietos. Soy actriz, dirijo teatro, canto tangos y también dicto clases en talleres de teatro. Y escribo un poco. Como verán, hago muchas cosas"*

La entrevista con Cristina Banegas tuvo la forma de una clase magistral sobre teoría de la actuación.

Considerada una de las mayores actrices de su generación y una maestra de teatro de las mejores, Cristina aseguró que improvisar conlleva muchos años de trabajo, y reconoció que pone las tripas en cada papel que lo requiere.

Los trabajos que le ofrecieron y eligió para interpretar lo confirman de sobra: en teatro, se lució en obras de Shakespeare, Dostoievski, Sófocles, Juan Gelman y Griselda Gambaro. En televisión, traspasó la pantalla con sus interpretaciones en *Gasoleros*, *Vulnerables*, *Locas de amor* y *Mujeres asesinas*. Además participó en más de treinta películas, y en ninguna pasó desapercibida.

—¿Por qué hacés tantas cosas?
—Creo que hay que hacer muchas cosas para sobrevivir en este país. En todo sentido, no quiero decir sólo económicamente. Entonces los actores nos volvemos productores, armamos espacios para tener un lugar donde poder ensayar o dar clases para sobrevivir y no tener que pasarte toda la vida encerrado en un teleteatro. Me dan un poco de claustrofobia esas situaciones, entonces fui buscando caminos alternativos y eso me fue llevando también a otros oficios.

—¿Es cierto que nunca hiciste algo en tu vida que no te gustara?

—Sí... aunque tampoco es tan así. En realidad, creo que uno dice que sí a un proyecto y después cuando estás adentro pensás que es horrible y que termine pronto. Me ha pasado aunque, claro, después de haberlo elegido. A veces uno se equivoca y elige hacer algo que no sale bien. Tanto en teatro como en cine o televisión, en muchas ocasiones el papel está bueno y luego en el escenario o en la pantalla se pone tremendo. Pero he tratado sólo de hacer las cosas que quería.

—También solés decir que te gusta trabajar con gente a la que te ligue una fuerte coincidencia y sin grandes diferencias ideológicas o estéticas.

—Sí, creo que para trabajar en teatro eso es fundamental, ya que toda búsqueda de un lenguaje se tiene que hacer con seres afines o que puedan tocar en la misma banda. Alberto Ure siempre decía que ensayar una obra es como organizar un asalto a un banco porque hay que armar toda la banda, el plan, qué hará cada personaje. Ése es el campo de ensayo. En ese sentido, hice mucho para poder dedicarme a lo que realmente deseaba, que en general está vinculado con proyectos teatrales, musicales, obras en las que podía actuar o dirigir, o tangos que quería cantar.

—¿Qué te gusta más: actuar, cantar o enseñar?

—Me parece que actuar. Aunque ahora estoy sintiendo que *La señora MacBeth*, mi último trabajo, es un punto de inflexión en mi carrera.

—¿Por qué?

—Me deja extenuada. En este momento no estoy haciendo funciones pero cuando las hago no puedo cantar y hacer de señora MacBeth al mismo tiempo. Me deja de cama, es casi como correr una maratón, me siento muy cansada vocalmente porque es un trabajo muy zarpado, comprometido y desmesurado. Entonces, tanto en lo sonoro y lo vocal como en lo corporal, se trata de un trabajo que realmente me cansa. Me parece que a lo mejor me gustaría estar un rato sin actuar o dedicándome a dirigir o escribir. Se me dio por ahí, aunque es algo que hago desde hace muchos años. Me parece que después de hacer tantas obras, tantas películas, tantos programas de televisión y dar tantas clases, estoy un poco cansada de los grupos y me imagino la escritura como una especie de paraíso para estar solo. Es mentira, porque después me voy a morir de angustia, me va a parecer horrible todo lo que escribo o voy a tener el famoso vértigo de la página en blanco y todas esas boludeces.

—Tanto en televisión (*Vulnerables, Locas de amor*) como en cine (*Géminis*), ¿por qué encarnás siempre personajes de riesgo?
—Me parece que hay una marca de cierta intensidad en relación con la actuación, con las emociones y los bordes de las conductas o de las problemáticas. Me reconozco como alguien muy kamikaze, que tiene una posición tomada ante el hecho de actuar. El teatro sigue resignificando algo milenario que tiene que ver con una ofrenda de plantarse delante de, al menos, una persona y estamparle algo que no se lo pueda olvidar en su puta vida. Es como una venganza.

—Por un lado es casi religioso y, por el otro, suena brutal.
—Sí, de resentida, de *negra* mala.

—¿Casi como sagrado?
—Sí, creo que el teatro es claramente mi religión. Al menos lo más religioso que tengo es el teatro, de eso estoy segura.

—¿Cómo se construye ese tipo de personajes?
—Tanto en *Géminis* como en *Locas de amor* tuve la posibilidad de trabajar con directores que verdaderamente escuchan y respetan a los actores. En general, los directores nos temen, sobre todo los de cine. Los directores de teatro, un poco menos.

—¿Te pasó con Albertina Carri, la directora de *Géminis*, con las marcaciones de la escena de cuando ves a tus dos hijos haciendo el amor?
—No, con ella para nada. En primer lugar hicimos toda una comedia de la negación que despliega esta mujer para no ver el incesto en su familia. Por caso, uno podría decir que algo está podrido en la burguesía argentina, porque creo que *Géminis* es una película excelente y además profundamente política. Lo cierto es que Albertina me parece una directora de una gran inteligencia, con una gran valentía y una gran audacia. La escena más difícil de la película —que trata sobre una madre que entra al cuarto de sus hijos y los encuentra manteniendo relaciones sexuales— estuvo basada en la improvisación. La directora me propuso que no pactáramos nada, sólo que viéramos con anterioridad un par de escenas de algunas películas (*Ambiciones que matan* —con Anjelica

Huston— y *Las amigas*, de Michelangelo Antonioni) como para pensar determinadas cuestiones ligadas al género o al estilo, con respecto a los bordes de la actuación y la construcción de esos personajes.

—Entonces, ¿en primer lugar construiste la negación?

—Exactamente. Luego simplemente confié en la técnica de mi improvisación, que radica en una técnica extraordinaria de asociación de imágenes, ideas y acciones, donde uno simplemente tiene que zambullirse en el abismo y largarse a asociar. A partir de allí comenzaron a suceder un montón de cosas, tanto cuando entré en esa habitación como cuando salí.

—¿Por qué?

—Cuando salí de la habitación donde rodamos esa escena no me podía poner de pie, me fui caminando en cuatro patas.

—De eso se trata poner el cuerpo, ¿no?

—Sí. En *Locas de amor* también hubo varios momentos en los que Daniel Barone, que también es un gran director, me incitó a improvisar. Y francamente es bárbaro improvisar en televisión porque tomás a favor la falta de tiempo para ensayar, construir y elaborar. Es un doble salto mortal.

—¡Qué fácil que lo decís!

—Se trata de años de trabajo. Pero claro que hablo de la improvisación en el sentido de la técnica que hace que los mejores músicos del jazz improvisen. Estamos hablando de algo que no tiene que ver con atarlo con alambre y piolín y de toda una precariedad. En todo caso, si la televisión precariza el trabajo es precisamente por la condición de producción en la que se hace.

—¿El teatro te ha salvado de la angustia de muerte que pudiste haber tenido por el fallecimiento repentino de tu marido?

—Francamente no tengo una idea terapéutica del teatro. Me parece que cuando uno construye ficción, simplemente hace eso. Nada te asegura que esa operación además te cure de algo. O sea, estaría bárbaro, pero como primera medida todos deberíamos ser actores; aunque es un poco así, por lo menos en algunos sectores de la clase política donde hay mucha actuación y mucha farándula.

—También mala actuación.

—Claro. De todas formas, la relación entre actuación y política a lo largo de la historia argentina ha dado ejemplos extraordinarios, empezando por Eva Perón. Existe una relación carnal. Pero volviendo a tu anterior pregunta, no considero que la actuación te devuelva algo y por eso serás más buena, más inteligente o más mala. Siempre hubo actores que pensaron o defendieron esta cuestión de que un personaje te enseña y te construye. En cambio, yo creo que para ser actor uno debe estar bien construido porque nadie que no sepa quién es se mandaría a actuar. Actuar implica ser alguien en algún lugar y ser mirado. Te tienen que haber mirado muy poco para desear ese espacio.

—¿Entonces no es sanador?

—No, sanador me parece que puede ser alguna técnica alternativa o un buen psicoanálisis, hacer algún trabajo de disciplina, de construcción de espacios de pensamiento o introspección. En cambio, la actuación lo que construye es actuación, te da un oficio, algunos éxitos o fracasos, pero no creo que te dé salud. No veo que los actores seamos más sanos que otras personas. En todo caso, algunos personajes nos enseñan cosas. Por ahí tuviste que hacer algo para un personaje, como podría ser tejer, y entonces ahí sí te enseñó algo. Pero que te enseñe a ser un mejor ser me parece una teoría sospechosa.

—Estaba recordando aquella oportunidad en la que Mirtha Legrand te invitó a su programa y como estaba Luis Patti sentado a su mesa, te levantaste y te fuiste. ¿Esa intransigencia te ayuda a crecer o sentís que te limita?

—No sé, no siento que sea intransigente. Al contrario, a todo el mundo le digo que sí y después termino haciendo más cosas de las que debería. En todo caso, existen situaciones como aquélla en las que sí lo soy. Aquella oportunidad fue muy notable porque mi marido, que era una persona muy vinculada a la militancia política, la noche anterior al programa me preguntó quiénes eran los invitados. Como nunca en mi vida había asistido al programa de la Legrand nunca me hubiera imaginado que debía preguntar eso.

—No lo habías pensado.

—Claro. Entonces llamé y pregunté: lo curioso fue que Patti no estaba en la lista de invitados. Luego averigüé y lo que pasó fue que alguien no asistió, lo llamaron a él y accedió a último momento. Por lo tanto no fui informada con aquel llamado y me enteré en el mismo estudio, entrando en la escenografía del living de Mirtha

Legrand. Entonces simplemente me di vuelta y me fui. No hubo ninguna clase de pensamiento, salí disparada, con una productora corriéndome detrás por todos los pasillos. Yo no podía permanecer en el lugar, sentarme a comer en la mesa, me quería ir a la calle. Pero no hay mucho pensamiento ahí, me parece que hay como más *tripa* en eso que pensamiento. Casi te diría que no es ideología sino un poco de imaginación.

—Tal vez no sea la mejor comparación pero, frente a los personajes que elegís, ¿también te sucede lo mismo?

—Sí, los trabajos que hago requieren *tripa*. El otro día, por ejemplo, encontré un textito que había escrito para una obra que dirigí —la protagonizaba Gabriel Goity, cinco minutos antes de ser famosísimo, y fue un fracaso total—, donde el protagonista era un perro. El programa de esa obra hablaba sobre los actores y decía que somos *cirujas del ser* porque andamos afanando pedacitos con el fin de armar nuestros personajes. Un personaje es una máquina, una estructura, una construcción. Pero uno puede tener muchas teorías sobre qué es un personaje.

—¿Cómo te llevás con la mirada del otro?

—Creo que lo que sostiene la actuación es justamente la mirada del otro. En algunas ocasiones suele ser una cámara, en otras el público de un teatro, pero quiero decir que siempre hay una mirada. También existe ese pequeño paneo hacia abajo, a la *tripa*, como si uno fuera apuntando a un blanco móvil que intente perforar la percepción del otro y entrarle emocionalmente para conmoverlo. Esto es algo bastante fundante sobre lo cual construyo todo.

—¿Y qué te dicen por la calle?

—Soy medio invisible en la calle. Pero una anécdota que me encantó, porque fue inolvidable, sucedió en la época de *Vulnerables* y resultó una verdadera joya porque además abona mi teoría. Era un miércoles (los martes por la noche se emitía *Vulnerables* y en ese capítulo habíamos tenido una escena durísima con Damián De Santo), me subí a un taxi y el chofer me iba relojeando por el espejito retrovisor.

—Qué fuerte que es De Santo, ¿no?

—Sí, un muy buen actor (pero es que, en la Argentina, hay muy buena actuación). Entonces el tipo venía mirándome y, cuando llegamos al destino, se da media vuelta y me dice: "Anoche me rompiste el vidrio del televisor". Esa frase me encantó porque lo que quería decirme es que le perforé algo.

—¿Actuarías en teleteatro?
—Durante mucho tiempo trabajé en teleteatros, pero un día me di cuenta de que no lo resistía, que me moría de angustia al tener que estar catorce horas diarias encerrada en un canal grabando durante seis meses.

—¿Por qué?
—Me daba claustrofobia, no me gustaba estar ahí, me quería ir todo el tiempo. Entonces compré El Excéntrico de la 18 (su teatro) y me dediqué a vivir de otra cosa que no fuera la televisión.

—¿Por qué se llama El Excéntrico de la 18?
—Por la circunscripción donde se vota.

—El hecho de tener tu propia sala, ¿fue tu gran sueño cumplido?
—En estos momentos estoy un poco en crisis con El Excéntrico porque el año que viene cumple veinte años. En la Argentina, el hecho de resistir veinte años es muy fuerte: pasamos por la hiperinflación, la inundación, por todo. Imaginate. Además, ese lugar era mi casa y mi estudio. Cuando logré irme de ese infiernito que era atender el teléfono a las nueve de la mañana porque un alemán que había leído la crítica de *Antígona* en *La Nación* llamaba para reservar entradas y yo levantaba el teléfono que estaba al lado de mi cama...

—¿Vivías y trabajabas en el mismo lugar?
—Sí, y eso está bien si no tenés plata para tener dos casas. Pero ahora El Excéntrico quedó, arquitectónicamente, como un espacio medio chueco. Por ejemplo, tiene un baño con yacuzzi que no es tan necesario para el teatro ni para la docencia. Por otra parte, la sala mayor quedó como pequeña y la sala más pequeña, que era mi living, fue devorada por la gente. Tengo que pensar qué voy a hacer con todo eso.

—En una entrevista con Ulises Dumont, él me comentaba que en países como Canadá o los Estados Unidos los actores trabajan una vez por año en alguna película y todo lo demás lo hacen para experimentar. En la Argentina, en cambio, te sucedió que al querer sacar una tarjeta de crédito te dijeron que no porque vos trabajabas en una "profesión de riesgo".
—Sí, es cierto que me pasó eso. La escena es muy graciosa,

¿no? Ayer justamente le comentaba a un amigo que vive en Madrid desde hace muchos años, y que también tiene un estudio de teatro, que con la película de Albertina Carri, mi primer protagónico en cine...

—¿Tu primer protagónico en cine?
—Claro, una cosa importante y fundamental.

—Es increíble pero no se nota. Será quizá porque tus personajes secundarios se leen como si fueran los principales.
—Y sí, porque yo entro para romper. Entonces le decía a mi amigo que con lo que gané en esa película compré los toldos para mi casa. Él se reía mucho porque en España, que no llega a ser los Estados Unidos, el hecho de hacer un papel protagónico en cine te deja algún vuelto después de los toldos.

—¿Y cómo vivís eso?
—Es que uno casi siempre trabaja en películas de bajo presupuesto. Por ejemplo, *La señora MacBeth* se formó merced a una cooperativa ensayando durante todo un año y nadie nos pagó todo ese trabajo. En *El país de las brujas*, que es una obra de teatro para chicos en la que trabaja mi hija Valentina, laburamos durante un año y medio junto a titiriteros y actores, con proyecciones, animaciones en vivo, músicos, títeres y técnicas muy tradicionales y muy simples, pero con una gran capacidad de construcción. ¿Por qué hacemos eso? Simplemente porque no teníamos plata pero sí tiempo, oficio y ganas de hacer esa obra. Lo increíble es que esta cooperativa aguantó un año y medio y no se fue nadie. Eso también es un triunfo, es decir, resistir y tardar tanto en poder estrenar un trabajo es duro.

—¿Aún soñás con algún papel que desearías hacer?
—Sí, siempre quedan personajes que ya no podés hacer fundamentalmente por una cuestión de edad. Después de *La señora MacBeth* estoy en un estado de pensar adónde voy. Pero, por un lado, un amigo psicoanalista hizo una muy buena traducción de *Medea*, de Eurípides, que me interesó mucho. Otra cosa sencilla, ¿no? (risas). Por otra parte, Griselda Gambaro me leyó una obra suya, *La persistencia*, que es tremenda. Entre las que me hubiera encantado hacer también están la mina de *La gaviota* (de Anton Chéjov), la Ofelia de *Hamlet* (de William Shakespeare) y la Gertrudis (de Ricardo Bartís).

—¿No te gustaría vivir un poco más relajada?

—Sí, claro, estoy muy mayor y me canso.

## Señas particulares:
### *"Me hace reír el LSD"*

—¿Qué amás de lo cotidiano?

—El mate y leer en el silloncito. También amo ducharme, vestirme y salir, así, a la vida.

—¿Y qué odiás?

—Cuando suena demasiado el teléfono, tener demasiados compromisos y sentirme sobrepasada por las responsabilidades y que el sistema de extenuación que armé funcione bien y quede en la Luna.

—¿Qué te hace llorar?

—Las películas tristes, los recuerdos tristes y los vinos tristes.

—¿Y qué te hace reír?

—Los amigos, el LSD (el ácido lisérgico)... Bueno... no exageremos. En general, los momentos de risa son los momentos que uno comparte con los amigos.

—¿Qué cosas conservás?

—Una maquinita de coser, que andaba de verdad y en la que mi mamá incluso me había cosido cosas, un reloj y otra maquinita de hacer jugo de carne.

—Elegí tres tangos que te gusten mucho.

—Me gusta mucho la milonga "Apología tanguera" y los tangos "Es un feca" y "Malevaje".

—¿Tres manías?

—Una terrible de la tele: tengo que recorrer todos los canales y hacer mucho zapping de arriba hacia abajo. Algunas que pueden ser como rituales: como las cábalas y las cosas que se hacen en un camarín. Comerse las uñas puede parecerse bastante a una manía.

—¿Qué te gustaría ser y no sos?
—Más previsora, ahorrativa y lectora.

—¿Qué te gusta de vos?
—Me gustan mucho la biblioteca, la discoteca y los buenos vinos que tengo.

—¿Qué te hubiese gustado ser?
—Pintora, escultora y tocar un instrumento.

—Comidas.
—Un buen salame, quesos, un buen *brie*. Me gusta mucho comer y beber bien, ir al cine, salir a cenar.

—¿Qué cosas te enamoran de un hombre?
—Su inteligencia, el sentido del humor y sus manos.

---

—Por favor: dejá tu mensaje para ser visto en el año 2050.
—Amigos de 2050: hagan teatro. Eso les digo, hagan teatro.

Oscar Martínez

# "La televisión te quema la cara"

AUTORRETRATO:
*"Soy Oscar Martínez. Para los que no me conocen,
básicamente soy actor. Tengo treinta y cinco años
de ejercicio de la profesión, he dirigido obras teatrales
y acabo de debutar también como autor"*

Llegué a la entrevista un tanto conmocionado.

Acababa de ver su ópera prima como autor y director de teatro y todavía no me explico por qué tardó tanto en dedicarse a eso.

Con Oscar Martínez tenemos amigos en común y cierta mirada parecida sobre algunos aspectos de la vida que ambos consideramos importantes. No vale la pena exponerlos aquí, pero debo decir, con toda honestidad, que el nuestro es un vínculo sostenido por encuentros esporádicos pero muy francos.

Sabía de memoria que Martínez no suele conceder entrevistas.

Había quedado en ir a ver *Ella en mi cabeza* antes del reportaje. Había prometido a mi productora que no leería previamente ninguna crítica para no contaminarme, aunque sabía que la mayoría habían resultado muy elogiosas. Me había prometido ante el espejo soslayar el dato de que arriba del escenario estaban nada menos que Julio Chávez y mi amigo y actorazo Juan Leyrado.

Pero aun con semejante cantidad de prevenciones, salí del teatro muy impresionado y movilizado.

En primer lugar, no parecía una primera obra de un escritor o de un director.

En segundo lugar, estoy seguro de que el libro es más que un guión para una obra de teatro: podría ser publicado, como pasó con algunos trabajos de Woody Allen, como un breve ensayo sobre la vida en pareja. Un viaje donde todo lo desgarrador que le sucede al alma de un matrimonio en conflicto sólo puede ser soportado con algo de ironía y todo el humor del que uno sea capaz.

En tercer lugar, todo el mundo sabe que no es fácil dirigir a gente tan experimentada y pesada. Profesionales que no se entregan hasta no estar bien seguros de hasta dónde quieren llegar, más allá de los pedidos del director.

Pues bien: todos, arriba del escenario, incluida Soledad Villamil, daban la sensación de haberse entregado de manera absoluta, como si se tratara de un director con muchos años de experiencia.

Necesitaba una respuesta urgente.

Necesitaba saber por qué se había demorado tanto en debutar como autor y director.

Oscar sonrió, y empezó a responder.

—Supongo que por una suma de factores: estuve muy absorbido por la profesión actoral —es decir, me fue muy bien desde muy temprana edad— y por ciertos remolinos también de la vida personal. Pero sabía que, tarde o temprano, iba a escribir porque era un deseo muy antiguo, te diría casi simultáneo o anterior al deseo de ser actor. Finalmente, surgió tarde pero lo hice. Además, tengo otras cosas escritas pero que nunca pensé que podrían ser estrenadas. En cambio, en este caso me puse a trabajar y pensé que ésta sí era para mostrar. Tuve la suerte de que saliera bien, en el sentido de que funciona muy bien y que los testimonios de la gente son muy halagadores.

—El proceso de sentarte a escribir, ¿es el mismo que al actuar?

—No, son cosas diferentes, por supuesto que hay analogías. Existe una predisposición de la imaginación y la creatividad, junto con esos criterios que uno ha adquirido con el tiempo sobre cómo concibe el fenómeno teatral. Uno percibe un estado embrionario. Lo que pasa es que la actuación es compulsiva, es decir, no podés ir al teatro porque tenés ganas ese día o actuar sólo cuando estás inspirado. Existe un horario, una determinada cantidad de funciones, y uno tiene que ir y no siempre es porque lo desea. En el caso de la escritura es el oficio, porque no soy un escritor profesional, no tengo firmado un contrato con editoras y tengo que terminar, no escribo para la televisión y estoy obligado a una entrega. En este sentido es diferente, pero existen ciertos aspectos de lo que se pone en movimiento internamente que vienen del mismo lugar.

—Sé que si pregunto qué tiene de autobiográfico *Ella en mi cabeza* me vas a decir que nada. De todas formas, lo que me gustaría, en realidad, es consultarte acerca del contraste: detrás de esa imagen de tipo serio, racional, ordenado, ubicado, pareciera que tenés humor y te divertís mucho. ¿Cómo sos realmente?

—Trataré de ser lo más veraz y honesto que pueda, porque no creo en las autodefiniciones y acaso te podría contestar con otra pregunta. Es decir, ¿cuánta gente conocés que se conciba como realmente es? ¿A cuántas personas escuchás hablar de sí mismos y podés juntar eso con lo que es para los demás? De modo que, haciendo esta salvedad, es increíble que la gente me vea como tan serio, porque yo he trabajado como actor básicamente en comedias, comedias dramáticas, espectáculos donde afortunadamente la gente se ríe mucho. Ahora acabo de escribir una obra donde la gente se ríe a carcajadas. Yo fui el primer espectador de la obra, porque se desplegó como esas postales que vienen unidas ante mí. Yo no me senté sabiendo qué era lo que iba a escribir. Tenía una imagen y alguna que otra idea, pero en realidad fui sorprendido. Y me reía a carcajadas mientras iba escribiendo, a punto tal de llorar de risa, de tener que parar de escribir. O sea, viví más o menos la misma parábola que vive el espectador. Sin embargo, cada vez que se me hace una nota, me hacen esta pregunta. Creo que es porque me tomo en serio las cosas, pero eso no quiere decir que no pueda reír. Sí debo reconocer que tengo, más allá de mi voluntad —porque no es un aspecto mío que me guste—, cierta adustez. Por lo menos en el primer contacto, que resulta inhibitoria o intimida a ciertas personas. Después, obviamente, los que me conocen más de cerca saben que eso es una cáscara que se rompe. De todos modos, vos antes dijiste algo referido a lo autobiográfico, y te respondo con una frase de Ernesto Sabato: "Cuando Vincent Van Gogh pintó su zapato, lo que vemos es el alma de Van Gogh". Eso es inevitable. Del mismo modo que estoy en cada personaje que encarno. El disfraz no encubre, descubre. Así como un actor tiene que hacer un personaje célebre por su inteligencia o por su coraje, y resulta que es un pusilánime y no tiene inteligencia, nos vamos a dar cuenta, porque nadie puede ser sobre el escenario lo que no es. Para hacer de Jean-Paul Sartre en una película sobre su vida, hace falta alguien que aunque no tenga la cabeza gigantesca que tenía ese hombre, posea intensidad intelectual, alguna que otra idea propia en la cabeza o densidad psicológica. Porque no hay ningún actor rústico que pueda encarnarlo. Quiero decir, uno siempre está. Entonces, en la obra que escribí obviamente están mis gustos estéticos, algunas de mis obsesiones, mi sentido del humor, todo resumido de una manera muy compleja que ni yo mismo puedo comprender o analizar diseccionando cada cosa. Aunque no hay ninguna situación en la obra que yo haya vivido. Independientemente de que me crean o no, es la verdad.

—Entonces no sos el personaje de Julio Chávez. No sos el hombre que lidia con su psicoanalista.

—En realidad nunca viví nada por el estilo, ni siquiera tuve un terapeuta inductivo como el que aparece en la obra. Hay gente que cree que me asesoré con algún profesional en la materia. En ese sentido sí, es muy personal, pero no es confesional o autobiográfico. No sabría cómo hacerlo y no me gusta.

—En la obra siento que se habla mucho de amor y también del desamor. Y yo sé, porque me lo dijiste, que para vos el único amor incondicional es el de los padres hacia los hijos.

—Es verdad: creo que el único incondicional es el amor de padres a hijos. En los vínculos que no son de sangre, el amor incondicional no existe. En cambio, un hijo puede cometer la peor de las atrocidades y su madre —en este caso yo también lo haría— será la primera en ir a llevarle cigarrillos a la cárcel. Y sería mayor la proporción del sufrimiento de ese hijo que a lo mejor hizo algo atroz, pero uno no puede renunciar al amor que siente por un hijo. Podés enojarte a muerte, podés sentirte defraudado una y mil veces, quizá no reconocerte en ciertos aspectos de tus hijos, sobre todo cuando te muestran aspectos muy tuyos que no te gustan, pero el amor está siempre sosteniendo todo esto.

—¿Y considerás que todos los amores (de pareja, digo) son el ensayo de un primer y único amor?

—No sé, ésa es una pregunta para Jorge Bucay. No soy un opinólogo de la pareja, mis verdades no son universales. Por eso escribo obras de teatro, si no escribiría ensayos, tratados, con el dedo más o menos levantado, pero no soy un experto en el asunto. No puedo hacer valer mi experiencia como universal, no está en mi interés. Intento que a vos te pase lo que te pasó cuando viste la obra. Eso sí me hace sentir bien con mi manera de comunicarme y de comprometerme con ese asunto.

—Hablando con Federico Luppi, aunque no sea de tu misma generación, me decía que él pertenecía a una generación que se sintió frustrada, en el sentido de que en la escuela le inculcaron un país que después nunca vivenció. ¿También llevás esa carga del sueño no cumplido?

—Absolutamente. No pertenezco a la generación de Federico

Luppi pero entiendo de qué habla porque alguna vez también lo he dicho. Creo que pasa por distintas razones: en primer lugar porque nos mintieron mucho. Como ésta era una tierra muy joven y muy apurada por convertirse en un país europeo, recibió enormes caudales inmigratorios, se inventó una mitología, que si bien cada país tiene su propia mitología, tenía que ver con ese fenómeno de la tierra prometida, de ese lugar en el que no había violencia, de un país de paz, del granero del mundo, de todo lo que ya sabemos. Uno después comprobó, con enorme dolor, que eso no era tan así. Pero por otro lado también es cierto que, cuando era niño, la mejor educación tenía que ver con la escuela pública, obligatoria y gratuita, la mejor salud era la que ofrecían los hospitales públicos, la riqueza estaba repartida de otra forma. Había una movilidad social ascendente que permitía que el hijo de un zapatero no sólo pudiera acceder a la universidad y superar culturalmente a sus padres, sino que hasta podía llegar a ser Presidente de la Nación. No había hambre. Y creo que nuestra generación, que tenía veinte años en la década del setenta, no se dio cuenta de eso, de que vivía en un país maravilloso. Hoy daríamos no sé cuánto por recuperar algunas de esas cosas. No había niñez en las calles, no había desnutrición, el nivel de alfabetización era uno de los mejores del mundo. Sin embargo, no sé qué ocurrió —o sí lo sé pero es para hablar en otro momento y con gente que sepa más que yo—, pero eso era altamente insuficiente —porque que fuera insuficiente no está mal, digamos, siempre es bueno aspirar a algo mejor—, pero se cuestionó ese modelo masivamente, se lo descalificó y lo que vino después fue esta dolorosa atrocidad que estamos viviendo. Todo eso empezó a ocurrir paulatinamente y, desde entonces, el empujón más importante lo dio ya sabemos quién —que me parece escuchar por ahí que decía: "Síganme, no los voy a defraudar"— y que culminó una obra que arrancó con el golpe militar de 1976. Sí, creo que es cierto lo que dice Luppi, que yo me formé para un país que hoy no existe, que colectivamente nos da una frustración gigantesca...

—¿Cómo es tu relación con la prensa?

—Existe una industria de un pseudoperiodismo que no me gusta, que tiene que ver con lo escandaloso, con lo muy personal, que mezclan la Biblia y el calefón todo el tiempo. Normalmente no se me ve en esos programas. Y siempre me resulta contradictorio, porque es halagador y es necesario en algún punto aparecer en los medios. Me resulta más sencillo hacerlo cuando tengo algo concreto que difundir, pero me produce cierto pudor y cierto malestar estar por el culto a la propia persona. Soy selectivo, hago un porcentaje de las notas que se me proponen y que suele ser escaso con relación a las propuestas. Me siento demasiado expuesto y ahora disfruto mucho escribir, es algo que quiero seguir haciendo. Entre otras cosas porque me permite correrme de un lugar del cual estoy muy agotado, que es el de ir a poner el cuerpo durante treinta y cinco años, durante larguísimas temporadas, por suerte, no me quejo, pero la verdad es que hoy por hoy me cuesta mucho. Hace poco, en un reportaje, Nicole Kidman, que no vive en la Argentina sino en un país en el que estrellas como ella están muy protegidas, porque los construyen como mitos mundiales, dijo que después de los cuarenta quiere retirarse, porque la actuación es una actividad muy dura para envejecer en ella. Y realmente entiendo cuando dice eso.

—¿El hecho de que no trabajes en televisión tiene que ver con esto también o con que sos demasiado selectivo?

—Siempre fui selectivo porque creo que la televisión es un arma formidable de difusión y popularidad para el actor, pero también tiene un doble filo y es peligrosa. Te gasta mucho, te quema la cara y todos tus recursos con un soplete. Es relativamente poca la gente que ha sobrevivido a muchos años de televisión. En todo caso, hay que entrar y salir. Amén de que creo que el lugar del actor es otro.

—¿El teatro?

—Sí, y después el cine. Pero sí, la televisión es un arma formidable y poderosa y cuando hacés algo que te gusta —como *Nueve lunas* o *El hombre*— es un placer saber que estás haciendo eso para una platea que siempre es muy numerosa. Pero, pienso, ¿cuál es el actor que más te gusta en el mundo?

—Al Pacino.

—Si tuvieras que ver a Pacino en un programa diario, estoy seguro de que al cabo de un tiempo te hartarías de él. La ventaja que tienen esos actores es que uno los ve menos o los ve poco en relación con otros, y además eso permite que ellos puedan preparar sus trabajos de otra manera en todo lo que hace a la creación de un producto. Entonces, creo que en ese sentido te da y te quita.

—¿Y volverías?

—Hace un año y medio que nadie me llama; no estoy haciendo no porque no quiera. Es cierto que no es fácil que haga televi-

374

sión, nunca lo fue, pero si yo digo que en este momento estoy rechazando propuestas, miento.

—¿Por qué siempre decís que sos contradictorio?

—Creo que todos somos contradictorios, pero en el caso de una personalidad artística hay muchas fuerzas que se contraponen dentro de uno. Unas que van en una dirección, otras que van en otra, y luchan y pugnan por imponerse. En muchas cosas soy contradictorio. Por ejemplo, venir a este programa me cuesta, pero hay una parte mía a la que le gusta, para ser sincero. El éxito no me es indiferente, ni tampoco que se me distinga con una tapa o viniendo a un programa como el tuyo. Pero, al mismo tiempo, hay una parte mía a la que eso no le gusta.

—A lo largo de tu vida, ¿sentís que seguís siendo coherente en las convicciones, en la ideología?

—Creo que soy coherente. Por ejemplo, en relación con el poder: nunca nadie me vio coqueteando con el poder y eso que he sido invitado por presidentes en ejercicio a comer asados a la residencia de Olivos. Nunca nadie me vio cediendo ante la notoriedad que me podría dar la profesión o el cholulismo que podés despertar ante determinados personajes poderosos. En tantos años de profesión pública, me parece que es una muestra de coherencia. También lo es mi relación con la gente: siempre fue respetuosa. Pude haber hecho cosas mejores, peores, malas o buenas, pero siempre respetando y teniendo en consideración, valorando mucho la inteligencia y el buen gusto de la gente. Mi trato con el periodismo ha sido el mismo desde que empecé a los veinte años, en esas cosas creo que he sido coherente.

—¿Te gustaría volver a tener treinta años?

—Sí, porque muchas cosas no las volvería a hacer o haría otras que no hice. Por ejemplo, me hubiera puesto a escribir antes o ya no me volvería a casar (me casé dos veces). Pero eso tiene que ver con la experiencia.

—En el programa de *Ella en mi cabeza* hay una cita de Carl G. Jung. Allí se plantea que la vida no es una sucesión de anécdotas sino la vivida por uno mismo.

—Ésa es una frase que me impactó muchísimo y que leí hace quince años en un libro de memorias, creo que su último libro. Él tenía ochenta y pico, ya no podía escribir y le dictaba a una joven asistente algunas conversaciones a modo de memorias. Como es un libro autobiográfico, él dice que lo primero que tiene para decir es que somos nuestros sucesos internos, pues la mayor parte de nuestra vida transcurre dentro de nosotros mismos y lo más importante son esas vivencias. En definitiva, todo lo demás no existe, o sí, pero en la medida en que haya producido estas vivencias. Creo que es cierto y esa frase es el embrión de esta obra. A partir de haberla leído, siempre me dio vueltas en la cabeza cómo se podía llevar a cabo esto en términos teatrales. Es el lugar donde no hay tiempo ni unidad de espacio, que a veces te sobrecoge o sentís que la vida es buenísima, que es un pestañeo. O a veces te parece eterna.

—En esos términos, ¿qué te está pasando ahora con tu vida?

—En esos términos, qué sé yo, pasa de todo. Depende del día, pero me pasa que estoy en una edad en la que empezás a pensar seriamente en la finitud o en la vejez, a mirar de frente a ese tren que antes venía por Trelew y ahora lo mirás y decís: "Tan lejos no está, ¿cómo voy a afrontar esto?".

—¿Y qué te pasó? ¿Te generó urgencias?

—Me genera urgencias pero también cierta tristeza. Por ejemplo, con escribir, me genera urgencia. También resulta un gran desafío, porque me parece que es el mayor de todos los aprendizajes: envejecer con dignidad, creativamente y con alegría, poder aceptar que cada estación tiene sus frutos y que los de la vejez pueden ser jugosos y sabrosos. Pero me cuesta.

—¿Cómo te imaginás envejeciendo? ¿Escribiendo o actuando?

—No, escribiendo y dirigiendo. Me imagino actuando cada vez menos. No tengo ganas de actuar en este momento. No sé adónde voy ahora. Me gustaría ir por este camino, y en cinco o seis años tener *una obra*. No una o dos obras sino un conjunto de obras como para que se pueda decir: "Martínez tiene una obra escrita". No sé cuántas son pero sí lo máximo de lo que yo sea capaz.*

* Es el sábado 10 de septiembre de 2006. Estoy a punto de terminar el libro, pero anoche me hice el tiempo para ver la última obra de Oscar. Se llama *Días contados*, la protagonizan Cecilia Roth, Claudia Lapacó, Alejandro Awada y Gustavo Garzón. Es sencillamente exquisita. Y confirma que Oscar será recordado como un gran actor pero, especialmente, como un excepcional autor y director.

—¿Creés en Dios?

—Qué buena pregunta. Es una pregunta ineludible y me parece que si uno no se lo responde de un modo más o menos satisfactorio, tiene una cuenta pendiente. En todo caso tengo una idea o un sentimiento de Dios, que no tiene que ver con ninguna de las doctrinas oficiales que andan dando vueltas, que me parecen presuntuosas, soberbias, porque se adjudican el Dios oficial. Pero me cuesta creer que somos solamente un conjunto de moléculas que funcionamos pura y exclusivamente por impulsos bioeléctricos. Me parece que somos otra cosa, que cuando extrañás a alguien o a algo, tu país o tu casa o un amor...

—Y la nostalgia de ese amor...

—Y la nostalgia de ese amor o el anhelo de algo, eso ocurre en una región que se llama el alma, y que no es la cabeza ni tampoco el corazón. Solemos decir "Te lo digo con el corazón" porque es aquí donde se experimenta, pero dónde ocurren las cosas centrales de la vida es un misterio, un enigma. Para mí, la idea de Dios es eso. No tiene nada que ver con un Dios tiránico o benefactor o con un juicio, no creo en eso. Me parecen pueriles las historias que determinado tipo de Iglesias cuentan. Jamás pude creer en eso, ni de niño. Pero no puedo decir que soy ateo, porque también me parece un pecado de soberbia muy grande. Me parece que esto de que venimos y vamos hacia la nada, este destello de luz en medio de la oscuridad que somos nosotros mismos, merece un respeto. Y el respeto a ese misterio, ésa es mi idea de Dios. Y en algunos momentos a esa suerte de Dios me entrego, le pido cosas, confío. Pero no sé bien en qué consiste.

—Si tuvieras que elegir el momento de irte, ¿cómo te gustaría que fuese esa escena?

—Me gustaría que fuese plácida. Tan plácida para mí que los que me rodeen, a los que obviamente quiero, que sean los que me aman, la vivan como me gustaría a mí. Por lo tanto, evidentemente, espero que sea muy tardío, como un alivio, como la continuación de este viaje. Pero eso no se elige, como no se elige la forma ni el lugar al que llegamos.

—¿Qué odiás de lo cotidiano?

—La esclavitud que a veces impone lo doméstico. Soy de delegar poco y ocuparme mucho, muy obsesivo y perfeccionista y entonces, en ese sentido, lo cotidiano me abruma y no sé cómo salir. También odio las insistentes llamadas telefónicas que uno no querría recibir, la falta de consideración, la mala atención y el sálvese quien pueda.

—¿Qué te hace reír?

—Charles Chaplin siempre me ha hecho reír, ciertas escenas de las películas de Woody Allen y ciertos seres que tengo cerca; me conmueve la manifestación del amor incondicional.

—¿A qué libros siempre regresás?

—El *I-Ching*, porque es un libro que uno puede abrir en cualquier momento, en cualquier página y siempre tiene algo muy sabio para decir, algún que otro poema de Jorge Luis Borges, y un libro de charlas de Jesús Quintero sobre los grandes temas de la vida.

—Elegí los tres mejores personajes de teatro.

—Ricardo III, cualquiera de los personajes centrales de *Esperando a Godot,* y algunos de los personajes de *La gaviota* o *Muerte de un viajante.*

—Ahora elegí tres comidas.

—Milanesas a la napolitana (una receta familiar heredada de mi padre), pizza y asado a la parrilla.

—¿Qué cosas te pueden?

—Mis hijas (me pueden, me pueden), el talento y el trabajo bien hecho.

—¿Tenés manías?

—¿Cuánto tiempo tenés para escuchar? Empiezo. Si no tengo ocho horas por delante, no puedo sentarme a escribir. En el caso de una siesta necesito dos horas, no puedo dormir una hora. A lo mejor después duermo cuarenta minutos, pero si no tengo como mínimo dos horas, aunque esté reventado, no me acuesto. Otra, por ejemplo, es en la cocina: a medida que voy utilizando los elementos con los que cocino, tengo la manía de no ir acumulando cosas sucias. Supongamos, hago una salsa y mientras estoy lavando la tabla en la que piqué o los utensilios que utilicé, termino entonces de cocinar. Todo queda como si hubiera venido por el delivery.

—¿Qué te gusta de una mujer?

—Obviamente, la belleza, soy muy sensible a la belleza, aunque más no sea para reconocerla; la sensibilidad y la capacidad de entrega.

---

—Dejá tu mensaje para ser visto en el año 2050.

—Ya que se puede tirar una botella con un mensaje en el océano del tiempo... Carl Sagan fue un científico norteamericano especializado en el cosmos. Un hombre que hablaba de miles de millones de años como nosotros hablamos de días o de meses, un hombre que llegó a ver este planeta como una bonita casa. Ya enfermo, sabiendo que iba a morir, ese hombre concedió un reportaje y lo último que dijo fue: "Besen a sus hijos".

Décima parte

# Bichos raros

Alfredo Casero, Daniel Grinbank y Ramiro Agulla podrían ser considerados los bichos raros de *Hemisferio Derecho*.
Alfredo es, por encima de todo, un artista, pero sus oficios y particularidades no terminan ahí. También es un capocómico, un cantautor, un actor de ficción de comedia y drama, un conductor de programas de juegos y un hombre que hace lo que se le antoja casi siempre (excepto cuando se le acaba la plata).
Grinbank es un manager inclasificable. Considerado por sus pares como uno de los argentinos que más sabe de música, su currículo incluye la contratación de las bandas más importantes del planeta y la creación de la radio más exitosa de los últimos veinte años.
Y Agulla no puede ser definido apenas como un creativo publicitario. Porque casi todo lo que toca, desde una marca de cerveza, pasando por un candidato a presidente y una miniserie bizarra y loca como *Mosca y Smith*, lo convierte en éxito, y hace morir de envidia a sus competidores.
Una parte de la verdadera cara de estos bichos raros fue expuesta en las notas que siguen.

# Alfredo Casero

# "No me creo lo que hago"

AUTORRETRATO:

*"Soy Casero, tengo cuarenta y un años. Soy cantor —porque canto— y artista de varieté —porque me puedo desempeñar en todas las gamas que tiene la actuación, la comedia o también hacer reír a la gente parado y solo—. Tengo tres hijos de dos matrimonios diferentes, porque si son dos matrimonios por ende son diferentes. Lo que dije fue una pelotudez pero realmente fueron totalmente diferentes: Guillermina tiene diecinueve, Nazareno cumplió dieciocho y Minerva tiene cinco. Mi vida, cada tantos años, cambia totalmente. Me encanta comer, me gusta muchísimo experimentar sobre la comida. No me diferencio demasiado de un tipo de la Antigüedad que adoraba las cosas lindas, los buenos olores. No me creo lo que hago, es decir, no puedo creer todo lo que hago y sé que eso es lo que más funciona. Lo que más me gusta no es negocio. Lo que quiero explicar la gente no lo entiende. Éstas son todas cosas que después de habérmelas dicho tantas veces, tanta gente que no llegó a ningún lado, me lo tengo que recordar cada minuto porque tengo que darles remate a los chistes. Me costó muchísimo romper con todo eso.
Me costó muchísimo todo"*

Una buena parte de la conversación que mantuvimos con Alfredo Casero se podría colocar en la categoría del delirio. Y otro buen tramo podría ser definido como muy lúcido, muy ácido, muy crítico, y muy racional.

Casero llegó al piso con un humor de perros (asesinos) y se fue cantando suavemente, liviano y feliz.

Nació en Vicente López en 1963. En los noventa se juntó con un grupo de actores, entre los que se encontraba Fabio Alberti. Empezaron a escribir sus propios guiones y los actuaron en el Parakultural. En 1992 surgió *De la cabeza*, donde lo acompañaban Alberti, Mex Urtizberea, Pablo Cedrón y Diego Capusotto. Un año después los mismos artistas presentaron *Cha Cha Cha*.

Casero participó en *Good Show*, el programa de Tato Bores, y creó el unipersonal para teatro *Sólo para entendidos*. En 1999 sorprendió con su actuación en *Vulnerables* y dos años después lo volvió a hacer al integrar el elenco de *Culpables*. En cine debutó en 1999 con *Felicidades*, la película de Lucho Bender.

—Me sorprendió oír que te costó mucho todo.

—Sí, es cierto. Porque para poder hacer todo lo que realmente querés, en principio tenés que estar en el lugar justo, en el momento justo y pelear con la persona justa y transar con la persona en los términos y las condiciones para que puedas hacer algo que a él le sirva. Te pone en *training* para cualquier cosa que hacés en la vida. Te sirve para aprender cómo solucionar problemas de la política común que llevás en tu casa y en tu vida. Te prepara para trabajar con la gente que no tiene demasiado vuelo pero también con águilas que te molestan y decididas a todo por la avidez (que es de alguna forma lo que mata a la televisión). Pero sí, en la vida me costó mucho todo y tengo que agradecer a mucha gente y también a Dios porque la verdad es que estuvo ahí cuando lo necesité.

—Escucharte hablar de Dios también me sorprende. ¿Creés en Él?

—Tengo la suerte de ser artista y no existe arte sin Dios. El arte abarca desde lo más pequeño hasta lo macro, y no creer en Dios es tener descreimiento de tu creador. Le podés poner el nombre que quieras, porque si recibiste educación católica entonces te vas a ver representado por determinados iconos. Podés ponerle el nombre de Buda o la forma que quieras, pero sí existe un camino por el cual de alguna forma estás enlazado a tu propio creador. Por supuesto que no existe esa fe absoluta prácticamente en nadie, o quizá sí en el Papa. En mi caso o en el más alto de los islámicos o en el ayatolá más grosso o en el budista más profundo o en el Dalai Lama. Pero a partir de ahí nada es absoluto, todo es relativo y es por eso que digo que creo. Creo porque en realidad no sé.

—¿Cuándo te diste cuenta de que eras artista?

—Una vez, cuando vivía en La Reja, escribí una cosa en la heladera que decía así: "Heladera querida/ Que guardas en tus entrañas una vieja fantasía/ La de alojar mil manjares/ Y la gran desilusión de vivir siempre vacía". Esa noche, mientras estaba escribiendo eso, empecé a dibujar el vestuario de una representación que estaba por hacer en el Parakultural. Y comencé a trabajar de noche y de día, a moverme con una pasión en la que se me iba el alma. En ese momento me di cuenta de que estaba preso de algo, que sigue siendo lo mismo que me moviliza ahora.

—¿Qué te pasó cuando tocaste ante cien mil personas en Japón?
—¿Qué me pasó? ¿Por dónde empezar? Tengo la impresión de que también tendré que pagar, de alguna forma, todo lo que Dios me dio. Ese don o el software con el que nací. Porque se trata de un sistema similar a una computadora: una máquina que tiene un poquito más de megas o de RAM y dice: "No, yo a Microsoft no le debo nada". Mentira. En todo caso le debés que haya inventado el sistema operativo. Parece que me estoy yendo al carajo pero no, escuche señora, que no me voy a ningún lado. Yo termino en Japón, que es como una tendencia de la vanguardia pop que piensa en el futuro inmediato de la humanidad. En Japón la gente hace un esfuerzo enorme para poder vivir y tiene los mismos problemas que nosotros, aunque de otra manera, pero no es muy diferente un canal de televisión japonés que uno argentino. Ahí me di cuenta de que tenía algo que aprender y de que todo lo que traje en mi cabeza y lo que asimilé fue grandísimo. Casi como un regalo, un instrumento para hacer llegar una canción a determinadas personas en un momento muy difícil: Japón estaba por entrar en guerra y había demasiada presión de la ultraderecha por las islas que Estados Unidos mantiene hace treinta años.

—¿"Shima Uta" fue todo eso?
—"Shima Uta" es una canción que habla poéticamente de la muerte de un grupo de chicas que fueron asesinadas dentro de unas cuevas. Los yanquis dicen que habían avisado que la gente saliera de esas cuevas, pero también había, en aquel momento, un gran poder absolutista en Japón que llevaba a los jóvenes a combatir frente a China y la vuelta de todo eso se transformó en un karma horrible. En medio de todo eso, yo estaba ahí, mirando las fotos de esas chicas que mataron y me di cuenta de que éramos diferentes. Nosotros somos, en nuestra manera de funcionar, analógicos; ellos son digitales. Todos los pueblos del norte son digitales ya que tuvieron que recomponerse después de la guerra y la única forma que encontraron fue el sistema digital.

—¿Y qué sentiste cuando empezaste a tocar?

—Subí al escenario y había setenta y cinco mil personas en una cancha de fútbol. El día anterior me dicen: "A las seis de la mañana tenés que cantar en tal lugar". Entonces yo les pregunto que si tengo que cantar a las seis de la mañana a qué hora haría la prueba de sonido. Y no, tenía que ir a hacer todo a las seis de la mañana. Cuando vi que el estadio estaba repleto, comencé a darme cuenta de todo lo que pasaba: era increíble, porque la gente cantaba el tema y entonces entendí que venía a traerles algo. No sólo me asustó que la gente coreara mi nombre sino también que lo hiciera por la Argentina, porque los japoneses, además de ser hinchas del equipo de su país, son fanáticos de otros clubes. Entonces me preguntaban por el Pollito Garompa, Ricardo Petrella, la Brujita Verón, y yo no sabía nada de fútbol porque siempre me importó tres carajos. Creo que lo único que hice en la vida fue hinchar por Racing, pero sólo por mi amor incondicional a las causas perdidas.

—¿Hiciste algo exclusivamente por dinero, aunque no te gustara?

—Sí, claro. Pero digamos que hago cosas por plata cuando estoy seguro. No es que voy a venderte algo de lo que no esté convencido. Si no estoy seguro, directamente no lo hago.

—¿Estabas convencido de hacer la publicidad de las empanadas o el programa de entretenimientos?

—Sí, me encantó hacer el programa *Uno para todos*. En todo caso, me hubiera gustado que funcionara. Soy toro en mi rodeo pero torazo en rodeo ajeno: puedo hacer lo que me pidas. Con respecto a la publicidad de las empanadas también fue muy bueno, porque que la Cámara de Pizzeros utilice una canción que compuse con toda mi alma para una comida tan perfecta como la pizza me parece genial.

—Claro: la canción se llama "Pizza conmigo" y tiene una letra que te da hambre. Habla de "pizza con palmitos, jardinera...".

—"Con ananá, con dulce de batata, con todo lo que quieras." También existe la pizza con queso y dulce de batata, que es furor. No se usa salsa sino dulce de leche y está destinada a los cumpleaños de los chicos. Es decir, todo eso habla de lo popular que son las pizzerías en los barrios y de por qué entonces lo hago. El de Flash (la publicidad de la banda ancha de Internet) tampoco fue un gran negocio. No sé si hago las cosas exclusivamente por plata. Acepto la plata porque es energía para poder hacer o pagar otras cosas.

—¿Tenés *guita*?

—No, no tengo plata.

—¿Ni la suficiente para vivir o para disfrutar?

—En la televisión, seguro que hay otros que ganan más que yo. En todo caso, siempre trato de que mis entradas sean reinvertidas en otros negocios. Muchas veces pongo plata en negocios que funcionan y con los cuales de todas maneras no gano nada. El Cha Cha Cha Club ni siquiera es de mi propiedad. Lo que sí puedo es armar toda una estructura para que eso funcione.

—El personaje que interpretaste en *Locas de amor*, tiene algunas escenas de amor formidables. ¿Qué te sucede frente a eso?

—Sí, las escenas de amor tienen que ser intensas. Ésa es una de las preguntas que más me hace la gente y también una de las que uno debe guardar como secreto profesional para no quitarle la magia.

—¿Hay un mecanismo para hacer reír?

—Sí, uno muy bueno es tirarse un pedo en un lugar donde uno no debe. (Risas.)

No, en serio. Sí, existe gente que hace reír con *yeites*, otros que lo hacen con chistes, algunos que se paran y piensan que cuentan un chiste, es decir, hay mil maneras diferentes de hacer humor. El humor entra por diferentes lugares pero principalmente por las terminales nerviosas que tenés enfrente. Todo lo que pasa por los ojos y los oídos va directo a un segmento del cerebro que produce una segregación muy fuerte. Es una parte que está en el núcleo del cerebro y que los fisiólogos no saben bien por qué produce una convulsión que se llama risa, que da placer, produce llanto, afloja los esfínteres y te crispa como si estuvieras peleando, pero de una buena manera. Es como si pusieras la violencia menos cero. Reírse es lo contrario a la violencia. Por eso hacer reír con cosas que tengan que ver con la violencia es malograr la posibilidad de ver otro tipo de humor.

—En tus espectáculos, he visto a la gente reírse en forma orgásmica.

—Sí, eso me encanta. Normalmente, yo hago reír a la gente porque es una forma de aglutinarte cómodamente en un lugar. Haciendo un chiste, enseguida te das cuenta de quién es inteligente, quién no lo es, quién es un tarado (que es peor que no ser inteligente) o quién no tiene sentido del humor. Automáticamente, con un primer chiste, vas diferenciando a la gente que te gusta y la que no. Por eso es un arte que hay que enseñarlo. Cuando trabajo, me gusta mucho más enseñar que hacer reír.

—¿Te arrepentís de algo?

—No me arrepiento de nada sino que volvería a hacer todo lo que hice hasta acá. En todo caso, no me volvería a casar, pero no por desamor sino porque al no existir leyes, el casamiento implica entrar en una zona que está fallada por todos lados. Creo que si uno pudiera mantener todo eso al costado del sistema y sólo tenerlo en su corazón y su alma sería tanto mejor.

—¿Marisa está de acuerdo con eso?

(Marisa Rogel es su actual compañera.)

—Sí. Además ya llevamos diez años juntos y no tenemos duda de que estamos ahí.

—¿Qué dice Minerva?

(Minerva es su hija más pequeña.)

—Minerva es muy graciosa, es la nueva aprendiz de esto.

—Los argentinos, en estos años de democracia, ¿tuvimos los presidentes que nos merecimos?

—Sí. Es más: tuvimos los presidentes que votamos (así que a callarse la boca) y nos merecimos, y ahora a llorar a la iglesia de Luján. En todo caso es muy bueno, más allá de quién está en el poder, que exista un país en América latina que tenga esta democracia. Aquí cualquiera puede putear al presidente por televisión y hacer chistes sobre su entorno.

—¿Por qué te molesta que se burlen de la investidura presidencial por televisión?

—Un presidente es un tipo que tiene que llevar adelante el destino de todo un país, y que vaya a hacer de payaso a un programa de televisión realmente me parece que no es de la investidura. Alguien tiene que estar en contra de eso y ése soy yo. También hay una cosa elemental y eso sí me encantaría poder decírselo a la gente: que si usted se burla o ataca físicamente a su presidente, después no se puede quejar si él lo caga, se ríe o lo ataca físicamente a usted. Eso pasó con Fernando de la Rúa: darle caño a un tipo que todo el mundo sabía que estaba allí de manera transitoria porque nadie confiaba totalmente. Son esas cosas raras que pasan en este país: votás a una fórmula y resulta que el vicepresidente se las toma antes de cumplir su mandato. Entonces a esa gente débil le podés pegar pero después bancate la que se viene: que todo el mundo salga a la calle y que asesinen gente. Y todo eso no se corresponde con una actitud a la altura de la Constitución. Porque si un tipo fue votado por la mayoría del pueblo, se trate de un estúpido o de un genio, tiene que ver con jugar determinadas reglas del juego.

—¡Cómo te duele la Argentina!

—Claro que sí, amo profundamente este país porque es mi casa. Me duele terriblemente que políticamente tengan razón con quedarse con nuestros ahorros. Porque ésa era plata que gastamos durante un montón de tiempo y que se les debe a los de afuera. Si llevás ese ejemplo a la economía doméstica te vas a dar cuenta de que es normal que te saquen los ahorros: si vos no le pagás a la AFIP, te embargan el sueldo. Y ya no había nada con qué mentirle a la gente, se hizo un cuello de botella, apretaron de todos lados y se armó un gran quilombo.

—¿Te gusta Néstor Kirchner?

—No sé muy bien cómo viene, políticamente, lo de este presidente. Hay actitudes que no entiendo, como por ejemplo que se le pinche la turbina del avión. Eso significa que tiene graves problemas con la gente que se hace cargo de su seguridad, y un presidente que no tiene su propia seguridad en sus manos me asusta. Que un tipo haya entrado a la quinta de Olivos y paseado durante tres horas adentro me asusta. Lo que más me asusta es que nos tenemos que defender para que no nos saquen lo poco que tenemos. Las cosas, mal que mal, están andando porque ayer pasé por una calle y vi que habían tirado pan. Cuando la gente tira pan es porque algo anda bien.

—¿Cuándo fue la última vez que te cagaste de risa?

—Anoche, porque nos quedamos hasta tarde grabando *Locas de amor* y me cagué de la risa mal.

—¿Cuándo fue la última vez que lloraste? ¿Cuando murió tu vieja?

—No sé si lloré totalmente cuando murió mi mamá. Yo tengo como una coraza y con lo de la muerte lo debí haber pasado para otro lado. Sí, me acuerdo cuándo lloré. Sí, fue hace bastante pero lloré muchísimo, del alma.

—¿Y estuvo mal?

—No, llorar siempre es muy bueno.

—¿Cómo te gustaría que te recordaran?

—Ni como cantante ni como actor. Me importa tres carajos que me recuerden demasiado. Solamente que una vez, cada tanto, haya alguno que se acuerde, aunque eso no me lo creo ni yo, que fui un gran futbolista.


SEÑAS PARTICULARES:
*"Odio que la gente pase por mi casa y mire para adentro"*

—¿A qué humoristas admirás?

—Ernesto Bianco, Fidel Pintos, Jorge Porcel y Alberto Olmedo.

—Nombrame tres películas.

—*Tres locos y un supermercado*, *El barco* y *La vida continúa*, con Sandro, porque es una obra de arte del cine argentino.

—¿Tres actores?

—Marlon Brando (por lo asquerosamente biológico), Darío Fo (por la incomprensible perfección de la comunicación), Mickey Rourke (porque demuestra lo que es la decadencia tan profunda de la modernidad: lo veo y realmente me da placer).

—¿Y músicos?

—Mozart, Mozart y Mozart, porque todos los demás están después. Ahora hago que soy otro personaje y digo: David Byrne, David Bowie y yo, porque también toco la guitarra y compongo bárbaro: ¿No ves que soy vanguardia?

—¿Qué no te gusta de lo cotidiano?

—Hacer la cama (no hago ni haré jamás una cama) y levantar la ropa. Odio que, en mi casa de Puerto Madryn, la gente pase y mire para adentro. A veces pongo una filmadora y registro esas caras (tengo como cuarenta salames filmados). También odio que me asalten en todos los semáforos porque tengo la impresión de que regalar plata es la forma más indigna de ayudar a una persona.

—¿Qué comidas preferís?

—Es muy amplio todo lo que me gusta. Como carbono, hidrógeno, oxígeno y nitrógeno, pero de las formas más ricas.

—Contame tres deseos.

—Me gustaría que la gente de mi país entendiera lo que significa vivir en la guerra para poder construir, no desde la queja, sino desde la comparación de lo ricos que somos, la comparación de la suerte que tenemos y de lo bendita que es esta tierra. También deseo claridad sobre el mundo. Para la gente que está asustada, los arcángeles trabajan siempre. No llegan a ningún lado, porque los otros andan en moto, pero algún día van a llegar. También deseo respeto al pueblo argentino, al norteamericano, al tailandés, al croata... Al pueblo. Porque la gente se malogra y el mundo no tiene que ser de gente malograda por sus gobernantes. ¡Bah! El tercero es una utopía pero, ¿qué quiere? ¿Que tire todos deseos que se vayan a cumplir, señora?

---

—Dejá un mensaje para ser visto en el año 2050.

—Espero que este mensaje que van a escuchar en el caprichosamente 2050, y no en el 2048, donde la rebelión de los *krolls* se manifestó ampliamente positiva al peronismo de base, les recuerde que cojan mucho, muchachos. Porque la verdad es que si llegaron hasta el 2050 es porque esto, todo esto, tenía mucha más piola de lo que parecía. También espero que hayan encontrado la otra parte de la Biblia después del Apocalipsis, porque si el Apocalipsis ya está por venir, esto no sé muy bien qué es. ¿Y cómo será el humor o de qué se reirán? Me importa tres carajos eso. Vivir acá donde todo era "comenzable" fue bastante interesante, donde pensábamos que tocábamos el cielo con las manos. Ojalá que ustedes no lo toquen y les haya salido por fin una hélice en el culo con la que se puedan ir volando a Buzios. ¡Adiós, amigos!

---

Y el Gordo Alfredo Casero hizo el ademán de ponerse la hélice en la parte de atrás y salió de cuadro de abajo para arriba, como si se hubiese ido volando al infinito y más allá.

# Daniel Grinbank

# "La droga no es sinónimo de creatividad"

AUTORRETRATO:
*"Mi nombre es Daniel Grinbank, tengo cincuenta y un años
y soy porteño. No me gusta dar muchas más clasificaciones,
aunque la que sí me cabe es ser hincha de Independiente.
He visto este mundo —o intento— de la mejor manera posible,
tratando de modificar todo lo que pueda, mirando el medio
vaso que está lleno en lugar del que está medio vacío"*

Grinbank no suele conceder entrevistas periodísticas.
Con *Hemisferio Derecho* hizo una excepción. (La hizo después de la insistencia de Deborah, quien para convencerlo le empezó a recitar al contestador automático del teléfono del empresario todos sus grandes logros, desde la génesis de Rock and Pop hasta la última visita de U2 y The Rolling Stones).
Grinbank es tímido, pero parece que aquella tarde sintió la comodidad suficiente como para hablar de su negocio, de la droga, de sus sueños y de sus fracasos.

—Cerrá los ojos e intentá verte a los quince años, pasando música, ¿qué encontrás?
—Treinta y seis años después, no noto la diferencia. Siento que muchos de los valores que tenía en esa época los sigo manteniendo, que el amor a la música continúa intacto y el intento de obtener dinero con esta profesión, también. Obviamente, jamás supuse que iría a cobrar esta dimensión. La única diferencia importante que noto es que a los quince años tenía más pelo.

—¿Eras, desde entonces, un exquisito oyente de música?

—Siempre lo fui. Tenía, como cualquiera, un gusto personal. Con el tiempo uno va repensando ciertas cosas y cuando te acordás de algo que escuchabas decís que era una basura o que estaba muy bueno. Sin embargo, hay discos que continúo disfrutando hasta el día de hoy porque me encantan.

—¿Cuándo sentís que empezaste a ser "Daniel Grinbank"?

—Creo que durante toda actividad profesional vas tomando pequeñas muestras de conciencia de tu crecimiento, sobre todo a partir de la llegada de determinados logros o fracasos. En mi caso, me sentía muy bien y muy feliz con algunas cosas que ocurrían. La primera vez que llevé adelante un concierto y asistió mucha gente, me sentí muy bien...

—¿Cómo fue aquella primera vez?

—Fue en un baile de algún colegio. Yo era un tipo que iba una vez por semana a las disquerías, escuchaba mucha música, no se trataba de las cadenas que existen hoy sino de un negocio más artesanal, el dueño te mostraba los discos que habían salido esa semana... por ejemplo, en enero de este año hicimos el Festival Nokia Trends con Fatboy Slim y reunimos a sesenta mil personas. El caso es que el poder de un DJ hoy es infinitamente superior a lo que era en aquella época.

—¿A qué disquerías ibas?

—Yo vivía en Villa Devoto, donde había dos disquerías: una en Villa del Parque y otra que unos años después compró Musimundo. Se trataba de un pequeño local en la calle Cuenca y Ricardo Gutiérrez, dentro de una galería comercial, y en la que realmente gozaba cuando iba a buscar música para después pasarla en las fiestas donde trabajaba.

—¿El primer grupo al que representaste fue Vivencia?

—Sí, Vivencia fue mi primer grupo. Lo reivindico desde el aspecto histórico pero también recuerdo que, en aquel entonces, competíamos con Sui Generis (con quienes luego terminé trabajando). Con aquella voz de Nito Mestre y el genio creativo de Charly García, Sui Generis hizo parte de la historia de la música popular en la Argentina. En cambio, Vivencia sólo tuvo un par de éxitos interesantes.

—¿Siempre trabajaste en lo que te gustaba o debiste hacer algunas concesiones?

—No, tuve que hacer algunas concesiones. Uno siempre trata de hacer lo que le gusta pero no siempre lo logra. Tengo la premisa de que si algo no va a funcionar comercialmente y sólo implica darme un gusto, será mucho más económico comprarme un pasaje e ir a ver a esa banda donde esté tocando en ese momento. Claro que trato de que coincida el gusto por una banda y el plano económico, pero no siempre se logra.

—Cuando uno imagina a un manager de rock o a un representante lo hace a través de ciertos estereotipos: aquel que está siempre de fiesta en fiesta y otro como un ejecutivo que sólo hace sus negociados. Sin embargo, no parecés coincidir del todo con ninguno.

—Algunos negocios se consiguen solamente por estar muy drogado y otros por ser sumamente ejecutivo. A veces te topás con decisiones completamente racionales, y un manager nunca puede perder el cable a tierra entre lo que es un negocio y la acción creativa. En el arte no son necesarios los managers ni los empresarios. En todo caso, cuando vos querés que tu arte integre un circuito comercial, sí te transformás en un vehículo para eso. Tampoco podemos generalizar ya que existen distintos tipos de representantes: están los que son cadetes de sus artistas, los que compatibilizan la carrera de sus artistas con la propia y otros que tienen una gran frialdad económica (pero que no se dan cuenta de que esta profesión tiene una alta dosis de creatividad porque uno está manejando talentos). Cuando este tipo de industrias están manejadas sólo por profesionales de las finanzas, tienden a desaparecer.

—¿En qué categoría te ubicarías?

—No me encasillo en ninguna pues creo que hay que tener un poquito de cada cosa. Sin embargo, hay toda una visión estereotipada del empresario explotador y los artistas como víctimas.

—¿Lo decís por aquello que pasó con Charly García? (N. del A.: Charly declaró hace muchos años que Grinbank forraba el tapizado del asiento de su auto con piel de músico.)

—Sí, supongo que Charly lo sintió y lo dijo muy en serio. Pero no es cierto que haya músicos buenos y managers malos (ni a la inversa). En ese sentido, creo que se filmaron dos películas muy representativas de este tema: una que retrata a un representante inescrupuloso (*La rosa*) y otra que describe cómo sistemáticamente los artistas viven de él (*Broadway Danny Rose*). Lo que sí se puede decir es que, en una etapa de globalización como ésta, las pequeñas empresas han sido absorbidas por los grandes emprendimientos, donde lo artístico sólo está siendo supeditado al ámbito financiero.

—¿Participaste de aquella época de "excesos" en la década del ochenta?

—He tenido excesos en diferentes etapas de mi vida: algunos muy divertidos, otros de los que me arrepiento y creo que, como toda experiencia, es intransferible. En todo caso soy fruto de mis propias experiencias y no estoy en condiciones de juzgar ni de bajarle línea a alguien sobre lo que debe (o no) hacer.

—Sin embargo, existe una fantasía de ligar al éxito con esos excesos, sobre todo con relación al fenómeno de Rock & Pop y de personajes como Mario Pergolini, Lalo Mir, Bobby Flores.

—Todo aquel fenómeno tiene relación con el rock nacional y muy poco con las drogas. La constante, en todo caso, fue salirse de una sociedad completamente conservadora y plantearse algunos cambios. De lo que reniego es de aquella generación de Woodstock que pocos años después terminó votando a Ronald Reagan. Esos quiebres me afectan tanto más en los sectores progresistas que en otras líneas ideológicas: el fraude es mayor. Respecto de los sobrevivientes, supongo que hay mucho mito sobre aquello, pues, estando drogados o no, se trató de seres capaces y talentosos. Dentro del rock, incluso, existe mucha fantasía con relación a las drogas. Sin embargo, creo que no hay más consumo en ese ámbito que en otros estratos o grupos sociales y en el que veas un destello de lucidez o de creatividad. La droga no es sinónimo de creatividad. En todo caso, algunas cuestiones abren un poco más la mente que otras. Para dar otro ejemplo, en muchas ocasiones, un vasito de vino te despierta cierta sensibilidad o te permite mirar para otro lado. No reivindico el consumo de drogas, sí aprecio la libertad individual de que cada uno haga lo que le venga en gana y tenga el derecho de vivir como quiera.

—¿Podrías describir una buena anécdota con alguno de los músicos con los que estuviste?

—Si bien no trabajé con él, ésta es una anécdota que me emocionó mucho: el boxeo me gusta tanto como el fútbol, a pesar de que me despierte ciertas contradicciones, y mi viejo siempre me llevaba al Luna Park. Si existe alguien a quien admiro muchísimo es a Mohamed Alí. Tal vez porque se negara a alistarse en el ejército en plena guerra de Vietnam, por su reivindicación de los afroamericanos en los Estados Unidos o por aquella historia de cómo ganó su título. La cuestión es que existe un sitio en la Séptima Avenida de Nueva York que adoro: un restaurante donde se comen unos sándwiches de pastrón que son impresionantes. Un día me senté en aquella mesa larga y a mi lado estaba Mohamed Alí. Me moría por preguntarle cientos de cosas pero no lo hice, sólo me quedé contemplando los tremendos esfuerzos que hacía para no demostrar su estado (estaba enfermo de Parkinson) y cómo la imagen de aquel monstruo que subía a los rings y era una aplanadora, que peleaba por los derechos humanos, no se condecía con el hombre que estaba tratando de comer su sándwich tranquilo.

—¿Existen bandas equivalentes a Soda Stereo o Patricio Rey y sus Redonditos de Ricota?

—En la Argentina, los últimos años fueron de una gran irrealidad. Eso se demostró después con el deterioro económico y con una gran crisis institucional. Todos los grandes movimientos musicales del mundo surgen a partir de causas sociales. En ese devenir, el rock barrial nació anclado a una estética de la pobreza, relacionada con la cultura del aguante y con determinados valores. Para mí, eso consumió la cáscara de Los Redondos pero no tiene relación con su esencia. Considero que tanto Soda Stereo como Patricio Rey son grandes bandas del rock mundial. En los últimos años fueron apareciendo bandas muy interesantes, como Catupecu Machu o Miranda; sin embargo, el nivel de producción se ha deteriorado considerablemente. La situación después de la tragedia de Cromagnon no contribuyó tampoco al asunto ya que el hecho de que aparezcan nuevas bandas tiene relación con el poder de acceder a los instrumentos, a una buena producción y a la posibilidad de brindar un show sobre un escenario. Gran parte de los instrumentos musicales son importados, con lo cual la devaluación va en detrimento de los músicos que quieren acceder a ellos. También existe una situación de pobreza artística infernal en cuanto a las bandas que llegaron a determinados puestos y no lo merecían... pero eso funciona así desde que el negocio de la música existe como tal. Lo que no existe es un paralelo entre la explosión de un hecho artístico muy fuerte y la calidad o la falta de ella.

—¿El rock barrial de Callejeros o Jóvenes Pordioseros expresa el autoritarismo del aguante?

—Creo que lo terrible de la década del noventa —pese a que uno suponga que es lo económico, aunque haya sido realmente terrorífico— tiene relación con la educación. Se creó una sociedad en la que vale todo, sin reglas, donde reina la impunidad y no existen valores. Dentro de unos años vamos a ver la cara más descarnada y brutal de esas secuelas y a padecer las consecuencias de los chicos que hoy están desnutridos pero que mañana serán hombres maduros. En todo caso, en el plano cultural ocurrió lo mismo: existe una estética piquetera o cartonera que tiene que ver con una respuesta válida hacia este modelo pero que, de ninguna manera, va asociada con el arte. Esa suma de fanatismo hacia el fútbol, cierta cantidad de valores que se han ido perdiendo y la cultura de una sociedad en decadencia da como resultado un producto artístico X.

—¿La tragedia de Cromagnon fue entonces una bomba que estalló en el marco de ese fenómeno cultural que estás describiendo?

—Sí, es la consecuencia de todos los años en los que no se hizo nada y se pagó un precio horrorosamente caro. Ojalá se hubiera tratado de un accidente menor para que se tomara conciencia de lo mal que se estaba trabajando en esa especie de festival de la bengala (que también tiene relación con la piolada como un hecho cultural propio de los argentinos, donde si te prohíben algo, lo hacés de todas maneras). La tragedia de Cromagnon no se trata de sumar responsabilidades sobre Omar Chabán ni sobre el Gobierno de la Ciudad: la responsabilidad es de todos nosotros. El Gobierno tiene responsabilidad sobre las inspecciones y los controles, Chabán en haber organizado algo con bastante menos responsabilidad de la que debiera tener un empresario, aunque por más de veinte años nunca le pasó nada, lamentablemente. Digo lamentablemente porque quizá con un accidente menor se hubiera generado una mayor conciencia. Pero lo cierto es que existe una legislación perversa que nos hace aparecer a todos fuera de la ley. Por ejemplo: se dice que aquella noche las entradas estaban sobrevendidas. Sin embargo, en todas las ciudades del mundo existe una legislación que permite que a todo espectáculo público asistan dos personas y media por cada metro cuadrado. En la Argentina rige una cláusula viejísima que permite una persona por cada metro cuadrado. Todos saben que eso no se cumple y pareciera que entonces arriba de ese modelo todo funcionara en la ilegalidad. Por eso lo que sucedió en Cromagnon podría haber ocurrido en Córdoba, Rosario, Buenos Aires o en cualquier ámbito del país, porque todo está atado con alambre, no existen infraestructuras, el mantenimiento se hace muy difícil, los impuestos y las reglamentaciones no se pueden cumplir. Si a eso le agregamos que los chicos hoy prenden bengalas y no toman conciencia de que con eso pueden sacarle un ojo a alguien (ya no hablo de incendiar un local), hace que nuestra cultura diaria se vea notablemente disminuida.

—¿Cómo fue la génesis de tus nuevas emisoras, Kabul y Spika? ¿Qué relación encontrás respecto del éxito de Rock & Pop?

—Sé que Rock & Pop es un fenómeno absolutamente irrepetible con relación al papel que jugaban los medios en aquel momento. Sin embargo, después de haber creado una radio de esa magnitud no puedo amilanarme y creer que entonces deba reprimir todo lo que tenga ganas de hacer de aquí en adelante. Me encantan las radios y siempre las encaro desde el aspecto musical. Kabul fue muy trabajada desde el material que mi hijo me alcanzaba y concebida desde un plano muy musical. Me ligué con un par de musicalizadores que realmente sumaron y finalmente fue un proyecto que me encantó. No pensaba incluir programas, pero tuve la suerte de que me acercaran un piloto de Diego Ripoll y me cerró porque es brillante y rompe con ciertos moldes.

—¿Y Spika?

—En las radios donde yo estaba produciendo contenidos sentí que en un momento entraron a prohibir mis programas. Como quería que Kabul continuara siendo una radio alternativa de la escena *indie*, Spika surgió como un proyecto en el cual pelear liderazgos. Empecé a rodearme de conductores y productores que me gustaban y, pese a que tiene poco tiempo de vida, ya me está dando grandes satisfacciones.

—¿Te considerás un buen tipo o los negocios te han ido endureciendo?

—En ese sentido, creo que hay que mantener una coherencia. Uno no puede ser buen tipo de ocho a nueve, un hijo de puta en el laburo el resto del día, y por la noche volver a ser buen tipo en su casa o con sus amigos. La cuestión es cómo sos las veinticuatro horas del día. Tampoco creo que haya que ser un gurú, porque es muy difícil sostenerlo en el tiempo, pero sí considero que los tipos comunes —entre los que me considero— debemos tener determinados lineamientos, porque te permite practicidad y un mejor funcionamiento laboral. No es necesario que estés rodeado de amigos, sino de gente capaz. En todo caso, si laburás bien y además sos amigo, claro que es mucho mejor. Uno de mis mejores amigos, por ejemplo, es el productor Fernando Moya. Sin embargo, nunca coincidimos cuando trabajamos y eso hace que precisamente nos llevemos bien y sigamos siendo mejores amigos porque no trabajamos juntos. Es más, algunos de mis fraudes económicos más duros han sido cuando he trabajado con amigos, porque no ejercés los controles cuando existe una amistad de por medio.

—¿Cuáles fueron los peores y los mejores negocios que hiciste?

—El peor negocio tuvo que ver con el fútbol, tanto en lo económico como en lo emocional: perdí mucha plata. (Grinbank tomó el Leganés, y al poco tiempo el equipo entró en una debacle deportiva y económica.) Desde lo personal, me impidió disfrutar de algo que yo adoraba como es el fútbol. Dejé de creer en los Reyes Magos, perdí la fantasía, porque cuando mirás desde adentro el negocio del fútbol, la política de algunos dirigentes y de los clubes, entrás a detestar todos los manejos que se hacen en nombre de eso. Lo cual no quita que haya excelentísimos dirigentes y jugadores muy respetados, pero lo que sí quedó en claro es que todo eso no es para mí.

—¿Y cuál fue el mejor?

—El mejor tiene que ver con Rock & Pop, ya que me dio muchas satisfacciones y me permitió trabajar con gente talentosa por mucho tiempo. En cuanto a los espectáculos que produje, quizá lo considere mejor por una cuestión personal y no artística: el primero tiene que ver con la vuelta, después de la dictadura, de Mercedes Sosa a la Argentina. Fueron trece conciertos en el Teatro Ópera. Quizá fue muy fuerte porque en el '77 ella iba a dar una serie de conciertos en el Teatro Première, junto a Rodolfo Mederos, y los tuvimos que suspender por una serie de amenazas de bomba. Haber podido concretar su regreso y grabar un disco doble con Charly García, León Gieco, Rodolfo Mederos y Víctor Heredia fue impresionante. El segundo recital tiene que ver con Amnesty International en 1988 en el Estadio de River Plate. Allí estuvieron Tracy Chapman, Sting, Peter Gabriel. La de Peter Gabriel fue una actuación impresionante, de las diez mejores que vi en el mundo. También fueron muy importantes la primera vez que traje a los Rolling Stones a la Argentina y la gira de los Guns & Roses (digo, la segunda vez que tocaron en Buenos Aires fue muy importante para mí por todo lo que se había vivido la primera: esa idiotez del nacionalismo que quemaban banderas argentinas, el suicidio de una chica que estaba en el concierto, el allanamiento que nos comimos en el Hotel Hyatt, donde no encontraron ninguna de las drogas que fueron a buscar, aquellas palabras del presidente Carlos Menem sobre que esos músicos eran "unos forajidos que andan por el mundo"). El hecho de haber sido parte de la producción de esos *forajidos* me encantó.

—¿Qué sueños te quedan por cumplir?

—En cuando a lo profesional, me quedan muchos sueños: poder vivir de esta profesión que amo, reinstalarme después de un tiempo de no llevar adelante ninguna actividad. Me parece que estamos en un buen momento con relación a lo mal que está el sistema legislativo. Me encantaría poder ayudar a cambiar un poco esas reglas, que sirvan para que el espectáculo se pueda encuadrar en una actividad que se desarrolle bien. Quiero seguir pasándola bien, haciendo lo que amo. Aparentemente son sueños pequeños, pero en verdad son gigantes.

—¿Cómo te ves dentro de unos años?

—Sin grandes cambios. He tenido la suerte de hacer y continuar haciendo lo que me gusta. También me encanta viajar y sé que me queda mucho aún por conocer. Lo que pasa es que me volví muy conservador porque, a medida que pasa el tiempo, tengo más cosas que perder. Pero realmente me siguen tentando algunas cosas que, en ese sentido, estaría bueno volver a arriesgar.


SEÑAS PARTICULARES:
*"Apoyaba a las chicas en el colectivo"*
_____

—¿Qué te gusta de lo cotidiano?

—Convivir con los seres que quiero, viajar, los buenos vinos y las buenas comidas.

—¿Y qué no?

—La parte operativa de una sociedad sin leyes, una parte importante de la cultura de nuestra sociedad que también la hace muy difícil, y los mangazos de entradas.

—¿Qué te hace reír?

—Woody Allen, los Hermanos Marx y tomar con cierta ironía cada cosa que ocurre durante el día.

—¿Y llorar?

—La pérdida de seres queridos, cómo las sociedades repetimos ciertos errores, y perder con Racing.

—¿Qué te hubiera gustado?

—Leer más, tener más memoria reflexiva, unos centímetros más de altura y haber evitado la calvicie.

—Las fotografías que tenés en mente.

—El nacimiento de mi hijo, mi nacimiento (aunque tuve una participación pasiva) y un montón de experiencias y momentos personales que tengo en mi mente. Con relación a lo profesional, sin lugar a dudas, el primer recital de los Rolling Stones en la Argentina, mi primer recital con Vivencia y cuando pude plasmar Rock & Pop al aire.

—Tres músicos.

—John Lennon (más que los Beatles), los Rolling Stones (por haber sido la banda de mi vida) y Charly García (no sólo por lo que significó para el movimiento musical en la Argentina, sino para un movimiento cultural en una época en la que plantearse algunas escenas de cambio era muy difícil).

—¿Y tres discos?

—*Sgt. Pepper's* (The Beatles), *Exile On Main Street* (Rolling Stones) y los primeros discos de Nick Cave.

—Las cosas que te gustan.

—Cenar con mis viejos, ir a la cancha, y en general el fútbol, y la música. Son tres cosas que desde chico me gustaron y me siguen gustando hoy en día.

—¿Tenés manías?

—Sí, brindar sin haber tomado antes, *apoyar* chicas en el colectivo, aunque hace mucho que no viajo, y reiteraría la segunda si volviera a viajar en ómnibus.

—¿Qué te seduce de una mujer?

—Los ojos, la estética y que no me seduzca con un tema de fondo de Luis Miguel; cuando la seducción pasa por ese tipo de melodías, tiendo a huir.

—¿Tres misterios?

—La vida, la naturaleza, y por qué los argentinos seguimos haciendo tan mal las cosas.

---

—Dejanos un mensaje para ser visto en el año 2050.

—En 2005 deberíamos hacer todo lo necesario para que las personas que habiten 2050 reciban una tierra mejor. Y eso depende de la acción de cada uno de nosotros, con la posibilidad de cambiar con cada granito de arena, cuidando nuestros recursos naturales para que esta tierra sea cada vez mejor.

Ramiro Agulla

# "Las balas no me hacen nada"

AUTORRETRATO:
*"Me llamo Ramiro Agulla y soy publicitario, productor de televisión, a veces compositor de canciones, cantante, locutor (en chiste), reo y huérfano. Y también soy alguien con una profunda necesidad de comunicación"*

Ramiro Agulla, el hombre éxito, uno de los publicitarios más envidiados, el que vendió parte de su agencia —Agulla & Baccetti— y se hizo rico de un día para el otro, estuvo a punto de llorar en cada segundo de la hora que duró la conversación.

No hubo un detonador colocado allí para que esto sucediera.

Nada más se sentó en la banqueta, empezó a hacer su autorretrato y a hablar en un tono muy íntimo, como si fuera una entrevista con un Psiquiatra Especializado en Figuras Rutilantes e Inalcanzables.

—Decís que sos "reo, huérfano y con una profunda necesidad de comunicación". ¿Cuándo tuviste esa necesidad? ¿En el momento en que murió tu viejo o cuando estabas en tu casa con fotos de tu familia, en tu habitación, y les ponías frases publicitarias?

—Que soy reo se ve. Y huérfano quedé a los catorce años, por parte de mi padre. Creo que me dedico a esto, con relativo éxito, en parte por la necesidad que tengo de comunicación. Siempre tuve una manera de expresarme: en mi cuarto había dibujado toda una persiana con cosas raras, en el colegio siempre era el que lideraba los grupos de trabajo. Después, a los doce años, cantaba. Por ejemplo, tenía una canción política... (Agulla empieza a cantar) "En el gobierno de Perón la gente los reclamó, militares salvación...",

403

que hablaba de Santucho, de Videla, claro que sin entender nada de lo que decía, pero tenía la necesidad de elaborarlo y de sacarlo afuera.

—¿Qué te pasó cuando los militares mataron a tu viejo?

—Eso marcó a fuego los siguientes años de mi vida. Es como si (me) hubiese quedado tildado cinco minutos antes de la tragedia, como si siempre estuviese por pasar. Y saber quién fue realmente el que lo mató fomenta todo eso. Creo que es una neurosis que llevo: un destino de condena, de muerte o tragedia. A veces me hace ser riesgoso, transgresor, un poco más allá de los límites. Tuve la mala suerte de ser yo el que justo atendí cuando tocaron el portero (y eso que tengo tres hermanos más grandes) y me dijeron: "Venga a la 17º que su padre tuvo un accidente". Tenía catorce años y pensé: "¿Qué hago, si yo soy solamente un chico?". "Venga con alguien mayor", me dijo la voz del otro lado. Y justo en ese momento llegó mi vieja. Vivíamos en Las Heras y Callao, caminamos ese tramo que es media cuadra (justo el otro día pasé por ahí y me acordé de ese tramo que va de Las Heras y Callao hasta la Comisaría 17º). Llegamos y mi vieja me ordenó que esperara en la puerta. Al rato salió con un sobre con las cosas de mi viejo, manchadas de sangre, y me dijo: "Mataron a tu padre". Yo pregunté: "¿Quién?", y ella me respondió: "No saben". Cuando volvíamos a mi casa continuó: "Ahora tenemos que ser fuertes". Y recuerdo las estupideces que pensaba en ese momento, como quién me iba a pagar ahora el colegio. Nunca vi muerto a mi viejo, en un cajón...

—Mejor, ¿no?

—No, creo que mejor es que entiendas rápido que murió y eso tiene que ver con enterrarlo. Todo eso de la política me hizo cuestionarme muchas veces si era algo que yo quería hacer o si era un mandato.

—Es curioso que todo lo trágico que no terminás de asimilar te dispare hacia lugares que tienen que ver directamente con la vida: los comerciales más creativos, la miniserie *Mosca y Smith*...

—Sí, la gente dice: "Sos genial, hiciste la campaña de De la Rúa", pero eso me saca bastante mérito. Yo te puedo encontrar un padre ideal en cinco minutos (porque un presidente es un padre idealizado...) pero no me siento responsable de que De la Rúa haya sido elegido presidente...

—¿No sentís que la gente, en parte, lo votó por eso?

—Técnicamente, una buena campaña puede aportar cuatro o cinco puntos. Tampoco hay que darme tanto crédito, incluso viendo cómo es la cuestión del peronismo en la Argentina, que hace, deshace y deja hacer. Por eso, desde el punto de vista político, hoy tendríamos que decir que De la Rúa ganó porque no había ningún peronista en condiciones o con deseos de evitar que eso sucediera. Ellos son los que dejan que sucedan o no las cosas. Así somos, acá estamos: la hegemonía peronista es como los pueblos chicos, cuando ya se empiezan a casar entre primos. Cada vez estamos más pelotudos.

—O como el PRI en México, ¿no?

—Claro, el PRI fue una cosa... ahora va a volver, capaz que vuelve. Es complicado, porque debería existir una alternativa pero estamos como en un bote con un solo gran remo, dando vueltas en círculo.

—Estaba pensando que si Elisa Carrió te pidiera hacer la campaña en las próximas elecciones, ¿qué harías con ella?

—En el afiche lo dije así: "Si sos vos el que no podés cambiar, ¿por qué creés que soy yo la que lo puede hacer?". Lilita dice muy bien las cosas, aunque a veces tiene alegorías un poco exageradas. Pero me parece que es la única que cuando habla le saca sangre al gobierno: cuando pega siempre le sale un hilito de sangre.

—¿La publicidad puede ser moral o tiene características inmorales?

—La publicidad debe ser moral y ética. Lo comercial no es amoral o inmoral, pero es un arte que tiene fines comerciales, aunque no tenga el poder de crear la necesidad.

—Y cuando te venden la publicidad de Fernet para que tu hijo tome, ¿cuál es tu actitud?

—¿Pero vos decís por el Fernet, o por la necesidad de tu chico de iniciarse en el alcohol? La publicidad va a insistir en que en lugar de tomar Fernet Blanco elijas Fernet Negro. Ahora, si pensás que esos guachos hacen que tu hijo tome alcohol, eso no lo hace la publicidad. En primer lugar está la necesidad de tu hijo, porque no hay nada que la publicidad pueda lograr que el consumidor ya no desee antes. Las campañas exitosas son aquellas que le proponen a la gente lo que ya desea y quizá no lo sabe, o quizá vos se lo decís de una manera en que lo pueda ver. Pero de ninguna manera, bajo ningún punto de vista, podés instalar un deseo o crear una necesidad.

—¿La publicidad tiene arte?

—Sí, tiene arte. No en sí misma, pero se vale de todas las artes. En cierta manera las beneficia, porque el músculo que le dan los presupuestos de los anunciantes hace que puedas poner al aire fotógrafos, pintores, cineastas, extras, directores de arte, vestuaristas, maquilladores, actores. De otra manera alguien puede decir que también los corrompe, pero eso tiene que ver con el intercambio de la vida. Hoy muchos directores de cine empiezan dirigiendo publicidad porque van creando un oficio y fomentan un buen relato, hasta que después se largan a hacer su primera película.

—¿Qué publicidad tuya tuvo más arte? ¿La de Quilmes o la de "la llama que llama"?

—No creo que haya sido arte. Creo que son las cosas que implican el poder de generar algo, como el tema de las llamas, que nosotros hicimos que existiera. Muchos me joden con que De la Rúa no existía y lo mismo pasa con *Mosca y Smith*. De hecho, ahora puede salir Mosca diciendo "yo tomo tal cosa o uso tal otra", y tiene una identidad clara.

—¿Cómo es tu relación con el dinero?

—En un país como éste, si te va bien te da culpa. No puedo relacionarme bien con la plata: armo rollitos con cinco, cien pesos, me los meto en el bolsillo y luego saco un manojo.

—Siempre te he mirado como a un tipo que se mete en los guetos y le va bien, que provoca conmociones en publicidad, en comunicación política, en televisión, rompiendo las pelotas de alguna manera. ¿Dónde estás ahora?

—Estoy más cerca de donde quiero: contando historias, tomando un poco más de distancia de Agulla & Baccetti. Hay dolores que a veces son exagerados, también he recibido críticas que son inmerecidas, pero en el promedio estoy contento. El otro día había alguien en la radio que me imitaba haciendo un personaje de Ramiro Agulla, que era muy divertido, y le preguntaban: "¿Y ahora qué está haciendo?". Y contestaba: "Rompiendo las pelotas en la tele". Me gusta la comunicación, yo necesito eso, el diálogo directo. Lo mío justamente se trata de eso: tirar una pelota y que me devuelvan millones para no estar solo. Entonces, de alguna manera, soy un provocador, con una provocación un tanto generosa. Me gusta romper, quizá buscando la tragedia, pero donde se vayan abriendo puertas.

—¿Es cierto que te dicen "gordito"?

—Baccetti me dice gordito, pero ahora estoy flaco. Siempre fui flaco, en una época me decían *hueso*. Digamos que en publicidad me dicen *gordo*, y mis amigos me dicen *flaco*. Jugué al rugby hasta los veinticinco años y comía germen de trigo, clara de huevo cruda, una pastilla: me hice un oso porque tenía complejo de ser flaco. Después me caí a pedazos: se me cayeron los pechos, la panza...

—Otro de los mitos que existen sobre vos es que sos muy coqueto.

—¿Que soy coqueto? Mirá este pelo... bueno, el que vaya a mi vestidor va a pensar que soy un mentiroso. Me gusta la pilcha, comprarme ropa, y me encantan los zapatos. Tengo muchísimos zapatos, y como en el vestidor no los veo, ahora se me ocurrió sacarle una foto a cada uno de mis pares para ponerlos en una pared, en pequeños cuadritos, y poder mirarlos uno por uno. De esa manera puedo elegir mejor.

—¿Cuántas veces pasó el amor por tu vida?

—Ahora creo que estoy profundamente enamorado de Delfina. Quiero creer, amo y quiero amar; acá me parezco al de Familia, Tradición y Propiedad. Lo quiero hacer, quiero pensar que me lo merezco, porque soy muy desordenado en mi vida y en mis relaciones. Metí muchas veces la pata. Ahora quiero reformularme estas cosas y hacerlo bien: cuidarlo y cuidar. Es la crisis de los cuarenta, supongo.

—¿Tuviste crisis de los cuarenta?

—Sí, me agarró una crisis muy fuerte: durante un año estuve diciendo que cumplía treinta y nueve. Habitualmente, en todos mis cumpleaños, organizo una fiesta. Me encanta festejarlo en mi casa de Punta del Este, y que venga gente que ni conozco. Cuando cumplí cuarenta, sólo éramos cinco amigos cenando. Hasta recibí regalos, pero me agarró una cosa de tomar distancia, de parar con este personaje montado, arrancar de nuevo y correr ciertos riesgos.

—¿Sufrieron el hecho de ser Agulla & Baccetti en algún momento?

—Sí, en un momento nos hinchó porque estábamos muy lejos de las cosas que nos divertían, y otra gente empezó a hacer cosas en nuestro nombre, por lo general, malas. Cosas que dijeron en mi nombre y que quedaron como que las bendije yo, o bien dejar que usen nuestro santo nombre en vano muchas veces. Sin embargo, el significado de Agulla & Baccetti en el sentido de una marca es muy grande en Iberoamérica y en el mundo. Es la marca de un lugar, un fenómeno generador de ideas, contenidos o estrategias. A partir de allí empezamos a tomar distancia, bajamos y arrancamos de nuevo... en televisión.

—Ahora, ¿hacés lo que te gusta de verdad?

—Creo que sí. Volviendo otra vez al ejemplo de De la Rúa, supongo que pagaría por un momento como ése, por creer en un momento como ése. Tengo un amigo que es fanático de una serie de culto, creo que es *Viaje a las estrellas*, entonces no podés llamarlo de ocho a nueve porque la están dando. Y pienso: "Qué bueno, el tipo vive una hora para sí mismo". A mí me cuesta mucho conseguirme esos momentos.

—¿No pensás: "¿Por qué me tiene que ir tan bien a mí?"?

—Una vez me escuché decir: "Puta, si sale bien *Mosca y Smith* finalmente va a ser siempre lo mismo". Y Baccetti me dijo: "¿Pero vos sos pelotudo?". Suena como una pose, pero en realidad es una confesión de una manía: tengo la manía de aburrirme.

—Alguien me dijo que una vez te dispararon y... sobreviviste, ¿cómo fue?

—Je... las balas no me hacen nada —ese chiste mi madre lo odiaba—, y eso que encima me disparó un milico. Fue una pelea callejera ridícula donde me dispararon dos tiros; por suerte las balas pasaron, porque era un calibre 22, y si te toca el hueso te desarma el brazo. Mirá lo que son las historias: vos no tenés antecedentes de que te hayan pegado un tiro, nadie tiene balas: yo sí, y además tengo un padre muerto por las balas. Es como una tragedia griega. Hay pocas situaciones que se repiten, pero es una cagada que se repita en mí.

—Pero estás vivo.

—Sí, estoy vivo y lleno de hijos. Tengo más hijos que la mierda.

—¿Cuántos hijos tenés?

—Cinco, más los que aparezcan en algún momento. Mis hijos son mi truco para quedarme acá, para que no sea un boludo: mi truco para quedarme de este lado del borde.

—¿Te considerás un buen padre o, ahora que estás enamorado, sos mejor amante?

—Soy un gran amante pero también un buen padre. Soy buen padre de todo: de los proyectos, de mis amigos, de las cosas. Soy el padre de mi familia, a pesar de ser el menor y que mi vieja ya haya muerto.

—Cuando murió tu mamá, ¿lo viviste como algo natural?

—Mi vieja murió en 2001. Tenía setenta y pico, pero estaba mal del corazón y no se recuperó. Fue raro también porque se estaba muriendo, estaba casi muerta y, de repente, volvió. ¿Viste ese rebote que tienen los moribundos que mejoran antes de fallecer? A mi hermana la miraba por arriba del hombro y le decía que tenía una persona atrás, y lo más gracioso fue que dijo: "¡Derrocaron a De la Rúa!". Era octubre de 2001. Finalmente mi vieja se murió, y ahí me di cuenta de eso que creía que todo giraba en torno a la muerte de mi padre pero que, cuando se murió mi mamá, se pudrió todo. Como la vieja no hay...

—Esas muertes nos hacen menos inmortales, ¿no?

—Sí, eso firmalo. Porque una generación entierra a la otra.

—El otro día te escuchaba diciendo que ustedes iban a refundar la publicidad o que habías tenido una pesadilla donde soñabas que eran iguales a las otras agencias. Y tenía sensaciones encontradas: por un lado, la marca de la soberbia y, por el otro, que son los mejores.

—Algunas veces tenés visiones, como la que te contaba de mi vieja. Y otras me pude sentir inmortal, porque ya creí morirme un par de veces. Es raro, pero también es de lo que yo vivo. Es como una leve alarma que llevás a tu lado que dice: "Te cubro de eso, y es eso lo que sos y de lo que vivís". Cuando estoy muerto, entre comillas, tengo una visión, una perspectiva, no veo los límites: vivo la vida que vos no te animás a vivir, salgo y te la muestro.

—¿Seguís haciendo terapia?

—Debería volver, porque me hizo muy bien. Me ayudó muchísimo a asumir este amor que siento por Delfina, porque era una situación complicada. Me ayudó a tomar una decisión y a elaborar todo, a terminar con el muerto. En definitiva, el análisis existe para ser un poco más feliz con vos mismo.

—¿Te gusta lo que sos?

—Sí, a veces. Otras veces no me gusta tanto o debería gustar-me más, y otras no debería gustarme tanto. Pero podría ser un poco más compasivo.

—¿Tenés fe?

—Sí, creo en Dios. No voy a la iglesia pero hice doce años en un colegio católico. Creo que en algún momento voy a ir a buscar a Dios, pero aún debo terminar mi obra acá. Justamente estamos pensando una serie donde hay una energía que visita la Tierra. Entonces, Dios y el Diablo se la disputan, como un académico o un profesor, con presentaciones en Power Point y esas cosas. Para ver quién hizo más de los dos.

—¿Existen muchas cosas que no hiciste o que te falta hacer?

—Hay muchas cosas por hacer. Me parece que: mantenerme a salvo, cantar, leer libros nuevos, educar hijos, contar historias.

—Si tuvieras que imaginar una forma de irte de esta vida, ¿cómo sería?

—No me hace bien pensar en eso, pero te diría que haciendo el amor estaría bueno. Tuve un tío que se murió en la cama y la mina lo llamaba: "Te me quedaste dormido, Negro, todavía no ter-minaste y te me quedaste dormido". El tío Eduardo, un verdadero dandy.

—¿Cómo te gustaría que te recordaran?

—Como un buen tipo, un amigo, y alguien que inventó algo: cosas, cositas, en lo que hacía.


Señas particulares:
*"Lloro hasta con La familia Ingalls"*

—¿Qué es lo que te hace más feliz?

—Dormir un rato más, cantar y jugar con mis hijos.

—¿Y qué te pone de mal humor?

—Tener que levantarme enseguida, que me hagan muchas preguntas seguidas apenas llego a un lugar, y llegar tarde a alguna parte.

—¿Tenés manías?

—Rascarme: me rasco cuando no aguanto más o cuando me aburro; aburrirme: me aburro rápido, y secarme las orejas muchas veces.

—¿Qué es lo que te hace reír?

—Las relaciones humanas, las sitcoms y las cámaras ocultas.

—¿Y llorar?

—Todo, lloro bastante. Lloro con *La familia Ingalls*, y sobre todo con cosas que tengan que ver con relaciones de padres e hijos. En general, por cualquier cosa. Con alguna enfermedad, con dos amigos que se tienen el uno al otro... Me envuelve la emoción y lloro.

---

—Dejá un mensaje para el año 2050.

—¿Todavía sigo vivo? Maldita expectativa de vida. Hijos míos, gracias por traerme hasta acá: me hubiese gustado morirme menos veces.

# Grandes entre los grandes

¿Cuándo un periodista se da cuenta de que está frente a un grande de verdad? ¿Qué necesita para sentirlo en la piel, más allá de la edad, de la biografía o de su trayectoria?

No sé qué les sucederá a mis colegas, pero cuando estoy frente a un grande entre los grandes, me tiemblan las piernas y necesito un tiempo para recomponerme.

Me pasó con Jorge Luis Borges hace muchos años, cuando nos concedió una nota junto al fotógrafo Enrique Rosito. Las fotos del primer plano de las manos del escritor ganaron innumerables premios y recorrieron el mundo. Y cada vez que las veo publicadas las piernas me tiemblan como aquel día en que nos invitó a tomar el té, a pesar de que no lo tenía agendado.

Me sucedió con Fidel Castro, aunque no alcancé a entrevistarlo formalmente. Estuvimos durante una semana muy cerca, en 1985, cada vez que abrió las Jornadas de Debate sobre la deuda externa en el Centro de Convenciones de La Habana. Había sido enviado por la revista *El Periodista de Buenos Aires*. Me ubicaron junto a otros compañeros en una de las primeras filas, por orden alfabético, en el espacio de la Argentina. En algunos tramos de sus larguísimos discursos, el comandante tomaba aire y preguntaba: "¿Es la verdad o no es la verdad?". Reconozco que pudo haber sido una alucinación, pero me parece que una vez me miró directo a los ojos, aunque no estoy tan seguro.

Las piernas me volvieron a temblar cuando Pino me dejó penetrar en su coraza de militante; cuando Carlitos Balá me autorizó a subir al escenario imaginario que montamos para hacerle sumbudrule; cuando el Flaco Menotti empezó a hablar de amor más allá de su amor por el fútbol; cuando Pipo Mancera me hizo el honor de venir al piso después de cinco años sin dar notas; y cuando Alberto Migré aceptó el juego de pensar su próxima telenovela en el último reportaje antes de su muerte.

# Fernando "Pino" Solanas

# "Siempre hice lo que quise"

AUTORRETRATO:
*"Yo soy Fernando Solanas, me llaman Pino desde chico y nunca supe por qué. Hago cine, y una de mis pasiones es la marcha de este país, mi pueblo. Tengo una mujer a quien quiero mucho, dos hijos, Victoria y Juan Diego, y una sola nieta, que me vuelve loco"*

A veces Pino Solanas esconde su verdadera naturaleza detrás de un montón de palabras encendidas. Entonces su discurso se inunda de compromiso político y parece que se enoja como si fuera la última vez.

Otras veces, cuando se siente a gusto, se humaniza, se relaja y empieza a aparecer un hombre tierno y cálido, el artista que habla de cine y de su vida sin miedo ni especulaciones, entre gente de confianza.

Sucedió parte de lo último en algunos pasajes del reportaje. El beso que nos estampó a todos los que estábamos en el estudio una vez que la sesión finalizó fue el dato que terminó de confirmarlo.

Fernando Ezequiel Solanas es, sin duda, uno de los más grandes directores de cine vivos que tiene la Argentina.

Nació el 16 de febrero de 1936. Pasó por las facultades de Derecho y Letras hasta que encontró lo que buscaba, y en 1962 pudo egresar del Conservatorio Nacional de Arte Dramático con una sólida formación actoral y un sueño: hacer películas con un alto nivel de compromiso.

Ese mismo año realizó *Seguir andando*, su primer cortometraje, que narra el encuentro de una pareja a orillas del río.

En 1966 encaró, junto a Octavio Getino, la película que lo incorporó a la historia grande del cine nacional: *La hora de los hornos*.

*La hora...* fue filmada en la clandestinidad, en el medio del golpe del general Onganía. La hizo en 16 milímetros y sin sonido, con la intención de romper "la dependencia cultural" y también estética que el cine argentino tenía con el europeo y el de Estados Unidos. La presentación de la película en Europa coincidió con la revuelta del llamado *Mayo Francés*, aquel que tuvo como consigna "la imaginación al poder". Pero en la Argentina estaba prohibida, y recién se pudo estrenar en 1973.

Amenazado por la Triple A (Alianza Anticomunista Argentina), tuvo que irse del país en 1976 y vivió primero en Madrid y después en París. El Conservatoire National des Arts et Métiers le encargó un documental sobre discapacitados que tituló *La mirada de los otros,* objeto de elogiosas críticas y numerosos premios.

En el principio de la restauración democrática Pino presentó en la Argentina lo que muchos consideran su obra cumbre: *El exilio de Gardel (Tangos)*, con Miguel Ángel Solá, Marie Laforêt y Gabriela Toscano. Coproducida con Francia, *El exilio...* cuenta una historia de ficción sobre un grupo de exiliados argentinos en París. La película tiene varios registros narrativos mezclados, incluido el musical, y no solamente fue aplaudida por la mayoría de los críticos sino que tuvo un considerable impacto comercial.

Más tarde dirigió *Sur*, con Solá y Susú Pecoraro, una emotiva metáfora sobre el retorno de la democracia. Un poco después realizó *El viaje*, la película en la que expresó su bronca y su frustración con el gobierno de Carlos Menem. Continuó seis años después con *La nube*, otra metáfora del país contada con una estética creativa y personal.

Lo último que hizo fue *Memoria del saqueo*, un documental sobre la caída del gobierno de Fernando de la Rúa y sus consecuencias.

Durante el apogeo de Menem, Pino ganó una banca de diputado nacional por el FREPASO y no dejó de denunciar la corrupción imperante en la época.

En 1991 hubo quienes lo quisieron callar y le pegaron un balazo en una pierna.

La Justicia nunca pudo determinar quiénes fueron los autores del atentado.

El testimonio de Pino puede resultar muy valioso para los que aman el mundo del cine. También sirve para la vida, porque prueba que cuando uno elige la libertad, tarde o temprano termina ganando.

—¿Puede ser que detrás del tipo aguerrido, que se pelea con el sistema, haya un tímido?

—Sí. A veces, para no ser triturado y para mantener la privacidad, uno guarda las cosas más íntimas en una especie de coraza. Pero yo no soy un ogro. Me emociono mucho cuando veo películas. Y también con los acontecimientos fuertes de la vida. Tengo que hacer un esfuerzo grande para que la emoción no me invada. Además, como trabajador de elementos expresivos y estéticos, busco las combinaciones que produzcan emociones.

—¿Cuándo fue el momento en que empezaste a hacer cine?

—La construcción personal es muy compleja, y los combates más difíciles de la vida son sobre todo en la adolescencia. Te gusta todo. Es como estar enamorado de diez mujeres y no se puede estar con todas. Entonces tampoco se pueden hacer diez cosas a la vez. La mayor dificultad es no saber si uno sirve, es la angustia de pensar: "¿Serviré? ¿Tendré o no tendré capacidad? ¿Tendré talento?". Eso debilita de una manera extraordinaria. Uno de mis combates más importantes fue decirle a mi padre que no iba a seguir Medicina. Él era médico y tenía la expectativa de que yo lo fuera. Tenía diecisiete años y había terminado el bachiller a los dieciséis. El otro momento importante fue cuando mi padre me dijo: "Bueno, no te voy a forzar a nada pero cuidado que yo no voy a mantener vagos". Yo me lo tomé muy en serio y empecé a estudiar música y piano; hacía muchas changas y me cubrí buena parte de mis estudios.

El otro momento importante de mi vida fue cuando renuncié a la *riqueza*. Yo tenía el objetivo de hacer cine pero a su vez quería hacer música, teatro. De todos modos para mí el paradigma era hacer cine. Había planeado hacer un viaje a Europa, tenía varios amigos que estaban allá y por primera vez iba a salir del país. Tenía que ver con mi formación. Empecé a hacer películas de publicidad, a hacer jingles, y tuve tanto éxito que me convertí en uno de los número uno de la publicidad en Buenos Aires. El *boom* fue tan grande que en un año ya había hecho casi cien películas. No tenía sábados ni domingos, estaba casado, tenía un hijo y todos mis proyectos ya habían quedado de lado. En definitiva, el dilema estaba entre lo que uno quería hacer, la vocación, que para desarrollarla necesitaba tiempo, y ganar el dinero para tener mi independencia, la casa, el automóvil. "La única garantía que tengo de que yo voy a llegar a lo que quiero es siendo capaz de renunciar al oro", pensé. Y me parece que no me equivoqué. Cuarenta días antes de tomar el avión tenía doce personas trabajando conmigo y les dije: "Muchachos, cierro la productora". Nadie lo podía creer.

Cerré, le pagué a todo el mundo y se lo dije a mis clientes. Todos se agarraban la cabeza. Porque yo quería ser libre y fue maravilloso, porque yo había construido una fortaleza y tenía que ser capaz de destruirla. Pero yo me siento libre. Tengo una enorme satisfacción por todas estas cosas, porque siempre hice lo que quise. Y cada vez que me preguntan qué sería lo más lindo que le pudiera decir a un muchacho joven, yo contesto: "Hacé lo que más quieras hacer, no te preocupes tanto si podés o no podés, date el gusto, hermano, porque solamente se vive una vez". Y yo siempre hice lo que quise. Fui libre.

—Horacio Verbitsky siempre cita una frase de su padre, Bernardo, que dice que un hombre siempre debe saber para qué está, para qué vive, para qué hace lo que hace. ¿Vos lo sabés?

—Al principio no lo sabía, pero a medida que se va construyendo un proyecto de vida es más sencillo. En la medicina sería médico y mi misión hubiese sido curar. Bueno, yo elegí dar testimonio con la síntesis de todas las artes, que es el cine. El único arte que desafía a la muerte, el que transforma la vida en inmortal y que guarda vivas las emociones.

—¿Cuál es el verdadero Pino Solanas, el verdadero artista, el que hizo *El exilio de Gardel*, el que hizo *Sur*, el de *La hora de los hornos* o el de *Memoria del saqueo*?

—Son las dos grandes vocaciones o las dos grandes pasiones, que tienen un tronco en el que estoy yo: lo social y testimonial, y lo imaginario, que es lo más ligado a lo artístico. Pero aun lo social reflexivo, como lo son esas películas-documentales, tienen una estética, una forma y un lenguaje. Es cine y lleva trabajo. Ningún artista tiene muy clara la obra; la obra es el resultado de un trabajo monumental, es el resultado de haber vencido el orgullo, de haber superado muchos fracasos.

—¿Sufrís al filmar?

—Por supuesto, filmar en raros momentos es un placer. Es también un conflicto, porque estás luchando contra el tiempo. En una ficción estás con cincuenta temas a la vez: qué le está pasando a cada uno de los actores, cuál es el momento justo para filmar, la luz, el cable del micrófono, todo. Es una batalla día a día. No podés ser tan omnipotente para creer que todo va a salir bien. ¿Quién puede saber cómo estarás vos, los actores y los técnicos el día número diecisiete o cuarenta y cinco del rodaje?

—¿Cómo fue tu relación con un tipo tan vehemente y pasional como Miguel Ángel Solá?

—Fue una relación conflictiva. Miguel es muy talentoso y tiene al mismo tiempo un gran conflicto con la figura fuerte, la figura paterna. Es muy complicado dirigirlo porque él siempre tiene una solución mejor, y cuando un actor te propone una solución mejor es muy difícil decirle: "No, no me gusta tu solución mejor", porque chocás. Yo recuerdo que cuando se pasó por primera vez *El exilio de Gardel* en el Festival de Venecia, Miguel se fue disgustado de la sala, y Marie Laforêt también. No les gustó para nada la película. Después lo festejaron, me acompañaron y vieron todos los premios que ganó. Estaban desconcertados.

—¿Considerás a *El exilio de Gardel* como tu obra cumbre?

—No lo sé. Es una obra inspirada y con mucho trabajo. Trabajé cinco años en esa película y escribí el guión seis veces. ¿Sabés lo que es terminar de escribir un guión y empezar otro, y ver que con cada uno la película se va transformando? Recuerdo que en esa primera exhibición de Venecia el crítico de *Clarín* no escribió bien sobre la película y cuando llegó la crítica a Buenos Aires contrastaba con las de todas las agencias, que hablaban maravillas. La redacción del diario le dijo: "Fijate lo que estás escribiendo porque todo el mundo ha escrito maravillas". Cada película tiene lo suyo. Es imposible compararla con *La hora de los hornos* o con *Memoria del saqueo*.

—Te pregunto de otra manera. ¿Fue tu mejor película?

—No, no fue mi mejor película. En ficción *El exilio de Gardel* es la película más compleja y osada, porque no tiene estructura. Es el devenir del cómo es la vida, son cuentos de la vida cotidiana. En no ficción el gran clásico es *La hora de los hornos*, que fue la que me abrió todas las puertas. Hoy la comparo con *Memoria del saqueo*, pero con treinta años más de experiencia.

—Estuviste exiliado desde 1976 hasta 1983. ¿Todavía te duele algo o ya lo tomaste como una enfermedad pasajera?

—En mi caso, que volví, fue algo que pasó. Además, yo no soy rencoroso y las cosas ingratas tiendo naturalmente a olvidarlas. El exilio es un duelo. El hecho de que tengas que irte casi obligadamente para salvar tu vida te llena de tristeza, es como sentir que la gente no quiere verte porque tiene miedo de hacerlo. De todos modos yo era uno que llegaba a Europa habiendo hecho *La hora de los hornos* y tenía amigos en todos los países, tenía privilegios con respecto a otros desgraciados anónimos. Por supuesto que una de mis grandes tristezas fue que mi madre murió el año que yo me fui. Luego, unos años después, murió mi padre. Lo que enloquece, cuando uno se tiene que ir, es el hecho de no saber cuándo termina el exilio, por eso *El exilio de Gardel* no tiene fin.

—¿Por qué cuando te dieron el Oso de Oro en Berlín dijiste que te sentías muy reconocido en el mundo y un tanto olvidado en tu país?

—No, habrá sido malinterpretado. Yo soy un hombre agradecido y este país me ha dado todo. Yo agradecí ese premio en nombre del cine argentino, que hoy está dando vueltas por el mundo y que forma parte de una generación estupenda. Además, afuera, los argentinos no somos argentinos: somos latinoamericanos. Yo soy un hombre agradecido a la vida, no guardo rencores y detesto la mezquindad. Entonces hay que ser generoso, hay que agradecerlo y compartirlo. Todos los años tengo ofrecimientos para irme a trabajar afuera: los italianos quieren que vaya a hacer algún largometraje allá y los franceses ni que hablar. Después de haber vivido siete u ocho años de exilio me di cuenta de que en ningún lugar del mundo viviría como en Olivos. ¿Es el mejor lugar del mundo? Por supuesto que no, pero es como la madre de uno: no es la mejor, es la tuya. Aquí están mis imágenes, mis recuerdos, mi energía. El fuego que me quema está acá, en mi país.

—En el nuevo cine argentino, con los nombres de Lucrecia Martel, Adrián Caetano o Pablo Trapero, ¿se puede decir que encontraste algunos de tus herederos?

—No sé, habría que consultarles a ellos. Yo creo que he aportado películas que a su vez han dado la vuelta por el mundo, y en ese sentido creo que hice un aporte. Fui tratando de hacer un cine de calidad e inventando al mismo tiempo, tratando de inventar, mejor dicho, mi propio camino. Y esos tres talentos que nombraste también son gente que está buscando su propio lenguaje, su propio camino. Hace muy poco vi *La niña santa* y me pareció una película excelente. Un film muy difícil, con una mirada muy fría y con una manera estupenda de contar una historia íntima.

—¿Cómo viviste tu paso por la política y tu experiencia como diputado nacional? ¿Se puede ser director de cine y diputado al mismo tiempo?

—Es muy difícil ser un intelectual o un artista sin un compromiso ético. No soy un campesino ignorante de lo que pasa en el mundo.

—Sufriste un atentado en 1991. ¿Qué pensaste en aquel momento?

—Primero, la sorpresa. Yo venía denunciando las acciones corruptas del gobierno de (Carlos) Menem al patrimonio público, y había recibido varias amenazas telefónicas. Cuando Menem me inicia un juicio por injurias y calumnias a partir de mis declaraciones en la revista *Noticias,* yo me sentí más cuidado que antes, porque si el presidente de la Nación te ataca después no te van a atacar. Entonces me sorprendió el atentado, no lo esperaba. Por suerte no me quisieron matar, porque si no no hubiera podido sentir ni la sorpresa. Fue el segundo de transición entre la vida y la muerte, o de la conciencia de la muerte. A los diez o quince segundos empecé a revisar las heridas, y en la medida en que fui tomando conciencia, también fui comprendiendo. Al rato de haber llegado al hospital también llegaron los medios y, por supuesto, mis declaraciones fueron durísimas. Desde la camilla, acusé a las mafias que venía denunciando e hice responsable a Menem de mi seguridad.

—Hoy, ¿vivís de otra manera o lo tomaste como una circunstancia de la pelea que vos das contra el sistema?

—Sí, es una circunstancia, a mí no me cambió la vida. Es más, el atentado tenía el objetivo de sacarme del país o de callarme: ni me iban a callar ni me iban a echar del país. Eso hizo que debajo de la ventana del sanatorio hubiera quinientas personas, que haya recibido tanta solidaridad de todo el mundo y que eso me diera una fuerza enorme. Y también determinó que después yo pasara hacia la política activa. Siempre pensé que todo referente social está comprometido con la sociedad, tiene una deuda de gratitud y debe hacer una devolución. Pero, a su vez, dije: voy y vuelvo. Creo que ése fue el mensaje positivo.

—¿Es importante el amor en tu vida?

—Sí, claro. Creo que mi combustible fueron las grandes pasiones y dos de ellas han sido el país y América latina, a los que les he destinado a lo largo de mi vida un enorme tiempo, interesado por lo social y promoviendo decenas de entidades y organizaciones. Las mujeres siempre me enamoraron, siempre sentí una enorme atracción y fascinación. Cuando uno ama algo, le seduce algo o se enamora, y ese sujeto es importante, no es nada fácil conquistarlo. También he tenido desengaños en la vida, por supuesto, pero uno puede tener más de un amor y más de una pasión. Ésas son las cosas misteriosas del amor, pero tiene que ver con la personalidad y con las etapas de la vida. Hay etapas que son confusas y hay etapas en las que, o porque encontraste el enganche justo o porque encontraste tu propia calma interior, todo se organiza.

—¿Cómo te sentís en tu rol de padre y abuelo?

—Me siento muy feliz. Tengo tres hijos: Juan Diego, que es el que hace cine; Victoria, que es escenógrafa y ha participado en casi todas mis películas y ha hecho la producción de las películas de Juan Diego; y Flecha, que es el hijo de Ángela, pero también es como un hijo mío, que tiene veintiún años. Es un gran bailarín, un tipo que es la seducción pura.

—¿Qué te sucedió cuando tu hijo presentó *El hombre sin cabeza*, su primer corto?

—Lo presentó en Cannes, pero no había podido ir. Lo empecé a ver de a pedazos, porque yo viajo mucho y él vive en Francia, así que cada dos o cuatro meses lo visitaba e iba viendo cómo continuaba con el trabajo. No me voy a poder olvidar del día en que fui a su rodaje. Fue magnífico, porque él venía trabajando en cine desde hacía casi quince o veinte años como director de fotografía, y acá estaba con todo su equipo. Todo el mundo participó y aportó cosas: Kodak le dio la película, el laboratorio lo hizo gratis, otro le dio la cámara. Todos hicieron una enorme cooperativa y realizaron un trabajo maravilloso. Ése fue uno de los momentos que realmente me emocionaron; verlo arriba de una grúa filmando fue muy lindo.

—¿Esta etapa de tu vida la vivís de manera especial?

—A los treinta o cuarenta años creía que a los sesenta sería el mismo pero con el cuerpo más viejo. Y uno no es el mismo. Existe una continuidad donde se va madurando en cada etapa de la vida, pero yo diría que cada diez años surge una nueva etapa que tiene sentimientos y objetivos distintos. Estoy en un momento en el que todavía me siento con energía y con mucha fuerza. Y tengo la experiencia, al menos, en las cosas que hago.

—¿Cómo te gustaría ser recordado?

—Como una buena persona.

—¿Qué amás de lo cotidiano?

—El mate, los diarios, un buen jugo de frutas, caminar y sentir el perfume de los jazmines, de las flores. También me gusta compartir una mesa con los buenos amigos y me encantan los buenos vinos.

—¿Y qué cosas te ponen loco?

—Me pone de pésimo humor, por ejemplo, cuando estoy sobrecargado y además llegan más cosas y más exigencias; cuando leo en los grandes diarios atropellos, medidas que son barrabasadas o que van contra el interés de la gente.

—Nombrame tres películas que te hayan dejado una marca.

—*El ciudadano* de Orson Welles, seguramente. La otra por ahí sería *Ocho y medio* de (Federico) Fellini, o *La dolce vita*, o *Amarcord*; y una tercera sería quizás alguna película de (Andrei) Tarkovsky o de (Serguei) Eisenstein. Pero claro, ahora que pienso me estoy olvidando del gran (Charles) Chaplin, o del gran (Vittorio) De Sica con su *Ladrón de bicicletas*.

—¿Qué admirás de otros directores?

—La precisión y el talento desbordante de los grandes. Cuando uno está frente a la obra monumental de (Ingmar) Bergman o de (Luchino) Visconti o de (Serguei) Eisenstein, provoca una gran admiración.

—¿Tenés manías?

—No sé si es una manía, pero dormirme una buena siesta me pone de buen humor.

—¿A qué seguís considerando un misterio?

—El amor es para mí un gran misterio, ¿por qué demonios uno se vuelve loco por un ser y no por otro? La vida y la muerte son los misterios que uno más respeta: uno es una fiesta y el otro es un duelo, pero inevitablemente están ligados. Cómo llegan las ideas: las ideas o la inventiva llegan en el momento más inesperado y no en el momento más buscado. Ahí hay una química misteriosa que hay que respetar.

# Carlitos Balá

## "Me gustaría hacer de psicópata"

AUTORRETRATO:
*"El que les habla se llama Carlos Salim Balaá, artísticamente Carlitos Balá, actor de vocación, cuarenta y cuatro años de casado, siete años de novio —me dieron por eso el Zaguán de Oro—, dos hijos, soy feliz. Creo que soy bastante querido, que es lo que me mantiene vivo. He cumplido ochenta años; ya estoy en escabeche. Va pasando el tiempo y la gente me sigue soportando. Por todo eso, muchísimas gracias de todo corazón"*

Lo que hicimos con Balá no fue lo que se conoce como una entrevista.

Carlitos protagonizó un show, como si el tiempo no hubiera pasado.

Él actuó desde que empezó hasta que terminó el programa, y las medidoras de audiencia determinaron que fue una de las emisiones de *Hemisferio Derecho* más vistas.

Carlitos casi no respondió preguntas: protagonizó escenas cómicas.

—Carlitos: tengo una duda.
—Te la cambio por la mía.

—¿Cómo era, "sungutruli" o "sumbutrule"?
—No, "sumbudrule"... Y era como un insulto. Por ejemplo, si en el sketch venía un jefe bravo, que me tenía zumbando, mi manera de desahogarme era hacerle el "sumbudrule". Era como decir: "Te mataría".

—¿Podemos hacer "sumbudrule" ahora?

—Bueno, hacé como si me despidieras del trabajo.

—Señor Carlitos Balá: está despedido.

—"Sumbudrule."

—¿Estuve bien?

—Dos meses más de ensayo y la pegamos.

—¿Se puede decir que estuvo "un kilo y tres pancitos"?

—No. Era "un kilo y dos pancitos". Y lo decía un muchacho que tenía un apellido italiano y que traducido al castellano era un kilo y dos pancitos.

—¿De dónde sacabas todo eso?

—De la calle y de la observación. ¿Te acordás de Petronilo?

—Sí. Era un suboficial.

—Petronilo, en la vida real, era un sargento de cuando me tocó la conscripción. Le gustaba la palabra *ficticio*. "Silencio ficticio." Ni él sabía lo que significaba. Por eso los chicos que han hecho la conscripción el mismo año que yo me dicen: "¿Vos lo hiciste con fulano de tal?". Porque a todos los que fueron soldados en esa época les quedó grabado. "Silencio ficticio, tomar toalla y zuecos para baño, ¡hacedlo!" "¡No se hagan del vivo porque yo me hago del tonto!... Silencio ficticio." A los chicos les encantaba.

—¿Cuándo empezaste a ser Carlos Balá?

—¿Actor? En el año 1955, en *La Revista Dislocada*, que me obligaron...

—¿Por qué te obligaron?

—Porque yo era vergonzoso. Una vez mi hermana me vino a buscar para hacer un festival en el cine que estaba en Álvarez Thomas y Federico Lacroze. "Vamos a hacer todas las provincias, y vos vas a hacer de Mendoza." "¿Y qué tengo que decir?" "Yo soy Mendoza, con sus bellas tradiciones." "¿Todo eso?" "¿Cómo todo eso? Si sos actor tenés que aprenderte más letras." "No, no quiero saber nada." Y al final lo hizo ella. Me conformé con abrir el telón del cine, que era de pana azul con flecos plateados: una belleza.

425

—¿Y cómo se te fue la timidez?

—Enfrentándola. Además la maduración te ayuda a enfrentarla cada vez más.

—Pero vos empezaste jugando, porque te subías al colectivo línea 39 y hacías reír a tus amigos.

—En el 39, en el colegio, o en un cine con las luces apagadas. La gente aplaudía, y cuando prendían la luz me rajaba al hall. En ese entonces yo fumaba, me fumaba un cigarrillo y cuando apagaban las luces volvía a entrar: me daba vergüenza que dijeran "a ver quién es el gracioso". En el 39 me quedé muchos años. Aun siendo Balá-actor seguía en el colectivo, pero ya me reconocían por la voz. Recuerdo que una señora me dijo: "Usted es de *La Revista Dislocada*, lo reconocí por la voz". Y yo era un loco, me bajaba y seguía haciéndome el cómico hasta que entraba al café donde parábamos los muchachos del barrio y los colectiveros. Un día en una esquina estaba la novia de un muchacho del barrio, y él me dijo: "Ésa es mi novia, la que está al costado es la amiga, ¿querés que te la presente?". Le dije que sí, entonces vino. "Mirá, te voy a presentar a Carlitos." "¿El loco de los colectivos? No, no…" Y se fue volando.

—¿Cómo empezaste a hacerte profesional?

—En la *Dislocada*. Délfor me hizo una prueba con Aldo Camarotta, y me presentaron como gerente del jabón Federal. En aquel entonces se usaba lo de presentar en el programa y yo, como sabía que iba a temblar, agarré un almanaque para apoyar el libreto y para que la gente no me viera temblar. "Ahora, unas palabras del gerente de Federal." No me acuerdo qué nombre me había puesto. "Señoras y señores, muy buenas tardes." Cuando escucharon que Délfor y Camarotta se reían, se dieron cuenta de que era un actor que estaba haciendo un personaje. Yo fui de los primeros que se disfrazó en radio, y vos preguntarás: "¿Para qué?".

—¿Para qué?

—Por el barullo que armaba. Un día hice de marciano, me disfracé de marciano. Lo hice en mi casa, era una porquería, con ruleros simulando artefactos eléctricos, luces que se prendían y bombitas de cuarenta… una *jetonada*. De repente hubo un silencio sepulcral, había entrado al auditorio Pinky, una diosa en aquel entonces. Antes de entrar me había dejado el cierre del pantalón abierto, y cuando me di vuelta Pinky ya estaba ahí. Porque Pinky había venido a ver qué hacía yo, y desde ese día Délfor no dejó entrar más a ninguna persona famosa, para que no llamara la atención.

—Sos muy profesional, todo tenía que estar bien cuidado y ensayado...

—Porque no me gusta defraudar a la gente, si no me parece que les falto el respeto. Es como que un músico se equivoque en la tecla... Si me equivoco sufro. Por eso es lindo cuando se graba: te equivocás, cortás y lo hacés mejor. Por eso es lindo el cine, que se puede hacer varias veces.

—¿Qué era el "Chupetómetro"?

—Era el depósito de los chicos que tenían ese tic nervioso. Hace poco, en una boutique, me dijeron: "Balá, yo le dejé el chupete a usted a los ocho años". A los ocho años... Es que hay madres que son abuelas de sus hijos, pero no pueden permitirlo. Porque yo antes de dirigir la campaña me asesoré con dentistas, psicopedagogas, pediatras, médicos, y me decían que lo ideal era dejarlo al año y medio. Era un éxito tal que un día me llamó un fabricante: "Balá, buenas tardes, yo soy fabricante de chupetes...". "Éste me va a insultar", pensé. "¿Cuál es el problema, señor?" "Como yo soy fabricante de chupetes, le quería proponer un negocio." "¿Cuál es el negocio?" "Usted dice por televisión que el chico deje el chupete al año y medio." "Sí, pero no lo digo por capricho, lo dicen los médicos." "No, pero si usted dijera, en lugar del año y medio, 'dos años', me gano seis meses más de venta." Y le dije: "¿Usted tiene hijos, señor?" "Sí." "¿Nietos?" "También." "¿Y no sabe que el chupete les hunde el paladar y les hace crecer los dientes torcidos?" "Y sí, pero negocios son negocios." No le dije nada al señor, y le corté.

—¿Todavía tenés el "Chupetómetro"?

—Lo tengo en casa, porque como es de acrílico y el circo es ambulante, se mueve y se puede romper. Entonces los traigo en una bolsa y los deposito en mi casa.

—El chupete mío, ¿lo tenés todavía?

—Por supuesto. Pero había chicos que lo dejaban y tenían tres más en la casa. A mí me gustaba que el chico me lo diera espontáneamente, no que la madre le dijera: "Dáselo, dáselo". No hay que obligar, porque ahí no agarra viaje.

—Entre más de doscientas frases y situaciones archivadas que tenés, para vos, ¿cuál es la mejor?

—Y... "¿Qué gusto tiene la sal?" fue la que más pegó.

—¿De dónde salió?

—Fue en Mar del Plata, porque yo soy hincha de Mar del Plata, voy todos los años, trabaje o no. Trabajé mucho allá, y me compré un departamento. Estaba en el balneario, mirando el mar y diciendo: "El mar, qué lindo es el mar, qué gusto tiene el mar, salado, como la sal". Y se venía un pibe arrodillado por la arena como pensando ¿qué está diciendo Carlitos?, entonces le puse la voz de Petronilo: "¿Qué gusto tiene la sal?". "Balá, ¿qué gusto va a tener? Salado." Y salió corriendo, creyendo que me había ofendido. Ahí dije: "Éste puede ser un enganche para los chicos".

—¿Qué humor te gusta más? ¿Te gusta el humor de Alfredo Casero?

—Sí, porque tiene su personalidad. Hay gente a la que no le gusta Chaplin, pero en realidad es porque no lo entienden. Si ves Chaplin conmigo te puedo explicar lo que está haciendo, porque es muy detallista y muy sutil. Chaplin hacía, en cuatro metros, dos o tres *gags*. No desperdiciaba esos cuatro metros: los aprovechaba. Era un genio.

—Es el tipo de humor que tenés vos, ¿puede ser?

—Salvando la distancia de años luz que hay. O también Jerry Lewis. Una vez me contó Eduardo Rudy, que había estado aprendiendo arte dramático en Estados Unidos, que venía un tipo caminando del modo en que lo hacía Jerry Lewis, y dijo: "Mirá ese tipo cómo camina". Y le respondieron: "Ése es Jerry Lewis, se está perfeccionando en mímica". El tipo no llamó a un profesor para hacerlo en la casa, fue ahí, a la Academia.

—También hacías de rengo... ¿es cierto eso?

—Sí. Una vez estaba caminando frente al Hospital Alemán —yo fumaba en aquel entonces—, hice como que tropezaba contra una columna de hierro y me agarré la cabeza. Había dos enfermeras en la puerta y me llevaron para adentro. Ahí pensé: "Si se avivan que es grupo, voy en cana". Entonces les dije: "No, déjeme, querida, es este cigarrillo de *miércoles*: no fumo más". Entonces lo tiré y me fui rajando, porque me la veía mal.

—Me dijeron que un día te hiciste el "muerto de hambre".

—Sí, con un portugués que creí que me iba a matar. Pero siempre estaban los que decían "ésta es una joda de Carlitos", lo que hoy dice Tinelli. Año cuarenta, yo me peinaba con gomina, ahora se llama gel, con la raya al costado. "Señor, buenas noches,

¿usted me daría algo de comer? Hace tres días que no como." "¿Tres días que no come, en la Argentina?" "Me parece que soy la excepción." Estamos hablando de los años cuarenta, yo tenía un poco más de veinte años. Había comido a las ocho y media, eran las diez y todavía tenía la comida en la garganta. "Qué quiere comer." "Nada, un café con leche con un sándwich de jamón y queso sin corteza", le dije. "La corteza envuélvamela que me la como mañana." Bueno, el tipo me empezó a hablar y yo le decía que la vida era una porquería y que me iba a tirar abajo del tranvía de Lacroze. Y él me respondía: "La vida es hermosa, hijo". "No, padre." Cada vez que él me decía *hijo*, yo le decía *padre*. Y los colectiveros estaban todos en el baño, con la puerta entreabierta, mirando. Si se daba cuenta el portugués, nos mataba a todos, porque era de esos tipos bonachones, y que ni se te ocurriera ofenderlo... Llegó el sándwich, lo mojé en el café con leche desesperado, salpiqué todo el tazón, empecé a comer y me atoré. "Despacio, hijo." "Gracias, padre." Seguí con que la vida es una porquería y esas cuestiones, terminé de comer y había que dar el remate. "Bueno, ¿le puedo decir algo?" "Sí, diga." "¿Sabe para qué le hice todo esto, señor?" "¿Para qué?" "Me gusta joder." "¿Cómo?" "Me gusta joder a la gente." "Pibe, ¿me estás hablando en serio?" "Sí, yo vivo jodiendo, es mi felicidad joder, ¿vio?" "¡Pero hijo de la gran siete...!" Agarró una botella de cerveza de una mesa desocupada y me corrió: Charlone, Roseti, Fraga, avenida Forest, Corrientes... Cinco cuadras con la botella. "Te voy a matar, hijo de mil... Atorrante, me heriste la sensibilidad, te voy a matar." Si me tira la botella como si fuera una boleadora, me mata. Y cuatro colectiveros atrás, gritando. "Te lo mandamos nosotros, es una joda de Carlitos..." Me quería matar el tipo. Un día crucé, me pegó en la espalda y casi me mata. "Bueno, no lo hagas más", me dijo. Y ahí quedó.

—Carlitos, ¿por qué siempre llevás tus fotos?
—Es más cómodo, más duro y más práctico, porque a veces vienen con pedazos de papel higiénico, con una servilletita con la que comieron un pancho, manchada de mostaza. Entonces opté por esto que es más prolijo y más duradero.

—¿Me firmás un autógrafo?
—¿Cómo no? Ya mismo y sin cambiar de andén.

—No me vas a cobrar a mí, ¿no?
—No, ¿sos socio del Automóvil Club?

—¿Cambió el humor, Carlos?

—Está más atrevido.

—¿Y mejor?

—Y, según el horario. El atrevido tiene que estar en un horario especial para atrevidos: si ponés un atrevido a las cinco de la tarde, los matás a los pibes.

—Los chicos, ¿se siguen riendo de las mismas cosas?

—A mí me pasa que sí. Si a un pibe le doy la mano, le hago "Brrrrrrrr", se empieza a reír. Porque dice: "¿Y este loco de dónde salió?". El padre ya lo va trabajando: "Carlitos te va a decir esto, vos decile tal cosa", y ahí dicen: "Ah, a éste no lo conocía". Aparte que le enseña. Si lo hace ver por ejemplo *El flequillo de Balá*, en Volver, de once y media a una todos los días, ahí está Petronilo, está Jacobo Gómez, el Rusito: "Cosa chiquita mía vamos a hacer gran fiesta, anotá por favor. Para doscientas cincuenta personas: seis sándwiches de miga... ¿Menos de una docena no se puede? Bueno, vamos a hacer seis de crudo, tres de cocido y tres de anchoas. Los de anchoas que no sean muy salados, que si no me bajan barril de cerveza". Ése era Jacobo, un lindo personaje.

—¿Me podés firmar una para mi hijo Octavio?

—¿Octavio?

—Octavio.

—Octavio.

—Y para mi hija Victoria: ponela en una sola, así me sale más barato.

—Para miseria ya tenemos al Estado.

—¿Te gusta el humor ácido?

—Sí, me gustan todos los humores. Porque vivo de esto, es mi vocación.

—¿Qué cosas tuyas fueron trabajadas por otros?

—Por ejemplo Porcel. Porcel se venía colando con nosotros, como cualquiera que se puede colar para llegar a hacer algo. Nos seguía a nosotros e iba a las funciones que hacíamos. Un día me dijo: "Carlitos, no pasa nada". Y yo le respondí: "Porque hay un dicho que dice: cría fama y échate a dormir. Vos todavía no hiciste fama". Un día estaba en Radio Splendid y vino el guitarrista de la radio. "Está tu hermano en la vereda." Me asusté. "Una desgracia", pensé. Porque cualquiera que venía a verme era para que le guardara una butaca. Salí corriendo a la vereda y no había nadie. "¿Dónde está mi hermano, querido?" "Ahí." "Ése no es mi hermano." Entonces vino el gordo e imitándome a mí, me dijo: "Qué tal, maestro, cómo le va, escúcheme una situación". "Qué igual lo hacés, vení que te presento a Délfor." Se lo presenté a Délfor y apuntó: "Mirá qué buena idea, podemos hacer que son mellizos". Quedó ahí. Cuando pedí el aumento, me fui para *Farandulandia*. Tanto es así que cuando un día subí al colectivo —tomaba colectivo por el sueldo que tenía—, uno me saludó: "¿Qué hacés, flaco, cómo hacés para estar en las dos radios?". "No, yo estoy en una sola radio." "Pero te escuché en Radio Splendid y después en Belgrano." "Ese que escuchaste en Splendid se llama Jorge Porcel." Recién empezaba, y ahí se largó.

—De alguna manera te imitó a vos.
—Sí, hincha mío número uno.

—Tenés ochenta años declarados.
—Sí, cero kilómetro, primera mano.

—¿Cómo es que tenés todavía ese pelo, con el mismo flequillo de cuando nosotros éramos unos chiquilines?
—¿Está cortada la grabación?

—Sí.
—Peluca... tengo un pegamento que me lo dio Silvio.

—No...
—Las cejas son postizas.

—No...
—Sí, sí, ¿querés que me saque una?

—No. Es tu naturaleza.
—Sí, no hay ninguna ventaja. Y eso que hay pelucas hermosas.

—En la vida, ¿sos igual que el personaje, o te sacás el traje?
—No, puedo tener diez minutos de bronca, discutir con mi señora o mi hijo, y después estar haciendo bromas. Para mí, la comicidad es un escape. Si no tuviera este desahogo, creo que estaría muerto. Porque yo soy muy sensible, me tomo todo muy en serio.

—¿Qué cosas te hacen sentir mal?

—Todo. Las injusticias de la vida, la miseria... No poder lograr una paz mundial, por qué se pelean Palestina e Israel, que es interminable y mueren todos...

—¿Qué te gustaría hacer, además de lo que estás haciendo?

—Tener una fundación. Si estuviera en Estados Unidos y ganara diez millones por película, me gustaría tener la Fundación Carlos Balá. Poder salvar a un chico que se muere porque no tiene para hacerse el trasplante de corazón sería lo máximo. Pero estamos en la Argentina...

—¿Sentís que la vida para los chicos, y para los grandes, era mejor antes?

—Creo que sí. Hoy tenemos una contra grande, que se llama droga. Si esto no se para creo que se extingue la sociedad. A la droga hay que tomarla muy en serio.

—¿Qué fue lo mejor que hiciste durante toda tu carrera?

—Un poquito de cada cosa, porque todo lo hice con cariño: el cine, la televisión, el circo, alguna obra de teatro... Trabajo en los festivales y lo hago con el mismo cariño. Estoy acá y te hago un chiste igual que lo haría en un escenario, con el mismo nerviosismo y con las mismas ganas. Porque es mi vocación, y me pongo nervioso si entro a un negocio y le hago un chiste a la vendedora como si estuviera en un escenario. Para mí es lo mismo: es actuar, es hacer reír. Ésa es la misión.

—¿De dónde salió el "ehhhaaapepé"?

—Eso era de un sordomudo de Rosario, un diariero. Lo único que largaba era la expresión esa: "Ehhhaaapepé". Hace poco me hicieron un reportaje en Rosario, hablé por teléfono con un familiar y me dijo que ya había fallecido. Lo sentí mucho porque le tenía mucha simpatía. Fui varias veces, siempre paraba en el mismo hotel y lo encontrábamos ahí. Él estaba ahí abajo, y como era sordomudo le hacía señas para llamarle la atención. Le decía: "No se puede dormir, querido, hablá más bajo, charlatán". Y él me decía: "Ehhhaaapepé", y con gestos quería decirme que yo era un loco porque usaba flequillo. En broma, nos hacíamos chistes.

—¿Y la anécdota? Es decir, "la neda..."

—La *neda*. "Eran las tres de la tarde y la hiena a las carcajadas. Miro hacia el sudeste, veo una humareda, era la jaula de la llama. Miro bien, me pongo los lentes y digo: 'No'. Era el vendedor oficial de manices del zoológico. Se me acerca, y con esta libertad de prensa, me dice: '¿Un cucurucho de manís, señor?'. Y le digo: 'No, porque usted me lo va a cobrar'. '¿Cómo le voy a cobrar si trabajamos los dos en el mismo decorado?' Me da un cucurucho. Saco uno: quemado; saco otro: quemado; saco otro...

—Quemado.

—No, ése estaba bueno. Pegó media vuelta en sus propias zapatillas de paño (era invierno; me di cuenta de que era invierno porque me salía humo de la boca y yo no fumo) hacia la jaula de los monos. Él era hincha del mono Darwin. Se ve que le tiraba algunos manices y el mono chocho con él, era una especie de concubinato. Y bueno, hay que estar ahí. A veces yo me desgarraría los galones y terminaría con esta carrera... ¿Y la neda? Ésa es la *neda*. ¿Ésa es la neda? Ésa es la neda. ¿Y qué querés, que le pida otro cucurucho? Yo no soy abusador."

—¿Cómo te podés acordar de todo después de tantos años?

—Porque lo siento, y porque además cada tanto alguno me dice: "Contate una anécdota de esos tiempos". Y yo voy recordando.

—¿Y las películas?

—Hice catorce películas: siete con Palito, una con Leo Dan, *La muchachada de a bordo*, tres con Canuto Cañete: *Canuto Cañete, conscripto del siete*; *Canuto Cañete, detective privado*; *Canuto Cañete y los cuarenta ladrones*...

—¿*Canuto Cañete, conscripto del siete* fue la primera?

—Sí, ahí debuté y era el único que filmaba ese año. Estaba muerto el cine argentino. Yo estaba haciendo una obra de teatro, que era con el mismo título, pero nada que ver con el argumento. Trabajaba en el Teatro Solís, demolido ahora por la Avenida 9 de Julio, que era un teatro que no caminaba. Fui yo, y la gente desde los balcones me gritaba: "¡Qué lindo, usted iluminó la calle Solís!". Era un regalo de Reyes para mí: *Canuto Cañete*, mil representaciones. Una vez fui a Córdoba, creyendo que ya había triunfado, pero nadie me daba bolilla. Me puse en una parada de colectivo y el empresario del Astral, que tenía el Solís, me había hecho en tamaño natural un conscripto, entonces lo llevaban. Y cuando bajaba la gente, decía: "Soy Carlos Balá, un cómico argentino. Los invito a que vengan al Teatro Comedia donde estamos haciendo la obra *Canuto Cañete*".

—¿Te gustaría tener un papel dramático en una película?

—Sí, con toques sentimentales. Yo soy muy dramático; tengo mucho carácter. Me gustaría hacer de psicópata, o un tipo en una cárcel. Se lo dije a Sebastián, el hijo de Palito, que a mí me gustaría un papel en *Tumberos*, porque creo que la va a hacer este año. Un psicópata, un tipo arrinconado en la cárcel, de esos que no hablan con nadie, que son medio raros. Ése sería un lindo papel.

—¿No tenés miedo de que se desmorone todo ese mito del hombre que hace reír a los chicos?

—No, nada que ver. Mirá Marrone: hacía para los chicos de día y a la noche hacía teatro con la esposa.

—Sé que no querés nombrar a nadie, pero del humor que se ve hoy, ¿a quién elegís?

—A mí me gusta el estilo de Olmedo. El de Porcel también porque se asemejaba al mío.

—Pero Olmedo era más picarón.

—Más pícaro, claro. Yo lo veo como un adulto; se saca el espíritu de atorrante que tenía. O mismo Mario Sánchez, que es un cómico nato y sale sin libreto.

—¿Y el humor negro?

—Sí.

—¿Pero te gusta el humor que se hace, por ejemplo, con las Torres Gemelas?

—Cuando es en privado alguna cosa podés aportar, pero en público ya no me gusta. ¿Conocés el chiste del tipo que le falta el respeto al emperador Julio César? "¿Pero vos sabés lo que hiciste?" "Sí." "Esto te va a costar la vida." "No me interesa." "Ustedes dos, al circo romano." Se lo llevan al circo romano, lo entierran en la arena con la cabeza afuera y le largan al primer león. Le escupe la cara al león y uno de la tribuna le grita: "Peleá limpio, cabezón".

—¿Qué soñás?

—Nada real. Siempre sueño con cosas malas, se ve que tengo mal dormir o mala digestión.

—¿Y cómo es el circo en el que estás?

—Ahora está desarmado. Tengo salidas con Piñón hacia Mendoza, San Juan, Santa Fe... Es lindo, porque él trabaja muy bien. Es un muchacho muy educado, me quiere y me respeta mucho. Para él fue un sueño contratarme: "Si algún día trabajara con Balá...". Él trabaja toda la primera parte, y en la segunda intervengo con él. Se sienta en un sillón con una mesita donde se sirve la leche, para recordar el tiempo en el que la tomaba mientras me veía: leche con vainilla y unas galletitas. Y después quiere conocer a Angueto, el perro invisible, a Petronilo, y todas las cosas que yo hacía.

—¿Qué te faltó, Carlos, si es que te faltó algo por hacer?

—Y faltan tantas cosas para hacer en comicidad, se pueden hacer comedias...

—¿Con libro de otro?
—Sí, sí...

—¿No lo corregirías?

—Sí, me moriría si no lo hiciera. Es que si me das algo que no da gracia... yo lo tengo que sentir. Cuando trabajábamos con Calabró, me decía: "Ya me lo hiciste tachar dos veces". "Bueno, estoy perfeccionándolo, me parece que va a ser más gracioso de esta forma", le respondía. Entonces lo íbamos escribiendo en un borrador y después pasándolo en limpio, hasta que en el aire lo ensayaba. Yo soy ensayador viejo. Porque siempre digo: "Si ensayaba Chaplin que era un genio, ¿qué me queda para mí?".

—Decime la verdad, Carlitos, ¿te gustó cómo hicimos el "sumbudrule"?

—Sí, pero le falta ensayo. Tres o cuatro ensayos más y lo sacás. Claro, no es buena la velocidad al darte vuelta. A ver, vení, vamos a practicarlo al revés...

—Si pudieses elegir, ¿cómo te gustaría ser recordado?

—"Qué bien Carlitos, cuántos años nos hizo divertir." Lo que hoy dicen los chicos: "Gracias por los años que nos hizo felices". "Qué buen tipo era Carlitos." Así nomás...

—Gracias, Carlitos.
—Gracias a vos. Diez... Para vos ocho, si sos socio del Automóvil Club.

—Sí, ocho. Gracias, Carlitos.
—Estuvo muy lindo, muy lindo.

—¿Un aplauso te bancás?
—Si es breve, sí.

## Señas particulares:
### *"Soy muy vergonzoso"*

—¿Qué es lo que más disfrutás de la vida?
—El cariño de la gente, y la familia.

—¿Cuáles son las pequeñas cosas que disfrutás?
—Ayer vi una hormiga divina, morochita, preciosa. Me saludó y me dijo: "¿Qué gusto tiene la sal?". Pobrecita, venía del Moulin Rouge.

—¿Qué te hace reír?
—La ironía, y algunos cómicos.

—¿Y llorar?
—La miseria del mundo.

—¿Lo que más te enoja?
—La falta de seriedad, la falta de responsabilidad.

—¿Hay algo que te dé vergüenza?
—Mucho, yo soy vergonzoso. Por ejemplo, algo que me sale mal y que yo pensé que me iba a salir distinto.

—¿De qué te arrepentís?
—De, a veces, ponerme demasiado nervioso: no vale la pena.

—¿Qué conservás desde chico?
—Mi vocación, la de hacer reír.

—¿Cómo te enamoraste de tu mujer?
—La conocí en un casamiento y ella no me tomó en serio porque, como yo me hacía el loco bailando la conga y todo eso, pensó

que era un "cabeza fresca". Pero yo lo hacía para exteriorizar lo que a mí me gusta, que es hacer reír. Y al final se dio cuenta de que era un loco en serio.

—Contá una *neda* que quieras compartir.

—Una vez estaba en un banco, se me acercó una señora y me dijo: "Señor Balá, ¿tendría la gentileza de firmarme un autógrafo? Quisiera tener un recuerdo suyo". "Cómo no, señora, ¿cómo es su nombre?" "María." Saqué una foto, que siempre llevo encima, y le puse: "Para María con todo cariño, Carlitos Balá". "Sírvase, señora." "Ay, cómo puedo agradecerle, señor Balá." Entonces le dije: "Vale diez pesos, señora". "¿Usted vende los autógrafos?" "Sí, señora, viene mala la mano." "Ah, no, déjela." Y me la tiró en el mostrador del banco. Entonces le dije: "No, señora, no haga eso, ahora tengo que golpear puerta por puerta a ver quién se llama María, si no me queda de clavo". "Se me cayó el alma a los pies, yo pensé que usted era más espiritual", me respondió, y se fue caminando. La tuve que correr cuatro cuadras para convencerla de que todo era mentira.

---

—Un mensaje para el año 2050.
—Les voy a preguntar algo que nunca pregunté: ¿Qué gusto tiene la sal?
—¡¡¡Salaaado!!! —gritamos todos.
—Si no la cambia el Estado —remató, y se fue.

César Luis Menotti

# "Jugar al fútbol no es correr detrás de la pelota"

AUTORRETRATO:
*"Mi nombre es César Luis Menotti. Pertenezco a la auténtica familia del fútbol y, alguna vez, me hice entrenador porque estaba grande y los entrenadores ya no me dejaban jugar"*

Menotti empezó la charla con un autorretrato cómplice, y la terminó, a pesar de su fama de soberbio y pedante, con un profundo agradecimiento por el tiempo y el tratamiento que le dedicamos a la entrevista. "Con tanto programa de mierda, venir a hablar de la vida y de lo que uno ama no se da todos los días", nos homenajeó antes de despedirnos en la puerta del estudio.

Apenas recordaba el polémico reportaje que le habíamos hecho en 1982, junto con Jorge Azcárate, en el primer número de la legendaria revista *El Porteño*. Había aparecido en la tapa y él había declarado, sin ponerse colorado: "Yo pude haber sido Perón". Intentaba defenderse así de las acusaciones que pesaban en su contra por la supuesta complicidad con la dictadura militar. Había sugerido que a él, después de ganar la Copa del Mundo como técnico del seleccionado argentino en 1978, le habían ofrecido el oro y el moro, incluido un alto puesto en la administración del genocida Jorge Rafael Videla, a cambio de que hiciera público su apoyo al gobierno.

"Yo participé de una victoria que hizo felices a millones de argentinos, pero jamás me vendí ni fui cómplice de esos asesinos", se justificó, después, una y otra vez, durante años y años, en público o en privado.

Aquel reportaje tuvo una repercusión inusitada, y el Flaco se encargó de hacernos llegar sus quejas por el título. "Me sacaron de contexto. Me hicieron quedar como un fanfarrón", nos mandó a decir y nos avisó que nunca más nos atendería.

Era demasiado joven y demasiado inexperto. El enojo de Menotti me asustó. Pero Jorge, quien lo conocía de memoria por los años que había trabajado en *Clarín*, me hizo entender que no debía darle tanta importancia. "¿Solamente por el título se quejó? Entonces quiere decir que la nota estaba bárbara, porque si no el cabrón del Flaco se hubiera pasado una semana insultándonos por los diarios."

El concepto "auténtica familia del fútbol" con que ilustró su autobiografía me pareció un buen disparador para empezar la charla.

—¿Cuál es la auténtica familia del fútbol?

—Es aquella que empezó jugando para después terminar trabajando. La otra es la que empieza a ver el fútbol desde el negocio, desde el trabajo y desde el espectáculo. La auténtica familia se sostiene con compromisos muy especiales, de representatividad.

—¿Cuándo te enamoraste del fútbol por primera vez?

—Cuando conocí la pelota, porque en casi todos los barrios era un juego obligado. A pesar de que yo vivía en sectores de clase media alta, hasta diría en sectores de clase alta y muy alta, también había sectores de trabajo. Y la pelota, el fútbol, era el único juguete con el que podíamos jugar todos. Me parece también que entre la pelota y yo había una relación que permitía poder expresarme: tal vez si la pelota me hubiera rechazado, me hubiese dedicado a otra cosa.

—¿Qué recordás de tus inicios?

—Me acuerdo del debut. Porque yo empecé a jugar al fútbol por dinero, cuando murió mi papá. Tenía quince años. En esa época iba a jugar al campo y ganaba doscientos setenta pesos por partido. Es decir, un empleado bancario ganaba ochocientos y yo ganaba mil pesos yendo sólo los domingos. Era la gloria.

—Qué contradicción: un tipo que ama tanto la pelota teniendo que trabajar en el fútbol por necesidad.

—Siempre jugué, pero tardé mucho en hacerlo por dinero. Mi papá no quería que lo hiciera de esa forma. Me vinieron a buscar a los trece años para jugar en las inferiores, pero él decía que el fútbol era para divertirse y el estudio era para vivir. Después, empecé de casualidad. Habíamos salido un sábado a la noche y nos fuimos a la ciudad deportiva de Rosario Central. Y un viejo profesor, que siempre me había querido llevar a jugar al club, me dijo: "¿Por qué no venís que hay un partido en Totoras?". Yo no quería, veníamos mal y habíamos tomado mucho sol, pero mis amigos me incentivaban porque decían que era un lindo lugar y había bailes. Al final fui, jugué e hice dos goles. Claro, el miércoles volví a jugar y en los diarios salió: "Se probó un delantero cordobés". En esa época se escondía el nombre verdadero para que no se robaran los jugadores: creo que me habían puesto "José Rodríguez". A la semana, jugué en la reserva contra la primera y volví a meter dos goles. Pero yo no me podía quedar. Entonces me llamó el presidente del club y me preguntó: "¿Usted quiere o no quiere jugar?". Yo quería, pero también tenía que mantener a mi mamá. Entonces me dijo: "Bueno, yo le voy a dar cuarenta mil pesos y dos mil por mes". Cuando llegué a casa y le conté a mi mamá, se puso a llorar. Le pregunté por qué lloraba. "Porque vas a jugar en la primera de Rosario Central", me respondió, que era adonde mis viejos me llevaban desde chiquito. Bueno, jugué seis partidos en reserva y empecé a jugar en primera. Debuté contra Boca.

—¿Y sentiste la presión del debut?

—¿Presión? En ese tiempo no existía eso de la "presión". Mi presión era que entraba a la cancha de Boca y lloraba si no jugaba, quería estar ahí. Es decir, entraba a la cancha a disfrutar, sabiendo que tenía mis obligaciones y que tenía que hacer las cosas bien. Pero lo disfrutaba mucho.

—¿Por qué siempre decís que no es lo mismo correr que jugar?

—El fútbol exige una dinámica, como toda actividad. Claro que se confunden las cosas que son apenas interesantes con las que son importantes. Lo importante en el fútbol es saber jugar, y a partir de ahí fortificar una buena preparación y una buena salud deportiva. Es decir, si creés que porque te entrenes, duermas y comas bien vas a jugar mejor estás equivocando los caminos. Nunca tenés que cerrar la cabeza al aprendizaje. Recuerdo una vez que estábamos jugando contra Banfield y nos echaron a José Silvero. En un momento, el Rata (Antonio Ubaldo Rattin), que era un tipo maravilloso dentro y fuera de la cancha, me dijo: "Corré, Flaco, que nos van a matar a todos", y yo le respondí: "No, corré vos, que yo no estoy para correr... yo estoy para jugar". ¡La cara de Rattin! Me quería matar. Después le expliqué cuál es para mí la diferencia entre saber jugar al fútbol y correr detrás de una pelota. Y él me lo recuerda cada vez que nos vemos.

—¿Existe todavía un fútbol de izquierda y otro de derecha?

—Eso lo dije hace muchos años, desde lo que sentía por las cosas: cuando escuchaba o leía a los tipos que me emocionaban o me hacían feliz. Por ejemplo, me sentía complacido al ver que cuando Osvaldo Pugliese no estaba en el piano —porque estaba preso— ponían una rosa roja. Lo mismo me sucedía cuando veía un fútbol abierto, generoso. Evidentemente también había un fútbol egoísta, un fútbol moderno. Porque hoy a todo lo que le falta contenido se lo llama moderno: una mina que muestra el culo y no sabe hacer nada, ¿qué es? Una mina moderna; una orquesta que suena y que no se entiende lo que toca, ¿qué es? Una orquesta moderna; un futbolista que corre, va, viene, se cae, se levanta, no mete un gol, no da un pase gol, ¿qué es? Un jugador moderno. Entonces, desde ese lugar, yo dije que prefería un fútbol de izquierda.

—Desde esa mirada hoy, ¿qué futbolistas te emocionan?

—Sí, está (Thierry) Henry, (Zinedine) Zidane, Roberto Carlos. El mismo (Carlos) Tévez. (Andrés) D'Alessandro también. Pero no les podemos pedir a esos pibes la regularidad y la seguridad que no les da el medio. D'Alessandro salió a la cancha siendo responsable de River, un pibe de diecinueve años que todavía estaba en plena carrera de aprendizaje. Lo que pasa es que no hay que confundir. Se ha modificado tanto el lenguaje que se dice cualquier barbaridad. Por ejemplo, un tipo dice: "Este partido lo tenemos que ganar de cualquier manera". No existe cualquier manera, ¿qué es cualquier manera? Es lo mismo que se le diga a una orquesta: "Hoy vamos a tocar bien de cualquier manera". No vas a tocar bien en tanto y en cuanto no respetes los tiempos de entrenamientos y de ensayos. Cuantos más ensayos tengas mejor te va a ir en la competencia. Y después está el azar, porque es un juego, pero a la larga la lucha es tratar de restarle importancia al azar.

—¿Un tipo que juega al fútbol de determinada manera se maneja en la vida del mismo modo?

—Desde lo conceptual sí. Hay jugadores que saben jugar al fútbol y esto significa respeto por lo colectivo, respeto por los aventureros, respeto por los compañeros. Pero si se clasifica al futbolista porque hace cosas lindas o tira un túnel, eso no. Los que saben jugar al fútbol generalmente tienen su cabeza abierta al aprendizaje, que lo plasman desde su vocación por el fútbol. Maradona fue un tipo que amaba el fútbol. Venía de jugar en Barcelona, donde había sido figura, y en el vestuario me decía: "¿Usted vio, César, qué burro soy, usted vio lo que hice?". En vez de hablar de lo que hacía bien, siempre estuvo dispuesto a superarse. Ahora los futbolistas, tal vez por la lucha mediática, hacen bailecitos agresivos. No son respetuosos. La primera condición del clan es respetar al adversario, al vencido. Hoy se patea un penal y se le grita el gol al arquero en la cara. Y nosotros, cuando jugábamos de verdad, no podíamos gritar los goles de penal. Todas estas cosas son a partir de una sociedad que perdió la conducta.

—Si como técnico hubieses tenido a Diego (Maradona) muchos años, ¿le hubieses transmitido una conducta que no lo hubiera dejado en un lugar tan vulnerable frente a la sociedad?

—No voy a quitarle responsabilidad a Diego, porque seguramente la tiene, pero la crueldad con la que se ha manejado el tema Maradona es vergonzosa. Es tanta la vanidad del poder, es tanta la omnipotencia desde el desconocimiento, que a un tipo por consumo de drogas le dieron dos años de suspensión. Es decir, dos años en los que no pudo jugar al fútbol. ¿No hubiese sido mejor que entrenara la quinta división de Defensa y Justicia todos los días a las ocho de la mañana, y que luego fuera al psicólogo para que el domingo jugara? Porque, ¿te imaginás decirle al gordo (Aníbal) Troilo que no va a tocar nunca más el bandoneón?

A Diego le dieron un empujón tan violento que lo dejaron dos años sin lo que más amaba: el fútbol. Un tipo al que si le quitabas la pelota no tenía vida. También hubo una enorme complicidad de la clase dirigente. Es decir, le permitieron todas las inconductas posibles. También desde el periodismo: hubo una utilización de su figura que realmente dio pena. Y lo siguieron haciendo con su vida. Fue muy cruel.

—¿Es verdad, como contó (Jorge) Valdano, que en la última charla del Mundial de 1978 les dijiste a los jugadores que no estaban jugando para los militares sino que lo estaban haciendo para la gente?

—Pero eso no era solamente para los militares. Yo siempre les digo a mis equipos que nosotros jugamos nada más que para la gente. A veces les cuento una historia del Polaco (Roberto) Goyeneche, que había ido a inaugurar una confitería en Callao y Alvear, de la cual no se había hecho publicidad: sólo la presencia y la convocatoria del Polaco. Bueno, yo estaba en el camarín hablando con él, pasaron las horas y un tipo le dice: "Polaco, no podemos hacer esto, hay trescientas personas". El Polaco lo miró y le dijo: "¿Trescientas personas? Ésas son mías, voy a cantar mejor y con más fuerza que nunca". Eran los tipos que, sin saber qué se inauguraba, lo fueron a ver a él. A los futbolistas siempre les digo lo mismo: "¿Para quién jugamos?". Si no sabemos para quién jugamos estamos perdidos. En aquel momento era difícil pero había que jugar para ellos. Era la gente que sostuvo toda la historia de nuestro fútbol, el público, que no es lo mismo que el espectador.

—¿Te acordás del encuentro que tuviste con Jorge Luis Borges?

—Sí, me acuerdo. En ese momento yo era un tipo muy popular, porque poco antes había terminado el Mundial. Me invitaron a su casa y fue terrible: ¿Qué podía preguntarle a Borges? Me sentía incómodo, porque yo tenía una gran admiración por él. De entrada, para sacar la foto, me puso un gato blanco en el medio. Estábamos Borges, el gato y yo. La tengo guardada. Y después me dijo: "Usted debe ser un tipo muy popular". "Y bueno, el fútbol tiene esas cosas", le respondí. Es que su empleada me había pedido un autógrafo y ella nunca lo había hecho antes. "Y eso que han pasado escritores", comentó. Después, le pedí permiso para fumar y me dijo: "Sí, fume tranquilo, porque lo que intoxica no es el cigarrillo sino las conversaciones estúpidas". Después le pregunté por los poetas populares y él me dijo que no existían. Y al final tenía razón: hay buenos y malos poetas. Pero me pidió que le diera un ejemplo y a mí se me ocurrió Homero Manzi. Él me apuntó: "Fíjese que Homero Manzi utilizaba mucho la palabra arrabal, que es despectiva". Y yo le dije: "Y usted también, maestro". Él tenía mucha ironía y me respondió: "¿Así que usted me leyó alguna vez? La verdad es que yo no me acuerdo". Fue apasionante. Cuando me iba caminando para mi casa, pensaba: "Mirá lo que puede una pelota de fútbol: que yo me pueda sentar con este tipo".

—Tenés fama de tipo triste, ¿sos triste o melancólico?

—Soy feliz como todos, por momentos, cuando estoy haciendo lo que quiero y con la gente que quiero. El hecho de no poder hacer cosas que me gustan me produce infelicidad. Siempre tengo algo que me hace sentir infeliz: por ejemplo, la tristeza de moverme en el mundo en que me muevo y ver las cosas que veo.

—Después de ver la pelea que vos das por los valores, ¿sentís que estás perdiendo?

—Me da tristeza la crueldad de esta sociedad, los mensajes que se manejan. A veces me asusta. Me asusta entender cómo en un país como el nuestro pueden pasar las cosas que pasan. Después viene el otro análisis, el filosófico y el político. Por ejemplo, no

443

puedo creer que de acá hasta Santa Rosa, en La Pampa, no se puedan juntar un millón de habitantes, cuando pasás la avenida General Paz y veo cinco millones de habitantes en La Matanza, que estaba preparada para quinientos mil. Y después la provincia de Buenos Aires está vacía. El país está vacío. Después viene un tipo y se compra sesenta mil hectáreas: es un despropósito. No puedo creer y no puedo escuchar las cosas que escucho, que escuchaba desde cuando tenía dieciocho años: por ejemplo los políticos, diciendo las mentiras más evidentes, que los condenan para toda la historia, y con la soberbia que lo siguen diciendo. Además de tener el poder, se mueren por ostentarlo. Ellos creen que están para mandar y para pensar, y nosotros estamos para obedecer. El hecho de disentir con ellos te transforma en un subversivo. En el fútbol, que es lo mío, se vive una crueldad espantosa. Eso sí me pone triste, pero no soy infeliz.

—Vos tenés amigos y enemigos, tanto en el fútbol como en la vida. ¿Qué amigos y enemigos sentís que te definen?

—No sé si alcanza la palabra enemigo, porque enemigo me parece que es el que manda en esa área. Ésos son pobres tipos, son obsecuentes, son alcahuetes del poder, complacientes del que manda. Enemigo es el poder. No se puede decir nada que atente contra el poder establecido.

—¿Sentís que pagaste tu pelea contra "el poder"?

—Sí, no tengo dudas. Los créditos míos no son los créditos de otros: por ejemplo, no soy invitado a ningún programa de televisión. Nunca fui invitado a un programa de debate: por ahí tienen miedo de que diga cosas que les perturben la hegemonía que hay entre los medios y los poderes. Pero no es que asuma alguna verdad: me parece que desde el disenso aprendemos y desde la obsecuencia seguimos siempre igual. Yo no siento que un tipo que piensa distinto de mí sea un subversivo ideológico, también merece todo mi respeto. Cuando yo veo que todo esto es intencional y que tiene objetivos claros, evidentemente es porque son mensajes del poder.

—¿Volverías a elegir a un equipo como Boca, si te lo propusieran?

—Ése es un tema de seducción. A mí Boca me parece una institución con arraigo popular, con la posibilidad de disfrutar muchas cosas. Pero también hay otros inconvenientes. Es como que yo te pregunte a vos: "¿Harías tres minutos en un programa de Tinelli?". Depende, a lo mejor te seduce. El problema son las condiciones.

—¿Te quedan desafíos por vencer o sueños por cumplir?

—No, eso no. A mí lo que me parece es que, directa o indirectamente, desde mi pequeño lugar, represento una forma de pensar la vida dentro del fútbol. Entonces me preparo todos los días para aprender, para estudiar, para saber. Siento que tengo que estar preparado para debatir con el mejor, pero con un profundo conocimiento. Esto solo es, para mí, todo un desafío.

—Hoy, el espacio en el negocio del fútbol ¿permite estudiar, aprender y disfrutar?

—La palabra negocio no me asusta. Es decir, no me interesa cuánto se gana. Lo que sí me interesa, porque yo he sostenido mis convicciones y mi respeto hacia algunas personas, es que no se modifiquen conductas. Es decir, no son el dinero ni el negocio los que van a salpicar al fútbol: el gran negocio es aquel que se devora todo.

—¿No influye lo que se hace fuera de la cancha?

—Si los tiempos son los que corresponden, no. Por ejemplo, para mí (David) Beckham dentro del equipo es igual que cualquiera. Si él no cumple con los tiempos que maneja el fútbol, como el entrenamiento, la competencia y el descanso, entonces sí voy a tener problemas con él. Yo creo que Beckham es un excelente profesional. Lo que pasa es que es tan buen mozo y vende tanto que por ahí la gente creyó que era Maradona. Pero la culpa no es de Beckham.

—Un tipo que sabe tratar a la pelota, que la trata con cariño, ¿se supone que también sabe tratar a las mujeres?

—No creo, son dos cosas distintas. Esto es lo mismo que decir que cómo puede ser que un tipo que toca tan bien la guitarra cante tan mal. Son cosas distintas. Creo que la propia genética te da una gran relación con la pelota que no te la da con otras relaciones. Hay tipos que con la pelota han tenido una relación maravillosa y con la gente muy mala.

—¿Qué es lo que tiene que enamorarte de una mujer?

—Es muy difícil definirlo. La belleza es importante pero me parece que toda relación arranca con un compromiso de respeto y de ética. Después está la capacidad de apasionarse que tengan ambos. La mujer es un lugar maravilloso, de placer y de unidad.

—Hablando de mujeres, ¿como recordás a tu mamá?

—Mi mamá falleció cuando yo estaba en Barcelona. Fue uno de los motivos que me hicieron volver a la Argentina: el triunfo de (Raúl) Alfonsín, la democracia y la pérdida de mi vieja, que fue la única vez en mi vida que la dejé y que me fui solo, porque siempre vivió conmigo. Soy único hijo y eso me golpeó muy duro. Ya no me quería quedar más en España, me parecía un castigo. Era grande, pero igual me dolió mucho.

—¿Pensás en un final, en el retiro?

—No, ni se me ocurre. Yo disfruto mucho del hoy, de lo cotidiano. Al final se aprende a no perder horas en hacer cosas que uno no desea, a tratar en lo posible de estar con quien uno quiere y en los lugares que uno quiere. Creo que ése es el principio del camino. Yo ya no me siento en una mesa que no me guste ni acepto la compañía de gente que no quiero. Esto no quiere decir nada más que eso: yo soy respetuoso y saludo a todo el mundo, pero no me siento a tomar un café con un tipo que aborrezco o que no me interesa.

—¿Cómo te gustaría que te recuerden?

—Simplemente como un tipo que en toda su vida, como un homenaje a mi familia, se manejó dentro de una conducta. Como un homenaje a mi viejo. Nada más. Y a los que me quisieron desde mi profesión pedirles disculpas por no haberles dado todas las alegrías que se merecían. Aquel tipo que discute a favor mío en un café, y yo voy el domingo y pierdo dos a cero, me quiero morir más por él que por mí. Porque yo sé que puedo ganar y que puedo perder, pero me duele porque hay gente que ha enfrentado poderes para defenderme. Y cuando no los puedo corresponder, me duele.

SEÑAS PARTICULARES:
*"Amo a los poetas salteños y
odio a los políticos mentirosos"*

—¿Qué cosas amás?

—Amo a los poetas salteños y a los jóvenes que los defienden. Amo la música entrañablemente. Son las cosas que realmente me reconfortan y que me hacen sentir auténticamente feliz.

—¿Y qué odiás?

—La falta de conducta de la dirigencia, los discursos y las mentiras políticas, y la pobreza.

—Nombrá tres músicos.

—Hablar de música es bastante complicado, pero hay cosas que para mí son únicas y que son irrepetibles: hablar del Dúo Salteño y del Cuchi Leguizamón.

—Elegí tres comidas.

—Las comidas que más disfruto son las que están ligadas a las pastas; también las milanesas con papas fritas y huevo frito. Y me gustan los asados, por lo que viene después.

---

—Tu mensaje para ser visto en el año 2050.

—Si tengo que imaginar el futuro, allá por 2050, se me ocurre que la única manera de alcanzar un mundo mejor es si somos capaces de unirnos para denunciar con todas las fuerzas las mentiras evidentes.

---

—Flaco, te agradezco de verdad que hayas estado con nosotros.

—Yo te lo agradezco a vos. En serio. Hacía mucho que no estaba en un programa en el que pudiera hablar de tantas cosas.

# Nicolás "Pipo" Mancera

## "Soy un mito"

AUTORRETRATO:
*"Mi nombre es Nicolás Mancera, nací el 20 de diciembre
de 1929 en la casa donde nacieron y vivieron Lolita Torres y
Diego Torres, y hoy vive Elisa Carrió"*

El encuentro con Pipo Mancera no tuvo desperdicio.

Y no sólo porque fue la primera nota que dio después de cinco años, sino porque habló de todo y de todos con honestidad brutal y una mirada no resentida y más moderna que muchos de los que hoy trabajan en la tele.

Desde la anécdota del primer detector de mentiras a China Zorrilla hasta el relato del formato del *Programa de Mancera* que anticipó a Polosecki, Juan Castro y otros que se autodenominan periodistas de investigación, Pipo dio una clase magistral de televisión, cuyos detalles son apasionantes.

—Hace cinco años que no das entrevistas. ¿Por qué?

—Porque cuando volví del extranjero, cuando APTRA me diera el premio a la trayectoria en 1996, me prodigué demasiado en distintos programas. Y en un momento dado me di cuenta de que no era el mismo que había sido, y decidí no aparecer más en televisión.

—Cuando decís "el mismo que había sido", ¿te referís a ese conductor de programas ómnibus, que hizo conocer a los argentinos a Serrat, o a Sandro?

—Sí, y además incluiría otros programas no tan conocidos, más allá de los famosos *Sábados*, y que también hicieron mi vida.

—¿Cuáles?

—Uno fue un programa que hice en el año 1963, que se llamó *La noche*, que es lo mejor que hice en materia estética. Y en el año 1973, *El programa de Mancera*, donde me di el gusto de ser periodista, y que ahora se llama, para mí equivocadamente, "programa de investigación".

—¿Por qué equivocadamente?

—Porque en realidad no se investiga demasiado lo que se está viviendo. En aquella época, viví una semana en el (hospital) Borda para darme cuenta de lo que era la tremenda vida de los que allí estaban. O estuve varios días en La Quema, para mostrar lo que realmente era una quema, donde había cirujas, no cartoneros; o pasé mis días en una villa miseria... Era auténticamente diferente. Hoy ya no hay diferencia, salvo lo que se llama la "vida mediática".

—¿Por qué siempre insistís con eso de periodista a vida completa, y no "showman" o conductor?

—Porque nací periodista y porque he vivido quince años en *La Razón*, he trabajado en *Clarín*, he trabajado en *Noticias Gráficas*, he sido corresponsal en Europa y Estados Unidos del diario *La Mañana* de Montevideo, *Jornada* de Lima, y de *La Razón* de Buenos Aires...

—El que mostró a Diego Maradona por primera vez, ¿era el periodista o el conductor de televisión?

—Hombre, sí. No lo digo yo, lo dice Maradona en su libro *Yo soy el Diego*, donde también publicó una fotografía en la que estoy con él. Lo presenté yo. Tenía nueve o diez años, no recuerdo, pero fue un día muy importante para mí, desde el punto de vista profesional. Porque yo había calculado hacer una nota con Maradona haciendo jueguito durante cuatro o cinco minutos. Y cuando iban dos o tres minutos, me avisaron desde el control que de los que tenían que venir después, que eran Los Cinco Latinos, habían llegado solamente tres. Así que tuve que insistir con el jueguito de Maradona durante casi treinta y cinco minutos, durante el tiempo que hiciera falta hasta que llegaran los dos Latinos que faltaban.

—Te voy a contar una anécdota que quizá vos no recuerdes bien: Leonardo Favio, cantando "Ella ya me olvidó", en un momento se olvidó la letra. Se produjo un vacío en el estudio, y yo pensé: "Esto no lo levanta nadie". Él empezó a pedir disculpas y vos volviste al centro del estudio y diste una explicación sobre el arte, la pasión, y que una persona también se podía olvidar la letra, que era algo humano.

—Te agradezco el recuerdo. Estuve hace pocos días, el mes pasado para ser exacto, con Leonardo y honestamente no me acordaba de eso. Pero era bastante habitual. Ha ocurrido a menudo en el programa que la gente se olvidara la letra e inventara, y que en lugar de decir "te quiero mucho" dijera "te amo mucho".

—¿Te acordás del revuelo que se armó con Sandro?
—Me acuerdo de dos momentos. Yo hacía casting todos los viernes a la tarde, donde probaba gente nueva, y un día apareció Sandro. Yo no estaba en el estudio, estaba el director, que me llamó y me dijo: "Hay un muchacho al que quisiera que vieras". Cuando lo vi me di cuenta de que era muy parecido, no a Elvis Presley como mucha gente dice, sino a Johnny Hallyday, el famoso cantante francés, y le dije: "¿Por qué no te sacás el saco, lo tirás y cantás?". Y efectivamente lo hizo. "Debutás mañana a las cuatro de la tarde." Y debutó al día siguiente.

—Lo que recuerdo es que, en el momento en que Sandro se quitó el saco en el aire, el estudio estallaba.
—Sí, es cierto. Después hubo otro problema con respecto a Sandro, en 1964, cuando yo ya había pasado de Canal 9 a Canal 13. Los directivos de Canal 13, en esa época, querían que no actuara más: querían censurarlo por los movimientos de pelvis que hacía. Y yo les dije: "Si se va Sandro, me voy yo". Era lo que correspondía, yo era el productor, el primer productor independiente de la televisión argentina.

—¿Por qué dejaste de hacer televisión en 1978, siendo un tipo tan exitoso?
—Los que vivieron aquella época se lo habrán contestado en su momento: no eran tiempos para estar en la Argentina haciendo televisión. Los gobernantes de esa época no entendían que se podía hacer la televisión que yo hacía. Incluso el último programa que hice de *Sábados circulares* fue en 1976, y con otro nombre: *Al estilo de Mancera*. Porque los gobernantes de esa época entendían que era demasiado importante el título *Sábados circulares*, del período de la televisión privada, y ellos querían que fuera todo de la televisión estatal.

—¿Cuál fue la mejor nota que hiciste en tu vida?
—La que hice en el primer trasplante de corazón en Sudáfri-

ca, con el cirujano que se llamaba Christian Barnard. No sólo es la nota que recuerdo con más cariño, y que además después lo traje a Buenos Aires, sino por lo que me costó llegar hasta Sudáfrica. Como no había vuelos directos, tuve que hacer casi treinta horas de viaje para realizar un reportaje y volverme por el mismo camino hacia Buenos Aires. Y no solamente la misma semana: ¡El mismo día!

—¿Hay algo parecido a un Mancera hoy, a un *Sábados circulares*, podría decirse, con todo respeto, que es bastante de lo que tuvo y tiene Marcelo Tinelli, un poco de lo que tiene Chiche Gelblung, y hasta algún trabajo periodístico que va desde lo de (Fabián) Polosecki hasta Gastón Pauls hoy?

—Bueno, lo de Polosecki fue posterior a *El programa de Mancera* donde yo hice La Quema, la villa miseria y el (Hospital) Borda. Con todo el respeto y el recuerdo que puedo tener hacia Polosecki, tengo que reconocer que lo hice yo primero...

—Bueno, las cámaras sorpresa que durante mucho tiempo hizo Marcelo Tinelli son tuyas, o tenés el copyright...

—El copyright lo tiene un director europeo, Dziga Vertov, que en el año 1918 las hizo para el cine. Como viejo crítico de cine, recogí eso y lo hice en televisión, al mismo tiempo que Alan Fun lo hacía en Estados Unidos. Después nos asociamos Alan Fun y yo, para hacer las mismas cámaras sorpresa en Nueva York y en Buenos Aires. Fracasó, duró cuatro o cinco programas, porque las reacciones del público de Nueva York y de Buenos Aires eran totalmente distintas. Volviendo a la pregunta anterior, hasta su viaje a España creo que el más parecido a mí era Nicolás Repetto, en su manera de concebir notas y de hacerlas. Pero por eso dije "hasta su viaje a España", porque no es el mismo Nicolás Repetto de ahora. Probablemente no sea muy elegante mi respuesta, pero es sincera como todo lo que yo digo: creo que es el momento de pensar si la creatividad de Repetto era de él o de Raúl Naya, su productor. Porque en la actualidad, Raúl Naya creo que está pensando en rehacer *Sábado bus*, pero con otro conductor. Lo que quiere decir que no sólo tiene el copyright del título, sino que evidentemente muchas de las ideas del corchito para atrás y del corchito para adelante son de Raúl Naya. Creo que Gelblung es un gran periodista, sin lugar a dudas, y que hace un personaje. Lo he conocido como director de la revista *Gente*, completamente distinto del Gelblung actual. Creo que el que hace por televisión, mejor dicho los que hace por televisión, son personajes. Cuando tiene que ser amarillo, es amarillo. Cuando tiene que ser muy serio, es serio. Cuando tiene que ser brillante, es brillante. Y cuando tiene que opacarse frente a la figura que tiene adelante, se opaca.

—El detector de mentiras, ¿lo trajiste vos acá?

—¿Te referís al infógrafo? Sí, yo se lo hice en *El programa de Mancera* a China Zorrilla, en 1973. Ya existía el detector de mentiras, pero no se había usado en televisión. Pasó casi sin pena ni gloria, por eso lo dejé de usar.

—¿Y la gran Houdini?

—Eso es de lo que se acuerda todo el mundo, pero el cariño que le tengo a Houdini es todavía mucho más grande por varios motivos. El primero porque, más que mago, fue un gran escapista. Lo que hice fue recordar, muchos años después, lo que él había hecho en 1929, año de mi nacimiento, en el río Hudson. Pensé que se podía hacer lo mismo y lo hice, pero en el río de la Plata. Lo disfruté mucho, e incluso le agregué algunas cosas. Él había entrado al río dentro de una caja y sólo con un *shortcito*, casi desnudo, con cadenas y con una bolsa inmensa, para después salir vestido de smoking. Yo le agregué que, de dentro del smoking, sacaba copas de champán para los que estaban en el dique.

—¿Es cierto que todavía tenés en tu habitación tres televisores encendidos todo el tiempo?

—Todo el tiempo encendidos no, pero sí tengo tres televisores en mi pieza. Es una forma de hacer un zapping continuo. Tengo tres televisores y uno con *picture in picture*, así que veo prácticamente cuatro canales.

—Cuando estabas en la televisión, ¿hacías un personaje o hacías de Pipo Mancera?

—Es difícil contestarte, porque es probable que hiciera un personaje. Pero es el mismo que estoy haciendo acá como Pipo Mancera... Era directamente el ciento por ciento mío.

—¿Qué le pasa a una persona que tuvo treinta años de éxito, con tanto reconocimiento, y desaparece de la televisión?

—Ahí entra el verdadero Mancera, el que no es personaje. Porque yo también he escrito una novela y un libro de cuentos, guiones de televisión y guiones de cine, que no me preguntes el nombre porque no te los pienso decir, ya que de todos ellos me avergüenzo... Pero no me sucedió nada. No te olvides de que yo dejé de hacer televisión para irme a Europa, y en Europa seguí haciendo televisión. En Francia produje *Hay un truco*, que condujo un gran mago francés. Hice el programa que después realicé en Montevideo con el nombre de *La intención hace el regalo*. El gusto por la magia es una de mis cosas íntimas.

—Si te dieran la oportunidad de volver a hacer cosas que ya hiciste, de cambiarlas, en esa mezcla indivisible del hombre que conduce y de la persona, ¿qué cambiarías?

—Sinceramente pienso que viéndolo desde mi actualidad, todo lo que he hecho lo volvería a hacer. Lo que pasa es que yo no soy el mismo. Es decir, repetiría las cosas de mi vida o de mi profesión de acuerdo con la época en la que se vivió. No podría hacer ahora lo mismo que cuando tenía veinte años, y tampoco cuando tenía veinte años podía hacer lo que puedo hacer ahora.

—¿Qué programa harías ahora?

—Ninguno. Es preferible dejar el mito a la realidad. Todos los que me hayan visto me recuerdan, y ese recuerdo me convierte en un mito. Y para todos los que no me hayan visto, soy directamente mito. Y perdón por la autocrítica fallida.

—¿Disfrutás con el mito, es parte de lo que te hace vivir?

—No sé si tanto como para eso, pero sí lo disfruto. Este reportaje, por ejemplo, lo disfruto porque estoy hablando de todas las épocas de mi vida, y de la actualidad. No estoy repitiendo nada de lo que hice antes.

—¿Y qué es lo que te hace vivir hoy, lo que te mueve, lo que te apasiona?

—Bueno, lo que me apasiona es ver televisión, navegar en Internet, y ver a River.

—¿Qué te apasiona de la televisión de hoy?

—Mi mejor amigo es el zapping. No creo que vea un programa entero, ni de la televisión abierta ni de cable.

—¿Porque te aburren?

—No, por mi sentido de la búsqueda.

—¿Hay cosas que viste, perlitas, y dijiste: "Ah bueno, acá está apareciendo algo"?

—Sí, muchísimas veces. Lo último que me llamó la atención

453

es algo que yo hice durante mucho tiempo, que son los reportajes de Maradona a figuras internacionales, y donde un profesional puede ver perfectamente que están grabados y después se editan.

—¿Te gusta el programa de Diego, *La noche del Diez*?
—Desde el punto de vista de la producción es muy bueno, pero nos damos cuenta de que se está repitiendo mucho. Era mucho menos viejo en los primeros dos o tres programas que en los actuales.

—¿Creés en Dios?
—Por supuesto, mucho. Rezo todas las noches y todas las mañanas: cuando me duermo y cuando me despierto. Un padre-nuestro, un avemaría, un credo, y después pido por los míos.

—¿Sos un soldado de la religión?
—Bueno, para la religión católica no lo soy porque no voy a misa. Hace muchos años que no voy a la iglesia, pero a mi manera soy profundamente católico.

—¿Qué significa "a mi manera"?
—No tener nada que reprocharme. Y cuando digo mis oraciones pido por mis pecados, e incluso por los que no me doy cuenta de que sean pecados.

—Si te ofrecieran la inmortalidad...
—¡Qué aburrido!

—¿Por qué?
—Porque date cuenta de lo que sería la inmortalidad, volver para atrás dentro de lo que sería la mortalidad en el 1700. A mí me encanta la vida que estoy viviendo en la actualidad, no me gustaría estar en el 1700 y tampoco en el año 2050.

—Pero suponte que la inmortalidad implica vivir el momento todo el tiempo...
—Ahí soy yo el que tiene que hablar de Dios. No creo que Dios aceptara la inmortalidad, porque Él creó al hombre y a la mujer, los hizo de una manera totalmente humana, aunque parezca un contrasentido, y lo humano no es inmortal.

—¿Sos de los que piensan, habiendo estado dentro de la televisión, que la televisión deshumaniza?

—No, al contrario. Pienso que la televisión es un reflejo de la realidad. Creo que la televisión, y desde luego ahora Internet también, es un reflejo de la realidad. Lo que no sé es si tiene que existir, aunque te amplíe mucho tu pregunta, el horario de protección al menor.

—¿Por qué?

—Porque creo que en realidad debería llamarse "horario de protección al buen gusto". Porque hoy, en este momento, en la televisión abierta hay promociones a las cuatro o cinco de la tarde de programas que van a ir después de las diez de la noche. Y que no sólo no son para menores, sino que son para gente que tenga mal gusto.

—¿No es un poco de moralina, o te estás refiriendo a otra cosa?

—No, no creo que mis palabras sean moralina: creo realmente que hay cosas de muy mal gusto. Por decirte un caso, como ejemplo, lo que se hizo con el marido de Beatriz Salomón en *Punto.doc*. Eso no es moralina: a mí me importaba tres pepinos la vida privada del doctor fulano. Lo que me importaba realmente fue el mal gusto de mostrar eso. No sólo que fue fuerte, sino que costó varias cabezas. Si no, ¿dónde están Daniel Tognetti y Miriam Lewin?

—¿Vos tenías límites, tenías tu propio código de ética, el Código Mancera?

—Supongo que no era ni un código de ética ni el "Código Mancera". Desde que nací, mis padres me enseñaron a vivir de una manera y yo lo reflejé después en ese personaje del que hablábamos antes. Es que incluso creo que hasta en la vida privada uno puede meterse, siempre que lo haga auténticamente, sinceramente, y casi te diría, cordialmente.

—¿Te interesa la política?

—La política sí, la politiquería no.

—¿Creés que la gente que nos representa —los políticos— es realmente un producto de lo que nosotros somos como argentinos?

—Desgraciadamente, sí. Siempre, y en eso tenemos que ir a mi votación, yo he votado, no por la persona que consideraba más capaz, sino por oponerme a "fulano de tal". La única vez que voté por un candidato que pensaba que tenía que estar en la presidencia es (Néstor) Kirchner.

—¿Lo hiciste convencido?

—Auténticamente convencido. Y bueno. Hasta ahora no nos va tan mal... con los múltiples errores que él mismo reconoce haber cometido.

—En su momento vos fuiste criticado de populachero y algunas otras cosas más. ¿Creés que es una constante en la crítica argentina eso de reivindicar muchos años después, convertir en mitos y personas de culto a los que se criticó inicialmente?

—Yo soy muy cuidadoso de guardar todas las cosas que me atañen. Tengo, por ejemplo, grandes notas, brulotes tremendos contra mí: que era populachero, que era amarillo, que era sinvergüenza... distintas cosas. Y los mismos, con la misma firma y treinta años después, diciendo que era un genio, que era maravilloso, que jamás hice amarillismo...

—¿Y qué conclusión sacás de esto?

—Que la gente cambia con el tiempo, eso es evidente, porque no creo que sean deshonestos: ni en aquel momento ni en éste. Lo que creo es que diez, veinte o treinta años después se dieron cuenta de que estaban equivocados respecto de lo que pensaban en un momento.

—¿Cuál es la principal diferencia entre la televisión y el cine?

—La primera en mi caso es que para ver cine necesito estar sentado en la butaca de un lugar oscuro y que en una pantalla se me produzca ese milagro maravilloso que es ver una obra de arte. Así como no todos los que se paran en un escenario y dicen "buenas tardes, señoras y señores" hacen teatro, los que dirigen cine muchas veces tampoco hacen cine. Y los que hacen televisión están haciendo una cosa completamente diferente de ese lugar oscuro donde uno se sienta para ver una obra de arte. La televisión es un medio de comunicación, no creo que sea arte.

—¿Nunca?

—Conozco un solo caso, el de Jean-Christophe Averty en Francia, que hizo un tipo de programa que no se podía hacer ni en cine ni en teatro. Era un programa cultural sobre la manera de vivir de los franceses, muy bien hecho.

—En su momento vos llegaste a medir 70 puntos de rating, era una cosa infernal...

—El casamiento de Palito Ortega me llevó a 82 puntos de rating. Pero atención, no se puede considerar 82 puntos de ahora, porque era un tipo de estudio de audiencia que se hacía por teléfono en una época en que no había muchos teléfonos. Según unos técnicos amigos, los 80 de aquella época podrían ser unos 50 de ahora.

—Cincuenta puntos... ¿Fue el rating promedio o el pico?

—No, el rating promedio fue entre 25 y 35 puntos. Generalmente empezaba a las dos de la tarde entre 20 y 25 puntos, y terminaba con 40 a las ocho y media o nueve de la noche.

—Cuando estabas haciendo un programa, ¿sentías lo que funcionaba y lo que no funcionaba? ¿Lo intuías?

—Sí lo intuía, pero no importaba. Sí importaba que yo fuera sabiendo el rating cada minuto, porque hablaba por teléfono con el IVA (el Instituto Verificador de Audiencia) y me iban dando el rating de audiencia de los quince minutos anteriores.

—Era más enfermizo que ahora todavía...
—Mucho más enfermizo.

—¿Vivías obsesionado?
—Sí, la verdad, sí.

—¿Te hizo bien?
—En su momento sí porque ganaba siempre, pero si hubiera perdido creo que me hubiera hecho mal.

—Si tu vida fuera un programa de televisión, tu vida completa, ¿dónde estaría el pico de rating?
—Entre los treinta y dos y los cuarenta y cinco años.

—Habrás tenido miles de anécdotas en toda tu vida artística, ¿hay alguna que recuerdes con más cariño?
—La verdad es que de las anécdotas se acuerdan más mis biógrafos, entre comillas, que yo. No me acuerdo prácticamente de ninguna.

—¿Te acordás de la primera vez que entrevistaste a (Joan Manuel) Serrat?

—A Serrat lo traje al país, pero también traje a Palito Ortega cuando se llamaba Nery Nelson, no se llamaba Palito Ortega. Él se lo puso porque era muy flaquito y le decían Palito y su apellido era Ortega. Y lo recuerdo simplemente como uno de los tantos que yo presenté: Violeta Rivas, Néstor Fabián, Chico Novarro, que se llamaba Micky Lerman, que tocaba la batería y cantaba al mismo tiempo.

—La primera vez que tocó el Flaco (Luis Alberto) Spinetta fue en tu programa.

—Eso me lo has informado vos, porque no me acordaba.

—León Gieco dijo que se hizo artista viendo al Flaco (Luis Alberto) Spinetta en tu programa. No es que tengas poca conciencia, pero quizá no tengas la dimensión de todo lo que generaste durante tantos años.

—Es que si me acordara sería un engrupido.

—¿Y no sos un engrupido?

—Sinceramente creo que no.

—Cuando trabajabas en televisión, ¿eras una persona común?

—Bueno, lamentablemente ninguno de los que trabajan en televisión puede ser una persona común. Tener, por ejemplo, guardias en mi casa para hacerme notas o para decirme todas las cosas que se comentaban sobre mí, o tener que ir a un lugar y no hacer cola, o un taxista que no te cobre. No sos una persona común.

—¿Disfrutás de eso?

—Sí, siempre lo disfruto. Eso no puedo negar que lo disfruto.

—¿Sos de los que creen que todo tiempo pasado fue mejor?

—No, para nada.

—¿Qué sueños te quedan por cumplir?

—¿Qué sueños me quedan? Te podría contestar al revés, qué miedos tengo con respecto a mi futuro.

—¿Y qué miedos tenés?

—No le tengo ningún miedo a la muerte, pero sí le tengo mucho miedo a la enfermedad. Tengo mucho miedo a no poder caminar, le tengo mucho miedo a "la enfermedad". Si yo me tuviera que morir en este momento no me preocuparía en lo absoluto. Es más, hasta me gustaría, porque me permitiría como periodista saber qué hay después de la muerte. En cambio, no sé qué haría de mi vida si estuviera enfermo, si estuviera en una cama, si no pudiera gozar de mi vida como la estoy gozando hasta el momento.

## SEÑAS PARTICULARES:
*"Si volviera a nacer sería periodista, periodista y periodista"*

—¿Cuáles son las tres cosas que debe tener un buen periodista?
—Se sintetizan en una sola: ser personal, y no querer ser antes que la noticia.

—¿Qué elegís para ver en la tele?
—Los programas periodísticos, los programas de preguntas, especialmente *Tiempo límite*, y lo dejamos ahí...

—Nombrame dos conductores.
—El del taxi que me trajo aquí, el del taxi que me va a llevar.

—¿Quiénes marcaron tu vida?
—Félix Laíño, el director del diario *La Razón*, Blackie, y habría muchos más...

—Elegí tres películas.
—*El ciudadano*, *Ocho y medio*, y las de Hitchcock.

—¿Tres directores?
—Federico Fellini, (Alfred) Hitchcock y Akira Kurosawa.

—¿Qué serías si volvieras a nacer?
—Periodista, periodista y periodista.

—¿Qué es lo que más te gusta de vos?
—La altura, dormir mucho y tener lindos sueños y no pesadillas.

—¿Qué te hace reír?
—*Tom & Jerry* me hacen reír; *Los Simpsons* me hacen reír. En general, me gustan mucho los dibujos.

—¿Qué es lo que te enamoró de tu mujer?

—Nos conocimos hace veintisiete años. Yo enviudé, y nos volvimos a encontrar. Me enamoraron su sinceridad, su honestidad y sobre todo su compañerismo.

—¿Tres misterios?

—La muerte, el más allá y, a veces, el más acá.

—¿Qué te hace disfrutar?

—Lo que más me hace disfrutar en la actualidad es que gane River.

—¿Y qué te pone de mal humor?

—Que pierda River, que vuelva a perder... ¡La actualidad de River!

—Tema libre: contame algún recuerdo que quieras compartir.

—Fue el día en que dejé de fumar, el 7 de abril de 1973. Me acuerdo del día porque fue al siguiente de que me despidieran, entre comillas, y sin comillas también, de Canal 13, y yo debutara en Canal 11. Ese día, con un cigarrillo en la mano derecha, encendí otro en la mano izquierda y me quedé todo el tiempo con los dos cigarrillos en la mano, produciendo una gran risa en todos los que estaban en el estudio. Me dio tanta vergüenza que nunca más llegué a fumar otro cigarrillo.

---

—Dejá un mensaje para ser visto en 2050.

—Mi recuerdo, para los que hemos vivido en el año 2005, es el más lindo. Porque hemos llegado a este 2050 sin darnos cuenta de que hemos vivido cuarenta y cinco años más. Yo les deseo a todos ustedes que vivan de la misma manera en que he vivido yo: sin darme cuenta de que he vivido.

# Alberto Migré

# "Fui feliz"

AUTORRETRATO:
*"Soy Alberto Migré, persona"*

La nota que Alberto Migré concedió a *Hemisferio Derecho* fue la última antes de su muerte, el 10 de marzo de 2006.

Alberto murió de un paro cardíaco mientras dormía, y todos sus derechos son ahora propiedad de la Asociación Argentina de Autores (Argentores), de la que fue presidente.

El permiso que tramitamos para incluir el reportaje en este libro fue otorgado por Argentores en tiempo récord.

—Antes de morir, él nos habló de la entrevista —nos dijeron sus apoderados. Y agregaron—: Él hubiera dado su consentimiento con mucho gusto.

Migré nació el 12 de septiembre de 1931, bajo el nombre de Felipe Alberto Milletari. Escribió más de setecientas obras para radio y televisión. La más exitosa fue *Rolando Rivas, taxista*, emitida todos los martes de 1973 y 1974 por Canal 13, con Soledad Silveyra y Claudio García Satur. También escribió *Piel naranja*, *Pablo en nuestra piel*, *Dos a quererse* y *Una voz en el teléfono*. En 2001 fue nombrado ciudadano ilustre de Buenos Aires. Es el único argentino que recibió en dos oportunidades el Martín Fierro a la trayectoria. Entonces declaró, divertido:

—Se habrán olvidado o tienen miedo de que me vaya a morir.

Me pidió que lo tuteara.


—¿Es cierto que cuando tenías doce años redactaste algo que condicionó tu vida como escritor?

—Sí, señor. No había plata para pagar un autor, mi sueño era ser actor, para eso iba a la radio. Pero don Víctor Juan Roano, que era el propietario de Radio Libertad, me dijo: "Usted es bueno pero no tengo plata para un autor, así que arréglense a ver qué pueden hacer". Entonces recurrí al libro *Corazón*, de Edmundo D'Amicis, busqué entre sus cuentos y comencé a transcribirlos, a darles un formato radioteatral. Justamente la radio había sido mi escuela primaria, mi secundaria y mi facultad, de manera que no tuve inconveniente en hacerlo. En ese momento me di cuenta de que me gustaba mucho más crear personajes que actuar.

—Cuando llegaste a escribir cinco radioteatros al mismo tiempo, ¿no se te mezclaban los personajes de las historias?

—Justamente eso sucede en la imaginación de un autor, en el relato *La tía Julia y el escribidor*, de Mario Vargas Llosa. Se le mezclan los personajes y se le cruzan las historias. Pero en mi cabeza estaban muy claritas todas las historias, y eso que no soy para nada ordenado. Tan lejos estábamos de las escaletas y de todo de lo que se hace hoy en preproducción, ¿no? (N. del A.: la escaleta es un formato predeterminado dentro del que se escribían los guiones).

—¿Y cómo hacías?

—Durmiendo poco y laburando mucho. Llegaba a dormir dos o tres horas diarias, porque había que hacer radioteatros de media hora. Calculá lo que es hoy hacer un programa de televisión totalmente solo —como lo hice yo durante tantos años—, con quince o dieciséis horas de trabajo.

—Debías tener mucha pasión.

—Sí, también mucha salud física y mental porque si no no hay modo.

—¿Por dónde encaminarías hoy una telenovela?

—Creo que la historia giraría en torno de un piquetero y una primera dama, o alguien que tenga mucho poder. La primera escena arrancaría con un encontronazo donde ella quiere pasar y él le cierra ese paso. Sería una historia de amor, pues no sé escribir otra cosa. De hecho, cuando escribo suspenso también termino colando la historia de amor.

—¿Cuál fue el principal disparador de *Rolando Rivas, taxista*?

—Quizá todo lo que viajé en taxi a lo largo de mi vida. Otros habrán viajado por el mundo pero yo sólo recorrí Buenos Aires en un taxi. Incluso porque me pareció que los taxistas son hombres a los que habitualmente uno les cuenta cosas pero sin conocerlos, por la sencilla razón de que miramos su nuca y no a los ojos. De hecho, existen infinidad de cosas que yo no podría decirte mirándote a los ojos, pero posiblemente me atreva si estás de espaldas. En aquel momento hacía mucha falta contar una historia a partir de nuestra identidad, porque los teleteatros eran algo anodinos, recurrían a un lenguaje neutro para que pudiera televisarse en otros países.

—¿Ése fue el eje de ruptura que planteaste con *Rolando Rivas, taxista*?

—*Rolando* fue la primera telenovela que hice que tenía relación con la realidad. Quizá produjo una fractura porque hasta ese momento el género contemplaba un ochenta por ciento de fantasía y un veinte de realidad. Yo invertí los porcentajes y le imprimí un ochenta por ciento de realidad y sólo el veinte de fantasía.

—¿Con qué elementos debe contar hoy una buena historia de amor?

—En primer lugar, deberá estar bien escrita. De todas formas, es muy difícil, en este tiempo que nos tocó vivir, hablar del amor. El amor ya no se habla más, sólo está en un gran silencio, en un jadeo o un beso, pero no se habla más. Yo provengo de la escuela de la radio, donde una escena de amor podía durar seis páginas y era completamente hablada, por eso me resultan tan difíciles estos cambios.

—¿Eso significa que hoy no se dice más "te quiero" o "te amo"?

—No, no se dice más. Evidentemente algo cambió y yo debí haber estado muy distraído, no me di cuenta de cuándo pasó. Pero así están las cosas. Ahora el hecho de hacer una escena de amor equivale a una de sexo, como si no hubiera otras variantes exquisitas e inteligentes del amor.

—¿Pero también le incorporarías una escena de sexo?

—Claro que sí, lo he hecho, y eso que en ese momento era muy fuerte.

—Recuerdo que todos los martes, durante más de dos horas, mi familia se sentaba frente al televisor a ver *Rolando Rivas*. A veces nos enojábamos con algunos personajes y hasta con vos también. ¿Qué te pasaba con la gente en la calle?

—*Rolando Rivas* duraba dos horas y cuarto y sí, se sentaba

toda la familia. Respecto de la identificación con esos personajes, claro que sí, lo vivía todo el tiempo en la calle. Hay dos historias pequeñitas para ilustrarlo. La primera es que un día Hilda Bernard recibió, en Radio El Mundo, una carta que decía: "Usted es una actriz espléndida y la felicito. La escucho todas las tardes". Al reverso de esa página había otra carta con un encabezado dirigido a Mariana (el personaje que Hilda Bernard interpretaba): "Permítame decirle que su marido la engaña, no haga de tonta, entérese. Firmado: una amiga a la que puede escribir o llamar cuando la necesite". La segunda anécdota tiene que ver con esa misma historia, que fue llevada a las tablas y se convirtió en un éxito impresionante, en el Teatro Alberdi de Mataderos (gloriosa época en la que Buenos Aires tenía un teatro por barrio). Allí, Hilda Bernard le decía a la *mala* de la historia: "Mis hijos me pertenecen y usted debe ir a la calle". Yo estaba sentado en la última fila y escuché cuando una mujer dijo: "Sí, Mariana, tenés razón, ¡puta!", y salió llorando. Yo la seguí quince cuadras, hasta que me asusté porque ella se internó en un barrio muy oscuro y peligroso, pero sí vi que la mujer no paraba de repetir: "Tenés razón, Mariana, es así, Mariana". Esa mujer debería estar viviendo un problema muy similar al del personaje con su marido, con otra mujer y sus hijos.

—Cuando escribías, ¿lo hacías sobre lo que te estaba sucediendo?

—Cuando uno escribe siempre está detrás de un personaje o, mejor dicho, de todos. Siempre hay una palabra, un sentimiento, una lágrima, un beso, que es de uno, que lo ha llorado, vivido o gozado. En el muchacho de café que era Rolando Rivas está condensada toda mi adolescencia. Mi café era El Dante, de Boedo y Estados Unidos. También están las historias de mi tío y la barra de amigos que tenía en ese momento. Siempre hay algo de uno ahí, si no no pega. Aunque no acostumbro a hacerlo, cuando releo mis historias, digo: "Uh, ¡esto tiene tanto que ver conmigo!". Están plasmadas las cosas que lamenté, alguna bronca que te desquitás, alguna pasión que has tenido y que disfrutaste o se frustró.

—¿Qué reglas son inviolables en una telenovela?

—No creo en las recetas, pero ya habrás visto que en una de las historias escritas por Mario Segade y Gustavo Belatti existía una relación homosexual fascinante.

—¿Y la gente lo acepta?

—La gente estaba un poco asombrada pero también creo que

el mundo, en ese sentido, cambió. De hecho, el público convirtió a *Los Roldán* en un éxito y no me asombró (y eso que se trataba de la historia de un travesti).

—¿Qué novelas actuales te gustan?

—Me gustó mucho *Pasión de gavilanes.* Incluso la voté en un festival. Me parece que está muy bien producida, interpretada y realizada. Tiene una gama de cosas que la hace fascinante.

—¿Te gusta por eso o por la historia en sí?

—No, el teleteatro está débil en cuanto a las historias. Los autores de televisión están como desaparecidos, funcionan en equipos de trabajo donde reúnen a colombianos, mexicanos, peruanos, con gente de Miami. En la Argentina hay excelentes autores pero trabajan con equipos de cinco o seis personas que, como a veces no están bien pagos, no se entienden o los cambian en un santiamén. Así se maltrata un poco a las historias.

—¿Eso se nota en la pantalla?

—Claro que se nota, yo lo advierto y lo siento. No está la misma unidad emocional de otros tiempos. Antes veías una escena y decías: "Esto lo escribió Abel Santa Cruz". Cada uno tenía su propio estilo a la hora de contar una historia, y eso se identificaba.

—Hablando de marcas que han trascendido, ¿sabés que los adolescentes, cuando vos les contás una historia determinada, dicen: "Esto es muy Migré"?

—Sí, eso es algo maravilloso que suele pasarme. Hoy subí a un taxi y el conductor me dijo: "¡Si habré visto sus novelas!". Siempre que voy a cenar a un restaurante o a comprar algo, me saludan, me brindan un abrazo o un apretón de manos. Es el cariño de una vida, uno cree que la gente se olvidó pero sin embargo hay cosas que quedan, un hijo que se llama como algún protagonista mío o algún jacarandá plantado en el fondo de una casa, porque se hablaba de esos árboles en mis telenovelas.

—¿Sufrís la soledad?

—No siempre. A veces la necesito, la busco, pero cuando me refiero a la soledad tan encomillada como en ese caso, sí, me puede resultar insoportable. Sentirme solo, desprovisto de afecto, es como morirme congelado a cierta temperatura bajo cero. Pero no me sucede muy a menudo, por suerte cada vez menos.

—¿Te analizás?

—A mí mismo sí, me analizo, me estudio todo el tiempo. Soy un bicho raro, muy raro.

—¿Creés en Dios?

—Es una insolencia, pero creo con reparos. A veces creo que Dios no puede querer probarnos hasta tal punto para demostrarnos qué es la libertad, la justicia, el equilibrio, el entendimiento. Entonces digo: "No, si existiera seguramente se trataría de un Dios menos cruel". Por otro lado, cuando esa soledad de la que hablábamos hace un ratito me aterra, le pido que me ayude. Entonces es raro.

—Si tuvieras que elegir al protagonista de la novela del piquetero y la primera dama, ¿quién podría ser?

—Hay pibes con una polenta... Por ejemplo, Pablo Echarri es una delicia. Con o sin barba, como él quiera, con un gorrito... O puede tenerlo dentro del alma, de donde tienen que salir las cosas.

—¿Y la primera dama?

—¡Qué difícil! Una mujer más grande, que podría ser Soledad Silveyra.

—¿Existe la posibilidad de hacer una saga de *Rolando Rivas, taxista*?

—Sí, con los hijos de Rolando, que ha muerto, y Mónica, que desapareció en España. La hija de Mónica vuelve a Buenos Aires y se encuentra con el hijo de Rolando que también es taxista.

—¿Quiénes serían los protagonistas?

—Pensé en Pablo Echarri y Juana Viale. Es un desafío muy grande: jamás quise que se tocara *Rolando Rivas*. Por ejemplo, la gente del canal Volver está enojadísima conmigo porque no les dejo que repongan la novela. Creo que no hay que tocarla y que es mejor dejar que mire para adelante.

—Ahora que puedo preguntarte, ¿por qué mandaste a España al personaje de Soledad Silveyra?

—Llamala a Solita y preguntale por qué se quiso ir de ese éxito tremendo: fue ella la que se bajó de la tira, no quería hacer un capítulo más.

—¿Nunca se arrepintió?

—Sí, me ha dicho que está muy arrepentida, pero Solita es así.

—En *Piel naranja*, Marilina Ross encarnaba a la esposa de Raúl Rossi (un déspota impresionante).

—En aquel momento, todos los jóvenes asociaban ese personaje con la represión de la dictadura militar, por eso esa novela fue un éxito.

—Estaba muy bien asociado. Arnaldo André representaba a un hombre más joven del que Marilina Ross estaba enamorada aunque sentía una inmensa culpa. Esa novela era tremenda.

—Y él era el dueño de un supermercadito de la otra cuadra. ¡Cómo se atrevía esa mujer a enamorarse de ese tipo! Yo no soy un escritor que disfruta de lo que escribe, soy público de lo que escribo (es algo muy curioso que me pasa). En muchas ocasiones mirábamos juntos los capítulos y Marilina Ross me decía: "¿Y ahora, qué vas a hacer? Imagino que, en el próximo capítulo, nos escapamos". Yo le respondía que no y bromeaba sobre lo maldito que era como autor.

—Los actores, ¿nunca te cambiaron una escena?

—No se los hubiera permitido. A veces no puedo creer cómo se trabaja hoy, donde un actor dice: "La página siete no me gusta, vamos a improvisar". Creo que la televisión en sí misma es caótica, y grabar una tira aun más. Si a ese cuadro le agregaras la improvisación, yo jamás lo hubiera permitido. Prefiero quedarme en mi casa, donde me siento muy cómodo y feliz.

—¿A quién considerás un seguidor de tu obra?

—En cuanto al modo de trabajo, Adrián Suar podría ser uno de mis seguidores. En todo caso, él tuvo la dicha de que le tocó una manija que no se sale de la puerta. Antes, los actores cerraban una puerta y debían dejar la mano detrás porque si no se quedaban con la manija en la mano. Suar contó, sí, con una productora estupenda. Además, descubrió la cuarta pared, que antes no existía. Es decir, generalmente se trabaja frente a cámara pero nunca detrás. Él descubrió una cuarta pared detrás que cambia la situación completamente y te permite planos más apasionantes y divertidos.

—Pero, además de la técnica, su éxito se debe a las buenas historias, ¿no?

—Es una sumatoria de cosas. El público no irá a decir qué

bien iluminada está esa toma pero sí puede disfrutar mucho de lo que vio. Es importante adquirir un sentido crítico, aunque uno no sea un especialista. La idea no es que se vean y al otro día sean olvidadas, la gente recuerda historias que yo escribí hace más de treinta años, y eso es fascinante.

—¿Por qué considerás que serán tan recordadas?

—Porque la palabra era otra, hoy se habla muy mal, muchas veces casi ni se entiende. Antes la emoción estaba a flor de piel, ahora la siento, televisivamente, muy fabricada. Creo que un autor, cuando toca la realidad, la eleva un centímetro. Supongo que ya nadie diría: "¡Oh, cómo te amo!" pero sí continúa siendo necesario mecharle una emoción.

—¿Qué promedio de rating tenían tus novelas?

—*Rolando Rivas* medía 58 y *Piel naranja* alcanzó los 64 puntos.

—Además de tener niveles de audiencia impresionantes, rompiste con el *happy end*.

—Sí. Incluso en aquel momento tenía un cura perseguidor que me decía que nosotros éramos unos inmorales porque el personaje de Marilina Ross estaba casado y sin embargo le hacía ojitos a un señor que no era su marido. "Esta novela no debe estar al aire, es un mal ejemplo", me repetía el cura. Con la idea de terminar con *ese mal ejemplo*, murieron los tres. Entonces me dijeron que estaba loco. Me costó un disgusto muy grande. Si alguien hace eso hoy, desaparece del mapa. Pero yo lo hice, me atreví.

—¿Y qué reacciones hubo?

—Existe una buena anécdota: salía muy feliz, tranquilito, de casa, porque tenía que ir a un negocio a la vuelta. De pronto, se abrió una ventana y una mujer me tiró un balde con agua encima (y el balde también), mientras me gritaba: "¡Asesino, asesino, asesino!". Esa identificación tan grande con un asesino, con el tiempo la pensé y me dije: con tantas cosas que terminan mal para los seres humanos en esta vida, desde sacar un crédito para comprar un auto hasta la ropa, yo encima hago una novela que la gente sigue todo un año y le doy un final triste, ¡me estoy volviendo loco! Me arrepentí mucho, pero quizá también por eso hoy se la recuerde tanto.

—¿Cómo es la novela de tu vida?

—He sido feliz, he tenido gente maravillosa a mi alrededor, excepcional, que me ha querido, respetado y acompañado, y que todavía me quiere, me acompaña y me sostiene. Y entre esa gente está el público, que aun siendo desconocido tiene mucho valor. Es habitual que, caminando por una calle de Rosario, alguien me pregunte si quiero ir a almorzar o cenar a su casa y me traten como de su propia familia. En otras ocasiones también fui desdichado, porque la vida se paga, pero creo que se trata justamente de eso.

—¿Qué sueños te quedan por cumplir?

—Un montón, seguramente. Nunca me atreví demasiado a viajar, a conocer otros lugares, hay tantas cosas que aún me quedan por hacer... pero estoy muy cómodo donde estoy y no extraño hacer televisión. Sería imposible estar en esta competencia tan despiadada, donde son capaces de cualquier cosa, empezando por faltar el respeto. Un programa que está anunciado que arranca a las nueve de la noche se transmite a las diez; yo no podría participar de eso, es una falta de respeto. Una vez, Alejandro Romay me hizo eso. Él decía que no había sido a propósito pero yo aún considero que sí, que en verdad quería terminar con el programa y conmigo...

—¿De qué programa se trataba?

—*Leandro Leiva, un soñador,* protagonizado por Miguel Ángel Solá. Una noche llegó a emitirlo a la una y media de la mañana. No me parece que eso sea lo correcto. Además, esa competencia lleva a que si un programa no funciona a los veinte días lo levanten del aire o le agreguen una madre que regresa de Egipto, y la novela se convierta en un pastel muy feo. Todo eso no lo extraño, creo que todo lo que pude haber hecho para la televisión ya lo hice.

—¿Existe alguna escena que refleje el amor mejor que ninguna?

—Recuerdo una película japonesa llamada *El hombre del carrito,* con Toshiro Mifune. Ese personaje llevaba un carrito donde viajaba su amada. Ella era de una clase social y él de otra. En un momento, él detiene el trote, la mira y le hace unos gestos. Todo termina con una reverencia de su parte. Esa escena de amor me conmovió porque no se utilizan las palabras.

—¿Cómo te imaginás los últimos años de tu vida?

—Tengo setenta y tres años. Yo tuve catorce años enfermos a mis padres. No se movían de mi casa, los bañaba, les daba de comer, los acostaba, los levantaba. Creo que eso es lo peor que te puede pasar: que no puedas comer o bañarte solo. Entonces quisiera que mis últimos años me encuentren tomando sol en el patio o en la terraza de mi casa, con mi familia —con el resto de familia que me queda, que es muy poca—, o algunos amigos. Quisiera que mi vida terminara sana, que es una locura, porque justamente se termina porque uno ya no está sano. De todas formas, creo que si mis últimos años terminan con lucidez, entonces habremos empatado con la vida.

SEÑAS PARTICULARES:
*"Me hubiera gustado ser cantante, bailarín o actor"*

—¿Qué disfrutás de lo cotidiano?
—Me gusta tener un perro, y como el mío se murió, no voy a tener más perros. Pero, en segundo lugar, me gustaría tener un perro. Y me gusta hacer fiaca en la cama.

—¿Y qué no te gusta?
—Las guarangadas, la injusticia.

—¿Qué te hace llorar?
—Pensar en todo lo que me quitó la vida, y la soledad.

—¿Y qué te hace reír?
—Salir y charlar con amigos, verme correr de un lado para otro, y ser presidente de Argentores; no es que sea una falta de respeto a Argentores, sino que pienso que un presidente debería ser alguien con más seriedad y nombre que yo.

—¿Qué tiene que tener una buena novela?
—Estar bien escrita, tener un suspenso lógico, otra dosis de amor con una de realidad, que corran parejitas.

—¿Cambiarías algo tuyo?
—Sí, la altura, las inseguridades y los miedos.

—¿Qué te gusta de vos?
—Que, casi siempre, estoy de buen humor. Y la pasión con la que hago las cosas.

—¿Qué te hubiera gustado ser?
—Cantante, bailarín o actor.

—¿Tenés manías?
—Caminar antes de escribir (cerca de cincuenta cuadras alrededor de mi lugar de trabajo), ser muy desordenado y, a veces, ser muy supersticioso.

—¿Tres misterios?
—La muerte, Dios y mañana.

---

—Un mensaje para el año 2050.
—Esta linda gente que estoy visitando tiene la ocurrencia de pedirme un mensaje para 2050. ¿A quién le podrá importar un mensaje mío en 2050? Pero digo, como la vida se repite siempre aunque no sea de la misma manera: qué lindo es decir gracias, qué lindo es decir permiso, qué bueno es decir te extraño, te necesito, perdón, me equivoqué. Inténtenlo.

# Índice

Composición de originales
MORA DIGIOVANNI - LITERARIS

Esta edición de 4.000 ejemplares
se terminó de imprimir en
Primera Clase Impresores S.H.,
California 1231, Bs. As.,
en el mes de diciembre de 2006.